商务印书馆语言学出版基金

《中国语言学文库》第三辑

明清皖南方音研究

高永安 著

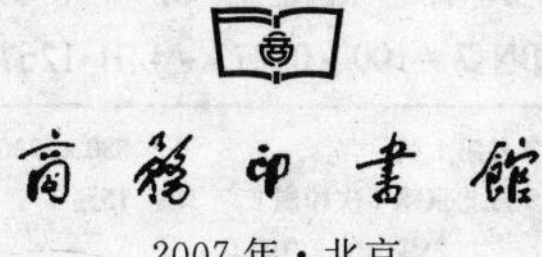

商务印书馆

2007年·北京

图书在版编目(CIP)数据

明清皖南方音研究/高永安著.—北京:商务印书馆,2007

(中国语言学文库. 第三辑)

ISBN 7-100-05273-4

I. 明… II. 高… III. 江淮方言-语音-方言研究-安徽省-明清时代 IV. H172.4

中国版本图书馆 CIP 数据核字(2006)第 150369 号

MÍNGQĪNG WǍNNÁN FĀNGYĪN YÁNJIŪ

明清皖南方音研究

高永安 著

商 务 印 书 馆 出 版

(北京王府井大街36号 邮政编码 100710)

商 务 印 书 馆 发 行

北京瑞古冠中印刷厂印刷

ISBN 7-100-05273-4/H·1267

2007年12月第1版 开本 880×1230 1/32

2007年12月北京第1次印刷 印张 15⅝

定价: 28.00 元

目　录

序

儿时背诵《千家诗》,印象最深的有两首:一是杜牧的《清明》,一是无名氏的《题壁》。前者最上口,后者最上心。那"牧童"、"酒家"、"杏花村",真令人神往。而所题之"壁"在哪里?不知道。为什么"最上心",也说不清。后来读南宋张端义的《贵耳集》,再后来读宋人许颉的《彦周诗话》,心中积存多年的疑团才算解开。两书关于《题壁》一诗的相关资料大体一样,而许颉的记载更有价值,现抄录于下:

> 宣和癸卯年,仆游嵩山峻极中院,法堂后檐壁间有诗四句云:"一团茅草乱蓬蓬,蓦地烧天蓦地空,争似满炉煨榾柮,慢腾腾地热烘烘。"字画极草草,其旁隶书四字云:"勿毁此诗。"寺僧指示仆曰:"此四字司马相公亲书也。"嗟乎!此言岂有感于公耶?又于柱间大字隶书曰:"旦、光、颐来。"其上一字,公兄也;第三字,程正叔也。又题壁云:"登山有道,徐行则不困,措足于实地则不危。"皆公隶书。

原来这"壁"在嵩山一寺院之法堂后檐,这"无名氏"应是北宋时代的人吧。许颉于宣和五年癸卯(1123)亲眼见到这首诗,还见到司马光的手笔:告诫游人,不要毁坏这首诗。许颉说司马光对此有感,"感"些什么呢?我想,司马光所感应是为人、为学之道吧。司马光于熙宁四年(1071)至元丰末年侨居洛阳,以"书局自随",编撰《资治通鉴》,"凡十九年而书成",他说:"臣之精力,尽于此书。"在洛阳期间,他曾与司马旦、程颐同游嵩山,那首无名氏的《题壁》使他产生了强烈的震撼、共鸣,他反复吟诵,赞不绝口,命寺僧进笔,写下了那四个字。下距宣和五年应有四十余年了，没有人毁坏那首诗也没有人毁坏司马光的四个字。那是一个尊重文化的时代。而且由于司马光的肯定，《题壁》终于由壁上进入到纸上，选入《千家诗》，还将千秋万代流传下去。司马光是一个脚踏实地的人，撰写《资治通鉴》的漫长过程，就体现了“满炉煨榾柮”的治学精神。曾经有人攻击以司马光为首的编辑班子，说“书之所以久不成，缘书局之人利尚方笔墨绢帛及御府果饵金钱之赐耳”（《司马光年谱》202 页）。这种攻击已被历史证明，完全是错误的。十九年，似乎太慢了！可千万不要忽视这个“慢”字，不慢，出不了精品。一日下笔万言，一年就能攒上数百万字，再经媒体推波助澜，其效应必然是“蓦地烧天蓦地空”。

在当前学术界就面临两种治学途径的选择，你是选择“满炉煨榾柮”呢？还是选择“蓦地烧天蓦地空”呢？这当然是个人的自由，但首先要善于识别。我以为像白保罗那种所谓的“远程构拟”，就是一团乱蓬蓬的“茅草”，而大搞偶像崇拜，下大力气点燃这团“茅草”的马蒂索夫先生又出来为之辩护了。他在《语言学论丛》34 辑“回复”我的那篇文章，从题目到内容几乎谈不上有什么学术含量，极不严肃。他并没有从学术上正面回答我对他的批评，相反，只不过是尽情发泄对批评者的不满，其手法是：玩弄概念，转移话题，节外生枝，歪曲事实，制造不和，想以威胁的语言来堵住批评者的嘴。将学术争鸣引入歧途。他是如此容不得不同声音，对自己的不良学风毫无反省之意，仍旧是那副装腔作势、盛气凌人的架子。我在完成手头上的任务之后，将在适当时候撰写专文予以驳斥。

我此刻是在为永安的《明清皖南方音研究》作序，为什么说了上面这番话呢？是否离题了？不。我对永安不能算是十分了解，却也说得上相当了解。上面这番话，涉及学术道路、学术精神，我把这些话说给永安听，是我估计他能听得进去，我希望他能听进去。如果我认为他根本不会听这些话，我当然就不会这么说了。杜甫老先生说："晚将末契托年少，当面输心背面笑。"我是一个很有自知之明的人，岂敢谬托年少！永安将来的学术发展如何，我不敢妄言。至少从目前看，他是一个脚踏实地的人，是一个安贫乐道的人，能坚守"满炉煨榾柮"的治学精神，绝不是一团乱蓬蓬的茅草。他也许好勇不如子由，善辩不如子贡，但他却有"回也不愚"的素质，你跟他接触多了，且"听其言而观其行"，你就会相信，我这样说是有根据的。

学术上的"榾柮"有粗有细，有大有小。像《资治通鉴》那样大而粗的"榾柮"不是人人都能"煨"得出来的。永安的《明清皖南方音研究》，也算得上"榾柮"吧，尽管它小而细，"煨"出来的热能也有益于汉语语音史的研究，这就值得称赏。

永安作为博士研究生，其业务范围为汉语语音史，他为什么要研究方音史呢？又为什么要研究明清时代的皖南方音呢？根据"散点多线"式的语音史观，那种把汉语语音与方音史分为两个领域的观点已经过时了，行不通了。方音史是汉语音通史的基础，必须把不同时代不同点的方音面貌大致上研究清楚，我们才有可能获得丰富的汉语语音通史知识，才有可能接近汉语语音通史的比较真实的本来面貌，从而建立起较为可信的汉语语音通史框架，而如此纷繁复杂的任务，只靠少数人的努力是完不成的，要有很多人对不同时代的不同方音点逐个研究，才有可能取得实效。永安的选题，从长远意义来看，就是为实现这个宏伟目标打基础。至于选择皖南方音来研究，这有两个方面的原因：一是他对皖南方音的历史材料有一定了解；一是研究这个方音的难度比较大，作为博士论文有用武之地，有创新的条件。

一篇博士论文能否成功，题目最为关键。只有重要题目才能出重要成果。老掉牙的题目，过于琐碎的题目，大而无当的题目，本人驾御不了的题目，学术意义不大的题目，都应该排除。一定要深入学术前沿，做自己力所能及的文章。一篇论文做下来，既能出成果，也能全面提高自己的研究能力，为自己学术事业的进一步发展创造条件。永安就是这么做的，我只不过把他的经验总结出来，供业内人士批评指正而已。

写学位论文，无疑是一件苦差事，但也是年轻人大显才学、大放厥词（取原意）、驰骋沙场、决一死战的大好时机。多少个日日夜夜，严师督阵，红袖添香；“衣带渐宽终不悔，为伊消得人憔悴”；“众里寻他千百度，蓦然回首，那人却在，灯火阑珊处”。这样的历程，对永安而言，应是终身难忘吧。在“灯火阑珊处”得到了什么呢？那是构建论文的三件宝物：材料、理论、方法。

《明清皖南方音研究》取材丰富，其中有不少是永安第一次发掘出来的。这些，书中都已讲到。没有材料，或材料不全，不典型，当然写不成论文，但材料具备之后就一定能写好论文吗？不见得。论文的基础是材料，论文的灵魂是理论，将灵魂落到实处靠方法。我认为，一个博士研究生，如果在这三个方面得到良好的训练，将受益无穷。一部书的内容总是具体的，而学会了“点金术”（也就是专业训练）就等于取得了进入学术研究领域的通行证，就能独立作战，自由飞翔。永安已得到了这样的“通行证”，这是三年攻读的最大收获。

语音史研究中最重要、最有普遍意义的理论原则是重建历史音系，也可以说，重建音系是研究者所应追求的最基本的理论目标。我所指导的博士研究生，凡是以语音史作为选题的，都要通晓音系学说、构拟学说，要以语音构拟的形式实现重建的目标。如果只有声类、韵类的划分，而无声类、韵类的音值描写，其成果价值就会大大降低。因为只有“类”的区分，其中许多异质成分就难以暴露出来；如果只有“类”的区分，纵横比较都难以展开；如果只有“类”的区分，历史音系的面貌就无法直观化；如果只有“类”的区分，“散点多线”式的框架就无法建立。这不是说分类不重要。分类是基础，是前提；而用音标将"类"拟测出来，这才是最基本的理论目标。永安的《明清皖南方音研究》建立了若干个历史音系，其重要的价值就在于此。

在汉语语音史的研究中，"散点多线"式的理论无所不在，也就是说我们即使只在一个较大的区域之内重建历史音系，也会碰到"点"的问题。《明清皖南方音研究》中对"线"的研究还不够理想，而对"点"的区别，自觉性是很高的。两个大点之下又有若干小点。宣城这个大"点"之下分出：宣城型、芜湖型、广德型（以上为明代）；泾县型、宣城型、芜湖型（以上为清代）。徽州这个大"点"之下也有若干小点：黟县型、歙县型、祁门型、婺源型（以上为明代）；宁国型、黟县型、婺源型（以上为清代）。根据文献材料的分量、性质，分别轻重，作出不同的处理。其中所运用的理论原则就是一句话：能否重建音系。就每一个历史方音点本身而言，无所谓"轻重"，轻重是根据材料的充分程度来定的。有一分材料说一分话，材料多则多说，材料少则少说，没有材料就什么也别说。音系理论来自材料，材料又因理论而增价。从永安驾驭材料的能力，就可以验证他的理论修养。一个人如果不能把材料处理好，不能把材料抽象化、观念化、理论化，根本原因就是理论修养差。就语音史的研究而言，就是对音系学说，对点、线理论，不是知之不深，就是运用还不到家。

从求全责备的观点来看，《明清皖南方音研究》还有一些明显不足的地方。

就音系而言，的确做了很多努力，如《音韵正讹》声母系统的探求，舌尖元音的研究，二等韵的研究等等，都显示了作者的研究能力、判断能力，而全书对音系的评价，对音系的典型性，对音系的历史地位，还有进一步探讨的余地。

关于比较研究，价值很高，描写颇为充分，材料也很充分，而音理说明、规律的建立、概括,颇嫌不足。

据我所知,还有一些材料来不及使用。时间有限,无可奈何。

另外,着重于"点"的研究,这是完全正确的,而"线"的连接还很不理想,这方面难度更大,几乎不是一篇学位论文所能完成得了的,所以我也无法提出进一步的要求。

无论是为人还是为学,都不可能一帆风顺,我们所能坚守的只有四个字:脚踏实地! 再说一遍:脚踏实地! 我对永安最满意的就是这四个字。司马光对无名氏的《题壁》批了四个字:"勿毁此诗!"我也说四个字:"牢记此诗!"作为一个人,作为一个学人,对社会、对人民、对事业,永远要"热烘烘"的。有一分热,发一分光。"蓦地烧天",红极一时,的确有巨大的诱惑力;而"蓦地空","光""热"一发即逝,比之"慢腾腾地热烘烘",孰得孰失? 人的价值观不同,如何选择,完全在个人。

我对汉语语音史的研究前景,充满信心。新的理论正在发挥威力,用新理论武装起来的新一代学人正在茁壮成长,汉语语音史研究的新世纪正在降临,让我们勇敢地迎上去吧!

何 九 盈

2007年1月22日　于蓝旗营之抱冰庐

第一章 绪论

第一节 皖南人文和自然概貌

一、行政区划和历史沿革

淮河和长江自西向东横贯全境，由北向南把安徽分为三大块，淮河以北的皖北地区说中原官话，淮河、长江之间的皖中地区说江淮官话，长江以南的皖南地区的方言比较复杂，这就是本文关注的地区。包括池州地区、宣城市、芜湖市、马鞍山市、铜陵市、黄山市等，是旧宁国府、徽州府、池州府和太平府所属地区。

旧徽州府还包括现属于江西的婺源县，那里的方音也是我们的研究对象。皖南境内的东至县现在说赣语，贵池市西部及东南角，"当地人传说，他们的祖先，大概是在明初由江西省的'瓦西坝'成批迁徙此地定居的"（孟庆惠 1997，p.5）。这些地区不属于我们的研究范围。

皖南地区的开发历史比较早。传说时代属于三苗的势力范围。《史记·五帝本纪》："三苗在江淮、荆州数为乱。于是……迁三苗于三危，以变西戎。"这里的"江淮"应该包括皖南，所以跟荆州并提。春秋以前是越人的一支——干越的地盘，后为吴兼并，是当时著名的宝剑产地。以后相继属于越国、楚国。

秦时属会稽郡。汉时属扬州丹阳郡。隋属丹阳、宣城、新安等郡。唐属江南东、西道，有歙、宣、池州与江、饶州所属之地。宋时，为宣、徽、池、太平州与广德军、永丰监，属江南东路。元时属江浙行省，有宁国、徽州、池州、太平、广德五路。明代安徽隶属于南京，有太平、池州、宁国、徽州四府和广德州。

清南京辖境属江南省(包括现江苏和安徽)，顺治十八年(1661)设江南左布政使(使司设在江宁)，康熙元年(1662)设安徽巡抚(安徽二字，取当时的政治中心安庆、经济中心徽州的首字)，六年(1667)改江南左布政使为安徽布政使，乾隆二十五年(1760)使司由江宁移治安庆，安徽从此正式独立出来。省下设道，安徽有三道：凤颖六泗道，后改皖北道，驻凤阳；徽宁池太道，后改皖南道，驻芜湖；安庐滁和道，驻安庆。民国时期，皖南仍属皖南道，省会先在安庆，一度迁往立煌(今金寨县)，抗战胜利后迁往合肥。

下面按现在的行政区，分片简单介绍皖南各地沿革：

芜湖市，汉为芜湖县，属丹阳郡。东晋宁康二年(374)，侨立上党郡襄垣等县于芜湖，芜湖又为侨寄豫州郡治。隋入当涂县，复属丹阳郡。南唐析当涂、宣城二县，复置芜湖县，属升州。宋以后属太平州、太平路、太平府。1949年以后析置芜湖市。现下辖市区和芜湖、繁昌、南陵三县。

马鞍山市，汉属丹阳郡。晋析置于湖县，仍属丹阳郡。隋属蒋州。唐属宣州、宣城郡。宋以后属太平州、太平路、太平府。1955年在当涂县北乡建立马鞍山矿区。1956年设马鞍山市，辖当涂县。

铜陵市，汉为春谷县，属丹阳郡。东晋改春谷为阳谷，属宣城郡。南唐始设铜陵县，属升州。宋以后先后属池州、池州路、池州府。现为铜陵市，辖铜陵县。

宣城市，汉为宣城、宛陵县，隋合为一县，宛陵遂成为宣城的别称。隋开皇九年(589)改为宣州，后又改为宣城郡。宋元属于宁国府、宁国路。明清为宁国府。宋至清辖宣城、泾县、宁国、南陵、太平、旌德六县。现为宣城市，辖宣州区(原宣城县)、宁国市和泾县、绩溪、旌德、郎溪、广德五县。

池州市，汉为石城县地，属丹阳郡。晋属宣城郡。隋并入南陵县，后析置秋浦县，属宣城郡。唐武德四年(621)始置池州，辖秋浦、南陵二县，后又领秋浦、至德、青阳、石台四县。五代改秋浦为贵池，宋为池州，元为池州路，明先后为九华府、华阳府、池州府。清为池州府，辖贵池、青阳、铜陵、建德、东流、石埭县。解放后设池州地区，曾一度撤销。现为池州市，辖青阳、东至、石台三县和贵池区。

黄山市，秦为歙县、黟县，属会稽郡。汉属丹阳郡。建安十三年(208)设立新都郡，辖歙县、黟县，并从歙县析出始新(浙江淳安县)、新定、犁阳、休阳县，共辖六县。治所在始新。晋改新安，郡治不变。南朝宋并黎阳(犁阳)入海宁。隋改海宁为休宁，郡治移休宁，新安郡属歙州。唐歙州新安郡辖歙县、黟县、休宁、绩溪、婺源、祁门六县，改歙县为郡治。元以后为徽州路、徽州府，仍辖六县。解放后为徽州地区，治所在屯溪。现在为黄山市，辖屯溪区(原屯溪市)、黄山区(原太平县)、徽州区(原歙县部分)和歙县、黟县、休宁、祁门。

二、人口和移民

此地早期的居民是越人。以后越人政权有多次消长，此地一直是越人避世之所。秦汉时期，避居此地的越人形成一个没有组织的集体——山越，其民包括早先的干越，吴越灭亡后避居此地的於越，东瓯、东越北迁时避入山区的东瓯和东越；另外也有一些汉人入山与之同处，也被外人称为山越。当时的山越居住的地区可能达到现在的陵阳附近。《三国志·吴书·宗室传》记载，孙策平定江东后，袁术曾暗中派人带着印绶等物授予“丹阳宗帅、陵阳祖郎等，使激动山越，大合众，图共攻策”。其后，孙权也曾经因为其大将徐盛平定临城(青阳)山贼(山贼和山越名异实同，见宋蜀华1991)有功，把临城赐给了他。说明山越的分布达到了黄山以北。山越的来源主要是吴越和闽越遗民,可能跟於越、扬越也都有关系。

影响语言文化的人口因素主要有两方面:大规模移民和接触。我们把以更换居住地为标志的人口流动叫移民,比如迁移、逃难等;把不以更换居住地为标志的人口流动叫接触,比如外出谋生、做官等。

移民对该地区方言的成长有重要影响。大量的移民改变了此地的方言面貌。鲍士杰(1984)认为,皖南和浙江西北有大量的说河南话、湖北话的人,是因为太平天国战争以后,本地人口已经丧失殆尽,然后"客民垦荒,豫楚最多,温台次之"。郑张尚芳(1986)认为宣州方言区有很多外来移民,他们带来的官话正在影响着本地方言,以至于出现了双方言现象。

学者们对该地区移民的看法稍有出入。孟庆惠(1988)认为,宣州吴语之所以跟吴语主体部分隔离,是由于移民造成的。移民有两次:永嘉之乱和太平天国。永嘉之乱后南来的北方人,后来安置在今芜湖、当涂、繁昌、南陵等地;太平天国使得宣城、广德、郎溪、宁国、青阳、南陵等地居民所剩无几,后来外地居民前来垦荒,这些人以来自河南、湖北、安徽中部的为最多。蒋冰冰(2003)认为此地历史上接受的移民先后有永嘉之乱、安史之乱、靖康之乱;还有一次是明初战乱,而"对皖南地区的语言文化影响颇大的一次重创发生在清后期的太平天国战争时期"。赵日新(2000)认为,中国历史上三次移民大浪潮带来的中原汉语严重地影响了这里业已形成的原始吴语。这三次移民大浪潮是永嘉之乱、安史之乱和唐末农民起义、靖康之乱。

移民从规模上看有两种:大规模的和零散的。本地区大规模的移民有多次。其中,山越就是越人国家灭亡和两次闽越内迁时避居山林的,可以说是秦汉时的移民。永嘉之乱,中原衣冠南下,皖南设立侨置豫州,治在芜湖;还有侨县当涂。移民多来自河南、山东。安史之乱,南下移民大量增加，宣城和徽州都接待不少，其中宣城境内移民设置了新的州——池州。唐末黄巢农民起义后，不少中原衣冠移民此地，奠定了该地区文化繁荣的基础。罗愿《新安志·风俗》："黄巢之乱，中原衣冠避地保于此，后或去或留，俗益向文雅，宋兴则名臣辈出。"宋人南渡也给皖南带来大量移民。明初也曾有过移民，跟此地相关的是江西移民迁往安庆、宿松等地，有部分移民去了池州，目的地以南陵、繁昌为主，石埭、青阳也受到冲击。宣城、徽州没有记载。最后的一次大移民发生在清朝后期，太平天国在安徽连年交战，战后，宁国、宣城、泾县居民所剩无几，后来从河南、湖北和安徽北部来的移民数量大大超过土著，这极大地改变了本地区人口的组成成分，形成了区域内部的河南话、湖北话方言岛。孟庆惠(2000)认为抗日战争也使得大量流民避难于此。

由于本地区地处南北要道，零散的移民几乎从来没有停止过。在地方志中，从宋代开始就有主户、客户分立的记载。宣城是历次移民南下的中转站，中原人南下时多顺淮河至此，而不是直接跨越淮河到湖北[①]，因此常有中原人来此地谋生。乾隆《池州府志·风俗》载："土著之民，惮远行，不事贸迁；耻贱役，甘心贫窶；以故六邑利权，半归寄客，百家末艺，尽出游民。"可见，外地人在当地的生活中占有重要地位。

接触的发生很普遍，而且有其客观必然性。一方面，本地"民业耕渔，地未尽利"(清·乾隆《池州府志·风土》)，故而吸引了外地农民前来耕种；其中，清前期的安庆"棚民"曾经对徽州地区的人民生活带来很大影响。直到今天，还有不少地方使用安庆话进行交际。另一方面，"十家之村，不废诵读，士多食贫，不得已为里塾师，至馆百里之外"(乾隆《婺源县志·疆域·风俗》)，本地读书风气很盛，识文弄墨者常外出

---

① 罗常培(1989,p.57)说："淮域诸支流皆东南向，故河南人大都东南迁安徽，不由正南移湖北也。"

教书谋生。这些都增加了本地区的对外接触。明清时期,徽州经济在全国有特殊重要的地位,徽商成为本地区对外接触的重要方面。另外,各地由于不同的自然条件的限制,往往有跟外界接触的要求。如道光《祁门县志·地舆·风俗》说,本地人主要从事负戴、操舟、樵采、山植,“他则行贾四方,恃子钱为恒产;或春出冬归,或数岁一归”。

接触的主要内容还应该是跟周围地区的往来。这跟本地区的历史、交通、地理位置和地理环境、生活习惯等都有关系。乾隆《婺源县志·疆域·风俗》说,本地人“以杉桐之入易鱼稻于饶,易诸货于休”。这些接触,可能会给婺源语音带来休宁和上饶等地的影响。

三、地理和交通

皖南地区有三座名山:黄山、九华山、天目山。天目山是皖浙自然分界线。山上左右各有一湖,像两只眼睛,山因而得名。山极高峻,有大面积的原始森林。宣城市所属宁国县在其北麓,山南就是浙江。黄山和九华山把皖南地区分割成三个版块:黄山以南是黄山市(徽州府),北部以九华山为界,东为宣城(宁国府)、芜湖、马鞍山(太平府),西为铜陵、池州(池州府)。

黄山旧名黟山,位于徽州府与宁国府的交界处。黄山主风景区,旧时以光明顶为界,前山属歙县,后山属太平县,两县分别属于徽州府和宁国府。《读史方舆纪要》:黄山“峰之得名者三十六,而在(太平)县境者八”。现在太平县改为黄山区,属黄山市,则整个黄山都在黄山市境内。这样以旧徽州府为主体的黄山市,跟以旧宁国府为主体的宣城市,就以黄山北麓为界:南为黄山市,以山区为主,周围环山,内为由无数山冲组成的盆地;北为宣城市,为平原、丘陵和山间盆地。

佛教胜地九华山在池州境内。古称陵阳山区。主峰九华山,在青阳县境内,古称九子山,因山有九峰而得名。相传“李白因游江汉,睹其山秀，遂更号曰九华”（《太平御览·地部·九华山录》）。九华山呈南北走向把池州跟宣城市隔开：九华山以东为铜陵、宣城、芜湖，地形是丘陵、平原、山区；九华山以西为池州，主要是山区、丘陵。

宣城市境内还有一些名山。宣城的敬亭山，宁国的文脊山，都是历来文人题咏之处。敬亭山在宣城城北，古人以为是陵阳余脉，其实与黄山是一体。海拔不过三百米，但因谢朓、李白、刘禹锡等名家都有登临名句，遂为名胜。文脊山也留有梅尧臣、王安石、杨万里等的名句。文脊山区有山门山，又名石门山，有天然石门，石门内有始建于北宋的灵岩寺，是宁国主要名胜。

皖南北依长江，区域内有新安江、青弋江、水阳江、秋浦河等，河流密布。本区的池州、铜陵、芜湖、马鞍山从西向东分布在长江沿岸。

新安江及其支流发源于黄山市的歙县、绩溪、休宁、屯溪等地，向南流经浙江。

青弋江发源于黟县，向东流经黄山区、泾县、南陵、芜湖，从山区到平原。注入长江。

水阳江及其支流发源于天目山北麓，向北由广德、宁国，流经宣城、芜湖县，注入长江。

秋浦河发源于九华山麓，支流经过石台，汇合后向北经过池州，注入长江。

本区的交通有陆路、水路两种。陆路交通有支脉型的特点，即各府县之间有道路连接，这些道路再由各个府县分别伸向周围村镇。即使是深居山中的徽州府，宋代以后都有四通八达的陆路通道。这些道路有不同的级别，从歙县出发，向东可以经过绩溪、宁国、太平，到和州；经过昌化、於潜可以抵达临安；向西可以经过休宁、黟县、祁门到达石埭或浮梁。北部沿江各地自古都有驿道跟附近府县相通。芜湖、宣城交通都比较方便发达。交通不便的是池州市的石台和黄山市的部分地区。

这些地区虽然也有不少古道,但多是不能行车的盘山小道,因此比较闭塞。

皖南属于亚热带气候,雨水多,河流多,水路交通比较方便。过去徽州的对外运输主要是靠新安江等河流的水运,可以联系区内各地,还可以远达江西、浙江。池州、铜陵、芜湖、马鞍山由于有长江的黄金水道,水运更加得天独厚。上接九江,下达南京。其中,芜湖自古就是重要的交通枢纽和周围地区的商品集散地。明清时期,这里有很多徽州客商。此外,池州有秋浦河可通区域内各地。宣城市境内青弋江、水阳江水系发达,宁国、广德、宣城可以通过这些水路通往芜湖。

从历史上看,由于过去本地长期处于一个行政区,尽管道路有不便,内部交通的发生还是很频繁。对外交流上有不同的趋势:区域东北角的芜湖,由于是通往南京和吴语区的门户,自然是本区的交通重镇。宣城的对外联系主要经过此地,黄山市(旧徽州府)也经由此地与江淮相连。池州历史上跟安庆、九江空间距离近,因此,跟江西和江淮地区联系密切。徽州府除了跟江淮有联系以外,更主要的是通过水路跟江西饶州、浙江严州等地有历史悠久的往来。

第二节 现代皖南方言概况

我们以黄山为界,把皖南土著方言分为南北两块:黄山以南的黄山市,即以往徽州地区的话,人们通常称为徽语的,我们称为徽州话;黄山以北的宣城市及其周围芜湖、池州等地的话,即人们通常称为宣州片吴语的,我们称为宣城话。周围有几个大的方言:东有吴语,西和北有江淮官话,南有赣语、客家话。整个皖南方言最近几十年受普通话影响,语音发生了很大变化。内部小区域方言差距很大,甚至于相距很近的地方不能通话。宣城话区域内部的强势方言是芜湖话,徽州话区域内部没有强势方言。区域内部还有成片的客籍话：宣城话区域内部有江淮官话、河南话和湖北话，还有畲话；徽州话区域内部有安庆话。芜湖市、马鞍山市、青阳、宣州区等处说江淮官话，但是周围农村说宣州片吴语；池州地理上接近安庆和九江，有部分地区方言是江淮官话或赣语，但整体上跟宣城话有很大一致性。因此，我们把黄山以北都叫做宣城话地区。

一、皖南方言的调查和研究

1935 年，魏建功、舒耀宗、胡棨、刘复、白涤洲的《黟县方音调查录》发表在《国学季刊》第四卷第四期，这是最早引进西方语音学方法研究徽州方言的著作。1934 年夏天，中央研究院历史语言研究所赵元任、杨时逢、罗常培调查了徽州六县几十个点的方音，但是，由于抗战爆发，发表出来的文章只有罗常培的《徽州方言的几个要点》《绩溪方言述略》《汉语音韵学导论》相关部分等。以后出现了长时间的停滞，直到 20 世纪 60 年代，合肥师范学院才编了《安徽方言概况》，方进发表了《芜湖县方村话记音》(1966)。台湾发表了赵元任的《绩溪岭北音系》(1962)和赵元任、杨时逢的《绩溪岭北方言》(1965)。进入 20 世纪 80 年代以来，这个地区的方言研究蓬勃展开。《中国语言地图集》(1987、1989)中的《安徽南部的方言分布》和《吴语》部分，《安徽省志·方言志》对皖南方言的分区和特点有详细论述。

其他工作有：

关于宣城话的有：颜逸明《高淳方言调查报告》(1983)《江苏境内吴语的北界》(1984)，张盛裕《太平(仙源)方言的声韵调》(1983a)《太平(仙源)方言的两字组的连读变调》(1983b)《太平(仙源)方言的同音字汇》(1991)，王太庆《铜陵方言记略》(1983)等。各县近来都有县志出版，其中的方言部分也是这一地区方言研究的成果。其中，宣城地区的十二个县都已经出版了带有方言志的县志。最近，复旦大学的博士论文《宣州片吴语音韵研究》(蒋冰冰 2000)调查了宣城话的二十个点，并且跟南部吴语、北部吴语分别进行了比较，找出了宣州片吴语的特点。该论文已经于 2003 年由华东师范大学出版社出版，更名为《吴语宣州片方言音韵研究》。

关于徽州话的研究有：孟庆惠的《黄山话的 tɬ、tɬh、ɬ 及探源》(1981)《歙县方言中的历时特征》(1988b)《歙县话音档》，钱惠英《屯溪方言音系述略》《屯溪话音档》等，平田昌司《休宁音系简介》(1982)《徽州方言全浊声母的演变》(1982)，冯雪珍《休宁方言纪要》(1988)，沈同《祁门方言的语音特点》(1989)，钱文俊《婺源方言中的闭口韵尾》(1985)，叶祥苓《赣东北方言的特点》(1986)，张琨《谈徽州方言的语音现象》(1986)，伍巍《徽州方言和现代吴语成分》(1988)，赵日新《安徽绩溪方言音系特点》(1989)，这一时期的重要成果还有《中国语言地图集》、《安徽省志·方言志》和《徽州方言研究》。其中，孟庆惠的研究涉及宣城境内的吴语、河南话、湖北话、畲话，以及跟本地吴语不同的郎溪、广德吴语，还有徽语区的徽城和海阳。平田先生的研究涉及徽语区内部的绩溪、歙县、屯溪、休宁、黟县、祁门、婺源等。最近出版的《现代汉语方言概论》(侯精一主编)中，徽语被作为一个大方言区，有专章介绍(郑张尚芳执笔)，宣城话也在吴语部分作了介绍(许宝华执笔)。

二、现代皖南方言的特点

(一)声母方面

徽州地区古浊声母都清化了。有两种情况：一是清化以后，塞音、塞擦音不分平仄一律送气，这样的方音多在北部，如绩溪、歙县、祁门、婺源(县城)；一是塞音、塞擦音清化后送气和不送气都有，找不到条件，这样的方音多在西部、南部，如屯溪、休宁、黟县、婺源(江湾)。见下表

(本书所引的方音资料,除特殊注明之外,徽州话资料一般采自孟庆惠(1997)和平田昌司(1998),宣城话资料一般采自蒋冰冰(2003)和孟庆惠(1997))。

表 1—1:

	並	定	从	群	崇	澄	船	禅	邪
	皮	豆	字	桥	愁	治	舌	寿	袖
绩溪	pʰɿ	tʰɪi	tsʰɿ	tɕʰie	tsʰɪi	tsʰɿ	tɕʰyæʔ	sɪi	tsʰɪi
旌德	pʰɿ	tʰiuʔ	tsʰɿʔ	tɕʰiɔ	tɕʰiu	tsʰɿʔ	ɕiʔ	ɕiuʔ	tsʰiuʔ
祁门	pʰi	tʰe	tsʰɿ	tɕʰiɯɐ	tsʰe	tʂʰi	tʂʰiɐ	ɕie	tsʰe
黄山	pʰi	tʰiɷ	tɬʰl	tɕʰiɑ	tɕʰiɷ	tɕi	tɕiɐ̆	ɕiɷ	ɬiu
屯溪	pʰi	tʰiu	tsʰɿ	tɕʰio	tʰiu	tɕi	tɕia	ɕiu	siu
黟县	pʰɛi	lɐɯʔ	tsʰɿʔ	ʧʰiu	ʧʰɯɐ̆ʔ	tsɿʔ	ʧiɐ	ʃɯɐ̆ʔ	ʧʰɯɐ̆ʔ

宣城部分城区话受到江淮官话的影响,古浊声母基本上都清化了。塞音、塞擦音清化的规律是,平声送气,仄声不送气。但是这个规律不是非常严格的,个别字有例外,例如"跪"字一般读送气清音。

与以上情况不同,宣城土著话古浊声母还保留着独立的类。方进《芜湖县方村话记音》(1966)最早发现古浊声母独立成类。"方村话声母有一个突出的特点,就是在清擦音中有送气的 f'、s'、ʂ'、ɕ' 与不送气的 f、s、ʂ、ɕ 的对立。"送气音的例字分别是饭、在、赵、校。这些都是古浊声母字。其中,"f'在 u 韵前读成 ɸ,如'湖'ɸu,'步'ɸu"。"稻"的声母是 ɾ',写作 ɾ。"发 ɾ 的时候,贴近上腭和齿龈交界处的舌尖轻轻一弹,一股气流从口腔里冲出来;声不带音,是一个送气的清闪音。ɾ 既与 t'对立,如:桃 ɾɔ≠讨 t'ɔ,同 ɾoŋ≠统 t'oŋ;也与 t 对立,如:稻 ɾɔ≠到 tɔ;动 ɾoŋ≠冻 toŋ。"

叶祥苓(1984)说:"这里的语音比较特殊,古全浊声母今读浊音。……读单字时全浊声母很不明显,有时改读送气清音声母了。"发古定母字时,舌尖有明显的颤动。郑张尚芳(1986)说:"但宣州话这些全浊声母的读音变化很大；浊塞音的闭塞成分都很轻微，很多已向通音转化，并带上清送气；浊塞擦音大都已转化为擦音。”

孟庆惠(1988)认为这一地区古浊声母大致可以分成两类：

1. 古浊塞音	2. 古浊塞擦音
→ 1a：清塞音＋浊气流(pɦ)	→ 2a：清擦音＋浊气流(sɦ)
↘ 1b：清擦音＋浊气流(sɦ)	↘ 2b：清擦音＋强气流(sh)
↘ 1c：清擦音＋强气流(sh)	

从上面的分类来看，1b 类和 1c 类的对立主要是由发音时伴随气流的性质决定的。如，石埭老城区：床闸 sɦ≠茶丈 sh；南陵奎湖：床闸 ʂɦ≠船舌茶丈上常 ʂɦ。

孟庆惠还画了一个古浊声母的发展线条：

稗：pɦ→ɸɦ→fh

稻：tɦ→ɾɦ→h

住：sɦ→sɦ→sh

这里的 ɦ→h 的发展，和上面的 ɦ/h 对立有矛盾。蒋冰冰(2000)认为宣州话古浊声母的伴随气流 ɦ、h 没有区别意义的作用。“吴语宣州片中那些清化的浊音应记为：‘强弱送气’＋‘浊辅音’，当浊音清化程度弱，即浊流强时，前者用[ɦ]表示；当浊流清化程度强即浊流弱时，前者用[h]表示。当浊音走完清化之路，演变成[p-][t-]等时，浊音就不再是浊音，即其本质已发生了质变，最终变成清音了。”

宣城方言古全浊声母独立。这一特点跟吴语不完全一样，赵元任认为吴语是“清音浊流”。曹剑芬(1981)认为吴语常阴沙话的浊声母跟不送气清音的对立只是表现在声调上。石锋(1982)认为吴语的清浊对立是由后接元音的性质决定的。王士元(2002)认为清浊塞音的对立决定于发音时的闭塞时间。而宣城话的浊音还没有完全清化，很多点的浊音变化趋势有三个方向：弱化、擦音化、清化。例如：

b→β/ɦv/p/ph　　d→ r/ɾ/t/th　　g→kʰ/tɕʰ/hz/ɦʑ/ɦ

黄山区甘棠镇话的泥、来、定母有一种复杂的关系。首先，泥母洪音读同来母，如“努＝鲁[ləu]”；其次，来母细音读同定母，如“例＝第[di]”。下面把读同定母的来母字开列如下：

表 1—2：

音节＼声调	阳平	阴上	阳上	阳去
di	犁篱梨狸		李礼	例离利吏
diɛ	雷	猎粒律力笛历栗		
diɔ	疗聊		了	廖
diu				料
dy	流		柳	溜
diæ	帘连莲	烈	敛脸	殓练
din	林邻		檩冷领	吝令
diɒ̃	粮		两	亮

(二)韵母方面

1. 二等韵的韵母

徽州话中古二等字一般没有介音。宣城话中古二等字则多数有介音，少数没有，没有历史来源上的条件，但是，那些没有介音的一般是日常用字，有介音的字则分布很广。

表 1—3：山摄二等字的介音

代表点＼例字		日常用字		非日常用字	
		间	眼	简	谏
宣城话	裘公	kã	ŋã	tɕɪ	tɕɪ
	庄村	kan	ŋan	tɕiɛ	tɕiɛ
徽州话	绩溪	kɔ	ŋɔ	kɔ	kɔ
	旌德	kæ	ŋæ	kæ	kæ

2. 牙喉音开合口

两个地区的牙喉音字都分开合，但是，所管辖的字往往跟官话不同。

表 1—4:

代表点 \ 例字		一等			二等	
		合	开		合	开
		官	肝	看	关	间
宣城话	裘公	kõ	kõ	kʰõ	kuã	kã
	庄村	kuɛ	kɛ	kʰɛ	kuan	kan
徽州话	绩溪	kuɔ	kɔ	kʰɔ	kuɔ	kɔ
	旌德	kue	ke	kʰue	kuæ	kæ

从上表还可以看到山咸摄主要元音的格局：一、二等韵大致有别，但徽州话部分一二等不分，例如绩溪。

舌音字一般不分开合，一些点的开合关系转化为元音舌位或韵尾的不同：

表 1—5:

		丹	难	短	暖
宣城话	裘公	tã	lã	tõ	lõ
	南极	tɛ	nɛ	tɛ	nɛ
徽州话	绩溪	tɔ	nɔ	tã	lã
	旌德	tæ	læ	te	le

个别地方撮口呼字读齐齿呼：

表 1—6:

		远	宣	律
宣城话	裘公	yĩ	ɕyĩ	liʔ
	太平	ĩ	sĩ	li
徽州话	绩溪	yeĩ	ɕyeĩ	nieʔ
	屯溪	yɐ	siɐ	li

3. 果摄、假摄一、二等韵母

宣城话果摄、假摄一、二等韵母是合流的，徽州话却保持分别。

表 1—7：

字＼点	宣城话				徽州话				
	永丰	厚岸	陵阳	童埠	绩溪	旌德	黄山	屯溪	黟县
哥	ko	ko	ko	ko	kɵ	kɷ	kɷ	ko	kɑu
家	ko	ko	ko	ko	ko	kɔ	kuɐ̆	kɔ	kɔɐ̆

4. 舌尖元音的范围

有两个方言点比较特殊：一个是绩溪，它的舌尖元音韵母只有[ɿ]，拼和的范围除了齿音以外，还有唇音、舌音。一个是祁门，它的舌尖元音韵母也只有[ɿ]，但是却有舌尖后音声母；这个舌尖后音声母可以跟舌面高元音[i]拼和。此外，除了黄山（汤口）精庄组声母为[tɬ][tɬʻ][ɬ]，止摄开口韵母相应变成声化的[l̩]，年陡有[ɿ][ʅ]两个舌尖元音韵母以外，其他地方的舌尖元音韵母都只有[ɿ]。

表 1—8：

字＼点		章	庄	知	精	见	明	泥
		制	师	知	资	鸡	米	泥
徽州话	绩溪	tsɿ	sɿ	tsɿ	tsɿ	tsɿ	mɿ	nɿ
	旌德	tsɿ	sɿ	tsɿ	tsɿ	tsɿ	mi	ȵi
	黄山	tɕi	ɬl	tɕi	tɬl	tɕi	mi	ni
	屯溪	tɕie	sɿ	tɕi	tɕi	tɕie	me	le
	黟县	tsɿ	sɿ	tsɿ	tsɿ	ʧɛɐ̆	mɛɐ̆	nɛɐ̆
	祁门	tʂei	sɿ	tʂi	tʂi	tɕiɐ̆	mi	ȵiɐ̆
宣城话	裘公	tsɿ	sɿ	tsɿ	tsɿ	tɕi	mi	ȵi
	庄村	tsɿ	sɿ	tsɿ	tsɿ	tsɿ	mi	ȵi
	灌口	tsɿ	sɿ	tsɿ	tsɿ	tɕi	mi	ȵi
	甘棠	tsɿ	sɿ	tɕi	tsɿ	tɕi	mi	ȵi
	年陡	tʂʅ	sɿ	tʂʅ	tsɿ	tɕji	mji	ȵji
	童埠	tɕi	sɿ	tɕi	tsɿ	tɕi	mi	ȵi

5. 臻、深、梗、曾四摄的关系

宣城话基本上是四摄合流。洪细虽别，尚押韵。徽州话复杂些：黄山、绩溪、旌德四摄合流，但洪细分韵；屯溪、黟县、祁门基本上是臻、深摄合流，梗曾摄合流，同时洪细分韵。

表 1—9：

点＼字		臻		深	曾		梗	
		根	斤	金	冰	等	耕	经
徽州话	绩溪	kɑ̃	tɕiɑ̃	tɕiɑ̃	piɑ̃	tɑ̃/tiɑ̃	kẽi	tɕiɑ̃
	旌德	ke	tɕiŋ	tɕiŋ	piŋ	təŋ	ke	tɕiŋ
	黄山	kiɐ	tɕie	tɕie	pe	tɐ	kiɐ	tɕie
	屯溪	kuɛ	tɕin	tɕin	pɛ	tɛ	kɛ/tɕiɛ	tɕiɛ
	黟县	kuɑŋ	ʧɛi	ʧɛi	pɛɐ	tɛɐ	kɑ	ʧɛɐ
	祁门	kuæ	tɕiæn	tɕiæn	pæ	tæ	kɑ̃	tɕiɐ̃
宣城话	裘公	kən	tɕin	tɕin	pin	tən	kən	tɕin
	庄村	kəŋ	tɕin	tɕin	pin	təŋ	kəŋ	tɕin
	灌口	kən	tɕin	tɕin	pin	tən	kən	tɕin
	甘棠	kən	kin	kin	pin	tən	kən	kin
	湖阳	kə̃	tɕĩ	tɕĩ	pĩ	tə̃	kə̃	tɕĩ
	南极	kiŋ	tɕiŋ	tɕiŋ	piŋ	təŋ	kiŋ	tɕiŋ

（三）声调方面

现代皖南方言声调差异很大，但内部一致性也很明显。第一，是平声分阴阳，徽州话一般去声也分阴阳，浊上声不变成去声。例外情况是少数。宣城话与之不同，除了平声以外，其他声调一般不分阴阳，浊上声一般变成去声，或单独做阳上声。

表 1—10:徽州话声调

	清	次浊	浊	清	次浊	浊	清	次浊	浊	清	次浊	浊
绩溪	阴平	阳平		上			阴去	阳去		入		
旌德	阴平	阳平		上						入		
屯溪	阴平	阴去		阴上	阳上		阴去	阳去		入		
黄山	阴平	阳平		上			阴去	阳去		入		
黟县	阴平	阳平		上			阴去	阳去		阴入	阳平	
祁门	阴平	阳平		上			阴去	阳去		阴入	阳去	
歙县	阴平	阳平		上			阴去	阳去		阴入	阳去	
休宁	阴平	去		阴上	阳上		去	阴平		阴入	阳入	
婺源	阴平	阳平		阴上	阳上		阴去	阳去				

表 1—11:宣城话声调

	清	次浊	浊	清	次浊	浊	清	次浊	浊	清	次浊	浊
裘公	阴平	阳平		上声			去声			入声		
甘棠	阴平	阳平		阴上	阳上		阴去		阳去		阴上	
庄村	阴平		阳平	上声			去声			入声		
灌口	阴平	阳平		上声			去声			入声		
南极	阴平	次浊平	阳平	阴上	阳上		去声			入声		阳上
陵阳	阴平	阳平		上声	去声					入声		
七都	阴平	阳平		上声	次浊上		去声			入声		次浊上

第二,保留入声。多数点保留入声,其中部分点入声分阴阳。

第三,上声多数不分阴阳。宣城、徽州都是这样。

第四，去声分阴阳是徽州话的特点，宣城去声基本上不分阴阳。

第五，连读变调，宣城话少，徽州话多。张盛裕先生调查的"仙源话两字组的连调，可以按后字是否轻声，分为'重重'和'重轻'两类。重重型后字不变调，重轻型后字读轻声。无论后字是否轻声，阴平作为前字有时由 32 调（写作 31 调）变为 34 调，其他前字一律不变。"蒋冰冰(2000)调查的溪滩话只有一个曲折调和阳平容易变。变调形式贫乏，跟吴语不同。郑张尚芳（2002，p. 91）认为徽语"全浊上声保留上声为主，连调变化发达而以前字变调为主"，是区别与赣语和江淮官话的特点。则连读变调上，徽语和宣城话不同。

此外，整个皖南地区文白异读都不丰富。

三、皖南方言的归属和分区

从章太炎起，徽州话就作为一个独立的方言而跟官话、吴语、赣语等这些周围的大方言平起平坐了。章太炎把汉语方言分为十种（后来又改为九种）。"东南之地，独徽州、宁国处高原，为一种。厥附属者，浙江衢州、金华、严州，江西广信、饶州也。"（章炳麟 2003，pp. 134—135）这里所说的宁国是旧的宁国府所辖的地区，即现在的宣城市。其后，黎锦熙打破行政区划的界限，重新划分了汉语方言为十二区。其中说到徽州、宁国，跟浙江上游之金华道，以及江西饶州、广信属于浙源系（王福堂 1999）。王力先生《中国语文讲话》(1950)分汉语为五大系：官话、吴语、闽语、粤语、客家话。其中，"徽宁系"归官话。在此前后的赵元任、李方桂、丁声树、袁家骅、李荣等分别把汉语方言分为七到九个区，徽州话一般归入官话。1939 年上海申报馆《中国分省地图集》第四版的《语言区域图》中，徽州方言（或称皖南方言）是独立的一支。但参与编写的赵元任先生说："徽州方言在全国的方言区里很难归类，所以我在民国二十七年给申报六十周年出版的中国分省新图画方言图时候，就让徽州话自成一类。因为所有的徽州话都分阴阳去，近似吴话，而声母都没有浊塞音，又近似官话区。但是，如果要嫌全国方言区分的太琐碎的话，那就最好以音类为重，音值为轻，换言之，可以认为是吴语的一种。”又说婺源等地的方音“有点介乎吴、楚之间的意味”（赵元任 2002，p. 578）。1987 年出版的《中国语言地图集》上，“徽语”是独立的大方言。参加这个地图集徽语部分编写的郑张尚芳主张徽语独立，但是他也不能给徽语找到令人信服的特点。在侯精一主编的《现代汉语方言概论》中，由郑张尚芳先生执笔的徽语部分列出了徽语的五大特点：“①古全浊声母清化，塞类声母不分平仄以读送气清音为主。②声调简化，以六调为主。③古鼻韵尾及-i、-u 韵尾脱落或弱化。④全浊上保留上声为主，连调变化发达而以前字变调为主。⑤有鼻音式儿化小称音变。”指出①②③区别于吴语，②③④⑤区别于赣语，①②④⑤区别于江淮官话。认为“我们所提的五个语音标准足以与周围方言相区别”。（侯精一 2002，p. 95）实际上，我们如果换一个角度看，以上五点又都跟周围方言一致。①同于赣语，②跟客家话（也在周围）一致，③④⑤同于吴语。这样，实际上徽语完全属于自己的特点就没有了。郑张尚芳还找到一个声母方面的特点：“床”“状”读音不同，“‘床’读清擦音，‘状’读清送气塞擦音，与官话形成 s/ɕ：tʂʻ，tsʻ/ tɕʻ：ʂ 的对比”（侯精一 2002，p. 92）。见下表：

表 1—12（引自侯精一 2002，pp. 91—92）：

	旌德	绩溪	歙县	屯溪	休宁	黟县	祁门	婺源	淳安	遂安	建德	寿昌
床	⊆so	⊆sõ	⊆so	⊆sau	⊆sau	⊆sɔŋ	⊆sũ：ɐ	⊆ɕiã	⊆sã	⊆som	⊆so	⊆ɕyã
状	tsʻo⊇	tsʻo⊇	tsʻo⊇	tsʻau⊇	tsʻau⊇	tʃʻɔŋ⊇	tʂʻũ：ɐ̃⊇	tɕʻiã⊇	tsʻã⊇	tsʻom⊇	tsʻo⊇	tɕʻyã⊃

郑张尚芳还找到一个韵母方面的特点：在官话里同音的蟹摄、止摄字，在徽语里不同音。见下表：

表 1—13(引自侯精一 2002,pp. 92—93):

	旌德	绩溪	屯溪	黟县	祁门	遂安	寿昌
灰	꜀xua	꜀xuæ	꜀xuə	꜀xuɐɯ	꜀xua	꜀fei	꜀huɛ
徽	꜀xui	꜀xuei	꜀xue	꜀xuɛi	꜀xuei	꜀fei	꜀huei
鸡	꜀tsʅ	꜀tsʅ	꜀tɕie	꜀tʃe:ɐ	꜀tɕi:ɛ	꜀tɕiei	꜀tɕi
饥	꜀tsʅ	꜀tsʅ	꜀tɕi	꜀tʃɛi	꜀tɕi	꜀tsʅ	꜀tɕi

1987 年,在《中国语言地图集》出版的同时,颜逸明(1987)说:“徽语从官话里分出来是分区历史发展的必然趋势,但徽语通行范围很小,声母接近赣语(如全浊声母今读送气清音为主),韵母接近浙南吴语(如咸摄、山摄一二等字鼻尾消失或转为鼻化音),这就告诉我们,徽语还有研究的必要,是独立一区,还是归入别的方言区,都还需要研究。”但是在他的分区里边,徽语是独立的一支。孟庆惠(1997,2000)继续沿用此说。目前,学者们对徽语是否独立的看法不一。詹伯慧(2001)说:“后来各家的分区大都没有把徽语独立出来,主要原因是对于这支皖南方言了解不够。但是许多学者都已感到皖南一带的徽州方言确实有很多与众不同的特点,恐怕不宜于再放在‘官话区’中了。至于是否另立徽州方言为一个大方言区,与‘官话’等方言区并立,或者作为几个大方言区之间一个特殊方言处理,这个问题还需进一步从全局出发来考虑。”王福堂(2004,p. 7)认为,徽州方言如果归入吴方言中的一个次方言或土语群,也许是最为合适的归宿。

另外,罗杰瑞(1995)认为:“绩溪第三人称 ke 和临川话一致。因此,把绩溪话划入赣语问题不大。”但他也承认,“绩溪话因近于北方话区域,因而受北方话的影响就更大。”

徽州话的内部分区:《中国语言地图集》对“徽语”进行了分片(这个“徽语”的概念要比黄山市的范围大,还包括浙江和江西的一部分):①绩歙片:绩溪、歙县,和旌德、宁国、浙江淳安各一部分;②休黟片:屯溪市、休宁、黟县、江西婺源，和祁门、黄山各一部分；③祁德片：祁门、东至、江西景德镇、德兴、婺源；④严州片：浙江淳安、建德两县；⑤旌占片：分为东西两块，东为旌德县，西为祁门的安凌区、石埭县的占大区、黟县美溪跟柯村二乡、宁国胡乐乡。孟庆惠、平田昌司也有自己的分区。

王力先生及以前的学者提到的徽州话或徽宁话，大致包括旧的徽州府和宁国府，即今徽州话和宣城话地区。以后的学者所说的徽语则专指徽州地区话。

《中国语文》1966 年第 2 期发表方进的《芜湖县方村话记音》，说芜湖"县内的方言大致可以分为南北两区，清水镇以北为北区"，说江淮官话；"清水镇以南为南区"，"南区的方言特色鲜明，以方村话为代表"。"繁昌、南陵、宣城等县靠近芜湖县的地区，特别是宣城县湾沚镇附近，说话跟方村基本一样"。此后，《方言》1984 年第 1 期发表了以《吴语的边界和分区》为总标题的一组文章，其中蔡勇飞《吴语的边界和南北分区》中，没有提到宣城话。同期有鲍士杰《浙江西北部的吴语边界》，认为以前大家笼统地说江淮官话跟吴语的分界是"镇江以上、九江以下的沿江地带"，这种说法不确切。根据他的调查结果，"发现广德、宣城、郎溪等县都以说河南、湖北方言为主，宁国说安庆方言，也有湖北、河南方言。这片地区通过一个南北走向的狭长地带与芜湖、当涂相衔接，跟整个北方话连成一大片"。因此，"北方话与吴语的分野，也不都在沿江地带。其中一部分大体上在浙江省的长兴、安吉、孝丰、於潜、昌化境内"。这样，他好像就依照这条线把芜湖和宣城划归北方话区了。同年的《方言》第 4 期又发表以《吴语的边界和分区》为题的文章，说"浙江省淳安（包括旧遂安）和建德（包括旧寿昌）两县方言接近徽州话。安徽省南部的方言，包括徽州话在内，跟吴语的关系另行讨论，这里暂时不把淳安、建德列入吴语区"。同期叶祥苓的《苏浙皖三省交界处的方言》发表了他到江苏的高淳、安徽的郎溪、广德、宁国、宣城、芜湖等地调查的结果，确认这些地方的方言是吴语。随后，傅国通等(1986)认为，宣城主要地区说的是吴语，称吴语宣州片。郑张尚芳(1986)进一步对这个区域的方言进行了区划。指出本区除了大部分地区是吴语以外，不少县城的话已经被江淮官话取代，内部还有其他客籍话。孟庆惠(1988)称宣城周围的方言为铜太方言，它跟吴语之间被广德、宁国、宣城一大片官话方言隔开。

宣城话的分片：宣城话分为三个片(郑张尚芳 1986)：①铜泾小片，包括铜陵、泾县、宁国一部分、繁昌、南陵、宣城、芜湖、当涂、贵池、石埭、太平，共十二个县。特点是浊声母弱化或通音化。②太高小片，包括太平东部和南部、高淳城关和西部、溧水南部、当涂湖阳和博望、宁国的南极、昌化的昌北区。特点是保持浊声母的读法。③石陵小片，包括石埭中部、青阳的陵阳乡、泾县厚岸乡太平的三丰地区、贵池的灌口乡。特点是浊声母基本清化。浊塞擦音今读清擦音，浊塞音今读清塞音。孟庆惠、蒋冰冰也有自己的分区。

除了这两个大的土著方言以外，江淮官话不仅存在于本区边缘的芜湖市，在区域内部也占领了一些地方。这些地方分为三个块：一个以宣城为中心，一个以溪口为中心，一个以南陵、三里店、木镇、青阳为中心。它们跟区域以外江淮官话基本相同，根据孟庆惠(1997)的调查，这里的江淮官话跟皖中江淮官话的共同点有：①声调是阴平、阳平、上声、去声、入声五个调；②全浊声母清化，古全浊声母今读塞音、塞擦音平声送气，仄声不送气；③臻摄、深摄、梗摄、曾摄混同。皖南的江淮官话还有其他一些特点：①泥来不分；②小范围内有舌尖前音和舌尖后音两套声母，但大部分不分；③二等喉牙音有文白异读，白读舌根音，文读舌面前音；④芜湖、马鞍山等地和安庆一样，宕江摄跟山咸摄混同；⑤山、咸摄一二等不同韵：官[on]≠关[uan]；⑥芜湖、宣城入声有喉塞尾，池州已同阴声。

区域内部宁国有湖北话，广德有河南话。它们虽然都保持了没有入声、平分阴阳等特点，但是已经出现了两个声化韵[m̩]、[n̩]，山咸摄鼻化，臻深摄跟曾梗摄混淆，这些是跟来源地的河南话、湖北话不同的。

此外，皖南还有一些客籍话，如湘语、赣语、畲话等。范围、势力都很小，不再赘述。

第三节 本书使用的材料

一、历史上的徽州话资料

皖南地区历来是文人墨客流连忘返的地方，谢灵运、李白、王安石等都曾到此。本土的文人如梅尧臣、罗愿、梅鼎祚、江永、戴震等，接踵而有。本土文人关于小学的最早材料应该数罗愿《尔雅翼》，可惜几乎没有谈到方音。从明代开始，本土小学家或以教学的需要，或以读经的需要，或以治古音的需要，对本土方言作了不同程度的记录和研究。下面分两个地区来介绍。

明代徽州小学家和文学家都不少，这里不能遍举，只举著名的，或者本文中用到其著作或言论的。《啸余谱》的作者程明善，其书虽然只是收集他人作品，但在凡例、按语等处也能透露出一些方音信息。例如，他理解的"务头"就是平声分阴阳，他替周德清"入派三声"辩护，却用入为"冬声"、主闭藏等来附会，说明他实际上承认有入声。他谈到他已经编辑好一本《七始音韵》，尚未刻印。所以，我们不能用到他更多的材料。明代的其他材料有：

1. 吴继仕《音声纪元》(明万历辛亥年，即1611年)

吴氏作此书的目的是有感于"三代而下，既无采风之典，而方音各异，南北平仄不啻胡越矣"。因此，"余之《纪元》者，循天地自然之音声，一一而谱之，毋论南北，毋论胡越，虽昆虫鸟兽，总不出此音声之外”。出于以上的目的，他的著作中把音韵跟历法、音乐、《诗经》韵语都挂上关系。书中声母系统采用“声介合母”方式，设六十六字母，可归纳为三十个声母音位：见溪群疑，晓匣喻影，端透定泥来，照穿床审禅，精清从心邪，帮滂並明，非敷微。没有知组和日、奉两母。韵母系统分二十四部。保留入声和闭口韵，前后鼻音不混。李昱颖(2002)认为，《音声纪元》音系是混合音系，“反映有北方话、江淮官话、吴方言及存古《切韵指南》音系的语言现象”。实际上，《音声纪元》有前后两张韵谱，所谓“存古”仅在“后谱”；前谱则有浓厚的徽语色彩。

2.《韵法直图》(明万历四十年之前，即 1612 年之前)

此韵图作者不详，是梅膺祚在新安(歙县)得到，然后放在梅氏《字汇》后边刊行的。其制作时代应该不晚于梅膺祚得到它的时间：万历四十年(1612)。此图的声母系统采用三十二字母，把三十六字母的知组并入照组。韵母方面，沿袭上元(南京)人李登的《书文音义便考私编》，较早采用“四呼”的名称，而有改动。共有四十四个韵母，保留入声和闭口韵，其“咬齿韵”就是支思韵。其音韵结构跟同样刊行在《字汇》后面、表现南京音系的《韵法横图》有同、有异。邵荣芬(2002)认为，《直图》兼有吴语、徽语的特点，可能是接近吴语区(徽州?)的人作的。

3. 无名氏《徽州传朱子谱》(早于《切韵声原》，即 1614 年)

该谱见于明末清初桐城学者方以智的《通雅·切韵声原》里。托名朱熹，实际上可能是明清之际徽州文人的作品。《谱》中记录了明代徽州方音(见何九盈 2000，p. 235)。该谱的韵母分十二摄，没有入声和闭口韵，深摄、臻摄、曾摄、梗摄合并，山咸摄有两个主要元音，寒桓同韵。陂摄下面说：“舌上‘知迟’、正齿‘支痴’转‘赀差’，皆收。”这可能提示几个音变的信息：一是知组、照组、精组可能已经合并；二是支思韵母(咬齿韵)已经产生。这些特点跟《韵法直图》基本一致，可以互相印证。

4. 明末吴元满的著作

明末还有一个重要的学者是吴元满。道光《歙县志·士林》:“吴元满,字敬甫。生而独目。常曰:‘吾以一目外观,而以一目内照,觉内之所得者较多。’因广贮书,力探‘六书’意义,点画音韵,吃吃几五十年。少有未协者,惟音声一部,则以风气方音之故。元满方欲加究,而暴病以殁。”文字学功底如何且不必论,其著作中保留的方音材料却很宝贵。

吴元满一生布衣,著述颇丰。计有《六书正义》《六书总要》《六书溯源直音》《谐声指南》等。《四库总目提要》批评他的《六书正义》“所论转注,以‘曲逆’读‘去遇’之类当之”。批评他的《六书溯源直音》“所用直音,尤多舛误。如凡音烦、千音签、必音碧、禛音真,皆参杂方言,有乖旧读;至于‘士’‘是’,本皆上声,既注‘士’音‘是’矣,又注‘叶上声’,尤自相抵牾也”。从这些例子看,吴元满的方音里可能有这些音变:

闭口韵[-m]跟前鼻音韵尾[-n]合并:中古有[-m]尾的“凡(咸摄凡韵)”、“签(咸摄盐韵)”分别跟中古有[-n]韵尾的“烦(山摄元韵)”、“千(山摄先韵)”字同音。

舌根塞音韵尾跟舌尖塞音韵尾合并:“必”是质韵字,本来有[-t]韵尾,“碧”是昔韵字,本来有[-k]韵尾,被吴氏注为同音,则两个字韵尾已经无别。要么是变成了喉塞音,要么是变成了阴声韵。

浊上变去:正如《提要》编者所说,“‘士’‘是’,本皆上声,既注‘士’音‘是’矣,又注‘叶上声’。”这说明“是”已经不读上声了,不然,叶音就没有必要了。今徽州话浊上声有不变去声的。

根据陈欣仪(2002),吴氏还有《切韵枢纽》,“和作者其他韵学著作《万籁中声》《四声韵母》,以及音论《韵学释疑》合为一书”。陈欣仪经过研究,“《切韵枢纽》的音系乃兼有袭古和创新,并融合了官话与非官话方言的音韵现象,并非一地实际的语音纪录”。由于此书目前只见于台湾,本文暂时没有把它列为主要资料。

5. 程元初《律古词曲赋叶韵统》(明万历甲寅,即1614年)

元初字全之,新安人。是书讨论叶韵,贯通古今。上以《诗经》《易》韵语为证,下至《广韵》、等韵、诗之"律""古"、词曲用韵。利用《平水韵》韵目,分为十二部,对应于十二个月。其中东冬合一、闭口韵合并于相应前鼻音韵尾、歌麻合一等,说明这是个实际音系。在此基础上,作者利用文字说明等方式介绍这些韵在词曲用韵、《中原音韵》、《诗经》、《易》中的分部情况。计有如下时间层次:《易》、《诗经》、古、律(诗)、元词、《中原音韵》、今乐府(曲)等。所用术语有通、通用、通作、转、通转、转通、同作、分等。有关古韵的一些说法可能影响了顾炎武、毛奇龄和江永。分析今音的材料颇多,正文前有《古韵通用字音分别考》,体例如《中原音韵·正语作词起例》,例如:"龙有农、恭有公。"声母仍沿用三十六字母,知彻娘敷分别并入照穿泥非,故得32母,个别声母标注清浊;韵母标有"合、撮、抵、正"等。本书作序的时间跟《韵法横图》(与《韵法直图》一起载《字汇》后)序在同一年,也是继李登以后较早采用"呼法"的音韵学著作。

程元初另著有《五经词赋叶韵统宗》二十四卷、《名贤诗指》十五卷。

6. 周赟《山门新语》(同治癸亥,即1863年)

又名《周氏琴律切音》,作者周赟,宁国人,字子美,号山门山人。山门山是宣城有传奇特色的大山。该书前的序文中提到,周赟参加科举考试时,正是太平天国战争激烈进行的时候,所以,他应该了解太平天国以前的语音状况。这个音系的特点是:声调有六,除了平声以外,去声也分阴阳;声母有十九,古浊声母清化,都变成送气清声母;有三十个韵部,没有闭口韵,山咸摄只有干官坚涓四韵。竺家宁(1998)认为这个音系兼有江淮官话和客家话的特点。我们认为,这是一部具有浓重徽州话色彩,同时又受到官话影响的音韵学著作。

7. 清代学者的论述

有清一代，学人辈出，志于韵学者有婺源江永、休宁戴震、歙县江有诰、洪榜、黄生、黄承吉、程瑶田。这些学者都在自己的研究领域里或多或少地涉及徽州方音。兹略举如下。

江永（见本章附录2）：

有的地方通摄跟宕摄合并，有的地方通摄跟臻摄、深摄、曾摄、梗摄合并："如吾徽郡六邑，有呼东韵似阳唐者，有呼东冬钟似真蒸侵者，皆水土风气使然。"（《古韵标准》平声第一部总论）

麻韵读如果摄："如吾徽郡六邑，有三四邑之人呼麻韵中'麻沙差嘉'等字皆如古音"（同上平声第八部总论）。所谓"古音"是指麻韵字读同歌戈韵，所以江永说："而'麻嗟瘥嘉加珈沙鲨'等字，则自入歌戈，见于三百篇者，井然具列也。"（同上平声第三部总论）

疑母不同于喻母："'吾五'二字，举世呼之似喻母，一若'吾'为'乌'之浊，'五'为'邬'之浊。然吾婺源西北乡有数处，呼之独得其正。"（《音学辨微·六辨疑似》）

古浊塞音、塞擦音送气与否因地而异："即如吾婺源人呼'群、定、澄、並'诸母字，离县治六十里以东，达于休宁，皆轻呼；六十里以西，达于饶，皆重呼之。""前言婺源人于最浊位，离县六十里以东皆轻呼，以西皆重呼，不但仄声，即平声亦然。"（惟"奉从"二字否。——原注）（《音学辨微·榕村等韵辨疑正误》）

浊去似入：去声逢浊位，方音有似入者。（原注：婺源土音如此）（江永《音学辨微·辨四声》）

黄生、黄承吉（见本章附录1）：

（略）

江有诰（见本章附录3）：

论地方通语："吾歙方音，出于乡者，十误二三；出于城者，十误四五。盖乡音邃古相承，无他方之语杂之，故多得其正。城中间杂官音，

官音之正者不知学，其不正者多学之矣。”（《等韵丛说》）

8.《新安乡音字义考正》和《婺城乡音字汇》

胡松柏、钱文俊（2004，pp. 571—572）介绍了两书和相关韵书的情况：“《乡音字义》、《乡音字汇》是流行于江西省婺源县的地方韵书，记录了约一个半世纪以前的徽语婺源方音。到目前为止，这两种书作者所寻访并收藏的有4册：《乡音字义》石印本一册，《婺城乡音字汇》石印本一册，《下北乡音字汇》抄本一册，《正下北乡音字汇》抄本一册 。《乡音字义》一书全名为《新安乡音字义考正》，编纂者詹逢光，字梦仙（其生平事迹无考），成书时间为清同治六年（1867），该版书的印行时间为清光绪乙亥年（1875）。《乡音字汇》是一套丛书，《婺城乡音字汇》、《下北乡音字汇》与《正下北乡音字汇》的书名已表明各为《乡音字汇》之一册。由于书页损毁和抄本的缺漏，《乡音字汇》的成书时间与编撰者未详。不过在《乡音字义》正文前‘字义纂要’页题有‘有字无音查字汇，有音无字查字义’之语，可知《乡音字汇》与《乡音字义》是同时流行并相互配套的，《乡音字汇》书名在《乡音字义》中提及，其成书当在更早时间。从内容、体例上看，《乡音字汇》与《乡音字义》有不少差异，《乡音字汇》是否系詹逢光所编纂，暂难断定。”

《新安乡音字义考正》在国家图书馆有收藏，其余二书，作者均没有见到。

9. 地方志中的方音记录

第一，有官话推行。清康熙三十八年《徽州府志》：“读书宜教官话，女人当习织布，婚娶不宜闹房，陈柩不可久搁。”

第二，韵类近古。清道光七年《徽州府志》：“矧新安居万山之中，风气独厚，禀其气者言语迟重，口舌艰涩，而欲绳之以五方之音，势不可也。然而方之古韵，核以双声，亦复有不侔而合者，如歙城中人，枨呼如长，映呼如漾，更呼如冈，转入阳韵。歙县之西乡，呼华如呼，转入虞韵；

呼麻如模，转入歌韵。绩溪人呼嫂如叟，转入尤韵；呼妇如否，转入之韵。此皆不合于唐人二百六部，而合于古韵者。”

第三，古浊声母读送气音。清道光七年《徽州府志》：“又以等韵论之，牙音、喉音，新安呼之最善，而重浊一位，尤能一毫不乱。如呼群字、穷字、渠字、近字之类，皆重呼之，似溪之浊，不似李安溪[①]所云‘南人呼为见之浊’也（呼为见之浊者，非正音也）。”

第四，跟宣州话和吴语都不同。清道光七年《徽州府志》：“疑母之字尤能不混入喻母，如呼义字、宜字、吾字、鱼字之类，皆咬牙呼之，不似江宁池太等处呼之缓懈，混入喻母也。”

第五，见系二等读舌根音。清道光七年《徽州府志》：“又江字、讲字、解字之等，南方各处呼之似三四等之细音，独新安一郡，呼江如扛，呼讲如港，呼解如改，合于一二等之粗音也。”

第六，浊上声有不变去声者。清道光七年《徽州府志》：“古有四声，然去声字最少，多读作上声。段太令玉裁谓古无去声之说，非无卓见。检今韵书，上去两收之字最多，此其证也。而以新安论之，如鲍字、在字、上字、坐字、咎字之类，读作上声者十居六七，不可谓非古音之正也。善乎，江氏永之言曰：中原文献亦有习非，乡曲僻陋亦有至是。”

以上只是撮要介绍了该地区方言研究的大致情况，详细的资料在各相关讨论中使用。另外有些材料目前没有见到：黄宗曦（歙县人）《古歙方音集证》（载《皖人书录》，黄山书社 1989 年）、胡柏（休宁人）《海阳南乡土音音同字异音义》（载《皖人书录》）、胡尚文《黟音便览》。

民国以后的研究也不少，这里就所见材料罗列如下：

章炳麟《检论·方言》《新方言》有关于此地方言的材料。1934 年，

---

① 即清李光地。光地字厚庵，安溪人。官至大学士，著有《榕村语录》等。《徽州府志》此言受江永影响。

《安徽通志稿》三十二册完成，其中第十九册是《方言考》，记录了此前安徽方言研究的很多资料，虽然仍不免有遗漏和错讹，但是也大致反映了此前安徽方言研究的水平。书前的“弁言”说：“兹编所述，略用章先生《新方言》之例，计分为释方音、释词、释诂、释训、释称谓、释形体、释宫、释器、释饮食、释天、释礼俗、释地、释植物、释动物等篇。凡前人著述有关于吾皖方言者，大致甄录。至近儒著作，如章先生之《新方言》、胡朴安先生之《泾县方言考证》，以及师友之稿本尚待刊行者，如王炯炎先生之《通俗文》、陈慎登先生之《通俗杂纂》、光明甫先生之《语故》、孙养癯先生之《今雅》，亦靡不引用。盖匪徒不敢掠美，亦以明其非向壁虚造也。”书中还收集了大量安徽民间口语资料。

近年来，皖南韵书的研究逐渐受到重视。《韵法直图》的研究有何九盈(2000)、邵荣芬(2002)和郑荣芝(1999)，李新魁、耿振生还对《音声纪元》作过研究。此外，罗常培曾经提到过此书和《新安乡音字汇》。李昱颖以《音声纪元》为材料作了硕士论文(未见)，并有进一步的研究(李昱颖 2002)。

二、历史上的宣城话资料

1. 濮阳涞《元声韵学大成》(明万历二十六年，即 1596 年)

作者濮阳涞是广德人，本书欲究天下之元声，谓沈约韵“牵制乡音”，只有《中州韵》(《中原音韵》)“为世标帜”，又不免“偏用北音”。他认为，所谓“元声”是人“会万物之声以为声，亦随所习而异声”。本书是他根据自己独到的天分(“甫能言即知平上去入”“此吾口舌中元声耳”)，结合自己“奔走南北，磨砺数十年，习知天下通语”著成。他甲戌(万历二年即 1574 年)春开始杜门著述，花了二十四年时间，制成了由三十个声母，二十八韵构成的“元声”音韵系统。这个音系的特点有：声母知组跟照组合流，非敷合流，疑母归喻母。韵母系统中，保留入声和闭口韵，入声配阳声韵，“江黄韵与姜阳韵分立，山关韵与寒干、桓欢韵分立，是较明显的吴音特征。”（耿振生 1992）现代广德方言属于吴语太湖片。

2. 梅膺祚《字汇》（明万历甲寅年，即1614年）

梅膺祚，字诞生，是宣城人，明万历时为太学生。他的《字汇》是在继承前代字书基础上，对检字法进行大力改进而成的字书，对后世影响很大。此书中携带的方音信息保留在作者给每个汉字注的直音（见高永安 2003），和他为书后所附的《韵法直图》《韵法横图》所作的按语中。直音中表现出的方言痕迹有：五个声调，有入声，在《韵法横图》中还提到“阴平”的字眼。声母：从邪混、日禅混、奉微混、疑母分别跟泥母、匣母混。韵母：舌齿音后开合混，臻摄、梗摄、深摄混，山咸摄合并。（见古屋昭弘 1998）

他为韵图作的注释也透漏出一些方音信息。下面举几个来自《韵法直图》的例子：

撮口呼弓韵：本图首句四声惟“穷”字合韵，余及“纵从”等字，若照汉音，当属公韵。今依《洪武》等韵收在本韵，则读“弓”字似“扃”字之音。

光韵：“匡狂王”三字，《横图》为惩韵。“庄窗床霜”四字，《横图》属姜韵，此图俱属于光，所呼不同。予莫能辨，惟博雅者酌之。

合口呼觥韵：“崩烹彭盲”《横图》属庚韵，此图合口呼。若属庚韵，则开口呼矣，二图各异，或亦风土囿之与？

这些是宣城（梅膺祚）、徽州（《韵法直图》）、南京（《韵法横图》）三个地方方言的开合口韵的比较，从中可以看到方言间的龃龉。

3. 孙耀《音韵正讹》（崇祯甲申年，即1644年，宣城）

（略。见第二章第一节）

4. 萧云从《韵通》（明末）

萧云从(1596—1673),字尺木,芜湖人。书作成于"《字汇》之后,《切韵声原》之前"(耿振生 1992)。没有刊行。语音特点有:声调有阴阳上去入五个;声母二十,与"早梅诗"相同。韵母四十四个,前后鼻音韵尾、呼法(介音)混杂,阴声韵里的字也有窜乱。作者"在审音取韵上并不严格,韵图中或掺入古音,或掺入方音"(张民权 2002)。

5. 梅文鼎《续学堂文钞·读等子韵说》

从宋梅尧臣以来,宣城梅氏家族历来文人辈出。明末,曾经有如梅膺祚、梅鼎祚、梅守箕等很多才子。王士贞赋诗赠梅守箕:"从夸荆地人人玉,不及梅家树树花。"到了清代,梅家又出现了一批著名人物,其中当首推大数学家梅文鼎。在他的《续学堂文钞》卷二有一篇"读等子韵说",论述了南北方言的特点。

6. 地方志中所见方言研究资料

第一,官语之外有城语、有乡语。清康熙十二年《太平府志》卷六"风俗":"方音:语轻清不如省会,而亦明白易晓。官语之外有城语、有乡语,乡语在十里、五里之外即稍异,非童而习之者莫辨。城语与官语不甚远。大约当涂之语气重而轻清,芜湖语气清而稍浊,繁迩、南陵语视芜湖较重,清浊相半,其本致也。至若市语、隐谜、歇后、诨谈,下贱俚鄙,齷齪之习,君子不必详稽而悉也。"

第二,见系二等字读舌根音。清·郑相如《泾县志》记录了一批方言词和方言音,例如:"邑中方言,家曰各(平声戈瓜切),一曰噶(该佳切);生曰商;江曰冈……"

第三,臻摄、深摄、曾摄、梗摄相混。清嘉庆十一年《泾县志·地舆志·风俗》记录了三十九个有方言特点的同音字组,例如:"又神臣辰存程陈曾成仁沉醇同音。"

第四,一些尚不明确的现象。清《南陵县志·地舆志·方言》收录了一些日常用语,个别词语有注音。例如:"憎恶之声谓之诶诒(音哀怡)。"记录了一些俗语,例如:"这曰格,那曰贵;小儿曰昂呢,又曰乖乖;小儿性情乖张谓之拐嘬。"记录了一些方音。例如边音声母的范围可能比较特殊:"人读若邻,菜读若臭等皆是。"古舌音字读为闪音:"凡遇舌音等字则连卷其舌以出之,盖陵邑之本音如是也。"《南陵县志·地舆志·占验》记录了一些农谚:"打雷送霉,一去不回。"其中一些农谚的压韵比较特别:"新正十日晴,年岁有十分。""晴"韵"分"。

7. 其他材料

民国时期的《芜湖县志·地理·方言》的形式跟《泾县志》差不多,多记录俗语和特殊读音。近代学者胡朴安的《泾县方言考证》记录了一些泾县方言俚语,其中也有方音材料。

第四节 研究的目的和意义

一、研究的对象和目的

区域共同语是通行于某一地域范围内的官话变体,是适应方言区内部交际的需要而产生的,但是一般受到官话方言的严重影响。认识这种地方性的共同语,对于我们进一步认识该地方言,认识该地方言与周围方言的关系,进而做好方言区划,都有意义。对于明清时期的所谓"南音"也可以从这个角度来看:它虽然跟"北音"不同,但还不就是南方方言,因此除了有浓重的南方方言特征外,还打上了官话的烙印。所以,确切地说,所谓的"南音"有二:官话的"南音"和方言的"南音"。前者属于官话的变体,后者是对南方方言的总括。

南方方言往往内部差距比较大,城市方言往往成为周围乡村方言的共同语;城市之间,则又有区域共同语,是官话的地方变体。清康熙十二年《太平府志》卷六"风俗":"官语之外有城语、有乡语,乡语在十里、五里之外即稍异,非童而习之者莫辨。城语与官语不甚远。"这虽然是说太平府的语言状况的，但是官语、城语、乡语的差别，应该是其他地区也具备的。

由此可见，不仅官话的“南音”会因时地不同而有变体，方言的“南音”更是有不同的等级和层次。例如，《中州音韵》是官话“南音”，它的声母有清化现象，表现的是北部吴语区内的“官话的南音”，是官话在这个地区的变体。但它跟当时“方言的南音”肯定并不等同。根据现代方言推测，当时《中州音韵》作者王文璧的家乡湖州话应该属于吴语。而直到今天，那里的方音的浊声母还没有清化。

方言的“南音”跟官话的“南音”同样都是汉语语音史研究的对象。研究方音史，也应该在充分占有方音材料的基础上，两种材料并重。首先，典型的方言资料是研究方音史的主要依据。这类材料包括以记录方音为目的的，和虽不以记录方音为目的，但间接记录方音的。前者如《新安乡音字义考正》，后者如朱熹的叶音资料等。当然，这类资料反映的方音性质可能还可以细分，到底是哪个县、哪个乡的，表现的是“官语”、“城语”，还是“乡语”等。但实际操作时，这样更细的区分实际上是没有意义的。因为我们能得到的历史上的方音资料都是偶然的，不可能在某一层面完整地保存成批的资料。而往往是甲地有一个“官语”资料，乙地有一个“城语”资料，丙地又保留了一个“乡语”资料。这些资料之间存在差异是很正常的，但这些差异不会影响我们对这里方音的大致面貌的认识。

同时，限于作者的“正音”水平，明清时期的官话“南音”资料，往往带上作者出生地的方音的特点。所以，如果我们对方音的研究是注重音系特点的，而不是苛求这些资料一定符合今天描写方言学的水平和要求，苛求某地内各音系之间有很大的一致性，那么产生于某地的官话“南音”的资料反映的此地方音特点，对研究该地方音也是有用的。

本文的研究目的一个是了解明清皖南方音的大致状况，重建明清时期皖南方言的语音系统，从系统内部的关系上发现其方音特点。由于我们的研究资料集中于韵书，得到的结果往往主要是语音系统，所以，我们在跟其他方音进行比较，以发现其特点时，得到的只能是音系特点。而对于方言分区等工作来说，最重要的就是音系特点。

比较明清皖南方音内部的差异和一致性是我们的另一个目的。现代皖南方音大致以黄山为界分南北两部分，各部分方音内部也不一致，反映到方音韵书上，也是各具特色。找到内部的差异，有利于我们看到方言在空间上的发展；发现一致性，有利于我们确定本区方音的独特地方，了解历史上某时期该地方音的发展状态和方言生活。

第三个目的是想通过研究发现本地区方音的一些演变规律。语音规律的作用是因时因地而不同的。我们考察的皖南方音是放在一个历时层面上进行的，我们很关心该地方音的历时演变规律。同时，皖南又是个地处几个大方言区之间的过渡带，方言接触肯定在方言成长中起过很大的作用，因此，通过研究，推测方言接触在该地方言演变中扮演的角色，是我们努力的目标之一。

最后希望能通过研究为皖南方言（徽州方言和宣城方言）的归属问题提供历史方面的根据和些许有用的资料或者可资借鉴的观点。

二、选题的意义

汉语方音史的研究是汉语史研究的重要组成部分，缺少方音史的研究，汉语语音史的研究就无法进行。利用书面文献保存的资料研究历史上的方言状况的做法叫方言考古（何九盈 2000，p. 423）[①]。"如果

---

① 何先生给"方言考古"下的定义是"从方言中寻找古书上相对应的词语，沟通今方语与古语的关系，这就是方言考古"。但是在"方言考古"这一节里收入的资料有包括"真正用科学方法对某一古方音进行历史描写的"罗常培的《唐五代西北方音》等，所以，我们换个角度，从如上的定义中引申出一个新的说法。

有可靠的资料，我们可以把小方言演变的历史汇合成大方言的演变史。”（丁邦新 1998，p.197）

汉语各个历史时期的书面文献都有不同程度的保存，所以，各个时期的方音都有人关注。何九盈先生的《商代复辅音声母》（何九盈 2002，pp.1—25）一文，利用最早文献甲骨文，所考语音限定在黄河、淇水、洹水之间，应该算是对早期方音的研究。顺时而下，研究上古方音的，有林语堂《前汉方音区域考》、《周礼方音考》（林语堂 1994，pp.14—41，84—87）等系列论文，汪启明《先秦两汉齐语研究》，丁启阵《秦汉方言》等也是研究这一时期的重要著作。研究中古方音的有黄淬伯（1998）利用《慧琳音义》对唐关中方言的研究，罗常培《唐五代西北方音》（1933）是研究稍后方音的力作。近代早期方音的研究有周祖谟《宋代汴洛语音考》、刘晓南《宋代闽音考》，还有一系列利用西夏文、契丹文等资料研究宋代方音的论著（请参考王洪君、聂鸿音、李范文等的有关论著）。明清两代是保存方音资料最多的时期，所以很早就引起学者们的注意，王力先生 1927 年写了《三百年前的河南宁陵方言考》。此后，研究方音，尤其是研究明清方音的文章和著作不断涌现，其中耿振生《明清等韵学通论》把明清韵书按方言区归了类。尽管方音韵书的研究远比不上官话韵书的研究那么“热”，但是，方音韵书对我们认识各个时期的汉语语音格局是至关重要的。也许，官话韵书研究的质的突破正等待着方音韵书的更多、更好的研究成果。①

皖南方言的复杂在历来的文献资料上都有反映。皖南方言，尤其是徽州话的归属是目前方言学研究的一个热点问题。宣城话的归属也是近二十年才有人涉足。进一步深入细致的方言调查和分析工作是处

① 实际上，所谓方言韵书、官话韵书，二者在多数情况下并不能截然分开，而是你中有我，我中有你。

理好这些问题的关键，但是，了解该地区历史上的方言面貌和演变规律也是确定方言归属的重要方面。因此，我们希望通过对明清时期皖南文献资料的考察，为方言学研究提供可资参考的历史依据。

第五节 本文的研究方法

我们把方法分为两个层次：一是原则性方法，比如文献考证法、历史比较法、内部拟测法和层次分析法等，是建立在对语言材料性质的认定基础上的方法；二是技术性方法，比如系联法、统计法、对比法等，是为了便利操作而采用的方法。技术性方法，我们会在具体利用时作些交代，这里只介绍几种原则性方法。

一、以文献考证法为主

本文主要利用文献资料考证明清方音，所以，尽可能充分占有和利用文献是第一位的问题。当然，由于各种条件的限制，传世文献的收集会遇到很多困难，这样，合理利用现有文献就很重要。

文献有两种：一是外部文献，指不直接记录语言要素的文献，如历史文献、地方志等。它们可以提供地方沿革、行政区划、文化转型、移民、交通等方面的资料，这些都是影响方音演变的因素。二是内部文献，指能直接记录语言要素的资料，例如韵书、韵图，和地方志、笔记中有关方音的记载。应该说，研究历史上的方音最好利用内部文献，同时采用外部文献作为旁证；时代久远无法找到内部文献的，则只能利用外部文献做出推测。本文主要采用内部文献，适当采用外部文献。

文献考证法，即利用传世文献与方音进行参证，复原历史方音的面貌。具体做法是以文献资料为主，通过与《广韵》比较来确定音类。通过与同时期资料的比较、与历时资料的比较，来确定其特点。明清时期是音韵学大发展的时期，各地刊刻的韵书、韵图都很多。发掘、整理这些资料，是方音史研究的重要工作。皖南是历史上文人聚集的地方，流传下来的音韵学资料也很多。这其中，可以供方音研究的资料主要有：韵书、韵图、其他音韵学著作中有关方音的资料、地方志的方言部分、文人笔记里的方言论述、方言区诗歌或民歌押韵资料，等等。由于诗歌或民歌押韵资料需要足够的量，我们计划在以后的时间里做专门的研究。这里先不涉及。

韵书、韵图是我们的主要资料。但是，这些资料往往有历史继承性，或者由于作者受到社会环境、编辑目的的影响，不一定能忠实地反映实际方音。因此，历来的研究者都根据反映方音的程度不同，给韵书、韵图作过分类。魏建功(1996，p. 48)说："韵书的内容应有两种性质，一种主观编排多于客观编辑，一种是客观的编辑。客观编辑所成的韵书代表某一时代某一地方的整个音系，我们可以用来做比较研究的参考。"他是根据韵书是否反映实际语音把韵书分成了两类。李新魁(1983)把韵图分成如下几类：

一、表现中古韵书音系的等韵图

二、研讨上古音的等韵图

三、表现明清时代读书音的等韵图

四、表现明清口语标准音的等韵图

五、表现方音的等韵图

六、具有综合性质的等韵图

其中，第六项里又包括了"兼表南北方音的等韵图"，第一—四项虽未分出兼表方音的，不过，"其中也有一些韵图包含了某些方音的特点，但它们并不以方音为主要的表现对象，而是在表现读书音或标准音的过程中，夹杂了某些方音成分，其主要的内容还不是方言的读音。"(李新魁 1983，p. 334)而"表现方音的等韵图"的"作者也许不是存心要表现各地的方音，但由于作者本身的语音条件和审音能力，主观上想反映通语的语音，但却把自己所熟悉的方音搬到韵图中去。因此，这些表现方音的等韵图，就其创作意图来考察，可以有主观上自觉与不自觉表现方音的两种区别；就其表现的方音类别来考察，大体上可以分为北方方言和南方方言两大类。"（同上）由此看来，李先生分类的依据主要既有韵图表现的音系本身，又有作者的意图。

耿振生先生把明清等韵音系分成反映时音的、反映古音的、混合型音系三类。他的主要依据是语音系统。因为，"语音系统是韵书的灵魂，抓住语音特征无疑是关键的环节"（耿振生 1992，p. 140）。但在确定语音系统性质之前，要先参考作者编辑目的，把"反映时音的""反映古音的"资料分别跟所反映的时音、古音比较，"同质"成分多的，分别归入"反映时音的""反映古音的"资料；"异质"成分多的，则同归入"混合型音系"。

我们跟上述各家不同，不是把所见所有音韵学资料都作为对象，而是只关注跟皖南方音有关的资料。以反映古音（上古、中古）为目的，且同质成分多的，例如江永《四声切韵表》、戴震《声类表》等，在以后的研究中，会成为我们解释的对象，但目前不列入我们的主要参考资料。根据我们的研究目的，我们把上述音韵学文献资料分成三类：一类是方音韵书（或者韵图），比如《音韵正讹》《律古词曲赋叶韵统》《山门新语》等。这是出于各种目的而编写的作品，但是它们在客观上反映了实际方音，是我们研究方音的主要资料。一类是有方音特点的韵书，例如《音声纪元·前谱表》《韵通》《韵学大成》等。这是出于表现天下通语音系等目的而编纂的作品，这些作品由于作者往往会有意无意记录方音，而成为研究方音的辅助材料。还有一类，是出于研究古音等目的而编纂的韵书，例如《古韵标准》《音声纪元·后谱表》等，这些作品中只有一些零星的材料可以利用。

二、辅以历史比较法

“因为语言的历史决不是只靠一些按照年代排列起来的文献就可以建立起来的。语言学家利用古代的文献只不过是为了从那里面观察语言的状况。”(梅耶 1992,p.8)“在各种文献里所用的各种形式当中,也只有用比较的方法才能指出那些对以后的语言史有影响的形式。”(同上,p.9)任何文献材料,不论你对它的整理多么细致,如果孤立地去看它,都不能为语言史提供多少证据。只有通过与活的语言的比较,这个材料才会被赋予语言史的价值。

历史比较法,是建立在语音演变规律性基础上的方法,认为任何音变都是在一个或几个规律支配下发生的,已经发生的音变及其规律可以通过不同地区的语音差异透视出来。它可以从现代方音的比较入手,去构拟其早期形式。在研究历史音韵的时候,历史比较法是不可或缺的。只有通过历史比较,我们才可以得到一个音类的来龙去脉和某个时期的大致音值。

历史比较法发源于西方,并且在西方语言研究中发挥过重要作用。在汉语研究中运用历史比较法也由来已久。最声势浩大的是“普林斯顿学派”构拟的一系列汉语“原始”方言。其中罗杰瑞的原始闽语的“构拟运用历史比较法,直接利用现代闽方言的字音材料,按照音类的对应关系上推古音,不考虑汉语音韵研究已有的结论”,是诸多原始语构拟中“最全面,最深入,因而也最引人注目的”。(王福堂 1999,p.79)

历史比较法从来就是不排斥文献的。其实,很多学者在研究汉语语音的时候,虽然并不标榜,而实际上已经使用了历史比较法,只不过他们的比较工作多半是围绕着文献展开的。例如,高本汉利用汉语方言构拟(或者,为了跟普林斯顿学派区别开来,称为拟测)《切韵》音值的工作,和以后的很多人的很多工作都属于这个范畴。这些学者的做法可能跟经典的历史比较有区别，但是它们的理论基础都是语音演变的规律性，都相信历史上的语音和语音演变会在现实的语音中留下蛛丝马迹，都是在进行从今到古的“回顾”的研究。

现代音韵学离不开历史比较法。我们在构拟明清皖南方音音系时，参考现代方言的资料，采用了历史比较法。由于本书篇幅的限制，我们没有展开叙述我们运用历史比较法的过程，而只是把结果直接展示出来。具体运用，可以参看笔者的单篇论文（高永安 2004a，2004b，2005）。我们的历史比较法，跟西方经典的历史比较法有所不同。一方面，我们的比较是围绕着文献展开的。历史比较以活的方音资料来还原历史上的方音状况，可以弥补文献上的某些缺陷；同时，尽管文献本身有历史继承性，使它们对明清方音的记录不可能完全真实可靠，但是，由于作者的学识和见识所限，它们也不可能超越时代和地域，它们提供的历史方音资料尽管不是完整的，但具有确定性，是非常珍贵的，而由于方言间关系的复杂性，倒使得脱离文献的历史比较可能会面临更大的困难甚至危险。所以，在我们的研究中，文献是中心，历史比较是辅助。另一方面，我们还采用了一种比较，可以叫做历史对比。这是指古今比较和横向比较。古今比较可以看出语音的发展变化，便于揭示语音规律。本书没有明确地总结出若干语音规律，但为有志于发现规律的研究者提供材料。横向比较只限于历史上的不同地区方音的比较，比较的目的不是像经典历史比较法那样去建立早期形式，而只是给比较的古代方音划分类型，以便于见出差异和共同点。我们之所以没有去利用明清的方音资料去建立更早期的形式，原因之一是更早时期的移民等社会历史情况还没有弄清，仅仅采用历史比较法，单枪匹马，具有盲目性；但更重要的原因是，文献资料的发掘还在进行中，我们期待在不远的将来有完整的皖南方音史问世，而这个方音史也是主要由文献资料搭建起来的。

三、层次分析法

由于各汉语方言是处在一个长期不断接触的状态下，而不是各自独立发展的，如何解决好构拟中的层次是研究者面临的一个重要问题。皖南地区方言间接触的发生非常复杂，方音的来源和状况也很复杂。要弄清各种方音层次，还必须采用层次分析法。

王福堂先生（2003）把方言的层次分为同源层次和异源层次①。"如果说因异方言音类进入而构成的音类叠置叫做层次，那么因为方言自身演变而构成的音类叠置同样也可以叫做层次。"前者叫做异源层次，后者叫做同源层次。由此可见，层次分析法的一个基础，是词汇扩散理论。这个理论认为音变在语音中是突变的，在词汇的扩散中是渐变的。

词汇扩散理论本来是以历史比较法的对立面的面目出现的。在汉语方音研究中，这个理论能为很多现象提供令人满意的解释。尤其是认为音变在词汇扩散中是渐变的，可以很好地解释一些没有语音条件的分化，使音变的研究开阔了视野。但是，任何语言或方言的演变，在一般情况下都应该是以连续性为主体的。即使在汉语方音研究中，主体材料都是可以用历史比较法得到解决的，多数情况下中断的变化是少量的，因而不是语言的主体。历史比较法并不因为有了新的方法的冲击就失去了用武之地，相反，层次分析能够把中断的变化接续起来，这会给历史比较以更大的空间。我们相信，语音的突变是方言接触引起的，渐变则是方言本身发展的要求。即使在汉语这样接触频繁的语

① 王福堂先生把方言的层次分为同源层次、异源层次、底层三种。但他又说：底层也是一种同源层次。为了叙述简便，我们只提两种层次。

言里，任何方音的演变——强势方言或非强势方言——都表现为这两个方面的规律性。

层次分析法的另一个基础是波浪说。它认为，“各方言的特点犹如石子投入池塘后形成的波浪那样扩散开去，从而使后来的不同民族、语支呈现出很多相互交叉的共同特点。”（徐通锵 1996，p. 219）“因而需要联系人民的迁徙、社会环境的改变来研究语言的扩散。”（同上，p. 220）结合词汇扩散理论，可以说，过去的未完成的音变会在现实的语音中留下参差，方言的接触加剧了这种参差的程度。例如，宣城方言的古浊声母有两个发展方向，一个是弱化，一个是清化。①从语音的角度看，弱化是宣城方音本身的发展规律，是同源层次；清化是来自官话的影响，是异源层次。这两种音变都是从明末就开始了，到清代才完成，而且都在现代方言中留下了竞争的痕迹，因此，其扩散是逐步实现的。

汉语研究中的层次分析，主要通过对现代方言叠置式音变的研究来看方言接触。皖南方音的文白异读也可以揭示方言接触。例如，宣城话和徽州话日母的白读一般是鼻音，二等韵白读一般没有介音等，这说明两地方言在早些时候曾经是一体的。但是，由于白读音太少，白读层已经遭到了破坏而不成系统，因此，运用文献考察更具有说服力。相比之下，历史上的异读更完整地保留了系统性。比如，《音韵正讹》的异读字就反映了细音开合口的合流。但是，我们运用的层次分析还不是这些，而主要的是关注音类的分合，以及音类中所辖的字的情况。如上述中古浊声母字的情况。还有，中古日母字有的跟擦音接近，有的跟鼻音接近，这也反映不同的层次；中古二等韵字有的跟一等合流，有的跟

① 实际上，浊声母弱化后，往往又会进一步清化。这里分弱化、清化两类是就古浊声母最初的发展来说的。

三四等合流，也是不同方言音变规律作用的结果。层次的存在可以折射出方言的接触。

任何方法都不可以独立解决所有问题，只有各种方法结合起来才能充分发挥各自的长处。比如，文献考证法得到方音的分类以后，参考现代方音资料来构拟具体音值。这样做，一可以排除文献中的仿古或者其他非方音成分，二可以避免现代方音里复杂的层次的困扰。历史比较法可为现代方言找到一个尽可能合理的解释，但当遇到在一个系统中同时拥有几个时代的语音信息时，一般不能确定其年代。而文献考证法有一个无法比拟的长处，即文献的年代和性质都相对可以确定，反映的音系的时代也就大致可以确定了。同时，对于那些在方言中没有留下痕迹的演变，或方言现象出现分歧时，文献可以提供坚实的证据。所以，文献考证法和历史比较法结合起来，取长补短，就会产生巨大的威力。但是，如果无视方音中存在的各种层次，把不同层次的读音同等看待，在此基础上进行历史比较肯定要走弯路。

四、音系对比法

（一）单个音系的描写和多个音系的比较相结合

音系描写是基础工作。处理单个韵书或者韵图，首先要做的工作应该是对它所反映的语音进行详细描写。这里的工作有两方面，一是分析音类，一是拟测音值。分析音类的方法因具体材料而有不同，但是总的思路是通过分析其中古来源来确定分类，即某韵书的某一类音，在中古音《广韵》那里是分别属于哪些音类的；《广韵》的一个音类，在某个韵书中又分别属于哪些音类，即找到古今对应规律。这样，这个韵书一共有多少音类，每一类的来源弄清楚了，这个音系就算描写了个大概了。拟测音值是在音类分析的基础上，通过方言比较和音理分析，参考音类来源，为分析出的每一类确定一个大致的读音。当然，这个读音只是近似的。

了解明清皖南方音的存在状况，是我们的目标之一。有了对单个音系的深入的认识，在此基础上，可以进行多个韵书的比较，以现出明清皖南方音的存在状况。描写不是目的，因为单个韵书的描写不能给我们展示整个地区的方音面貌。只有通过多个方音资料的比较，才可以显示该地方音的面貌；一个地区的音系，也只有在官话和其他方言对比的大背景下，才可以显露出其时代和地域特点。

比较的工作主要以皖南地区的音韵资料为主，目的是弄清楚该地区内部的方音分歧和历史演变情况，尽可能找到一些属于本地区方音的共性成分。这是内部比较。至于要确定本地方音的某些特别性，还要和官话韵书和一些其他地区（如吴语）的方言韵书比较。这是外部比较。由于时间和精力所限，我们的工作重视内部比较，适当涉及外部比较。

（二）共时比较和历时比较相结合

由于目前学术界一般把现代皖南方言划分为南北两部分：徽州话和宣城话，我们把得到的方音材料也按地域分为南北两部分。这并不说明我们把明清皖南方音也已经分为两部分了，而只是为叙述的方便。共时比较首先在小区域内进行，目的是求同存异，最大限度地确定该区域方音的共同点。然后在比较的基础上，以主要材料为中心，参考其他辅助材料，建立起区域方音音系。最后把建立起来的两个区域的方音音系进行比较，确定明、清两个时期的徽州话和宣城话的差异和共同点。

共时比较得到的只是不同时期和地域各自的方音特点，历时比较却可以发现特定区域内的方音的共同发展方向和演变规律。反过来，特定的发展规律又会丰富该地方音的独特性。我们的历时比较也是先在区域内部进行，然后进行整个区域方音的历时比较。

这样，我们确立了几个比较系统：

↗宣城话：明末音系→ 历时比较 →清代音系↖
皖南方音　　　　　　　　　　　　　　　　　　共时比较
↘徽州话：明末音系→ 历时比较 →清代音系↙

附录1：黄生、黄承吉论徽州方音

（根据《〈字诂〉〈义府〉合按》，平田昌司的按语出自《徽州方言研究》。《〈字诂〉〈义府〉合按》，清・黄生撰，黄承吉合按，中华书局1984年）

黄生：信，古通借为申字，……余谓当读为申，申一训重，即再宿义。

承吉按：信之读讯，与读申不同，乃歧于各方口舌之音而致然者。后世不知，遂以一方而相传，或读讯，或读申，漫为分别，其实本不别也。盖凡字读音无定也，非无定也，言之者同，而闻之者异耳。若执一方之音，而必拘墟于其读者，皆非也。此方见为彼读者，不知彼方乃原是此读。要之，音虽异而皆统系于一声，是故声之为大。

——《〈字诂〉〈义府〉合按》第10页，“信”条

黄生：吾乡谓长曰陶，如谓日长曰“好陶天”。

——《〈字诂〉〈义府〉合按》第26页，“信”条

黄生：尾字从尸、从毛，今人但知为鸟兽之尾，此未达制字之义。……尾谓谷道窍，故从毛。

黄承吉：今俗谓尾曰尾巴，语虽俗，却有理。盖巴者，把也。言在尾

窍后,可把持也。若单言尾,是仅指其窍而已。

——《〈字诂〉〈义府〉合按》第 27 页,“尾”条

黄生:《集韵》爹字亦陟邪切,正在端母之下。乃知此字当音都邪切,而奢字亦同此音,(之邪即陟邪)正与今人呼父之音合。

——《〈字诂〉〈义府〉合按》第 28—29 页,“爹”条

黄生:古孔、好二字音近,故通借之。(《拊掌录》云:“好,陕人作吼音。)

黄承吉:至读好如吼,吾歙正有此音。似不反必引《拊掌录》以为陕读如是。盖歙语读厚、後等字,原皆如好,固知声音非可以一时一方之口舌论也。(平田昌司按:今歙县话“好”读 xɔ[35],“厚”读 xio[35],“後”读 xio[33]。)

——《〈字诂〉〈义府〉合按》第 30—31 页,“好”条

黄生:肥即疿,(芳未切。)古字通用,今俗谓之疖。吾乡人谓之痤,(音近宰。)凡绳有结亦谓之痤,连言之则曰痤累。(方改切。)详吾乡转音之始,则痤字古当音坐(徂果切。)耳。

——《〈字诂〉〈义府〉合按》第 40 页“痤”条

黄生:《东方朔与公孙宏书》:“何必橅尘而游,垂发齐年偃伏以日数哉?”橅与模同,今小儿以碎碗底(方音督)为范,抟土成饼,即此戏也。

黄承吉:歙语谓底为督,乃转声,实声一也。……歙语谓凡物之尾皆曰督,乃声音文字之精蕴流传于妇孺之口者。各方之音,皆有精蕴,而人动辄以俗语土音鄙之,何怪声音不通以致文字不明。不知声音文

字，乃合九州之口舌谚语凑会而成，犹水之汇集众流而后成川，故声音者一本于水土。若后世之执一指字专为中州音者，犹之执一指水专为中州之水。（平田昌司按：方以智《通雅·谚原》："江北人呼物之底，其音近笃，呼凡物之底则曰笃下。"）

——《〈字诂〉〈义府〉合按》第42—43页，"橅尘"条

黄生：方言有有音无字者，经典多借字以寄其音。如《毛诗》"夜如何其"及"彼其之子"，二其字皆当读基浊音。《檀弓》"何居"，居字当读本声浊音。盖何其、何居皆发问之助语词，二音皆无正字，故寄声于其、居之间。若彼其系指他人之词，犹今人之称渠（此字亦呼在居、渠之间也。）也。注家于何其音基，于何居音姬，而不发其借音之义，既已迷误后人。若彼其之其音记，则谬之甚矣（《礼·表记》引《诗》作"彼记之子"）。至外国之音以中国之字译之，如康居、龟兹、可汗之类，居当读居浊音，不得竟读为渠。龟兹当读鸠兹浊音，不得径读为丘慈。可音当近酷，汗当读平声清音，不得径读为克寒。（又休屠，匈奴王号，旧音朽除。休当读本声浊音，屠当读诸浊音。）盖译语本无正字，故古人借字以寄音，不然何不径以康渠、丘慈、可寒译其语乎？（凡言读如某字浊音者，本字皆无浊音，此所谓无字之音也。能熟辨字母之清浊，即得之矣。）

黄承吉：居、基乃一声之通。故韵书支、纸、置部之字与鱼、语、御皆通，并非无字借字。即如诸字，苏人读资，凡姓诸者，皆为资，乃口音也，并非无诸字也。

——《〈字诂〉〈义府〉合按》第61—62页，"无字之音"条

黄生：囝，《集韵》九件切，与蹇字同音，"闽人呼儿曰囝。"按：此字当音女琰切，吾乡谓小儿正作此呼。《集韵》切脚九字，疑为女字之误。所

以知此字当音女琰切者，盖儿字一音倪，古人计倪，一名计研，此即一音为开合，研字上声即近姸字(女琰切)矣。(平田昌司按：今歙县话无此说法。)

——《〈字诂〉〈义府〉合按》第65页，"囝"条

黄生：今书启中所用台字，如台侯、台照、台禧之类，盖相尊之称。尊莫过于宰相，故取三台之义。又曰台下、阁下、臺下，阁与台同意，臺则执宪之官所居，尊稍次于阁者也。今俗遇书柬中台字，辄误以臺字呼之，不知何说。抑或有用台、臺者，势必不能不分为二音矣。独于单台字，则异口同声读之曰臺，亦何不思之甚也。

——《〈字诂〉〈义府〉合按》第67页，"台、臺"条

字书有榸字(庄皆切)，木椿也。吾乡谓刀钝阕榸，谓手拘挛亦曰榸，正作此音。盖木椿钝而不锐，故取义于此。

——《〈字诂〉〈义府〉合按》第68页，"榸"条

黄生：焦澹园《俗书刊误》云："耳垂曰耷。皮宽曰皶。"(并音答。)吾乡今有此语，但呼如答平声。按：此声即亸之转。

——《〈字诂〉〈义府〉合按》第68页，"亸"条

黄生：宜古叶加，(弋言加之，与子宜之。)其音当为那。

黄承吉：此条公不曰"读当如俄"，而曰"当如那"者，其故惟承吉知之。盖歙音读宜，如扬州之读泥。公不知他处之读宜如夷，故执泥之转音，而曰"当读如那"耳。不知夷与泥、俄与那，乃各方口舌之参差进退，非能划一。若扬人则又以读俄为是，而读那为非矣。所谓彼此易观，则更相笑。即此观之，可见不能以一方之音读，定天下之音读，故曰音无

定，而非可执一声有定而同一典型。且即夷之与俄、泥之与那，亦非一音，惟约之以声，则知宜、夷、泥、俄、那皆无异耳。然必如承吉习熟两地之言语者，乃能喻之，非关学也。亦必先明乎此，而后知破除口读执一之见，以言声音之学。

——《〈字诂〉〈义府〉合按》第69—70页，“宜”条

黄生：《书·尧典》：“畴（殊由切。）咨若时登庸。”畴古音近谁，故古谓谁为畴。（谁、畴音皆如殊。）谁之入声为孰，故后又谓谁为孰。畴、谁、孰总一音之转。

黄承吉：盖此方读续者，而彼方读之则如收。此方读鼻者，彼方读之则如鞟。此方读曲者，彼方读之则如驱，故区声原即是欧而通曲。此方读玉如育者，彼方读之则如裕，故玉之读裕，至今终不改于人口，不知者乃以为俗音。切即此数字之中，乃有人所不喻，惟承吉以习于扬、歙两地之音而独喻者。如云以玉之读裕为俗音，此语扬人喻之，而歙人不喻。盖歙音读玉必如裕，而不能读育，所以不喻此语也。而歙人之不能读玉如育，则扬人又不喻。至裕字原从屋、沃之谷声，则泥于口舌者皆不喻。若前所云：“此方读续，而彼方读之如收”，则此语歙人又不喻。盖歙之读续、孰，自扬人闻之则如搜。歙之读收、畴，自扬人闻之则如休、求。此所以收、续转音之语，歙人又不喻也。乃歙语吾西乡如是，而郡城及他乡则反有读续、孰，而扬人闻之如苏，正近于公之所谓如殊者。乃歙之读苏与扬同，而其读殊，自扬闻之又近虚，则又郡城西乡皆同。其变换无定如此。然即此玉、续二字之此读彼闻，乃即可见鱼、模、尤、侯等属部与屋、沃相通之故，而即可见声音口读非能执一。歙人具在，可证而知。夫承吉仅习熟于扬、歙两地之语言，非知他处也。而即此随举《小戎》之数字中，其运舌之或同或异、于彼于此，遂已经参差百变，可喻而不可传，何况极四方群语之浩汗。（平田昌司按：今天歙县话“玉裕

y^{33}"≠"育 $io?^{21}$"。今天歙县话"续 su^{31}""收 so^{31}""殊 $\text{ɕ}y^{31}$"。)

——《〈字诂〉〈义府〉合按》第85—86页,"畴咨"条

黄生:《礼记·檀弓》:"檀弓免焉。"免者,免冠而以布缠其头也。旧音问。按:问当作谟忿切,始得其声。(吾乡呼问如闷,正合古音。)如楚夫人邓曼之音万,亦当作莫饭切。《尔雅》之孟诸,《周礼》谓之望诸,望亦莫浪切。(吾乡作此音。)皆古音也。

——《〈字诂〉〈义府〉合按》第103页,"免"条

黄生:《礼记》:(同前。)"檀弓曰:'何居'",(旧音姬。)与《诗·小雅》"夜如何其",《书·微子》之"何其",皆当读基字浊音,(吾乡有此音。)音在基、其之间。盖语辞之有音无字者。(有音无字例,见《字诂》。)

——《〈字诂〉〈义府〉合按》第104页,"何居"条

黄生:古外与艾同音,(吾乡至今作此音。)故谓美男为少艾。

黄承吉:歙俗呼外祖为艾公,其艾即是外之方音,似非实即艾字。

——《〈字诂〉〈义府〉合按》第144—145页,"少艾"条

黄生:娓古音近米,吾乡谓尾为米,与古音合。

——《〈字诂〉〈义府〉合按》第154页,"亹亹"条

黄生:中兴之中,旧音众,予尝正其音为孟仲之仲。仲居孟之次,有再索之义。

黄承吉:此条人读之罕有喻者,惟歙人喻之。何也?各方众与仲无异读,公乃以读众音为误,而特正为读仲,其说系属论音而非论义,他方之人从何而喻之。不知歙音有两去声,众与仲用并不一读。若东字之

去洞与冻亦不一读，冻之音如众，洞之音如仲用。所以，公以仲用相切，在歙音则用不能切众也。此非笔墨所能写出，他方口中亦不能读出，无从喻人，惟有歙人自喻。而如“遁、邓”字乃亦与洞如一读，磴字则又与冻如一读，其口音在分别不分别之间，而实一如无别。然如遁、邓已属两声，更安能与洞一声，而歙音实如此。此正所谓声有定而音无定者。以音乃各方之流转，必不能划一，声则典型之统系，必不可混淆也。混淆则声失，而义象皆随之失矣。此两去声，若云唇齿开合之异，乃即一邑中而各乡之口读者，又互有此开彼合之不同。且即各方凡所读同为一字，而彼此唇齿开合进退之互殊者，比比皆然，又岂独歙读两去声之如是而已。固知唇齿喉舌之说，乃不过后世执一方之音所造设，非可统以之论声音。又如歙读西之两去声，其一是细，其一则是席习等字，与读锡、息为去、入之不同。此不得竟以歙音为误，乃正四声之周流回转，彼此互殊。而古者所以不定四声之故，正由于此。夫从来执一方之口舌者，闻一与己相歧之读，辄鄙之为土音，及易观而又更相笑。抑思音正由水土而成，文字正由水土之音歧而孳乳，然后乃可以极万事万物之散殊。此之不明，而欲以言声音文字之故，未见其能合也。凡声音文字有为通儒所不能明，而往往流传于妇孺之口者。所谓言自性生，字从言制，夫岂苟焉而已。且即如席、习等字，若云非可去读，何以凡字之去、入通读者，古书亦相传甚多。故声音之道非可执一。至歙音有两去声，歙人具在，可共证之，非笔墨所能喻也。（平田昌司按：今歙县话“众 ʦʌ^{313}”，“仲用切”读 ʦ^{h}ʌ^{313}；“洞遁 t^{h}ʌ^{33} ≠冻邓 tʌ^{313}；细 si^{313}、席 ʦ^{h}i^{33}、锡息 siʔ^{21}。）

——《〈字诂〉〈义府〉合按》第 203—204 页，“中宗”条

黄生：曲字初声乃匡字，曲簿即蠶匡。斗下六星曰文匡宫，后人谓之文曲星，此二字声义相通之证。又以曲调为腔调，腔、匡音同。

黄承吉:曲与簿一声,不与腔、匡一声,腔与匡亦不一声。公所以谓腔、匡音同者,吾歙腔、匡、昌三字皆一读无异。不知腔与匡、昌与曲,皆不能声转。簿者曲之声,匡与昌直象之声,腔者空之声,即通之声也,三者判然不同。故凡字必以曲、直、通三声为典要,而后可谓之声转。非是,则虽似转声之字,而亦非声转。且虽口读相同之字,而实非同声者多矣。此不可不究别者。匡与昌一声,文匡乃即文昌,与曲字并非声转。腔声与曲更远,正未可以腔、曲貌似声转而一之。若讴歌辞调等字,乃皆是曲声,故讴歌辞调即是曲。试观即如公以畴、谁与孰一声,则讴、辞之与曲一声可见。观歌部如列皮声、靡声之诸字与歌一声,而原与谁一声,则歌之与孰、曲一声可见。观萧之为肃声,沃之为夭声,则调之与曲一声可见。持此以证古书,无不在在皆通。故如支、歌、麻、尤等属部皆曲声,而匡、腔不与也。歙音昌、匡、腔皆一读,即他方读腔亦如阳部之声,此正如前解"众、仲"一条中,所云"歙读遁、邓亦如洞者,乃音也,而非声之典要,不得遂以为同声"。江声本不通阳,江、阳皆不通屋、沃,故腔、匡、曲三字不能声转。

——《〈字诂〉〈义府〉合按》第 209—210 页,"曲"条

黄承吉:且歙之读曲为入声,而读"艉、舳"等字则是去声,所以此声若有间隔。亦非歙人不知艉、舳为屋、沃之声也,乃其口读自然如是。(平田昌司按:今天歙县话"曲 $tɕ^{h}ioʔ^{21}$"。)

——《〈字诂〉〈义府〉合按》第 233 页,《隶释·桂阳周府君功勋铭》

附录 2:江永论徽州方音

《音学辨微》 清·江永撰 清乾隆 24 年刻本

《二辨四声》

上声逢浊位,有转音,方音或有似去而非去也。(如呼动如冻、呼簿

如布、呼弟如帝、呼舅如究之类。)去声逢浊位,方音或有似入者(婺源土音如此),非入也。北人呼入似平。其实非平也。南人听之不觉耳。关中人呼平声之浊声似去,其实非去也。上去入方音有差池,若并能辨,犹之未尝知四声。

《三辨字母》

问读字母当以官音乎?抑以乡音乎?曰:不论官音、乡音,惟取不失其位者读之。如乡音有读见似战、读溪似蚩、混牙于齿者,必不可从也。则力矫土俗之失,使其音一出于牙。方音有读群字音轻,不为溪之浊者,亦不可也,必重呼以正之。官音、乡音有读疑似怡、混疑于喻、混牙于喉者,必不可也,则必以牛其切读之。又有乡音不正呼,牛亦似由者,必力矫其偏,勿殉其失,如是则乡音亦归于正,而字母可读矣。

《五辨清浊》

又群定澄並奉从邪床禅匣共十母之上声,官音呼之或似去,其实非去也。方音呼最浊之平上去入,或轻呼之,似最清之浊;或重呼之,得最浊,各因其水土习俗使然,明者知此,轻呼者当矫而重呼。则音正矣。

《六辨疑似》

吾五举世呼之似喻母,一若吾为乌之浊,五为邬之浊者。然吾婺源西北乡有数处,呼之独得其正。天下何地无正音?人自溺于方隅,不能类推耳。

《附榕村等韵辨疑正误》

李光地:见(清声)溪(清声)群(北方为溪浊声,南方为见浊声)疑(浊)。

永按:牙音、舌头、舌上、重唇、轻唇、齿头、正齿七句,皆以第三字为最浊,实第二字之浊声,并无第一字浊声之说也。而各方水土不同,随其所禀,呼之有轻重,则呼第三字似第一字浊声者有之矣,然不可以南北限也。即如吾婺源人呼群定澄並诸母字,离县治六十里以东,达于休宁，皆轻呼之；六十里以西，达于饶，皆重呼之。南方何尝无呼群母字为溪浊声者乎？

前言吾婺源人于最浊位，离县六十里以东皆轻呼，不但仄声，即平声亦然（惟奉从二字否）。自是水土风气习俗使然。

《古韵标准》 清·江永撰　清咸丰辛亥元年刻本

平声第一部总论：

如吾徽郡六邑，有呼东韵似阳唐者，有呼东冬钟似真蒸侵者，皆水土风气使然。

平声第八部总论：

各处方音往往有古音存焉。如吾徽郡六邑，有三四邑之人呼麻韵中"麻沙差嘉"等字皆如古音。他方可知。

附录3：江有诰论徽州方音

《音学十书·等韵丛说》 民国23年成都渭南严式诲重刻本

《释神珙五音图》

官音呼影母粗音不误，呼疑母粗音似影之浊。歙音呼疑母粗音不误，呼影母粗音似疑之清。其互相讹混如此。

影母合口与微母相类，要知微母是轻唇，须两唇相着而喉不用力。影母合口则用力在喉，特两唇微聚而已，影喻细音最难，而合口尤难。读此音者须齿舌不动乃能别于半齿。

吾歙方音，出于乡者十误二三，出于城者十误四五。盖乡音邃古相承，无他方之语杂之，故多得其正。城中间杂官音，官音之正者不知学，其不正者多学之矣。牙之疑、喉之晓匣，歙西方音得之为多，昔人谓礼失当求诸野，余于音学亦云。（入之屋沃烛曷末，亦惟歙西读之为合。）

七音十类中，牙之细音多混于舌上，泥之细音多混于娘，邪尽混于从，床禅互相讹混，晓匣之细音多混于审禅，影喻之细音多混于半齿，惟粗音则误者少，不误者多。

《辨七音十类粗细》

牙音（见溪群疑）粗音舌抵牙龈，细因舌抵牙尖。四母惟见溪粗音不误，疑母粗音，官音误，歙音不误。四母细音惟鸠毬二音间或不误，其余无不误。读者上为齿下为牙，读此四音必令舌抵下牙则正矣。

喉音（晓匣影喻）粗音在舌根之上，细音在舌根之下。四母惟晓匣一等音不误，二、三等音多混入审禅。影母粗音，歙音误，官音不误。影喻细音多混入半齿。呼此四母音，必令齿舌不动则得矣。

《辨字母讹读》

审音先字母。字母读讹则一母之音尽误。故特取讹读字，列出其所注音切，不尽遵古者，古人取上一字或以平转仄，以仄转平，初学难晓。今一用本音，而本音又取官音、方音不误者。

见，干电切。呼如战，误。

溪，枯奚切，呼如蚩，误。

群，毬云切，呼如醇，误。毬字歙音分明，官音呼如俦，误。

疑，俄其切，呼如怡、尼并误。俄字，歙音分明，官音呼如阿之阴平，误。

泥，奴奚切，呼如尼，误。

并，音近牝，户如柄，误。

滂，铺郎切，呼如旁，误。

邪，随遮切，呼如前、墙，并误。

床，状平声。呼如双之浊声，误。

禅，殊连切，呼如廛，误。

晓，火了切，呼如少，误。

匣，合甲切，歙音分明，官音呼如上，误。

影，黯丙切，呼如忍，误。黯字官音分明，歙人呼作牙音，误。

喻，旺遇切，呼如孺，误。

三十六母之外，尚有十四位无字之音。见端知邦非精照七母有清无浊，疑泥娘明微来日七母有浊无清。然俗音每混入无字之位，如官音呼道字似端之浊，歙人呼巫字似微之清，呼妈字似明之清，呼奶字似泥之清，妹字则清浊并呼，是亦审音者所宜知也。

第二章　明末宣城方音

第一节　材料介绍

我们重建明末宣城音系依据的主要材料是《音韵正讹》，同时参考《字汇》（宣城）、《韵通》（芜湖）、《元声韵学大成》（广德）。这些材料反映的方音各有特点，我们可以根据其声母方面的特点进行分类。其声母情况大致是：

《音韵正讹》的特点有：浊声母基本保持，部分清化；浊塞音、塞擦音清化后不论平仄以不送气为常；全浊上声大量跟全浊去声合流。章组、知组合流，跟精组没有关系；庄组大部分跟知章组合流，小部分跟精组合流。《韵通》声母系统的特点有：浊声母已经清化，只有二十个声母；全浊塞音、塞擦音清化后，塞擦音不论平仄都送气，塞音平声送气，仄声不送气；浊上声清化后归上声、去声都有；齿音中精组独立，照组、知组合并，但庄组有少量字归精组。《韵学大成》的声母系统的特点有：保留浊声母，只有少量清化；上声全浊声母字大量跟去声全浊声母字合流；知组、庄组、章组合流，庄组少量跟精组合流。我们按照浊声母演变的状态和知照系字的分合情况，把这些音系分为三种类型：

表 2—1：

类型	韵书	浊声母情况	知组	章组	庄组	精组
广德型	大成	基本不清化，浊上跟浊去合流	照组			精组
宣城型	正讹	正在清化，浊上归去	照组			精组
芜湖型	韵通	已清化，浊上归上、去	照组			精组

以上三种材料虽然都产于宣城，但是我们并不把它们平列起来。《音韵正讹》是方音韵书，《韵通》则兼顾古今，《大成》的目的是记录天下通语。要之，它们都多少表现了宣城方音的一些特点，故可以作研究宣城方音的参考。

在拟测音值的时候，我们采用了现代宣城方言的调查成果，这些方言材料有：孟庆惠（1997），蒋冰冰（2000a，2003）。作者本人在 2003 年夏天调查了宣城市团山（吴均，男，17 岁，高中毕业）、金宝圩（鲍延龄，男，60 岁，高中文化）、泾县（冯厚生，男，38 岁，大学本科学历）的方言。

一、宣城型：《音韵正讹》

（一）体例

关于本书的作者，由于书内标明“宣城廷灿孙耀辑，道生吴思本订”，可能孙耀做了大量的工作，吴思本最后总其成。孙耀没有任何资料可查，吴思本的情况只有梅标言的序言中提到一点，“有吴子道生者，博学士也，薄浮名不事，沉潜字学，朝夕酣之，乃成书曰《正讹》，于字于义，无不了然。因属管子仲韬者，持书索序于予”。从这里可以知道，吴道生是个博学的人，尤其对语言文字有研究；没有做官。

我们把从各方面得到的版本加以比较，去掉重复的，得到如下八种版本：

1. 明崇祯十七年（1644）九如堂刻本。
2. 清乾隆五十四年（1789）金阊书业堂本，2 册，或者 4 册一函。
3. 清嘉庆二年（1797）刊本一函 4 册。
4. 清光绪十一年（1885）道生堂刻本，2 册。
5. 清光绪二十六年（1900）本，藏国家图书馆。
6. 清宣统三年（1911）上海汇海石印本。
7. 清扫叶山房刻本 2 册。

8. 一卷本，大文堂刻本。

9. 明·孙耀《音韵正误》，一册，瑞安玉海楼。

其中，前七种版本的著录作者是孙耀，吴思本订；第九种只署名孙耀，而且书名也成了《音韵正误》，收藏在孙诒让的玉海楼，目前无法见到。目前容易见到的版本有：九如堂明刻本，藏清华大学图书馆；乾隆五十四年金阊书业堂刻本，藏北京大学图书馆；嘉庆本，藏中国科学院图书馆；光绪二十六年本，藏国家图书馆。我们以容易见到的书业堂刻本年为底本，制成数据库，录入时只录入字头，注释只录入有辨音作用的，纠正字形、记录方言俗语时，用括号录在字头后边。异体字、俗体字、古字形不录。录入时尽可能保持原字形。录入完后，再利用清华大学藏九如堂刻本、国家图书馆藏光绪二十六年本进行校勘。

(二)性质

我们所以要以《音韵正讹》为主来构拟明末宣城方音，是因为它是宣城方音韵书。我们之所以这么认定此书的性质，有以下几个理由：

一是从本书的编纂程序上看。本书有两个“凡例”，作者的编纂思想主要表现在这里。“又凡例”里说：“字宗《正韵》，分属四声，汇成四卷。先辑同音，而以圈为主；次辑同韵，而以音为宗。”从这里可以知道，作者归字的办法，是先汇集同音字组，然后把同音字组按照同韵关系汇集起来。这是一种由微观到宏观的程序，其字音必有所据。参考各韵的情况可以看出，作者是按照方音归字的。

二是从作者的指导思想上看。作者说：“字有古用、时用、俗用之不同。如从古则违时，趋时多入俗，故致点画之误、音韵之讹者，莫可胜举。”“古用、时用、俗用”是作者给字音分的类。“违时”“入俗”都是应该避免的，但是，从书中的注释看，“从古”的地方只表现在字形上，在有些字下注了古形体，没有见到注释古音的。俗音倒是不少，有的是俗语，如：“暄，日暖也，俗云不通寒暄。”“菩，俗稱～苺子，苺音茂。”“撢，棄也，俗云～命。”“瞰，俗云費些～。”有的是口语用法，如：“段，體～。俗謂一節為一～。”“奶，乳也，又俗称夫人曰～～。”有的是指出口语读音的，如：“被，本音倍，俗谓～。”“蟹，螃～，俗音海。”“被”的俗音符合本书的系统，“蟹”的俗音不符合。有时明确指出俗音是错误的，如：“毳，吹去聲，俗作‘翠’，非。”作者还注意了多音字各音之间的关系，“字有本音，有转音。则先本音，而转次之。如中转众、正转真之类”。所谓“本音、转音”不关正音问题，请参看下文。从以上辨正内容看，本书是针对一个方音编写的。

三是从作者的选字原则和审音标准上看。选字上，“字宗《正韵》，增其说文，皆本经史、通俗用者”。这里有两个标准：一个是经史，一个是通俗用者。可见本书注重日常实用。审音上，作者的标准不是传统韵书和门法，而是“音”。“如诗韵一东二冬之类，内声外声不同，兹特指寻音；如宗其辙，反艰多歧。故不辨齿牙喉舌，凡音相近者，悉类一韵，易为简阅。”“不辨齿牙喉舌”是抛弃了对已有韵书、韵图的继承，独以音相近为标准，只有依据活的语音才能做到。

四是从本书反映的音系上看。通过对本书音系的研究，发现本书反映的一些音系特点跟现代宣城及其周围的话非常接近，两位作者又都是宣城人，而且据梅标言的序言称，本书作者之一的吴思本“薄浮名不事”，可能没有得到过功名，是个乡土学者。这使他极有可能把方音当成正音记录下来。

五是尊重前人的研究心得。罗常培（1934）把《音韵正讹》归为“流行于民间的方音韵书”，指出“这种书本来为一般人就音识字用的，它们辨别声韵固然不见得精确，而大体总是以当地乡音为准；这实在是我们调查方言最好的间接材料”。魏建功（1996，p.48）把韵书分为“主观编排多于客观编辑”的和“客观的编辑”两类，认为后一种韵书“代表某一时代某一地方的整体音系，我们可以用来做比较研究的参考”。他罗列的这类韵书，第一本就是《音韵正讹》，并说："此书当是安徽南部宣城一带的通俗韵书。"孟庆惠（2000，pp. 2374—2376）比较了《音韵正讹》和现代宣城及周围方言的特点后认为，"三百年前的宣城话与今天的宣州吴语是属于同一体系的，它们之间应该是源与流的关系。"

基于以上认识，我们觉得把《音韵正讹》看做是宣城方音韵书是没有危险的。

该书的音系会在第二节作详细介绍，这里省略。

二、芜湖型：《韵通》

（一）体例

萧云从的《韵通》是兼有研究古音、因袭等韵、参入方音特点的混合性质的韵图。张民权认为（2002，p. 115）："萧氏……韵图中或掺入古音，或掺入方音。"萧氏研究古音的依据有《诗经》和其他韵文的押韵、经籍音注等材料。作者在序中说："古人翻切极明，后世域于方土，未暇改究。今不揣寡陋，窃从诸家经史音注、并词赋韵语，为之折衷其实，庶几芟其繁冗，益其詿漏。"从中可以看出，萧氏的古音借鉴了"经史音注、并词赋韵语"，而且有自己的"折衷"。涉及的范围有韵母，也有声母：公韵有"江""邦"等字，"赵"音"了高反"等。在韵图的框架上，萧氏采用了《韵法直图》的格式，并且在注解里多次提到这个图和《韵法横图》，以及《横图》作者李世泽及其父亲李登。他说："梅氏《字汇》颇下苦心，然求近于俗，庶相沿之弊也。""新安图（《韵法直图》——引者）四十四部，庶可尽变，盖李嘉绍氏不能广收其声，而以音就之，遂有知彻澄娘之蛇足矣。"萧氏批评《字汇》不分阴阳，《韵法横图》声母多出知组，只有《韵法直图》"庶可尽变"。

《韵通》按韵母分图，共有 44 张。每图横列五声纵列 20 个声母，删去了全浊声母。但有些韵图有重复，例如佳韵只有一个字，其余中古佳韵的字都在皆韵，可见这个佳韵是徒有其名的。图中有不少字的地位是按叶音排入的，所以，在韵图的后边有很多小注，详细说明它们的出处。在研究方音时，这些都是应该剔除的。

(二)性质

耿振生先生(1992,p.247)认为《韵通》“韵母分四十四韵，是模仿《韵法直图》而定的，但是各韵的内容与《直图》大不相同”，是很符合实际的。《韵通》的审音，部分地反映了作者口中的语音。四十四韵的框架对萧氏的实际语音是不很合适的，所以才会出现很多淆乱之处。例如，原来四十四韵的-m、-n、-ŋ的框架没有改变，而《韵通》的列字却有混淆，出现山摄字中有咸摄字，咸摄字中也有山摄字的情况。这说明，作者根据当时的方言对等韵图进行了不少改变，例如，声母改用二十字母、声调平分阴阳等。这两点虽然得自《中原音韵》和《书文音义便考私编》，但他认为“周德清《中原韵》分阴阳而不能谱为五声，上元李登知删字母之繁，而不能博稽典籍”。他讥四声是“泥吴音之隘”，因而“略其(沈韵)上平而名为阴，略其下平而名为阳，搀以原有之三仄声，谓之阴阳上去入五声”。用“天朝统万国”五字作为代表字。作者在调声调时暴露过他的方音，他说：“假如阴声为‘阴’，则‘寅’为阳平，‘影’为上，‘印’为去，‘抑’为入。”以“阴寅影印抑”调五声，这是操梗摄、臻摄、深摄混淆的方言的人才会使用的方法。作者既然操着方音来指导韵学，当然会在他制作的韵图中流露出方音的痕迹。而其方音应该是当时(明末万历到崇祯之间，参见耿振生 1992,p.247)的芜湖方音。我们用这个音系作为我们研究明末宣城音系的参考，应该是可以的。

《韵通》韵图也是分为五个纵行，用“天朝统万国”代表阴平、阳平、上声、去声、入声五个声调。平声分阴、阳，保留入声。

(三)声母系统

《韵通》只有二十个声母，没有全浊声母。

庄组主体跟章组、知组合并为照组，只有几个字归精组。声母的归并有：知彻娘并入照穿泥，非并入敷，影喻母和疑母开口字合并为疑母。

关于古全浊声母，作者说："夫见溪群疑，群与溪同，乃删群；端透定泥，定与端同，乃删定；帮滂並明，並同帮，乃删並；精清从心邪，清同从、心同邪，乃删清邪；知彻澄娘照穿床审禅，知同照、彻同穿、床同澄、审同禅，乃删知彻澄娘穿禅审；晓匣隐喻，匣同晓、隐喻同疑，乃删匣隐喻；方夫凤微，夫与方同、凤与微同，乃删方微；来日则如之。"他删并的浊声母有：群並奉定澄从邪禅匣，分别并入溪帮微端穿清心审晓（韵图中用"定从"的名称而不用"端清"）。可以看出，他的这些话都很随意，没有考虑到浊音清化以后的送气与否与声调有什么对应关系，所以，他的说法仅供参考。

但是韵图中显示浊声母清化后，古全浊塞音、塞擦音平声变同送气清音；仄声基本变同不送气清音，但部分古浊塞擦音仄声字也读送气清音了，例如穿母有"朕鸩滞"，清母有"藉臟"。

全浊上声一般归去声，但还有少量留在上声内，这有两种可能：一是浊上声清化后没有完全归去声，而是归上声，后来成为底层；二是这部分字在其他浊上声字变去声前已经清化，所以留在上声里。后一种情况在官话里也有，但是数量没有那么多。而在徽州话中却是常态。

表 2—2：上声中保留的浊声母字统计表

塞音		塞擦音		擦音
不送气	送气	不送气	送气	
见"窘"			穿"杼"	晓"浑晃悻"
	透"挺禫窕"	精"儘髒"		审"蜃"
帮"斃"	滂"疲埲"			
非"辅"				

表 2—3:声母表

	牙音	唇音	舌音	齿音 1	齿音 2	唇齿音	喉音	边音
全清	见 k	帮 p	端 t	照 ʧ	精 ts	方 f		
次清	溪 k^h	滂 p^h	透 t^h	穿 $ʧ^h$	从 ts^h			
清擦音				审 ʃ	心 s		晓 x	
次浊	疑 ŋ	明 m	泥 n	日 ɲ		微 v		来 l

(四)韵母系统

该韵图虽有表现古音的目的和模仿等韵的痕迹,但尚有明显的标志:古音跟时音不合的地方,作者一般在图后注明叶音;等韵跟时音不合的地方,往往会在韵图中出现重复的列字。我们把图后注明叶音的字去掉,删除重复出现的韵类,就可以得到作者的时音系统。合并以后的韵类由原来的 44 个,变成了舒声十三类,34 个;入声六类,18 个。

首先,臻摄、深摄、梗摄、曾摄各韵内都有互相牵扯的字,这些字的混同情况正好跟作者用"阴寅影印抑"调五声的情况一致,因此可以根据各韵内有关联的字,参考各韵的中古来源,把这些韵合并如下:根韵(合并根、庚、簪三韵)、裩韵、君韵(合并君、扃韵)、金韵(金、巾、京三韵)。觥韵因为主要是唇音字,又列在弓韵的后边,可能已经变同或接近通摄。

其次,山摄、咸摄在韵图中屡有错杂,应该也已经合并。故参考上例归并如下:干韵(甘、干韵);艰韵(龛、艰韵);坚韵(坚、兼韵)。

再次,佳韵去掉韵后有注释的字以后,就只剩一个"花"字了,故并入瓜韵。

效摄交、骄二韵虽然有多处重出,但是见系字分别划然,而且来源不同,故仍视为两类。这样,交、骄两个韵母就跟高韵形成对立。它们分别来自一等(高韵)、二等(交韵)、三四等(骄韵)。如果骄韵有介音

[i],那么交韵可能有介音[ɪ]。江韵中来自中古江韵的二等字与此不同,因为这一韵内还有来自中古三等阳韵的字,故中古江韵二等字已经失去了独立的地位。

表 2—4:韵母表

		oŋ	ɑŋ	ən	on	ɑn	u	o	ɑ	ɛ	i,ɿ	ɔ	əu	e
声	开	公	冈	根	干	山	姑	歌		该	赀	高	钩	
	齐 i		江	金	坚				嘉		基	骄	鸠	爹
	二等 ɪ					艰				皆		交		
	合 u	觥	光	裩	官	关		戈	瓜	乖	规			
	撮 y	弓		君	涓									

		uʔ	ɔʔ	əʔ	oʔ	aʔ	iʔ,ɿʔ
入声	开	縠	各	格	阁		贼
	齐 i		甲	急	结		吉
	二等 ɪ					戛	
	合 u		郭	骨	括	刮	崒
	撮 y	菊		橘	厥		

三、广德型:《元声韵学大成》

广德人濮阳涞《元声韵学大成》的写作,开始于明万历甲戌年(1574)春,完成于明万历戊寅年(1578),用了四年时间。作者自己设置了三十个声母和二十八个韵部。声母代表字不用三十六字母,而用自己创造的名字"新鲜、秦前、仁然"等。韵目仍袭《中原音韵》,但是调整为二十八韵。入声兼配阴阳,又为了避免像《中原音韵》那样"偏用北音",而使入声各有南北两个地位。南音入声直接附在阳声韵后边,北音入声已经派入三声,所以在各相应阴声韵下面注明"北平、北上、北去"等字眼。"北音"入声的选字和分派都跟《中原音韵》不同。

声调系统采用传统平、上、去、入四声，平声不分阴阳。

(一)性质

作者的编纂目的在于“搜括古今字学，较音声异同”“务循元声”。所谓“元声”，来自时触风雷、情触鸟兽、物触金石草木；“唯人也，灵于万物，故会万物之声以为声，亦随所习而异声”。显然，“元声”括人类与自然之声。作者用这个“元声”来衡量，则“沈氏”(诗韵——引者)“语音近俗”，后世“大约牵制乡音影响”，“切法”(等韵——引者)“承讹袭缪”。只有《中原音韵》能够“厘定”元声，但却“偏用北音”。作者认为他比周德清高明的地方是，他“奔走南北，磨砺数十年，习知天下通音”。其“元声”的概念就是“天下通音[①]”，书中入声有“南音”和“北音”两个地位。

从肯定周德清的做法上看，作者有明确的反传统倾向；从自诩“习知天下通音”看，作者重视活的语音，以口耳为获取“通音”的工具。比较本书音系和作者籍里广德话的情况，发现二者有不谋而合的地方：1. 本书中来自中古江韵、唐韵的江黄韵，跟来自中古阳韵的姜阳韵主要元音不同。耿振生先生(1992，p. 204)认为是吴语，验之以今郎溪方言果然如此。2. 书中二等韵字多独立成类，似乎有一个独立的介音。现代郎溪定埠话有部分二等字带有介音[ɪ]，例如“隙 ɪE”。从音系本身的情况看，本书应该是反映郎溪方音的韵书。

---

① 关于“天下通音”，明清时期有不少说法。归纳起来有两大类：一种是承认各地有不同的方言，所谓的“通语”以某地方音为正。如《洪武正韵·序》，它一方面说“四方之音，万有不同”，一方面又确定了正音为一个确切的地方方音，“壹以中原雅音为定”。另一种虽然也承认有不同的方言，但是认为有一种天下共通的语音。如《元声韵学大成》讲的“元声”，《音声纪元》讲的“音元(音元者，天之气也)”。第二种概念比较抽象，其正音没有确定的地点方音为基础。这些“正音”或“通语”观很显然不符合科学常识。其来源可能是周德清《中原音韵·正语作词起例》“余尝于天下都会之所，闻人间通济之言”。“人间通济之言”本来指原文下面引用的话，很可能后来者误在此断句，遂有“天下通语”之说。所以，凡言天下通语者概不可信。

（二）声母系统

作者在书中已经标明了其声母系统是三十个，把知彻澄娘合并到照穿床泥。其浊声母有清化现象，但是并没有完成整个的清化过程。平声的清浊没有大的变化，浊上声部分转为去声。上声中的浊声母字转为去声以后，主要是跟去声中的浊声母字合流，少部分跟清去声合流。去声中的浊声母字也有少量清化的例子，但是为数很少。

表 2—5：浊上声字的去向统计表（表中的数字是音节数）

浊声＼去向	上声有字					上声无字				
	浊上声归去声				未变	浊上声归去声			未变	去声无字
	清去	浊去	无去	清浊		清去	浊去	无去		
鍚涎		1			2			1	8	3
行贤		2		1	6	1	2	1	5	4
廷殄		5	3		2		9		3	2
神善		4	1	1	5		1		4	1
勤乾		3		2	5		2	1	7	6
秦前		4			1	2	1		14	5
贫弁		5	1		4		4		2	2
陈廛	1	2		1	6	1	2	1	5	4
坟范		2	1		2		1		1	2
合计	1	28	6	5	33	4	22	4	49	29
	40				33	30			49	29

从上表可以看出，含有中古浊声母字的音节总数是 152。其中变去声的音节有 70，占 46％。浊上声完全变成去声的有 30 个，占 19.7％。浊上变去的音节里，浊上声字跟浊去声字合流的有 50，占变去浊声母总数的 71％；跟清声母字合流的只有 5 个音节，占变去浊声母音节总数的 7％，有同样数量的音节里浊上声和浊去声一起跟清去声合流了，两项相加，占浊上变去总数的 14％。从这些数字可以得到下面的两个推测：

a. 清化之前，浊上声已经流向浊去声。

b. 浊声母开始清化，但是，清化的比重还很有限。

表 2—6:《元声韵学大成》声母表

舌面后音	经蹇	勤乾	轻遣			
	k	k^h	g			
舌尖中音	丁典	汀淟	廷殄	宁碾		邻连
	t	t^h	d	n		l
双唇音	宾扁	俜諞	贫弁	民免		
	p	p^h	b	m		
唇齿音	分反	坟范	文晚			
	f	v	ʋ			
舌叶音	真展	嗔阐	陈廛	申闪	神善	仁然
	ʧ	$ʧ^h$	ʤ	ʃ	ʒ	ʑ
舌尖前音	津剪	亲浅	秦前	餳涎	新鲜	
	ts	ts^h	dz	z	s	
喉音	行贤	兴显	寅演	因偃		
	h	x	j	ø		

这个声母系统还有如下的特点：知组、庄组、章组合流，庄组少量跟精组合流，疑母分别变入泥母和零声母，非、敷合流。

(三)韵母系统

《元声韵学大成》分韵二十八个。其中，梗摄一二等合口字(弘萌韵)没有混入通摄(东钟韵)，但是已经跟梗摄其他部分(庚生、京青)不同韵；支思韵独立，说明舌尖元音韵母已经产生；歌戈韵有开合两类；江韵跟唐韵合流，跟阳韵具有不同的主要元音；遇摄分为须鱼、苏模两个韵，应该分别是[y]、[u]。

山摄一二等的分合情况如下：山关韵来自《广韵》寒韵开口一等，山删二等开口和合口唇牙喉音字。个别字来自咸摄，例如："凡"来自中古奉母凡韵，本书中跟上声晚、去声万声韵同。这是由于声母的异化作用，使唇音韵尾变成了舌音韵尾。在因偃母下边有一个入声"阿"跟二等字"黫"的入声"轧"对立。看来一二等在这里并没有完全合流，还应该保持着介音上的区别。参照一等牙喉音字还呆在寒干韵里的情况，我们认为《韵学大成》里的山摄开口一等字正在向二等靠近，其中牙喉音走得最慢，还保持着主要元音的区别，而其他声母的字则已经完全同韵了。此韵有开口、合口、齐齿三类：散、拴、颜。现代广德话的格局与此一致，只是一二等已经合流。现代定埠话分别是[ɑ]、[uɑ]；甘溪是[ɛ]、[uɛ]。我们定为三类：[ɛ̃]、[ɪɛ̃]、[uɛ̃]。

寒干韵来自《广韵》寒韵开口一等牙喉音。只有开口一类：寒。现代定埠话韵母是[ɪ]，甘溪话是[ɯ]。舌位比山关韵高一些。现拟为[Ã]。

桓欢韵来自《广韵》桓韵合口一等。只有合口一类：酸。现代定埠话韵母是[o]，甘溪话是[uɯ]。跟寒韵不配套。《韵学大成》也没有放在一个韵里，所以拟为[uõ]。

表 2—7:《元声韵学大成》韵母表

	开口	齐齿	合口	撮口	二等
东钟	公 oŋ	雍 ioŋ			
弘萌、庚生、京青	僧 əŋ	星 iŋ	横 uŋ		
支思、齐微、崔危	西 ei	思 i	虽 uei		
须鱼、苏模			苏 u	须 y	
歌戈	阿 o		窝 uo		
皆来	哀 ɛ		歪 uɛ		挨 ɪɛ
江黄、姜阳	冈 aŋ	相 iã	光 uaŋ		江 ɪaŋ
山关	散 ɛ̃		关 uɛ̃		颜 ɪɛ̃
寒干、桓欢	寒 Ã		官 uõ		

（续表）

参含	庵 ʌm				
监咸、廉纤	三 ɛm	纤 iem			
先天		先 ie		宣 ye	
萧豪	骚 ɔ	萧 iɔ			
家麻		鸦 ia	要 ua		沙 ɪa
车遮		协 iɛ			
尤侯	凑 ɤ	脩 iɤ			
真君、臻文	ən	in	uən	yn	
寻侵、岑簪	əm	im			

这个韵母系统的特点有：保留二等介音，阳韵开口三等独立于江摄、宕摄之外，-m 韵尾没有完全消失，但是唇音声母字已经并入相应的舌尖韵尾韵中。

除了这些材料，我们还利用了《字汇》的音韵材料。《字汇》的注音有很多因袭前代韵书或字书的地方，但是仍有不少注音，尤其是直音部分，反映了方音。可参看古屋昭弘（1998）和高永安（2003）的相关研究成果。

第二节　明末宣城话的声母系统

下面我们以《音韵正讹》为主要资料，介绍明末宣城方音的概况。由于《音韵正讹》是同音字表，没有反切，研究它的声母系统就需要用统计的方法。统计以小韵为单位，从中古声类出发，凡是中古为一类，而《音韵正讹》不跟其他类混淆的，仍认为一类。凡是中古为一类，而《音韵正讹》跟其他类混淆者，看它在本书的系统中是否有不能解释的对立：没有对立者，视为一类；有对立者，如果不是孤例，即便独立使用的次数大大少于混淆的次数，仍视为两类。例如，初母共出现 29 次，其中

11次独现。但是,由于这独立的11次跟其他送气塞擦音没有对立,我们参考庄组其他声母大致都已经不独立的情况,确定初母与彻、昌母合并。相反,奉母共出现26次,独现只有7次,但是,由于奉母跟非母、微母都有对立,如果不承认奉母独立,就无法解释这种对立。

统计的另一个作用是确定中古声母在本书中的归并方向。例如,庄母出现29次,与章母同现9次,知母7次,精母8次。由于知、章母已经合并,则庄母的归并方向有两个:一个是跟精母合并,一个是跟知、章母合并。利用统计法可以使我们在寻找条件时免于盲目。

我们还利用了异读材料。例如,经我们整理,《音韵正讹》的异读字共595个,其中三字组6组,四字组1组,共292组。

下面我们按照发音部位分别介绍明末宣城音系的声母系统:

一、见组

1. 见母共出现117次,其中独现77次,与群同现16次,与匣同现12次,与溪同现9次。群、匣混入是浊音清化的表现,其步骤可能是群、匣先合并,然后清化同见母,例如"鹘(匣母)=国"。溪母有少量混入,是送气与否的问题。

2. 溪母共出现77次,其中独现56次,与见母同现9次,群母6次,匣母8次,晓母8次。这里依然表现出浊音清化和送气特征的混乱。溪母跟匣母的关系主要是匣母字跟群母一起清化变来的,例如:"蹊(匣母)=溪=欺(溪母)①"。溪母字跟晓母的关系与此不同,多数是溪母字变成擦音所致,例如"糗(溪母)=朽(晓母)""隙(溪母)=吸(晓母)"等。这种变化在官话区也有发生,而且跟宣城话相比,范围更

① 这几个字的声母现代皖南方言一般都读送气塞擦音[tɕʰ]。例如:黄山市政府所在地"屯溪"的"溪",黄山方言(徽州方言)和宣城方言都读[tɕʰi]。

大些。例如上述"溪"字，宣城话没有变同晓母，而官话多数地区变了。其中有些字的变化可能另有原因，例如"墟"字本是溪母字，但是现在多数地区读同晓母，可能是由于字形接近"虚嘘"，影响所致。这个字在《音韵正讹》里并入晓母。

3. 群母共出现 42 次，其中，独现 12 次，与见母同现 16 次，与溪母同现 6 次，与匣母同现 13 次。群母独现已经相当少了，可不可以断定这个浊声母已经不存在了呢？不可。理由之一是，群母跟见母、溪母都有对立，由于平声分了阴阳两类，所以清浊的对立主要表现在仄声里：例如父韵"句/去/巨"，宪韵"眷/劝/倦"，上韵"诳/旷/逛"，动韵"贡/控/共"，地韵"计/气/忌"；入声月韵"结/慊/竭""决/缺/掘"，一韵"吉/乞/及"，曲韵"橘/曲/局"，等等。理由之二是，现代宣城方音依然存在着浊声母。另外群母跟匣母单独同现的还有 8 次，两个都是浊声母，可能匣母字先跟群母字合流，然后一起清化为清声。

群母清化的规律大致是：仄声不送气，平声则部分送气，部分不送气。平声变送气或不送气的规律可以通过考察群母字跟见母、溪母同现的音节来认识，群母跟见母同现的音节一般是阳声韵，只有"句"、"拐"两小韵除外；群母跟溪母同现的音节则全部在阴声韵。换句话说，群母清化以后变同不送气清音没有明显的条件限制，而变同送气清音溪母的，则有韵尾条件的限制，它只发生在阴声韵。如果忽略了这部分有限制的变入送气清声母的群母字，则《音韵正讹》的群母清化后大致都变同不送气清音。这些情况跟《元声韵学大成》《韵通》都不同。《元声韵学大成》群母没有清化。《韵通》的群母字平声全部归溪母，仄声全部归见母，跟现代官话一样，是"平送仄不送"。

《音韵正讹》上声中的群母多数入去声，部分跟清声母字合流，部分跟浊声母字合流；少数清化，跟上声中的清声母字合并。这一点跟《元声韵学大成》《韵通》都同中有异。《元声韵学大成》上声中的群母字基本稳定，没有清化现象，但是部分流入去声，跟去声中的群母字合流。《韵通》的群母字已经全部清化，所以，作者没有给群母单独列一个声母。“跪窘”等几个群母字归入上声中的清声母内，其中，“跪”《音韵正讹》在去声卫韵内，“窘”也是上声字，“拐忌技暨”等字亦然。

4. 疑母共出现 61 次，独现 21 次，与影母同现的有 13 次，与云母同现的有 5 次，与余母同现的有 9 次，这些都是零声母；与匣母同现的 8 次，除了 3 次单独同现以外，其余均与零声母同现，可能这些匣母字的声母已经脱落，它们都是合口字：悮悟寤晤误（疑暮合一）檴（匣铎合一）冱濩互护（匣暮合一）祜岵（匣姥合一）蠖（影铎合一）。疑母部分字跟泥母同现（8 次），这部分字都来自三四等细音，疑母跟其他声母同现时，则洪细均有。看来疑母中只在细音前会变成前鼻音，合口前变零声母，其余则独立为后鼻音。

现代宣城方言群母的表现比较复杂。例如：庄村[hʑ]、甘棠[g]、奚滩[ɦ]、厚岸[kʰ]、横渡[tɕʰ]。蒋冰冰（2000a，p. 33）认为群母后来发生了类似如下的变化：①

[g]→[kʰ]→[ʑ]或[ɦʑ]→[tɕʰ]
↘[k]→[ɦʑ]或[ʑ]→[tɕ]
↘[ɣ]→[ɦ]或[ɦv]→[h]

群母清化为清声母以后，有送气和不送气两种读音，那么早期的浊声母是否送气呢？群母字在现代宣城话的一些方言点依然保持全浊的读音，例如甘棠。这些全浊的读音全部是不送气的。其他古全浊声母

① 原文的示意图比较复杂，各辅音之间的变化曲线多有交叉，这里加以简化。按照我们的理解，本地古全浊声母走的是两条道路：清化和弱化。所以其发展应该是：

[g]→[ɣ]→[ɦ]或[ɦv]→[h]
↘[ɦʑ]→[ʑ]
↘[k]、[kʰ]或[tɕ]、[tɕʰ]

今仍然保持浊音的，全浊塞音今都是不送气，全浊塞擦音今都变成浊擦音。没有发现有全浊送气的塞音、塞擦音。鉴于这种情况，我们认为明末宣城的全浊塞音、塞擦音声母是不送气的。以下各浊声母下不再论证这个问题。由于群母主要跟见母、溪母、匣母关系密切（匣母的问题下文再谈，应该不会影响发音部位的确定），所以我们认为现代宣城方言发生的群母擦音化等现象在《音韵正讹》里还没有出现。我们拟测这一组的音值是：见[k]、溪[kʰ]、群[g]、疑[ŋ]。

二、端组

浊音略有清化。塞音声母送气和不送气有瓜葛。

1. 端母共出现56次，其中独现42次，与定母同现8次，与透母同现4次。其余，端知相混的两例：一个是“爹低”同音，爹，《集韵》有陟邪切（《广雅》父也）、待可切两切。此处当从陟邪切。一个是“低氐羝堤弤”中混入知母“胝”。胝，《集韵》有张尼切（睡也）、称脂切（鸟胃）、丁计切（牲体之本也）三音。此处当取张尼切。均类隔。还有一处端疑相混：獃[1]懛（歹平声）。端泥相混是“鸟（《广韵》丁了切）”字跟“袅嫋嬝褭蔦”同音，端从相混是“蹲（《广韵》徂尊切‘坐也。《说文》踞也。’）”字跟“登灯蹬（蹲～于此）蹬簦噔（～一口）敦墩惇鐓”同音，端初相混是“龀（《集韵》初觐切）”字跟“鼎顶酊艼”同音，的小韵包括“的滴靮菂啲嫡扚镝甋樀啇”这些字，其中还有一个“夫”字，注曰：“天水下地声。”

2. 透母共出现55次，其中独现40次，与定母同现11次，与端母同现4次。另外，晓母字“咍”混入部小韵“部台胎抬骀”中。可能是形

---

① 獃，《广韵》咍韵五来切，獃痴，像犬，小时未有分别。又有“懛”字，丁来切，懛剴，失志貌。剴獃同音。《集韵》“懛”字下注为“懛獃，惝怳也”。獃字下曰：“懛獃，痴也，一曰失志貌。”《音韵正讹》收两音：一在怀音呆小韵下，注与“騃（马行慢也）”同，曰：“又音歹。”另一音在皆音懛小韵下，注曰：“～子。”上声海音歹小韵下无此字。

误。有两个禅母字“徜鏛”跟透母字“倘躺戃”同小韵。

3. 定母共出现52次，其中独现39次，与透母同现11次，与端母同现4次。跟端透混同的共有13个小韵，相当于独现的三分之一。应该说，定母起码有清化的趋势了，或者说正处在清化的早期阶段。清化后，除了在去声里有三个音节跟不送气端母合流以外，其他各声调不分平仄都只跟送气清声母透母合流。可以认为，定母清化以后基本上是不分平仄一律读送气清音。这一点跟现代徽州话是一致的。上声中的定母字多半归去声，跟浊声母、清声母合并的都有。

定母在现代宣城方言的表现比较复杂，大致有以下几种：[ɾ]（或为[hɾ]，广阳、繁昌、太平、奚滩等）、[d]（庄村、南极等）、[r]（或为[hr]，裘公、年陡、湖阳等）、[l]（永丰、茂林、厚岸等）、[h]（茂林）、[tʰ]（横渡、陵阳等）。显然，宣城的定母的音值发生了两个方向的变化：一个是清化，基本上同送气清音；一个是弱化，有四种表现：[ɾ]、[r]、[l]、[h]。前三种一类，后一种一类。如果《音韵正讹》定母有弱化现象的话，它的表现首先可能是有跟来母或者晓母合流，但是现在没有发现类似的情况，所以，可能弱化在当时还没有发生，或者已经发生，但是没有被本书作者注意到。清化既然正在进行之中，那么定母可能仍然是[d]。

4. 泥母、娘母合并。娘母有7次独现，但是这些小韵本来字少，娘、泥同现也有8次，没有对立出现，泥、娘跟其他声母的同现方面也看不出有什么分别。所以，应该已经合并为一个声母了。至于现代宣城方言往往有两个音值不同的鼻音[n]、[ȵ]，那是后来的变化。既然泥、娘不分，我们的统计就把泥、娘合并在一起，统称泥母。泥母共出现47次，其中独现34次，跟疑母同现8次，跟日母同现7次。由于疑母有分裂（部分细音入泥母），日母独现很少，这种情况应该提示疑日部分归泥。

5. 来母的情况比较简单，共出现62次，独现60次。两个有其他声母同现的小韵中，都各只有一个字声母有异。其中，一个是“辇(狝韵开三来母)”，同小韵其他字是来自泥、疑母的“儼撚碾辗辇趁谳孽”。“辇”字现在很多方言都有两读，一读如泥母，一读如来母。

本组的音值应该是：

端[t]、定[d]、透[t^h]、泥[n]、来[l]。

三、帮组

帮组四个声母各自独立。塞音在送气上有错综，这些音节有主要来自帮母的，也有主要来自滂母的，很难看出什么规律。並母有大量的字清化。

1. 帮母共出现 70 次，独现 38 次，与並母同现 16 次，与滂母同现 24 次。这其中，帮並滂三母同现的有 12 次。帮滂混用很多，说明本组中塞音送气与否纠葛很多。

2. 滂母共出现 52 次，其中独现 19 次，与帮母同现 24 次，与並母同现 18 次，反映了塞音送气的纠葛和浊音正处在清化过程中。

3. 並母共出现 50 次，其中独现 25 次，与帮、滂的同现分别是 17、15 次。浊音清化也在进行中，但是仍然跟帮、滂母之间保持对立。清化之后是否送气不以平仄为条件。从四声看，並母跟帮、滂母同小韵的次数是：

表 2—8：

	阴平	阳平	上声	去声	入声	总计
帮	4	2	3	2	6	17
滂	2	2	4	2	5	15

在韵母方面也没有找到什么规律。

4. 明母是最稳定的声母，很少跟别的声母同现的现象。

5. 非母共出现 20 次，独现仅 5 次，与敷母同现 15 次，与奉同现 9

次。有一个音节混入了匣母字：俸（奉母）赗（敷母）讽（非母）汞（匣母。书中注："水银曰铅～。"）[①]；这是[h-][f-]不分的表现。还有一个音节有一个微母字"勿"，应该是否定词，读唇音。非母独现的5次跟敷母没有对立，这两个声母合并应该是不争的。

6. 敷母并入非母。共出现22次，独现仅2次，与非同现15次，与奉母同现8次。还有一个音节微敷同现：问汶紊（微母）忿（敷母）。

7. 奉母共出现26次，其中独现8次，与非同现9次，与敷同现8次，与微同现7次。入声约音第四有一个小韵，只有两字："缚（奉母）纥（匣母）"，也是[h-][f-]混的情况。平声班音第五里有一个音节："悭瞰凡铅刊"，"铅"有辅音声母[②]，奉母"凡"字混入溪母字里边[③]，都是比较特殊的现象。奉母虽然只独立使用8次，但是并没有完全合并到其他声母中去，因为还有几处跟非母、微母对立。例如：万韵"泛/范/万"、父韵"富/父/务"、读韵"福/佛"、动韵"凤/俸"、腊韵"法/乏"。从现代宣城方言的情况看，奉母也是基本独立的。

8. 微母共出现18次，其中独现7次，与奉母同现7次，与敷母同现2次，与影、余同现分别2、1次。有一个微母字"侮"，跟疑母字"五伍

① "汞"字或为晓母字。《集韵》汞有四个反切：虎孔切、户孔切、户讲切、胡贡切。第一个是晓母，后三个是匣母。都是"澒"的异体字，都是水银的意思。《字汇》直音"洪上声"，是匣母。按，此地方音匣母多与见组关系密切，晓母常混于[f-]。

② 关于"铅"字的读音，平山久雄先生有文讨论。他的主要结论有："铅"有三种读音，A，零声母或[j-]；B，读[kʰ-][tɕʰ-]；C，[ȵ-]。A、C两读是撮口呼，B读音是齐齿呼。其中，A音是有文献可证的，C读音可能来自中古日母，B音最早见于《韵学大成》《合并字学篇韵便览》《音韵正讹》，相当于咸摄四等。从平山先生所列的方言点看，A音倾向于出现在长江以南，长江沿岸有些地区有A、B两读；B音除了苏州、温州、南昌（有两读）以外，基本流行于江北官话区。本书收有[kʰā]、[iē]两音，应不出于官话或吴语。

③ 《音韵正讹》有两个"凡"字。愚意此"凡"字当是"丸"字之误。"丸"属匣母，与溪母字同列，符合本书中匣母跟牙音关系密切的情况。此字下有注释："凡凡只此数。""丸丸"应是地方俗语。

忤件午坞”同小韵，是微母字成了零声母了，这跟北方话一致。

並母字有不少跟清声母同现的小韵。根据蒋冰冰（2000a，p.33）的构拟，並母的发展路线是[b]→[b]、[bh]→[v]、[β]→[p]、[ph]、[h]。由于《音韵正讹》的並母字除了跟帮、滂有一些同现外，并不跟帮组以外声母合并，我们认为它应处于由浊音变成清音的过程中，构拟为[b]。

奉母在现代宣城方言中的表现有：[hv]（庄村等地）、[b]（南极、灌口、茅坦等）、[v]（茂林、永丰等）、[hβ]（童埠、繁昌等）、[Φ]（七都、童埠等）、[f]（横渡）。[f]音已经清化，[b]、[v]给並母、微母更合适，那么，只有[β]、[Φ]可用了。由于奉母更接近微母，所以用双唇清擦音[Φ]更好些。並母在现代宣城方言的表现大致有：[b]（庄村、南极、灌口等）、[hv]（湾址、年陡、茂林等）、[p]（灌口、年陡）、[p^h]（厚岸、陵阳等）、[hβ]（童埠、繁昌等）、[h]（广阳、七都）。庄村等的[b]的形式符合早期並母的情况，[p^h]、[p]是清化，[hβ]、[h]、[hv]等是弱化。本书中没有看到弱化的表现，清化倒是在进行中，所以並母的音值应该是[b]。本组的拟音是：

帮[p]、滂[p^h]、並[b]、明[m]、非[f]、奉[Φ]、微[v]。

四、精组

浊声母有清化现象，塞擦音声母有擦音化现象，各声母有极少量庄组字加入。

1. 精母共出现68次，其中独现43次，与从母同现11次，与庄母同现8次，与清母同现5次。这里反映出来的现象是从母部分清化了，庄母部分字变成了精母字（还有几个知章母字变成精母字），少量的精母、清母字送气和不送气的分别跟中古不同。有两个音节精母字跟崇母同现：一个音节是“清精崇”同现，促蔟簇（清母）、蹙蹴（精母）、浞（崇母)。一个音节是"心崇精"同现,獮燹铣毨蘚跣筅癬鲜选(心母)、僎撰(崇母)、纂(精母)。从数量上看,这两个小韵分别以清母和心母为主,精母和崇母是后来加入的,但是来源不同,崇母是直接清化而来,因为崇母跟清母关系更近些(参看下文)。

2. 清母共出现 58 次,其中独现 36 次,与从母同现 6 次,与崇母同现 4 次,与精母同现 5 次,与初母同现 4 次,与心母同现 4 次。独现优势明显,与其他声母同现的数字都差不多,其中,从母、崇母是清化而来,初母是合并而来,精母是送气与否的关系,跟心母的同现是一种清擦音塞擦音化现象,另外还有两个小韵跟山母字同现,也是这样的。

3. 从母共出现 56 次,其中独现只有 19 次,跟邪母同现 15 次。从母清化严重,清化后主要是不送气,少数是送气:与精母同现 11 次,与清母同现 5 次。崇母有少量合并于从母。考察有从母字加入的音节,阳平、上声的从母字基本不跟清声母关涉,阴平、去声、入声中的从母字,除了去声里有跟清母、庄母关涉的各有一个音节以外,基本都是跟精母关涉。可以简单地说,从母不分平仄,清化后都变不送气清音。

4. 邪母共出现 27 次,独现 6 次,这六个小韵中有五个小韵都不超过三个字,说是偶然独现也可以。同现最多的是从母,有 15 次;其次是心母,有 7 次。部分邪母归从母是皖南方言的一个特点。由于宪韵有"渐/羡"、地韵有"自/寺"的对立,所以,从母、邪母并没有完全合并。

5. 心母出现 66 次,独现 43 次,同现的有邪母 7 次,山母 7 次,书母一次,清、从、溪、初母各有 3、3、2、1 次。

精、清母在宣城方言一般分别是[ts]、[tsʰ],有些地方细音是[tɕ]、[tɕʰ],后者应该是后来的变化。从母很多字跟邪母合并,例如:多数地方杂(从母)=俗(邪母),如裘公、茅坦([ɦz])等;绝(从母)=习(邪母),

广阳[ɦʑ]，甘棠[ʑ]。[①] 乍看起来，两个声母好像已经合流了，其实不然。从这两个声母发展的趋势看，从母的方向有两个，一个是弱化，变成[ɦz]、[ɦʑ]、[ɦ]；另一个是清化，变成[tɕ]、[ʦ]或[tɕʰ]、[ʦʰ]。邪母的发展也是这两个方向：弱化变成[ɦz]、[ɦʑ]、[ɦ]、[j]，清化变成[ɕ]或者[s]。从弱化的方面看，除了奚滩习[ɦʑ]≠绝[ɦ]之外，很少看到对立的情形。从清化的方面看，从母清化后都读塞擦音，邪母清化后都读擦音，从、邪泾渭分明。虽然清化的形式有可能是受官话影响的结果，但是，因为弱化的形式不能提供分别，所以，我们只能根据清化的形式推测，这两个声母在《音韵正讹》里应该是[dz]、[z]。

这一组有精[ts]、清[tsʰ]、从[dz]、心[s]、邪[z]五个声母。

五、知、照组

1. 庄母部分跟章母、知母合并。三个声母出现的次数跟独现的次数如下：庄母 27/8；章母 41/7；知母 34/3。其中，知母独现仅有 3 次，与章母同现有 24 次。显然二者已经合并。合并的范围没有限制。章母独现也只有 7 次，大部分是字少的同音字组，而且跟知母没有对立。庄母独现只有 7 次，而且除了“争睁筝诤峥榛臻溱蓁”一组之外，均是由一两个字组成的小韵，分别跟知章、精组呈互补分布，因此，已经不存在。但是，庄母合并的趋向却不简单。从数字上看，庄母共出现 27 次，跟精母同现 8 次，跟章母同现 7 次，跟知母同现 5 次。由于章、知已经合并，二者跟庄母同现之和要多于精母。看来庄母跟章、知的关系，比跟精母的关系更近些。从合并的范围上看，也是庄母跟章、知更近些：精庄合并的小韵只限于阴声和入声，庄和章知合并的小韵没有这种限制。

---

① 所举的几例都是只就声母说的，其韵母实有别。

2. 彻昌合并，初母分别跟清(同现 4)和昌(同现 3)、彻(同现 5)有关系，尚有 11 个小韵独现。彻母独现只有 3 次，而跟昌母同现却有 15 次，显然不存在了。昌母共出现 31 次，独现 12 次，跟彻母一起构成一个新的声母。昌母和初母独现虽多，但是这些独现的音节都是字数很少的小音节，主要出现在阴平和上声里，互相之间没有对立，因此，根据庄组其他声母都不独立的情况，我们认为彻母、初母已经跟昌母合并，不是独立的声母。

3. 崇母共出现 24 次，与澄母同现 8，跟从母同现 5，独现却只有 7 次。这个声母跟其他浊塞擦音声母的关系都很密切，这种情形跟现代宣城方言的浊声母非常相似。它们的音值一般是[hz]、[hʑ]，例如：庄村话声母读[hz]的有“才(从母)茶(澄母)事(崇母)蛇(船母)随(邪母)上(禅母)”，声母读[hʑ]的有“墙(从母)潮(澄母)锄(崇母)船(船母)袖(邪母)常(禅母)”。其他浊塞擦音声母也有这些带有强送气的弱化音，一般的方言点都不能找到区别它们的有效条件。这正是现代宣城方言浊塞擦音的存在现状。如果仅凭韵书的这些现象，我们给早期的宣城话只构拟一个浊声母就够了。但看看宣城话古浊塞擦音、擦音清化的情形，它们的分别就有眉目了。

表 2—9：几个中古全浊声母在宣城话中的表现

声母	从	澄船从邪	崇船禅从邪	澄	澄崇船禅	澄崇从	澄崇从邪	澄崇船禅从邪
音值	tɕ	tɕ^h	ɕ	tʂ	ʂ	ts	ts^h	s

我们已经知道邪母是[z]，下面主要讨论其他声母。表现为[tɕ]、[tʂ]的分别只有从、澄母，这是它们的独特之处。禅母和船母的关系非常密切，凡是出现禅母时都有船母相伴，只有读[tɕ^h]时有船母而没有禅母。这说明禅母是擦音，而船母则有可能是塞擦音。但是，这可能是更早时候的事情，因为，现代方言里面能够分别这两个声母的地方已经

很少了。崇母跟从母关系密切，凡是有崇母出现时几乎都有从母出现，只有读[ʂ]时有崇母没有从母。崇母的表现很像邪母：它们都有清擦音的今读，又有清塞擦音的今读，但是读清塞擦音时都是送气的，而基本不会读不送气清音。当然，并不能根据这些就断定崇母是擦音，因为船母的情况也是这样，而我们猜测船母是塞擦音；同时，崇母还有些字读不送气的[ts]，而从、崇母都有读擦音[s]的字。要仅仅利用崇母读[ʂ]的一个特别之处把崇母跟从母分开还是比较困难的。要把从、崇合并成一个声母，对立的问题又没有办法解决。比如，蓝音有“僝（崇母）”“残（从母）”，彻音有“舌（崇母）”“贼（从母）”，臘音有“煠（崇母）”“囋（从母）”。另外，地音有“事（崇母）”“自（从母）”的对立，而且禅母位置上没有字，同时，“事”音节内有不少禅母字混入，但是，这个音节可能并没有变成擦音，因为，我们调查的宣城金宝圩话“事视治”同音读[tsʰɿ]。同小韵的“值植殖”都读[tsə]。从上述情况看，崇、从母不能合并，它们可能都是塞擦音，音值接近，所以才有后来的同样的发展。要弄清楚《音韵正讹》中古浊塞擦音、擦音的分合，还得看这些声母在本书中的具体表现。

4. 船母共出现 11 次。与禅母同现 8 次，澄母 5 次，日母 4 次。没有一次独现，说明它显然已经不存在了。

5. 禅母出现 34 次，独现仅 2 次。跟澄母同现 21 次，日母 12 次，船母 8 次，崇母仅 3 次。禅母独现的两个音节各只有三个字，分别是“涉踄鉟”“十拾什”。前一音节中，后两字都是生僻字；后一音节中三字音义皆同。跟澄、禅、日母的关系我们可以分析一下：日母有“日”跟“十”对立，不可能完全合并到禅母。澄母有 21 次跟禅同现的情况，但是澄母出现的总次数是 43，同现的次数占一半，船母虽然只有同现 8 次，但它总共仅出现 11 次，所以，应该说，船母绝大部分合并到禅母了。

6. 澄母共出现 43 次，独现只有 4 次，日母同现 19 次，禅母 21 次，仅澄禅日同现就 12 次，崇母同现 8 次，船母 5 次。澄母合并到哪个声母暂时不容易判定，但是由于它只有 3 次独现，很难说它还是个独立的声母。从同现的次数上看，它跟禅母最近。跟日母同现的 19 例中，有 12 例是有禅母字的。但是，我们知道，崇母跟禅母也是对立的，澄母能够跟互相对立的禅母、崇母都有关系，而自己本身又不独立，只能说明这个声母已经分裂了：一部分属塞擦音崇母，一部分属擦音禅（船）母。

澄母不独立跟现代方言的表现好像有冲突，其实不然。现代宣城方言只有澄母读[tʂ]，孑然独立，好像是独立的声母。但是，这个读音只存在于芜湖县湾址、当涂县年陡，这两个点都不在宣城话的中心地带，而跟江淮官话区接近。钟华博士（1999，p. 4）曾经观察了宣城地区塞擦音、擦音中卷舌音从无到有的情况。他说："由于普通话的影响，普通话里的 zh-、ch-、sh-与以上某个韵母（开口呼）的拼合，现在在本区方言中，念成 z-、c-、s-时已经不很多了，只是少数口语常用字念作舌尖前音了。"由于以上两个点澄母的表现跟《音韵正讹》不同，而且本区的[tʂ]音很可能是后起的，故，我们不据这些现代方言而主张澄母独立。

要弄清这几个浊声母的音值，还要看它们跟清声母的关系。崇母跟清声母有关系的小韵有：清知庄同现各 2 次，章初书山同现各 1 次。跟知章组同现者多，跟精组同现者少；跟塞擦音同现者多，跟擦音同现者少，崇母很可能是浊塞擦音。崇母跟清母相关的一个小韵只有三个字：乍（崇母）閧[①]搓（清母，《广韵》七何切）。《音韵正讹》"搓"有一个又

---

① "閧"字地位不明。注释说："门前用物遮之。"按，《龙龛手鉴》以"閧"为"阂"的俗字。"阂"，《广韵》五溉切。吴文英《吴下方言考证》："阂，出门后曳门使闭也。吴中出门而略带上其门曰阂。"唐·慧琳《一切经音义》引《考声》："以木拦门曰阂。"《字汇》收"閧"字，注释："閧，五爱切，音艾。以木拦门。"意义跟《音韵正讹》大约一致，但各书均不收崇母或清母的读音。此音节中只有"乍"地位是清楚的，又处在首位，所以，我们按首字定音。

音是“磋”。而“磋”所在的小韵都来自《广韵》歌韵的“七何切”之下。可见，跟“乍”字同音的“搓”并不是清母字，而是另有来源。初崇同现的小韵一个：抄讱粆劋，崇母的字只有一个“劋”。这个字中原官话也读阴平，看来这个读音也另有来源。这说明崇母清化以后主要变成不送气清塞擦音。崇影同现的小韵有两字：“煠（崇母）闸（影母）。”“闸”字《广韵》有乌甲切、古盍切两个反切，《集韵》为乙甲切、谷盍切，《字汇》床甲切，崇母。此处从《字汇》，崇母跟影母没有关系。

跟船母同现的清声母昌书精母各1次。跟禅母同现的清声母有：知3次、章5次、书4次、彻穿昌各1次。跟澄母同现的清声母有：知6、章5、彻4、书4、昌2、庄初穿各1。由于船母总数少，可以跟禅母一起看。禅母、澄母跟清声母同现的情况相似，一是总数上远比崇母跟清声母同现的多，二是跟擦音同现的次数明显增加。这三个声母都跟崇母有关系，说明它们中有一部分是塞擦音，但是不是全部，因为如果是那样，则没有浊擦音了。读擦音的部分是跟崇母相配的浊擦音，读塞擦音的部分，由于跟崇母关涉较多，已经跟崇母合并了。

总结上述，《音韵正讹》的全浊擦音、塞擦音的情况大致是：

全浊塞擦音：从母（少量崇母）[dz]，崇母和澄、船母各一部分[ʤ]。

全浊擦音：邪母[z]，禅母和澄、船母另一部分[ʒ]。

7. 书母共出现33次，独现13次，与山母同现9次。跟书母同现的擦音有：山4次、禅2次、日1次、心1次，加上独现的13次，共21次。其余11小韵都是书母跟塞擦音同现的。这有两种可能的解释：一是擦音变成塞擦音，二是塞擦音变成擦音。现代宣城方言清擦音声母有读清塞擦音的，例如，金宝圩“鼠[$tɕ^{h}y$]”、“搜[$ts^{h}ou$]”；蒋冰冰调查的宣城话方言点大部分“鼠”读送气塞擦音（蒋冰冰2000a）；相反，我们没有找到清塞擦音声母读清擦音的情况。我们认为，第一种可能性大些。

8. 山母共出现43次，独现有17次，除了与书母同现9次外，还有与心母同现7次，初母5次，清母3次。书母独现13次，山母独现17次。单独从数字上看，好像这两个声母都应该独立才对。但是，仔细观察，有三个方面的原因支持两个声母不必独立：其一，两个声母虽然独现比较多，但是从来不形成对立。仅有的对立出现在流摄忧音“廋/收”、寿音“瘦/兽”，和遇摄夫音“疏/书”、雨音“数/暑”、父音“数/庶”。但是这两个韵部正好都有洪细两个韵类，山母都在开口类，书母都在齐齿类。平行的还有忧音“勾/鸠”、“欧/忧”，寿音“茂/谬”、“漏/溜”，夫音“枯/区”、“粗/趋”，雨音“虎/许”、“鲁/吕”，父音“故/句”、“素/婿”，等等。其二，两个声母独现的音节中，一般都只有一到两个字，超过三个字的音节有：山母“廋馊搜飕蒐”“疏疎梳蔬”“霜孀食霜骦双鹴”“沙砂纱裟魦粆”“讪疝疝剼”“晒魕㶉㐧”，共6个；书母“伤殇觞商”“首手守狩”“世势弑试拭轼贳式”“扇骗偏谝煽”，共4个。这些音节都有一个共同的特点，就是音节内的字大致都具有相同的声符，有些字是生僻字，例如“疝魕㐧”。这些声符相同的字自古同音的比较多，它们聚集在一起，自然涵盖的声母就少，这跟字少的音节涵盖的声母少的道理是一样的。其三，现代宣城方言山、书母一般不分。宣城方言保持[s][ʂ]两个清擦音的只有年陡和湾址。在这两个点中，山母字可以读[ʂ][s]两个音，其分别跟普通话一致；书母字读[ʂ][ɕ]两个音，根据后接韵母而有分别。这种现象说明，书母可以拼合细音，而山母一般不能，因此，两个声母在这里早期的区别可能只在韵母；山母字读[ʂ][s]时候的分别跟普通话一致，更说明是受普通话的影响所致，而此前则可能并没有分别。综上所述，山、书母在《音韵正讹》里已经合并为一个声母了。

9. 日母共出现36次，独现5次，与澄母同现19次，禅母12次，船母4次，泥母7次，疑母5次。由于5次独现里边有3次是后来的儿韵母，足见这个声母已经分化了。

日母分化以后分别归入了浊擦音和鼻音：在日母的同现小韵中，澄、禅、船跟疑、泥基本不同时出现。只有两次例外，一次是由“禅澄日船泥”诸声母相混，其中泥母只有一个“赁”字，《广韵》“乃禁切”。这个字《集韵》有“如鸩切”。另有一次“疑日泥晓”同现，其中日母只有一个“箬”字，此字《广韵》“而灼切”，《集韵》有“女瞎切”，后者跟此处不符。日母的变化有一个明显的分水岭：与古塞擦音同现的有：日澄 5，日澄禅 5，日澄禅崇 2，日船澄 1，禅日澄知 1，禅澄章日 1，禅澄船日 1，澄日群彻禅崇 1，禅日书澄余知 1，透定日端 1，书日 1，船日澄昌 1，船日 1。与鼻音同现的有：日疑 2，疑泥日 2，日泥 3。也就是说，日母分裂为两个部分：一部分归澄、船、禅，是浊擦音；一部分归泥、疑，是鼻音。现代宣城方言日母字多读[ȵ][ʂ][ʐ]，与此相合。

独现的 5 次中，有两个音节是“蕊”、“惹”，另外三个音节都是后来的儿韵母：儿輀而洏、耳尔迩饵珥駬、二贰樲咡。“蕊”、“惹”两个音节分别只有两个、三个字，其中，“蕊”小韵的两个字只是一个字的异体；“惹”小韵的另外两个字是“喏婼”，它们日母的读音都比较生僻。从归韵的情况看，三个儿韵母的音节被放在齐、李、地音里边，其韵母应该是[ɿ]，独立的儿韵母尚没有产生。

从日母的音值上，也可以看出该地区早先的日母是有分化的。下面以“人”字为例，列出日母字在现代宣城各方言点的读音（不计声调）：

表 2—10：

<table>
<tr><td>南极</td><td>茂林</td><td>奚滩</td><td>湖阳</td><td>厚岸</td><td>年陡</td><td>永丰</td><td>广阳</td><td>甘棠</td><td>茅坦</td><td>庄村</td><td>七都</td><td>横渡</td><td>陵阳</td><td>童埠</td><td>太平</td><td>繁昌</td><td>湾址</td><td>灌口</td><td>裘公</td></tr>
<tr><td>ȵiŋ</td><td>həŋ</td><td colspan="2">ȵĩ</td><td>in</td><td>ən</td><td colspan="10">ȵin</td><td colspan="2">ʐən</td><td colspan="2">zən</td></tr>
</table>

日母在现代宣城方言中的这 5 种表现——ȵ、h、ʐ、z 和零声母——除了零声母以外，大致可以分为鼻音和擦音两类，跟《音韵正讹》反映的

情况基本一致。首先说零声母，它在《音韵正讹》里没有反映，现代方言只出现在厚岸、年陡两个地方，可能是晚近新产生的，因为本地区其他地方也有日母其他字读零声母的情况，但是一般限制在撮口呼。例如“润”。

表 2—11：

庄村	湖阳	年陡	广阳	七都	茅坦	湾址	灌口	裘公
[ʯn]		[yn]						

这些方言点数量比较多，日母变零声母的条件很明显，就是在撮口呼或者[ʯ]前面。厚岸、年陡的日母读零声母没有条件，显然是后来范围扩大的结果。这样，我们认为日母读鼻音跟读零声母应该具有同一的来源。茂林的“人”声母是[h]，是跟中古浊塞擦音合流以后的进一步变化，因为茂林的中古浊塞擦音字有不少读[h]声母。例如：陈＝神＝臣＝人＝[həŋ]。它的来源是带强送气的浊擦音失去了擦音成分，而保留了强送气成分的结果，[hʐəŋ]→[həŋ]。这种变化在宣城方言中很普遍，而且不仅限于中古浊塞擦音，浊塞音也有（见蒋冰冰 2003）①。《音韵正讹》里“人”正是这样的，它跟“沉”等同音。[ʐ]、[z]两个读音可能的来源有两个，一种可能是借来的，[ʐ]同于普通话，[z]同于吴语和江淮官话。另一种可能是本地读音的变化，只不过跟茂林不太一样，是

① 蒋冰冰（2003，37）说：“其余各地古定母读唇齿浊擦音[ɦv-]或通音[ɦʋ-]。年陡古平声读[hv-]。当随气流而出的浊塞音中气流占有显著地位而彻底‘排挤掉’浊塞音成分时，语音中就只有该气流音[h]了。”“吴语宣州片古全浊擦音声母多伴有或强或弱的气流，古邪禅两母某些字甚至丢失了全浊擦音而只有那股气流音[h]或[ɦ]了，如茂林邪母字‘寻象邪’读[h-]。”（41）又说，古匣母“当[hɣ]声母失去浊擦音[ɣ]时，声母就变成[h]了”。她的论述是有根据的。其实，发生古全浊声母今失去部分成分而读[h]或者[ɦ]的，不仅局限于古邪禅匣母。在她的字表里，古全浊声母发生这种变化的还有並、定、群、澄、从、崇、船几个声母。我们在调查宣城方言时也遇到了这种情况，例如团山“盘[hoŋ]”“缠[han]”“前[hɪ]”等等，以塞擦音、擦音为多，塞音次之。

浊擦音失去了强送气成分的结果：[hʐəŋ]→[ʐəŋ]→[zəŋ]。我们认为后者更切合实际，因为本地中古浊擦音、塞擦音也常常有[ʐ]、[z]两个读音。例如：甘棠话"存＝陈＝神＝臣＝[zən]"。当然，这种变化也可能是受到官话的影响，加上日母本来就是读浊擦音，所以自然而然就发生了。还有一个证据是，有些地方日母字读清擦音，例如：湾址"日＝失实[ʂəʔ]"，这是在受到官话日母影响以前就随着官话浊音清化的路子走了，即[hʐ]→[ʂ]。综上所述，日母的变化有三种途径：一是失去强送气，而且清化的，[hʐ]→[ʐ]→[ʂ]；二是失去强送气、没有清化的，[hʐ]→[ʐ]；三是失去擦音成分而保留强送气成分，变成[h]的，[hʐ]→[h]。这三种变化都符合本地音变的规律，但是第一、三种变化分别受到官话日母音值和浊音清化规律的影响，而第二种是受本地声母弱化规律支配的变化。

综上所述，日母在明末宣城方言中不是独立的声母应该是可以接受的。《韵通》与此不同，它的日母是独立的，代表字是"茸"。《韵学大成》的日母也是独立的，代表字是"仁然"。《韵通》把泥母的"聂"和喻母"欲"都混进了日母，这显示了日母跟鼻音声母和零声母都有关系，其中跟零声母的关系已经走到了《音韵正讹》的前面了。《韵学大成》记录的广德话至今仍然属于吴语太湖片，日母读擦音是可能的。尽管如此，它的日母已经不是纯粹的中古时期的样子了，而是有不少古浊擦音加入。例如禅母"纯"等和船母"吮"等。《音韵正讹》日母跟鼻音混的情况与《韵通》一致，跟浊擦音混的情况与《韵学大成》一致。可能当时这三地方言的差距并没有今天这么大。

知、章、庄组声母今宣城话已经读同精组声母了，洪音前是[ts][tsʰ][s]，细音前是[tɕ][tɕʰ][ɕ]。但是在明末并没有混淆，精组是[ts]等，知、章、庄组合并，是[ʧ][ʧʰ][ʤ][ʃ][ʒ]。

六、晓组

影母跟云、余,以及疑、日变成零声母的部分合并。晓、匣依然独立,但是部分匣母字声母清化,晓、匣有不少纠葛。

1. 影母共出现 78 次,独现 33 次,跟余母同现 22 次,云母 14 次,疑母 13 次。云母共出现 27 次,独现只有两次,跟余母同现 17 次,疑母 10 次,匣母 4 次,可见,云母几乎完全合并到零声母里面去了。余母共出现 45 次,独现 8 次,跟影同现 22 次。一些奉母、微母字跟余母一起变成了零声母。还有跟匣母、见母同现各 4 次,这些字匣母、见母字的辅音声母都脱落了。影、云、余母字,现代宣城方言一般表现为零声母。

2. 晓母保持独立。共出现 71 次,独现 42 次。跟匣母同现 18 次,溪母 8。这个声母里有少数字是从溪母变来的(参见溪母的讨论)。

3. 匣母维持勉强的独立,共出现 95 次,独现 39。跟晓母同现 18,这是变为清擦音的。还有变为清塞音的:跟见母同现 12 次,溪母 8 次。还有一部分顽强地保持浊音:跟群母同现 13 次。匣母跟群母一样是清化程度比较大的浊声母。当然,它还不能并入群母,因为有不少地方有对立。这里只举两例:林音"行(群)/刑(匣)",刚音"狂(群)/黄(匣)"。另外,部分匣母字有脱落辅音声母而变成零声母的情况,例如"缓(匣)=宛(影)","互=悟""会惠慧秽汇=卫畏喂胃谓尉慰"等。这些字都是合口字。

尽管现代宣城方言里有些地方的影母字有读鼻音的情况,但是由于《音韵正讹》里没有表现,所以,影母和喻母合并以后应该是零声母。晓母今宣城方言一般读[x],细音读[ɕ]。由于明末并没有腭化的痕迹,所以,晓母是[x]。今宣城话匣母洪音一般是[ɣ],细音有[ɕ][ɦʑ]。早期应该是[ɣ]。

这一组声母的音值是影[0]、晓[x]、匣[ɣ]。

表 2—12:明末宣城话的声母系统

见 k	溪 kʰ	群 g			疑 ŋ
端 t	透 tʰ	定 d			泥 n、来 l
帮 p	滂 pʰ	並 b			明 m
		奉 ɸ	非 f	微 v	
章 ʧ	昌 ʧʰ	崇 ʤ	书 ʃ	禅 ʒ	
精 ts	清 tsʰ	从 dz	心 s	邪 z	
影 0			晓 x	匣 ɣ	

第三节　明末宣城话的韵母系统

声母系统确定以后,韵母系统的分析就可以在此基础上进行。我们分析韵母系统的方法是:一讲来源,利用中古韵类作为出发点;二讲系统,利用对立、互补关系;三讲比较,参看同时期韵书和现代宣城方言的情况。

《音韵正讹》共有 65 个“音”,也就是 65 个韵。其中平声 29 个,上声 15 个,去声 14 个,入声 7 个。平声里,阳平有 15 个,阴平 14 个。按各声相承,共有舒声十五部,入声七部。《韵通》有舒声十三部,入声六部。《韵学大成》有舒声二十八部,入声十三部。现在我们主要介绍《音韵正讹》的韵部,参考《韵通》和《韵学大成》。

各韵的声调配合关系比较简单,只有从天音到班音的五个韵系之间的配合关系比较复杂。可以从以下方面得到一些信息:

首先,在一些字下的注释中,有时有一些各韵相配的信息:

天音配上声简音、去声判音:天音“堪”小韵下有“看”,注文说:“又去声。”查去声“看”在判音。潘小韵有“拚”,注文说:“又去声。”查去声

“拚”在去声判音判小韵下，故天音、判音相配。判音转小韵“转”字下注文说：“本上声。”查上声“转”在简音转小韵内。简音短小韵“断”下注：“又去声。”查去声“断”在判音段小韵下。又上声免音断小韵“断”下注文说：“又短去声。”故简、判相配，而免音不跟判音相配。

韩音跟判音相配。韩音“瞒”小韵内有“墁”，注文说：“又去声。”查“墁”在判音“幔”小韵下。韩音传小韵“传”下注文说：“又去声。”查去声“传”在判音篆小韵内。

去声万音配上声板音。万音散小韵末注文说：“以上数字又皆上声。”查这些字又同时出现在上声板音散小韵下。

去声宪音配上声免音、平声元音：宪音怨小韵内“远”下注文说：“本音上声。”查“远”又在上声免音远小韵。宪音下小韵下“便”注文说：“又平声。”平声“便”在元音缏小韵内。

根据以上的材料，相配的“音”应该是：

天、韩、简、判；元、免、宪；板、万。

例外有两个：一是简音“写”小韵“泻”字下注：“又去声。”去声“泻”在宪音的卸小韵。这些都是阴声韵，混在此处，这些字跟山摄字并不完全同音。[①] 同样来源的“这涉赦”在判音里。这些字都是从遮、蛇、扯音

① 从现代宣城方音的假摄和山摄字的读音来看，它们可能曾经很接近，但是后来还是分开了。例如：

	宪音		判音		
	泻	线	舍	射	看
裘公	ɕia	ɕɪ	se	se	$k^hɔ$
茅坦	ɕia	ɕɪ	se	se	k^ho
年陡	ɕji	ɕɪ	ʂe	ʂe	$k^h\bar{o}$

从上表看，宪音中来自山摄的字主元音后来高化了，来自假摄的字主元音则低化了；判音情况不同，来自山摄的字主元音后化了，来自假摄的字主元音高化了。

转来的。遮、蛇、扯音没有去声，其去声字转入阳声韵内，可能是听感上接近这些阳声韵（阳声韵鼻化），但是绝对不是等同，因为这些字在阳声韵里都有对立的小韵。二是宪音倦小韵“圈”下注文说：“又平声。”查平声“圈”在天音圈小韵。元、免、宪韵没有相配合的阴平，这说明它们的阴平应该在“天音”里边。

其次，从各韵（音）的韵类上看，相配的韵内部应该有差不多相等的韵类，同时相配韵类的介音应该是一致的。把上述分析列成下表后，可以看到，相配各韵的韵类数和介音正相配合。

表 2—13：山咸摄各韵（音）内部韵类配合表

阴	天								班			
	开	齐	合	撮					开		合	
阳	韩				元				蓝			
	开		合			齐		撮	开		合	
上	简				免				板			
	开	齐	合	撮		齐	合	撮	开	二		
去	判				宪				万			
	开	齐	合			齐		撮	开		合	

上表中，各韵的介音数量虽然不尽相同，但是，基本上的对应还算清晰，从中可以窥见其搭配关系。当然，这个表中有很多不对称和不协调的地方，这是韵书所记录的方音本身就存在的问题。它不是这个音系的什么缺点，相反，从这些不对称中，我们正可以看出语音演变的一些蛛丝马迹。

再次，从现代宣城方音看，也大致同意这样的分配。由于韵的划分应该是以主要元音相同为条件的，我们就考察现代有关方言点的主要元音的个数和包含的《音韵正讹》的韵。

表2—14:对照表

	天	韩	简	判	元	免	宪	班	蓝	板	万
裘公	õ	õ	õ	õ	ã	õ	ã	ã	ã	ã	ã
庄村	ɛ	ɛ	ɛ	ɛ	an	ɛ	an	an	an	an	an
南极	œ	œ	œ	œ	ɛ	œ	ɛ	ɛ	ɛ	ɛ	ɛ
灌口	an	an	an	ã	ã	an	ã	ã	ã	ã	ã
茅坦	ã	ã	ã	ã	õ	ã	õ	õ	õ	õ	õ
甘棠	ɛ̃	ɛ̃	ɛ̃	ɛ̃	ɛ̃	ɛ̃	ɛ̃	ɛ̃	ɛ̃	ɛ̃	ɛ̃
永丰	æ̃	æ̃	æ̃	æ̃	æ̃	æ̃	æ̃	ã	ã	ã	ã
广阳	an	an	an	an	an	an	an	an	an	an	an
湖阳	õ、u	õ	õ	õ	u	õ	u	ɛ	ɛ	ɛ	ɛ
年陡	õ、ĩ	õ	õ	õ	ĩ	ĩ	ĩ	ã	ã	ã	ã
湾址	õ、ĩ	õ	õĩ	õ	ĩ	õ	ĩ	an	an	an	an
奚滩	œ	œ	œ、ẽ	œ	ẽ	œ	ẽ	ã	ã	ã	ã
茂林	ɛ̃	ɛ̃	ɛ̃	ɛ̃	i	ɛ、i	i	æ̃	æ̃	æ̃	æ̃
厚岸	ɛ̃	ɛ̃	ɛ̃	ɛ̃	æ	ɛ	æ	æ	æ	æ	æ
七都	ən	ən	ən	ən	an	an	an	an	an	an	an
横渡	ɛ	ɛ	ɛ	ɛ	ɛ	ɛ	ɛ	ɒn	ɒn	ɒn	ɒn
陵阳	ɛ̃	ɛ̃	ɛ̃	ɛ̃	ɛ̃	ɛ̃	ɛ̃	an	an	an	an
童埠	ɛ̃	ɛ̃	ɛ̃	ɛ̃	ɛ̃	ɛ̃	ɛ̃	an	an	an	an
太平	õ	õ	õ	õ	ĩ	ĩ	ĩ	ã	ã	ã	ã
繁昌	õ	õ	õ	õ	ĩ	ĩ	ĩ	ã	ã	ã	ã
宣城	õ	õ	õ	õ	ĩ	õ	ĩ	æ̃	æ̃	æ̃	æ̃
芜湖	õ	õ	õ	õ	ĩ	õ	ĩ	ã	ã	ã	ã

从上表可以看出,天、韩、简、判四韵在各地的表现一致,基本上是前或者后半高或者半低元音;班、蓝、板、万四韵也基本一致,都是前低元音;元、免、宪三韵的一致地方稍微少一些,但具有前高元音是它们的显著特点。元、免、宪三韵基本上来自中古三、四等,可能是长期受前高介音的影响,主要元音高化了。这个分类与我们根据《音韵正讹》考证到的结论完全一致,是可信的。

从具体音值的表现来看，元、免、宪三韵一般是前高元音。天、韩、简、判四韵的主要元音的舌位普遍比班、蓝、板、万四韵要高，前者有相当数量的地方表现为圆唇元音。凡是有不圆唇元音的地方，一般有开合口介音的对立；例如，庄村“管[kuɛ]/展[tsɛ]”。有圆唇元音的地方则反之；例如，茅坦“管[kõ]/展[tsõ]”。可见，这个圆唇元音的圆唇特征是从合口介音得到的。根据多数方言的表现，《音韵正讹》的天、韩、简、判四韵的韵基可能是个[ɛn]。班、蓝、板、万四韵主要元音舌位略低，应该是[an]。元、免、宪三韵可以写作[en]。但是，考虑到简、判、宪三韵里有阴声韵写、这、借等字，给这两类字构拟成鼻化韵比较合适，所以把这三个韵分别改拟为[ã][ɛ̃][ẽ]。

下面进行各韵分析：

第一部（包括天、韩、简、判，来自山咸摄一三四等）

天音第一：见、溪、影、晓下边都有四个对立，所以断定有四个韵类。

开口有：般潘贪干堪簪参安鼾。来自寒谈覃开口一等。

齐齿有：边偏颠天坚谦詹闩尖千先煙掀。来自先仙添盐元韵开口三四等。

要说明的字有：坚小韵有些字来自二等：缄（咸韵开口二等）菅（删韵开口二等）。千小韵中有几个字来自仙韵合口三等：痊悛诠筌荃绖佺；竣，来自谆韵合口三等；这可能是此地方言的一个特点：一些合口的齿音字，开合混同。栓，来自仙韵合口三等，是山母字；庄组分裂，一部分入精组，这是一例。偏小韵来自滂母，但“蹁”来自帮母。掀小韵中有“掀轩”来自中古元韵，“轩”下注文说：“呼喧音者讹。”本小韵“羶”是书母字，混入晓母字中。

合口有：端官宽酸豌欢。来自桓合口一等。

撮口有：涓圈颛拴川冤萱。来自元先仙合口三四等。“拴”字《广韵》此缘切，是清母字。蒙何九盈师告知，现代江西方言"拴"字有[son]、[tsʰon]、[tsʰuo]、[tsʰɔ]等读法，其中后三种都符合清母的读音。宣城话在明末已经读清擦音了。

涓小韵是见母，有娟悁(影)捐(余)分别来自影、余母，这跟北方话一致。查《字汇》，娟，圭渊切，音蠲，婵娟，美好貌；又便娟，舞貌。又音乌员切，音渊，义同。悁，古券切，音绢，躁急貌；又乌员切，音渊，忿也，忧也。惟"捐"字只有喻母一读。

韩音第二：本韵的字虽然分布于开齐合撮，但是只有匣母下边有"韩""完"对立，因此是两类。齐齿和撮口的两个齿音字"然传"，应该分别归开口和合口。

开口的有：盘瞒南蠶然韩。来自韩谈覃开口一等，然小韵来自仙盐开口三等。

合口有：团传完栾。来自桓合口一等，舌尖音中有来自寒覃谈开口一等的。传小韵来自仙开口三等的澄船禅母字。完小韵来自匣母，"刓"来自疑母。

上声简音有五类：这个韵见母下出现了五个字对立的局面：敢/简/检/管/卷。其中，"管/卷"的情况比较简单，它们分别是合口和撮口字，其圆唇的性质没有消失。敢(开口一等)/简(开口二等)/检(开口三等)的对立，如果解释成是"简(-n)/检(-m)"或者"简(-n)/敢(-m)"是不可行的，因为简小韵内就有"缄减"等咸摄字，它们本来也是有-m尾的；而检小韵和敢小韵内部分别也有"蹇"、"簳稈捍"是山摄的字，它们本来是有-n尾的。那么，这种对立应该是介音的对立。

开口：敢坎昝惨糁欿罕。来自敢感旱韵开口一等。昝小韵里有"纂攒"是合口字。初母"碜"入心母糁小韵。

开口二等：简。来自产豏开口二等。"缄"字是平声，"萠"字是四等(铣韵)。

齐齿:贬典忝检遣展谄闪剪浅写撿显。犬小韵的“畎”来自见母。写小韵是阴声韵,当与癣小韵音相近。癣小韵有崇母字(僎撰)。浅(清母)跟钱(从母)同小韵。贬(帮母)跟篇(滂母)同小韵。兖(余母)跟堰(影母)同小韵。剪小韵有船母的“吮”和从母的“隽”。匣母字“僩”入晓母显小韵中,这一小韵里还有“烜”是合口。卷小韵的“謇”是开口三等。

合口:短湍管。缓换合口一等。短小韵有“断”字,是定母。匣母“銲”字入罕(晓母)小韵。

撮口:卷犬转喘癣兖。来自阮獮線合口三等。

去声判韵有四类:

开口:半判叛幔探幹看岸錾暗汉汗。来自翰勘开口一等。汗小韵来自匣母,“旰”是见母字。

齐齿:譾战韂扇善,来自线开口三等。还有“这射赦”来自阴声和入声。善小韵主要是禅母字,只有一个澄母字“缠”。射小韵有船母(祃韵:射麝)和禅母(马韵:社)字。这小韵分别来自马韵(这赭)祃韵(嗻)昔韵(蹠跖)。

合口:断段贯换串窜算篆鑽焕乱。来自换患合口一等、谏合口二等。窜小韵清母(窜爨篡)。叛小韵的“蚌”来自江摄讲韵。换小韵匣母(换)疑母(翫玩)合并,应该是零声母了。段小韵有去声换韵定母(段)端母(锻)和上声缓韵定母(断)。

撮口:转。

第二部（包括元、免、宪,来自山咸摄三四等）

元音第三是阳平。除了权元两个小韵归撮口外,还有一类,不少小韵内部开合混并,似可定为一类;但是,元、权两小韵内部一致,全部是合口字,暂时定为两类。

齐齿:缠绵田年前言贤连。主要来自先仙盐添严开口三四等,有部分合口三四等。连小韵中有“挛癵”是合口。前小韵中有“璇还旋(邪母仙韵合三)”“泉全(从母仙韵合三)”“潜(从母盐韵开三)”等，开合混并，从邪也混并。言小韵中“言颜”是疑母，“炎”是云母，跟其余的余母字混并，其中，“沿铅”是合口字；这种混并跟北方话一致。年小韵有疑母字“严喦妍研”，另有“阽”是余母字。贤小韵匣母“贤絃弦誸舷蚿嫌闲痫衔鹇鹹咸铉”，跟群母“乾虔钳钤箝拑黔”合并。缏小韵都是並母字，但是，箯(帮仙开三)混入。

撮口：元权。来自元仙合口三等、先合口四等。权小韵是群母，同样混入了匣母“玄悬”。元小韵疑母跟云、余母字混在一起。

上声免音分为三类：

齐齿：辫免撚俨染敛。来自獮俨琰开口三等、铣开口四等。俨小韵疑母(俨谳巘)泥母(碾趁辗)来母(辇)字在一起。辫小韵来自並母，已经变同帮母。

合口：满断暖攒缓卵。来自缓合口一等。缓小韵匣母(缓)跟影母(宛婉)合并，应该是零声母。断小韵来自定母，应该已经变同端母。

撮口：软远。来自阮合口三等。

去声宪音有三类：

齐齿有两类：变片卞面店栎殿念见欠箭茜渐羡宴宪县恋。来自愿豔开口三等、霰开口四等。宪小韵晓母(宪献)匣母(现)合并。宴小韵影母跟余母合并。羡小韵心母(选线)跟邪母(羡)合并，而且开(羡线)合(选)合流。卸小韵来自假摄开口三等，但有一个“洩”字来自入声薛韵。谢小韵邪母(谢榭)从母(藉)合流。片小韵滂(片)並母(谝)合流。欠小韵溪母(欠)跟群母(芡)匣母(瞯痫)合流。来自精母的箭小韵里的“饯”字来自从母。渐小韵开口三等从母(渐践贱)与合口三等邪母(旋镟缴)合流。念小韵泥母(念)疑母(验彦谚砚唁)合流。县小韵匣母(县苋现限槛铉)群母(俭犍键件)山母(栓)合流，其中，“铉栓”来自合口三四等。

齐齿精心邪影母下面还有“借卸谢夜”几个字，来自祃开口三等，而且都有对立小韵，现单独列为一类。

撮口：眷劝倦怨炫。炫小韵匣母（炫眩）跟晓母（绚）合流。怨小韵影（怨苑）疑（愿）云（院，远去也。本音上声）合流。

第三部（包括班、蓝、板、万，来自山咸摄二等和一三等舌齿音）

蓝音第四：疑母有喦、顽的对立，应该有两个韵类。

开口：烦蛮爿谭喦僝残蓝。来自寒谈覃开口一等、元合口三等、衔咸删山开口二等。残小韵有来自从母的“残惭”（寒谈开口一等）和崇母的“谗儳劖崭鄼”（衔开口二等），是庄组部分合并于精组的证据。

合口：顽还。来自删合口二等。爿，《字匯》蒲闲切，相当于仙韵开口並母。

班音第五：本韵崇母下面有“𨅊（衔韵开口二等崇母）㑶（《集韵》咸韵开口二等崇母）”，见母下面“关（删韵合口二等）/姦（删韵开口二等）”对立，是两类。

开口：班攀番丹滩姦悭𨅊山餐三憨。来自寒谈覃开口一等、删山衔咸开口二等、元合口三等。班小韵主要是帮母字，内有“瘢”字是並母。攀小韵中滂母的“攀”跟帮母的“扳”、非母的“贩”在一起。山小韵都是山母字，但有“珊跚”来自心母。餐小韵清母“餐”等跟崇母“镵”等在一起，是加入从母以后又清化了。

合口：关㑶弯。来自山删合口二等。

上声板音有两类：

开口：反挽膽坦趱产散喊懒。来自旱敢开口一等、阮合口三等。坦小韵的“袒”是定母字，而“熯”是日母字，不知何故。产小韵来自山母（产）和初母（铲），而昆小韵来自初母（羼）和彻母（昆）。这两个小韵都来自产蹦开口二等,现暂时定“产”为开口,“昆”为开口二等。微母的挽小韵中,有“腕绾”来自影母。其中,“绾”是二等,“腕”是一等。

开口二等:板赧斩昆黯僩。来自蹦产潸开口二等。僩小韵是匣母,应该已经变同晓母。

去声万音有三类:万小韵除了“万”字(微母)以外都来自奉母,有一个“范”有范小韵的又读,疑母下面“雁(开口二等)、喭(开口三等)”两小韵对立。开合的对立还有见母下面“谏/惯”,匣母下面“陷/宦”。这样,本韵至少分为三类。

开口:绊范盼办谩泛万旦叹但谏阚雁忏湛讪赞灿散陷滥。来自瀚阚开口一等、梵愿合口三等和裥陷谏槛开口二等字。浊声母字有部分来自上声。谩阚盼小韵一二等杂居。湛小韵知(湛)庄(蘸)澄(绽)崇(撰馔)从(暂)母杂居。旦小韵旦(端母)诞(定母)檐(余母)同音。“檐”可能是“担(擔)”之误,注文说:“匾～。”担,端母,在《广韵》阚韵开口一等,都滥切。散小韵都来自开口一等,只有“霰”字来自霰韵开口四等。

齐齿:喭。来自线韵开口三等。

合口:惯宦。来自换合口一等、范合口三等。

第四部(包括阴、林、井、盛,来自臻、深、梗、曾四摄)

林韵第六:本韵分布于开齐合撮四类中,匣母下面有“恒(开)刑(齐)浑(合)”的对立,但撮口“群云”等字,至今只有撮口的读法,故定四类:

开口有:彭门滕恒岑。来自登韵开口一等、庚韵开口二等。其中,彭小韵“盆”来自魂韵合口一等,韵尾跟开合都有变化。文小韵微母跟奉母合并:“文纹蚊坟蕡豮棼闻”。岑小韵很复杂:“岑涔(崇侵开三)存蹲(从魂合一)循巡旬纠(邪谆合三)层(从登开一)枨(澄庚开三)”。滕小韵“屯饨飩臀豚”来自魂韵。

齐齿有：平明文庭宁行陈城人情寅刑。来自真侵蒸清庚韵开口三等、青韵开口四等。林小韵字很多："林淋霖琳零羚囹苓瓴龄鸰朎拎（以手悬物）翎蛉聆伶玲铃令（使～又呼另）鳞邻潾璘粼磷凌菱陵稜绫靈棂膦"，分别来自深臻曾梗四摄。人小韵有"人仁（日真开三）沉（澄侵开三）"。城小韵有"城宬诚成郕盛（禅清开三）澄（澄蒸开三）仍（日蒸开三）"，陈小韵有"陈尘（澄真开三）辰晨宸臣茝（禅真开三）脤（章震开三）酲呈程裎（澄清开三）神（穿真开三）乘绳（船蒸开三）承丞（禅蒸开三）蜃（禅震开三）"。平小韵来自庚真蒸青开口三等韵"平坪评枰苹鞶蘋频嚬贫凭凴屏瓶"。行小韵来自侵欣庚韵的开口三等，匣群母合并，跟完全来自青韵开口四等匣母的刑小韵对立。寅小韵来自余母，有云母的"茔"、疑母的"吟银"。另外，"营莹荧茔"是合口字。宁小韵有"壬"来自侵韵日母，还有疑母的"凝嚚银垠檒迎狺圻听"。情小韵"情晴秦"同音，从邪合并，"鱏寻浔鲟"也在这个小韵，应是齐齿。明小韵有来自真韵的"旻闽岷忞民珉缗"。

合口有：浑伦。"浑"小韵都来自魂庚韵合口一二等匣母："浑横魂溷馄"。伦小韵有"楞稜"。

撮口有：麕群纯雲。来自真谆文清庚合口三等、青合口四等。云小韵有"荣（云母）萤嵘（匣母）縈（影母）匀（余母）"。纯小韵主要是禅母字，加入了"驯（邪谆合三）唇（船谆合三）"，邪母跟禅船同音是不常见的。浑小韵有"横"。恒小韵有"恒痕衡蘅"来自庚登痕韵。群小韵主要是文韵合口三等群母，有清韵的"瓊茕"，还有"囷"是溪母。麕小韵字虽然少，来历却复杂，"麕（见真合三）菌（群轸合三）敻（晓劲合三）"。

阴音第七：本韵在见溪晓母都有四组对立，应该有四个韵类。

开口有：崩烹分登吞庚坑争孙恩亨。来自痕登开口一等、庚耕开口二等。争小韵里，争睁筝诤峥（耕开口二等）和榛臻溱蓁（臻韵开口二等）同音。庚小韵内有一等（亘跟根）跟二等（庚耕更羹），说明这几个二等字没有腭化。登小韵主要是开口一等，但是“敦墩惇镦蹲”来自魂合口一等。分小韵来自合口三等，归开合均可。声母来自非（分饋）敷（纷芬氛）奉（棻汾）都有。崩小韵也是开（崩痭）合（奔锛贲犇）混杂。吞小韵开（吞）合（暾啍）混杂，还有一个定母“哼”字。

齐齿：冰姘丁厅金钦真嗔申精清星阴兴。来自真臻欣侵青清庚蒸开口三等、青开口四等、庚耕开口二等。星小韵主要是心母，内有山母字“诜煋莘駪甡兟（山臻开三）”。这个小韵里还有几个合口字“荀询殉恂（心谆合三）”。冰小韵主要是帮母，有並母“膑嫔”和滂母“缤”。申小韵以书母、山母为主，内有彻母的“郴”。真小韵知章母合并“贞祯桢珍徵（知母）真针箴斟锗鍼（章母）蒸烝砧征枮（庄母）。金小韵主要是见母字，内有群母“兢”和匣母“胫”。姘小韵多是滂母，内有“竮”来自並母；除了二等字“姘拼砰閛”以外，还有三等字“竮”，应该归细音齐齿。嗔小韵昌母为多，又有彻母（撑琛）清母（参）初母（铮）。

合口：裩坤尊村温昏。来自魂合口一等。尊小韵主要是一等精母字，但有“缯（从蒸开三）”。坤小韵有溪母“坤髡”，还有见母字“昆崑琨鲲鹍鵾”，这几个字在明以前多归见母，如“韵法二图”等，此处是比较早的读送气音的记录。昏小韵主要是合口一等晓母，但“荤”是三等字，“轰”是二等字。孙小韵来自合口一等，但“僧”来自开口一等。

撮口：君倾谆春勋。来自文谆清合口三等、春小韵有昌母（春）和彻母（椿）字。

上声井音有四类：

开口：本畚粉等耿肯悻冷。肯小韵的“龈”字是疑母，但注中说：“齿咬物为～，又音根，牙～。”可见此处是“啃”字的俗写。

齐齿：丙品敏鼎挺景枕逞沈忍井请醒尹领。来自梗静震轸寝韵开口三等。

井小韵“井”来自静韵精母，“儘”来自轸韵从母。景小韵来自见母，只有“瑾”字是群母。忍小韵都是日母字，混入的有澄母“朕”、禅母“蜃”。枕小韵主要来自章母，内有彻母字“疢”、澄母字“鸩”、禅母字“谌忱”。沈小韵来自书母，有两个山母字“訚瘆”，一个初母字“碜”。尹小韵中余母（尹颖胤引郢）跟影母（隐影饮）合一。鼎小韵（端母）里有一个初母字“龀”。品小韵“品”是滂母，“牝”是並母。挺小韵来自定母，已变同透母。

合口：忳（涽）衮緄忖损稳。来自混合口三等。稳小韵有三等“吻刎（微母）”和一等稳（影母）慁（匣母）。

撮口：窘顷准蠢瞬怎永。来自准吻映静梗合口三等。窘小韵群母（窘）见母（炯）溪母（褧絅）并存。瞬小韵有书母（瞬）船母（楯盾）、永小韵有云母（永泳）余母（允狁）。

去声盛音有四类：

开口：喷坌奋问蚌邓艮硬赠恨。来自嶝开口一等。赠小韵从母（赠）跟庄母（谮）杂居。问小韵微母（问文紊）跟敷母（忿）合并。

齐齿：柄聘病命订听定甯敬庆郡正秤圣盛进倩尽姓印衅幸令。来自劲沁震证映径开口三等。盛小韵有禅母（盛慎甚晟肾）澄母（郑阵）船母（剩）日母（任恁妊认轫纴衽饪）泥母（赁）字。姓小韵比较复杂，有开口（性姓信讯）也有合口（峻迅浚莹濬），有心母（姓等）也有云母（莹）溪母（腔）。“莹腔”可能是“荧胜”之误。敬小韵（主要是见母）的“竞噤”是群母。印小韵由影母（应荫）余母（孕媵胤）组成。进小韵除了开口三等字以外，还有“俊骏”等合口三等字。尽小韵主要是从母字，又有一个邪母“荩”和两个清母字“清圊”。幸小韵有匣母字（幸倖荇杏行）群母（仅馑觐廑近）和一个见母字（靳）。

合口：顿褪嫩棍困寸巽混论。来自慁合口一等。论小韵有合口一等的“论”、开口一等的“楞”、合口三等的“惀”。顿小韵有合口一等跟开口一等（镫）。

撮口:顺渗运训。来自问合口三等。运小韵有云母和影母字。正小韵有章母(正证震)知母(镇揕)庄母(诤)精母(甑)字。定小韵定母(定)跟端母(锭)合并。顺小韵船母(顺)跟日母(润闰)合并。秤小韵初母(趁衬谶龀)昌母(秤)合并。圣小韵书母(圣賸)日母(稔)合并。奋小韵非母(奋)跟奉母(愤)合并。

在现代宣城话的方言点里,多数点三等韵母表现为[in],南极是后鼻音[əŋ];洪音表现为[ən]、[un],南极是[ɛŋ]。个别地方鼻化。只有横渡比较特殊些,是[ɛn]。这很可能是一个比较古老的形式,但是,《音韵正讹》里阴韵显然不是这个音,因为那样就跟山咸摄无别了。[ən]等形式是受官话影响的结果,但当时已经是这个样子了。此韵共四类[ən][uən][iən][yən]。

第五部(包括忧、紬、斗、寿,来自流摄)

紬音第八:本韵字虽然少,但是来母下有"娄""留"的对立,应该是两类。

开口:裒头侯娄。来自侯开口一等。

娄小韵主要来自侯开口一等,只有"缕"[①]来自麌韵合口三等,《广韵》力主切。裒小韵主要是滂母字,只有"涪"是並母,"裦"是帮母。

齐齿:谋浮牛紬囚由留。来自尤开口三等,幽韵开口四等。

紬小韵分别来自澄母(紬绸稠畴筹踌俦)日母(柔揉蹂鞣),另外有群母(仇)彻母(惆)禅母(酬)崇母(愁)。谋小韵来自开口三等,但有合口一等的"褋"。由小韵主要是余母字,有两个云母"尤邮"。囚小韵有邪母(囚)和从母(酋蝤)组成。

忧音第九:本韵在见章书影晓母下都有两个对立小韵,应该分两

① 此字注曰:"长而不绝也。"上声雨音内无此字。

类。

开口:偷勾邹廋欧哮。来自侯开口一等。邹小韵来自庄初精母,跟来自知章母的周小韵对立。本韵精母小韵尚有“啾”,可以认为,庄初精母在邹小韵,变成了开口。这个小韵还有几个字来自虞韵合口三等“陬棸掫诹”。“廋”小韵来自山母,跟收小韵(书母)对立,也是这种情况。“哮”小韵只有一个字,来自肴韵二等,跟休小韵对立,应该是开口。

齐齿:彪丢鸠丘周抽收啾秋修憂休。来自尤开口三等、幽开口四等。

憂小韵主要是影母字,内有余母字“犹悠攸羑滺”混入,是阳调变成了阴调。

上声斗音有两类:

开口:剖某斗苟口偶走叟呕吼姤婺。来自厚开口一等。叟小韵(心母一等)的“溲”来自山母三等。吼、姤两个小韵来自《广韵》同一个反切下,现暂时把“姤”归入匣母。

齐齿:否钮九肘丑首愀有朽柳。来自有开口三等。朽小韵晓母(朽)跟溪母(糗)合并。肘小韵有知母(肘)章母(帚)彻母(杻杼)字。丑小韵彻母(丑)跟昌母(醜)合并。有小韵有云母(有友)和余母(酉)字。

去声寿音有两类:

开口:茂鬬透豆狗扣瘦奏簉后漏。来自候开口一等。奏小韵精一等(奏)庄三等(皱绉)合流。

齐齿:覆蝠谬旧臭骤兽寿就秀又溜。来自宥开口三等。寿小韵有禅母(寿受绶授售)澄母(纣胄宙)字。又小韵有云母(又右侑宥囿)影母(幼黝)余母(诱牖莠)字。兽小韵(书母)有一个心母字“嗾”。就小韵有从母(就鹫)和邪母字(岫袖)。狗小韵的“涍”是晓母字。嗅小韵晓母(嗅)跟溪母(糗)合流。覆小韵的三个字覆(屋韵合口三等)、缶(有韵开口三等)、阜(有韵开口三等)分别来自敷、非、奉母。

现代宣城各方言点一等一般是[əu],三等一般是[iu]。唇音字一般都是u。一些地方洪音、细音无别,例如裘公一三等都是əu,南极一三等都是ɥ,茂林、厚岸都是y。早期两类分别是əu、iəu,u可能是由于唇音的强化作用造成的。

第六部(包括夫、胡、雨、父,来自遇摄,有个别止摄字)

胡音第十:来母下面有"闾""卢"的对立,是两个韵类。

合口:蒲扶模屠奴吾胡卢。来自模合口一等。

胡小韵下面主要是匣母字,有一个晓母字"葫"混入。吾小韵余云疑母合并。其中,除了"庾"一个余母字来自麌合口三等"以主切"以外,其余的余母字都是鱼开口三等;而本小韵中的疑云母字都来自虞韵合口三等。卢小韵主要是模合口一等,但"胪颅芦"来自开口三等,"掳"来自上声姥韵。蒲小韵有一个入声德韵的"菩"。

撮口:瞿虞锄儒徐闾。来自鱼开口三等、虞合口三等。

儒小韵日澄禅母合并,儒濡襦臑缥蕠嚅如茹(日母)除滁篨厨储蹰(澄母)锄(崇母)蜍(后起音,又音余)茱殊(禅母)。瞿小韵内鱼虞合并。闾小韵中有"庐"字,不随"胪颅芦"等入合口。扶小韵奉微合并,"扶芙凫符(奉母)巫诬无亡毋(微母)"。还有一个"趺"来自帮母。锄小韵崇母(锄雏)跟从母(徂殂)合并,还有一个清母"狙"字。"菟"字是透母,混入定母屠小韵里。

夫音第十一:这一韵跟胡韵来源一致。是胡韵相配的阴平,都来自清声母。也是两类。

合口:馎铺夫都姑枯初疏粗胥乌呼。

枯小韵都是溪母字,只有"怙"是匣母,而且来自上声姥韵。"誧"是帮母,入铺小韵,变成了滂母。跟"铺"小韵对立。

撮口:车区朱樗书疽趋苏迂虚。

夫小韵非敷合并。“车”读如“居”，注曰：“引重致远之器也。又音扯平声，又音差。”书小韵都是书母字，混入澄母“杼”字。疽小韵精母(疽苴沮)庄母(菹葅)清母(趄雎)共存，朱小韵章母(朱珠诸)知母(硃诛邾猪藸潴槠侏蛛株)禅母(洙铢)共存，这些声母合并了。胥小韵来自鱼虞三等，但是“绥荽”来自脂合口三等，而“兕”来自旨开口三等，是邪母字，清化入心母。樗小韵“彻”是彻母，“枢姝”是昌母，彻昌在这里合并了。

上声雨音：这一韵也是开合不分的，有两类。

合口：补普府畞庑母武赌土努古苦五楚数祖阻虎鲁。来自姥厚合口一等。

古小韵的“叚”来自马韵开口二等。普小韵滂母(普溥浦)帮母(谱)並母(哺)。五小韵(疑)中“侮”是明母。努小韵有“孥驽”两个字来自平声模韵合口一等。庑、武两个小韵都来自《广韵》麌韵合口三等文甫切，畞、母两个小韵都来自厚韵合口一等，其分别未详。①

撮口：女举主褚暑汝取雨许吕。来自麌合口三等、语开口三等。

雨小韵来自三等，开合混并。云母(雨禹宇羽于)疑母(语圄圉)余母(与予庾)影母(於)合并。汝小韵有日母(汝乳)澄母(杼羜)。褚小韵有彻母(褚楮)昌母(杵处)章母(翥)。许小韵有一个“藃”来自中古宵开三，《广韵》许娇切。主小韵知(拄)章(主煮)合并。吕小韵中有一个“履”来自旨开口三等，《广韵》力几切。“履”在《洪武正韵》《西儒耳目资》《字汇》里都跟“里”同音，《音韵正讹》是记录“履”跟“吕”同音的比较早的书。取小韵的“娶”来自去声。暑小韵(书母)的“署”来自禅母。阻

① 庑和武、畞和母小韵分别相连，可能是误多加了一个圈而各分成了两个小韵。“庑”又音“甫”。“畞”字也有“某”小韵的一个又读。但现在扬州话“畞”字，老人们有说[min]的(承蒙李香师兄告知)，它或许是细音。这四个小韵的字分别有：“母姆姥峔”“畞晦畂拇”“庑膴”“武鹉珷怃舞”。

小韵有庄母(阻)从母(咀)字。府小韵由非敷奉合并而来。祖(精母)小韵有一个庄母字“爼”。

去声父音:

合口:布铺步暮富父务妒兔度怒故库悮庶祚素户路。来自暮合口一等。

暮小韵(来自中古暮韵明母)的“幕”来自入声铎韵。悮小韵是疑母字,“蠖”是影母字,其余“頀瓠沍俉嚛濩互祜岵护”是匣母字。祚小韵(合口一等从母)的“助”是崇母开口三等字。布小韵(帮母)的“怖”是滂母。富小韵来自非敷奉母。

撮口:句去巨著处数树趣婿序喻虑。来自有开口三等、遇合口三等。

树小韵有禅母(树豎)日母(孺)澄母(住箸伫)知母(驻)。庶小韵(书母)的“署”是禅母,有上声暑小韵的又读。喻小韵来自余疑影云母。著小韵有知章母组成,又有澄母“纻”。序小韵(来自上声)的“穗”来自至韵合口三等。婿小韵的“婿”来自霁韵合口四等。句小韵(见母)的“遽醵”是群母字。

现代宣城方言一般是[u]。个别地方端组、部分精组字读[u],一些地方三等读[y]、[ɥ]。现定为[u]、[iu]。

第七部(包括刚、王、两、上,来自江、宕摄)

王音第十二:本韵见组下有三字对立,合口细音不对立,可能已经合并到合口洪音里了。定为三类。

开口:傍房忙唐囊昂幢杭郎。来自唐韵开口一等、江韵开口二等。

房小韵“房防(奉母)”跟“亡忘(微母)”在一起。忙小韵来自唐韵开口一等跟来自江韵开口二等的“厖龙”,而“莽”来自上声荡韵。傍小韵主要是並母字,内有“仿”字,注释:“仿佯,诈也。”《集韵》“符方切”,是奉母。是奉母合并于並母。本小韵还有"滂雱"两个滂母字,这跟北方情形相同。强小韵有:强彊(群阳开三巨良切)降(匣江开二下江切),是匣母和群母合并的例子。

齐齿:娘强长床祥杨良。来自阳韵开口三等。

长小韵澄(长苌场肠)禅(常嫦尝偿裳尚)日母(穰瀼穣瓤)合并。祥小韵中邪母(祥详庠翔)跟从母(墙樯嫱蔷戕)合并。

合口:狂黄王。来自阳韵合口三等、唐韵合口一等。

王小韵只有"王"字是云母字,其余都来自《广韵》唐韵合口一等匣母(皇惶徨蝗凰煌楻湟隍),胡光切,跟来自《广韵》同一反切的黄小韵(黄璜潢篁蟥)形成对立,应该是零声母了。

刚音第十三:本韵是跟王韵相配的阴平。

开口:邦祥方当汤刚康臧苍桑夯。来自唐一等开口、江二等开口。

刚小韵有唐韵的"刚"等,也有江韵的"肛"等。邦小韵江开口二等(邦梆)跟唐开口一等(帮)合并。祥小韵下都来自《广韵》江韵"匹江切"下,而且阳平王音也有祥小韵,所以,可能此处的"祥"小韵的"祥"字是误字。此小韵姑且放在滂母下面。

齐齿:姜腔张昌伤将鎗相秧香。来自江二等、阳三等开口。

张小韵知章合并,与庄小韵对立。庄小韵可能已经是合口了。此小韵的"椿"字《广韵》都江切。腔小韵的"腔"是江韵开口二等,"羌"是阳韵开口三等;由于本韵还有康小韵,是开口,所以,腔小韵应该是齐齿。

合口:光匡庄窗霜汪荒。来自唐一等合口、阳三等合口。

上声两音有四类:

开口:慷榜棒莽访罔党倘囊港磉朗。来自荡开口一等。来自二等讲韵的只有三个小韵:棒讲港。港、讲两个小韵都来自讲韵开口二等,现根据现代方言定港小韵为开口,讲小韵为齐齿。

齐齿:嚷讲襁謽仰掌厂赏蒋抢想养享两。来自养开口三等。嚷小韵的“酿”成了日母字。

合口:广爽往怳。来自荡合口一等、养合口三等。怳小韵晓(谎怳)匣母(晃榥)合流。往小韵云母(往)和影母(枉)合流。“爽”是山母字,同小韵“磢”是初母字。

去声上音有四类:本韵除了有部分浊上声加入以外,还有不少来自上声的清声母字。

开口:谤胖塝放宋望当烫荡儴杠抗葬脏丧盎巷浪。来自宕开口一等。抗小韵“沆”是匣母字。

齐齿:降帐上酱呛相匠样向亮。来自漾开口三等。上小韵有禅母(上尚)日母(让)澄母(丈仗杖)字。状小韵有崇母(状)澄母(撞)知母(戆)字。帐小韵有知母(帐胀)章母(瘴障嶂)彻母(怅)。向小韵有晓母(向响)和书母(饷)。匠小韵从母的“匠”跟邪母的“象像橡”同音。謽小韵有謽(群母)獔(见母)两个字。

合口:创状诳旷逛謽况壮旺。来自合口一三等。“诳”是三等字,但是同音的“穬”是梗合口二等,如果看做齐齿,跟降小韵对立。此作为合口。逛小韵见母(逛)跟群母(俇)合流。

现代宣城话里,此韵有不少点合并于山咸摄,跟《音韵正讹》不同。韵母主要有:[œ]、[ã]、[an]、[ɒŋ]。鼻化已经被班韵占据,我们构拟该部韵基为[aŋ]。

第八部（包括公、洪、孔、动,来自通摄和梗、曾摄一二等合口）

洪音第十四:本韵在影、匣母下各有两字对立,从来源上看,应该是两类。

合口:朋蒙逢童农宏龙。来自东冬合口一等、耕登开口一二等唇音。

宏小韵主要来自东合口一等。有登韵的合口一等“弘”二等“宏闳”。还有一个奉母的：“冯”。是[v]并入了[x]。朋小韵有来自登韵开口一等的“朋棚鹏”等，也有来自东韵合口一等的“蓬篷芃”等。这一韵的唇音不分开合。龙小韵有三等字“龙茏曨隆窿（穹～）”和一等字“胧聋笼栊拢”。通摄来母下没有细音了。

撮口：穷虫从容。来自东钟合口三等、耕登合口一二等。

容小韵主要是余母字，有“容镕溶蓉榕融”等，也有“鳙庸佣”等，还有疑母“颙喁”、云母“雄熊”。虫小韵显示日母（戎毧冗茸）和澄母（虫重）合并。穷小韵都是群母字，只有“穹”来自溪母。从小韵有从母（从淙）澄母（缍）崇母（崇）的字，其中“淙”是一等字，其余为三等字。

公音第十五：这是宏韵的阴平。有两类：

合口：绷螃风东通公空宗匆翁烘。

宗小韵来自合口一等精母，但“踪”是三等字，“悰琮”是从母字。

撮口：中充松雍凶。

绷小韵来自耕开口二等，螃小韵来自唐开口一等，这都是唇音，也不分开合。

上声孔音有两类：

合口：唪猛董统攮孔総哄哄陇。来自送董合口一等。孔小韵一等（孔）三等（恐）合并。哄小韵“哄”字，《广韵》有平去声的读音，这里跟“搷”（晓母）同音，在上声内，与地位不合。注释说“说谎诳人曰脱～”。这是后起音义。此小韵在晓母还有两个对立小韵：澒/哄/哄。“哄”字注：“洪上声。”此定“澒（本晓母）”在匣母下。《音韵正讹》上声内无浊声母字，此字还需再讨论。猛小韵的“猛”字是梗韵、开口二等字。攮小韵只有这一个字，注释说“又音曩”。攮，《集韵》“匿讲切”，看来，本韵的“攮”音另有来源。陇小韵是合口三等，内有“拢”来自董合口一等，是洪细合一了。

撮口:鞏拱踵宠竦勇洶。来自肿合口三等。拱小韵主要来自肿韵合口三等,内有"鑛磺",来自梗合口二等,"讋"字来自葉开口三等之涉切,是章母。但是注释说:"亦与拱同。"则是另一字。踵小韵章母跟知母同处。唪小韵敷奉合并。洶小韵内的"酗"来自遇韵,"迿"是匣母字,现混在晓母内。

去声动音有两类:

合口:孟凤俸栋痛动齈贡控共纵送椩弄。来自送宋合口一等。

撮口:众铳仲讼用。来自用送合口三等。孟小韵来自开口二等,跟来自合口三等的"梦"同音,现断孟小韵为合口。纵小韵合口三等(纵)跟合口一等(诵颂)在一起。共小韵群母合口三等(共)跟影母合口一等(翁)合并。俸小韵奉(俸)敷(赗)非(讽)匣(汞)母同音。铳小韵昌母(铳)书母(惷)合一。众小韵知章合并。椩小韵内有"閧"是合口一等匣母,现归合口匣母下,因为见母合口下还有"贡"小韵。

现代宣城话一般的点洪音是[oŋ],细音是[yŋ]。庄村、南极开口是[ɛŋ],唇音有[uŋ][vəŋ]。《音韵正讹》有洪细两类,没有开合对立,现拟为[oŋ][ioŋ]。

第九部(包括梭、何、火、课,来自果摄)

何音十六:这一韵来自歌韵开口一等和戈韵合口一等。几乎每一个韵里都有分别来自歌、戈韵的字。这样,本韵只有一类:婆磨跎挪鹅何罗。这一类放在合口还是开口都没有关系,现根据现代方言放在合口。

梭音十七:本韵是何韵的阴平,也是一类:波多拖戈科磋梭窝呵。

梭小韵有来自戈歌韵心母的字,又有溪母"稞科珂蝌轲薖(～軸)"见母"柯"匣母"苛",可能是刻印时误把两个小韵连在一起了,现暂时把"科"字以下独立出来,另立科小韵。窝小韵是影母字,"窠"来自溪母,但是注“窝同，又音科。”说明这里读“窝”，是训读。

上声火音只有一类：跛颇朵妥果可我所锁火虏。开口有三个小韵：可、左、我。可小韵除了有开口一等“可坷”，还有合口一等的“颗”。左、我小韵，和来自语合口三等的“所”小韵，都只有一个字。火小韵（晓母）内的“颗”下注文曰：“印一～。”有一个又读在可小韵，此音可能另有来历。

去声课音只有做小韵来自开口。也只有一类。

播破磨踩唾惰懦个课鹅做错坐卧货贺。来自果摄去声和上声的浊声母字。卧小韵的“卧”是影母，“饿”是疑母。错小韵的“错”字来自暮韵。

现代宣城话中，裘公等十一个点是[o]，七都等七个点是[u]，庄村、南极是[əu]。没有开合对立，现定为[o]。

第十部（包括痴、齐、李、地，来自止摄开口三等、蟹摄开口四等）

痴音十八：这一韵来自支脂之开口三等和齐开口四等。但是，精组出现了规律的对立：兹/虀、雌/妻、司/犀，相配的上声也有：子/济、死/洗，去声有：渍/祭、次/砌、自/、四/细。前者来自三等，后者来自四等。可见舌尖元音已产生，故分此韵为两类：

齐齿：披低梯鸡欺虀犀衣希西。

心母下西/犀两个小韵来自《广韵》同一个小韵（齐韵开口四等先稽切），同时跟“司”小韵形成出现对立。查西小韵内另外的字是“栖粞棲”，这些字在现代宣城话里都读送气清塞音声母。清母下雌/妻也形成对立，如果把“西”放在清母的地方，则“妻”韵母就应当是[ɿ]，这个音可以在现代宣城话里找到，例如“妻”泾县、庄村、南极、永丰、太平[tsʰɿ]。那么，“雌”的位置也要调整，唯一的位置是从母下面。齐音从母下面有“辞”，来自邪母，内有“慈”等来自从母，它们可能如今天官话的读音，应该在从母下。它们跟“雌”小韵的区别只是声调不同，所以不在同一个韵里。

梯小韵透母中混入一个定母“稊”字，也不是常用字。披小韵有开口三四等滂母字“披批”等，並母“丕邳”等，滂母合口“胚”等，还有“箄”来自帮母。欺小韵都是溪母字，混入匣母“蹊”。希小韵来自支之微开口三等和齐开口四等晓母，但有齐韵匣母“兮”加入；更有“谿（溪陌开三绮戟切）”是溪母，入声。

咬齿（开口）：知痴施兹妻雌司。

痴小韵彻昌母合并，昌母只有一个“鸱”。知小韵知章合并。施小韵（书母）中混入山母字“狮”。兹小韵来自精母和庄母。

齐音二十：这一韵是痴韵的阳平。来自支脂之开口三等、齐韵开口四等。至于到底有几个韵类，除了在痴韵里讨论的舌尖元音应该独立以外，本韵日母下面还有一个“儿”字。它应该是可以跟舌尖元音押韵的，这样说来，儿韵母还没有真正独立起来。

齐齿：皮縻提宜其齐移离。

移小韵以余母为主，里面有“嵇携奚”字来自匣母。宜小韵疑母（宜沂倪鹓輗猊霓疑嶷魔仪）泥母（尼泥怩呢妮柅麴）合并。其中“麴”来自歌开口一等。皮小韵来自並母，有“痹罷羆詖”是帮母字。其小韵以群母为主，又有见母“蕲”、崇母“俟”、匣母“奚骐”。

咬齿（开口）：时儿辞。时小韵禅母（时埘莳鲥）书母（弛）澄母（匙池驰迟墀持蚳篪蜘）。辞小韵邪母（辞词）跟从母（慈鹚瓷茨疵）并存。

上声李音有两类：开口（咬齿）、齐齿。但是，在明母和影母下各有两个小韵对立：眯/米、以/倚。附近的绩溪话和合肥话中“米以”韵母是[ɿ]，现据此定“米以”在开口。

咬齿（开口）：止耻史耳子此死米以。史小韵里山（史使豕）书（始矢屎）合流。子小韵精（子訾紫梓姊）庄（蔵胏滓）合流。死小韵里心母

(死)跟邪母(巳)同音。

齐齿:彼痞瞇底体你已岂济洗倚喜李。来自止志纸尾开口三等、荠开口四等。你小韵有泥母和疑母字。岂小韵(溪母)有一个群母字"锜"。彼小韵(帮母)内有一个"纰"来自滂母。倚、以两个小韵内都是影余母合流。洗小韵有心母(洗玺徙)清母(泚)山母(屣)。耻小韵内彻(耻褫)昌(齿)合流。痞小韵内並(痞否圮)滂(丕秠)合流。

去声地音也有两类:

咬齿(开口):智事世二渍次自四寺。世小韵有"拭轼式"几个职韵字。智小韵知章合并。自小韵从(自)心(伺)邪(似饲祀)俟(俟)母合并。寺小韵也是邪(寺姒耜嗣巳)从(字牸)母合并。"赐"字在四小韵,都来自心母。次小韵主要是清母字,有从母(茨)和初母(厕刺)精母(鳖)字。事小韵来自崇(事仕士)禅(嗜视恃是莳豉筮噬市氏誓逝殖植)群(耆)船(示)澄(治雉彘稚峙谥痔稺值)母。渍小韵有从母"渍胔"和精母"恣"。

齐齿:闭譬敝帝替地计气忌义祭砌细意戏利。来自至寘祭开口三等、霁开口四等,以及上声浊声母字。敝小韵以並母为主,又有几个帮母(痹毖)滂母(媲)字。利小韵的"镳"来自御韵。义小韵有疑母字(义刈谊毅),也有影母(意)、泥母(腻)、端母(忲)字。帝小韵(端母)有定母字(缔)。替小韵(滂母)也有定母字(绨髢第)。忌小韵(群母)内有溪母字(企)。祭小韵有精母(祭际济),还有从母字(剂)。意小韵影余合并。计小韵(见母)内有两个群母字"暨洎"。

现代宣城话多数点有[i]、[ɿ]两个读音,南极是[iɪ],湖阳、年陡是[ji]。一些塞音字的主要元音比较低,例如:蓖[pe](茅坦、甘棠),梯[tʰe](茅坦、永丰、湾址、奚滩等),[tʰiɛ](甘棠),[tʰɛ](广阳),[tʰai](七都),[tʰɛi](太平),[tʰei](繁昌)。这些音里,带韵尾的音都在舌齿音,读音跟卑部相同。其余表现为前半高或半低元音,或者有齐齿介音。

本韵可以分为两类：齿音一类，其余为一类，精组有对立。两类的区别一般表现如年陡“鸡[tɕji]/世[ʂʅ]”。我们拟此部的为开口[ʅ]，齐齿[i]。

第十一部（包括卑、梅、鬼、卫，来自止、蟹摄合口一三四等）

卑声十九：本韵虽然洪音和细音的来源都有，但是洪细可以同时出现于同一个小韵里，所以，可以认为洪细已经合并；由于本韵没有对立的字，只能定为一类：卑非堆推圭魁追吹崔虽威辉。来自灰合口一等、支脂微合口三等、齐合口四等。

卑小韵主要来自支脂开口三等，是唇音不分开合；“杯栢”来自灰合口一等，洪细合并。魁威圭辉崔小韵都来自合口一等、三等、四等，都是洪细已经合并的证据。追小韵知章合并。昌母下的吹小韵内有清母的“毳”字，这个字来自去声祭韵，有一个去声的又读。还有一个“推”字，是透母，它也有一个在本韵的又读。非小韵非敷合流。

梅音二十一：这是卑韵的阳平。合口：裴梅微颓葵谁随为雷。来自灰合口一等、支脂微合口三等、齐合口四等。跟卑韵一样，这个韵也是洪细合流了。

谁小韵显示禅母（谁陲垂）澄母（椎槌锤鎚）日母（绥）合流，“捶”来自章母[1]。微小韵显示微母（微薇）余母（惟维）奉母（肥淝）合流。为小韵云母（帏韦闱为）疑母（危桅巍嵬）匣母（回迴茴）合流。来自群母的葵小韵里有一个溪母字“睽”和一个匣母字“畦”。

上声鬼音只有一类。

美匪尾腿馁鬼傀水蕋嘴髓委毁累。来自旨纸寘尾贿合口一三等。鬼小韵（见母）有一个溪母字（岿）。委小韵有影母（委）泥母（诿）余母

① 捶，《广韵》纸韵，之累切。《集韵》收纸韵主蘂切、是捶切，意义均为“以杖击人”。

(唯)云母(伟炜)匣母(芳)等字。匪小韵来自非敷奉母。美小韵开口三等(美)跟合口一等(每浼)在一起。髓小韵(心母)内有从母字“雋”来自猕韵。此字下有注“越～,郡名。”《广韵》纸韵息委切下与“髓”同音的有“嶲”,注曰:“越嶲,郡。”则《音韵正讹》此处当为“嶲”之误。越嶲,汉武帝元鼎元年置,故城在今四川西昌县。

去声卫音。

背配备昧肺未对退兑内贵愧税瑞最毳罪岁卫悔类(翠)。来自队合口一等、至寘未祭泰废合口三等。这一韵在清母下有对立:毳/翠。都是合口三等组成的。但是“毳”小韵只有一个字,而且注释说:“吹去声。”“吹”小韵是昌母,所以,“毳”也应该归昌母。

卫小韵有云母(卫纬位谓胃渭)影母(畏秽恚蔚慰尉)匣母(会惠慧蕙汇)疑母(伪魏)字。备小韵(並母)内有帮母“背狴梐”。愧小韵有见母(愧愦)群母(馈)匣母(溃)疑母(聩)溪母(喟)等字。贵小韵(见母)内有匣母“绘”。罪小韵有从母(罪萃悴瘁)邪母(遂燧隧)心母(粹邃)字。悔小韵晓母(悔诲贿卉)跟邪母(彗)同音。肺小韵非敷奉合并。瑞小韵禅(瑞睡)日(芮蚋)澄(坠硾)余(锐睿)知(箠)合流。

现代各方言点基本是开合两类:牙喉音是合口,舌齿音是开口。例如,裘公“亏[kʰui]、吹[ʦʰe]”,太平“亏[kʰui]/吹[tsʰei]”。明末以来,舌齿音应该是经过了一次由合口到开口的转变,一些地方韵尾丢失了。牙喉音的合口作用则吞噬了主要元音。我们拟早期为[uei]。

第十二部(包括萧、姚、草、照,来自效摄)

姚音二十二:本韵明母下面有三个字对立:毛/苗/锚。其中“毛”来自豪韵开口一等,“苗”小韵有“苗缁(三等)猫描(二或三等)蛢(四等)”,“锚”小韵有“蝥蟊(二等)”。看相配的阴平,见母下面有:高(豪开一)/交(肴开二)/侥(萧开四)。这样,可以把本韵定为三类:一等、二等、三等、四等各为一类。

开口:袍毛桃敖曹毫劳。来自豪一等开口。

二等:锚铙巢。来自肴开口二等。

齐齿:嫖苗迢乔尧潮樵姚僚。来自宵开口三等、萧开口四等。乔小韵群母(乔桥侨荞)跟匣母(淆崤肴爻)混合。潮小韵澄母(潮朝晁)日母(饶娆荛)同音。尧小韵"尧"是疑母,同小韵的"桡"是日母。迢小韵来自定母,参入了两个禅母字"韶招"。

萧音二十三:是姚韵的阴平,也定为三类。

开口:刀滔高稍遭操搔凹蒿。来自一等豪韵。

二等:来自包抛敲抄交。来自二等肴韵。

齐齿:标飘刁挑侥昭超焦锹萧枭。来自三四等宵萧韵。

萧小韵来自心母,有一个"捎"字来自山母。刁小韵来自端母,"蜩"来自定母。昭小韵章母(昭招钊)知母(朝嘲)同音。抄小韵初母(抄讱)崇母(剿)同音。交小韵二等(交茭郊蛟鲛)跟三等(娇骄)合流。对立的侥小韵四等(浇)跟二等(教膠)合流。来自精母的焦小韵有一个来自从母的"憔"字。枭小韵"枭哓骁"等来自见母,"鸮"来自云母,都变得跟晓母"嚣烋枵歊"同音了。

上声草音三类:

开口:宝岛讨恼稿考早草嫂袄好老。来自皓开口一等。

好小韵有晓母(好)和匣母(镐)。

二等:邈爪炒。来自巧开口二等。

齐齿:表漂卯屌鳈鸟矫巧搅少扰剿悄小殀晓了。来自小开口三四等、篠开口四等。

漂小韵有帮母(穮)滂母(漂剽缥)並母(殍)。邈小韵"邈"字来自入声觉韵开口二等。殀小韵影余母合流。鸟小韵"袅嬝嫋"来自泥母,来自端母的"鸟茑"应该也读同泥母。扰小韵有日母"扰绕"和澄母"赵"。

爪小韵庄(爪)章(沼)同音。

去声照音三类:

开口:报暴到套道告靠傲躁噪造燥奥耗号潦。来自号开口一等。

二等:砲貌闹钞。来自效开口二等。

砲小韵帮母“爆”混入滂母。噪小韵心(噪)清(慥糙)母同音。燥小韵也来自中古心母(燥扫)。现把噪小韵放在清母下。告小韵来自号韵开口一等,只有“酵”字来自效韵开口二等。

齐齿:票妙吊跳疝尿叫窽照召少醮俏噍笑耀孝效料。来自笑效开口三四等。

俏小韵从母“诮”混入清母。召小韵澄(召肇兆)禅(邵劭韶)同音。票小韵滂(票)帮(标)同音。窽小韵溪母(窽)群母(趫)同音。少小韵书母(少)山母(稍)同音。

现代宣城话一二等一般是[ɔ],少数地方是[ɛ](甘棠),[θ](永丰、茂林、厚岸),[au](七都、横渡)。三四等有[i]介音。牙喉音部分有[i]介音(交巧教孝淆校),部分没有(觉敲搞咬窖教$_{平}$),找不到分化条件。没有介音的,声母表现为舌根音[k-]等;有介音的,声母表现为舌面音[tɕ-]等。由于《音韵正讹》中本韵二等跟一等和三四等都有对立,所以,二等应该是独立的。现拟主要元音是[ɔ],有三类:高[ɔ]、交[ɪɔ]、侥[iɔ]。

第十三部(包括皆、怀、海、大,来自蟹摄一二等)

怀音二十四:本韵只有匣母下面有“谐(开口二等)/怀(合口二等)”的对立,上声也有溪母“慨(开口一等)/蒯(合口二等)”的对立,是开口、合口的对立。去声有两处出现三字对立:盖(开口一等、二等)/戒(开口二等)/怪(合口二等)、艾(开口一等)/阂(开口一等)/外(合口一、二等)。两处两字对立:快(合口二等)/块(合口一等)、揩(开口一等)/害

(开口一二等)。从上面这些字的地位上看,好像一等和二等字正在合并,但还有部分对立。这种对立只保留在去声里。

为了保持平上去一致,这里暂时把二等独立出来。

开口:臺才孩来。

孩小韵来自晓母,有一个匣母字"骸"。还有一个"諧",注释说:"古谐"。"谐"在谐小韵,是匣母。可见,在孙耀的观念中,当时匣母的"谐"字来自古晓母。

开口二等:排埋柴呆谐。呆小韵来自开口二等疑母,只有"獃"来自一等,"挨"来自影母。

合口二等:怀。

怀小韵来自匣母,除了"徊"字来自灰合口一等外,都来自合口二等。

皆韵是怀韵的阴平。影母有"哀/歪"的对立,而见母下有"皆(开口一二等)/生(gǎ)/乖(合口三等)"。也暂时保留二等为单独的一类。

开口:懛郃生开哉猜腮哀援。援小韵内"援"是匣母字,注:"海平声,窃取人物也。""海"是晓母字,故援小韵应该放在晓母下。

开口二等:皆斋钗(筛)。

合口:乖衰歪。

懛小韵"懛"是端母字,注释说:"歹平声。""獃"却是疑母字,此字有怀韵呆小韵的又读。哀小韵是一等,只有"挨"是二等字,此字有又读在怀韵呆小韵。

上声海音有四类:

开口:歹奋乃改慨宰采蔼海攋。来自海开口一等。海小韵有海韵一等晓母的"海醢",还有骇、蟹开口二等匣母的"骇、蟹"。慨小韵都来自开口一等,只有"楷"来自开口二等。改小韵"改(开口一等)"和"解(开口二等)"同音。蔼小韵有一等的"蔼霭餲暧靉"和二等"隘矮餲"。

开口二等:摆派买水洒。水小韵"譈"字不知道来源,同韵的"㺜",

《集韵》"都买切"。洒小韵的"洒(卦韵)"跟"灑(寘韵)"同音。

合口:拐蒯。拐小韵"拐(蟹开口二等,群母)"跟"夬(夬合口二等,见母)"同音。

撮口:揣。

去声大音有四类:

开口:带太大奈盖艾再蔡在赛爱鮨赖。

大小韵透母"贷"跟定母合流。盖小韵一等(盖溉丐)二等(解届)合流。害小韵开口一等(害亥)跟二等(懈械薤解邂)同音。

开口二等:惫拜败卖戒阂债嘬害晒。惫小韵"惫(並)""湃(滂)"同音。

合口:怪塊外寨。寨小韵"寨(夬韵合口二等,崇母)"跟"豸(纸韵开口三等,澄母)"同音。嘬小韵来自夬韵,"嘬"是初母合口,"蠆"是彻母开口。外小韵"外(泰韵一等)""坏(怪韵二等)同音。

撮口:快惴帅。

现代宣城大部分地区主要元音是[ɛ],一二等一般没有区别,只有茂林、厚岸一二等分别划然:一等是[e],二等是[ia]。现定此部主要元音为[a]。三个韵母分别是[a]、[ɪa]、[ia]。

第十四部 (包括沙、麻、雅、霸,来自佳麻二等开口)

沙音二十六:本韵从来源上分开合两类,又在见溪影母下各有一对对立,所以定为两类。其中,溪母下的(誇/跨)不反映开合对立,两个小韵都来自合口二等。查今方音,"跨"应为开口①。定为两类:

① 现代宣城话假摄二等合口牙喉音字有开合两音:

	南陵	石台	泾县
瓦	ŋa/ua	ŋa	ŋo
蛙	ua	ua	o/ua
花	xua	xua	xo

开口:巴他家跨咱叉查沙鸦鰕。来自佳麻二等开口。

巴小韵来自帮母,只有一个"葩"字来自滂母。查小韵下显示崇知庄合并;主要是开口字,混入了合口"髽梽"。他小韵来自歌韵开口一等。鰕小韵有来自匣母的,现归入晓母。

合口:瓜誇蛙花。来自麻合口二等。

蛙小韵见母(娲蜗)加入影母(蛙鼃窪哇窊),"剜"来自桓韵合口一等。

麻音二十七:本韵是沙韵的阳平。也有两类,唇音归合口:

开口:拿牙茶霞。茶小韵澄母(茶搽)跟禅母(佘)合流。来自匣母的霞小韵中有来自见母的"笳"。

合口:杷麻华。

上声雅音:

开口:把马打那贾厊丅耍雅岈。来自马开口二等。小韵有疑母(雅迓)和影母(哑)字。瓦小韵疑母(瓦邷)和影母(搲)同音。丅小韵"丅"字无考,同小韵"鲊"是庄母字。

合口:寡咵瓦。来自马合口二等。

去声霸音有两类。

开口:霸帕耙骂大那架砂诈衩乍厙嗄罅下。来自祃开口二等。诈小韵(主要是庄母字)中章母字"柘"、知母字"吒咤"。厙小韵"厙"是三等书母字,同韵的"綳"《广韵》所拜切,在怪韵,山母;"閷"《集韵》所嫁切,在祃韵,山母。此小韵跟来自山母的"嗄"小韵对立。"嗄"字下注文说:"咽物不下。"《广韵》有所嫁、於犗二切。由于山母下还有"厙"、"砂"两个小韵,"嗄"可能依然保留二等韵的特征(比如有[ɪ]介音)。

合口:卦跨化话。来自祃合口二等。话小韵的"话"来自夬韵。跟祃合口二等的"桦"同音。吴小韵"吴"字《广韵》"胡化切",但匣母下已经有话小韵;《集韵》收有"徒盖切"则与大小韵对立。注文里说"寒反",

则是"寒"的去声，而且是开口，却又跟下小韵对立。"话"小韵字在今宣城地区一般读零声母，故，我们移"话"小韵到影母下。则吴小韵可以放到匣母下面。

本韵在现代宣城大部分点都读[a]，南极全变成[ua]，合口化了。另外还读[ɔ]（甘棠）、[o]（永丰、厚岸、陵阳、童埠，跟梭音混）、[ɿ]（横渡）。读后三个音的点，大概都不分开合，这是南极[ua]的来源。平声里有一个"剜"来自桓合口一等，说明这一部是跟"天韩简判"相配的阴声韵。所以，跟天部一样，定为[ɛ]。两类分别是：[ɛ]、[uɛ]。

第十五部（包括遮、蛇、扯，来自麻、戈三等。此韵去声入山咸摄）

蛇音二十八：有一类。

齐齿：蹦蛇爷斜。蛇小韵船母（蛇）禅母（阇佘）合并。蹦小韵见母二等（蹦）群母三等（茄伽）合流，现归入群母。

遮音二十九：两类，合口只有一个"靴"。

齐齿：爹遮奢嗟些。来自麻开口三等。爹小韵有一个"低"来自齐开口四等。

撮口：靴。来自戈合口三等。

上声扯音有一类：

齐齿：者扯捨惹姐且也。

有两个对立的字：掛/扯。"扯"是后起字。

现代宣城主要的点都是[a]，灌口、茅坦是[ɛ]，甘棠是[ɔ]，永丰、茂林、厚岸、陵阳是[o]，太平、繁昌是[ei]，年陡、湾址是[i]。这一部可能是跟上一部相配的细音。由于介音不同，听起来音色有点差别。现拟为[ie]、[ye]。这一部的去声和部分上声放在了第一、二部里面，说明它们的主要元音应该相同或者接近。第一、二部分别是[ɛ̃]、[ẽ]，这一部跟第十四部是相应的[ɛ]、[e]是比较合理的。

入声第一部（来自薛业质祭开口三等、屑帖开口四等，物月薛合口三等、屑合口四等）

月音有两类：

齐齿：鳖撇别灭铁跌结慊竭业接妾葉血列。来自薛葉业质开口三等、屑帖开口四等。葉小韵有余母（葉拽曳）影母（噎谒）云母（晔馌），还有一个见母字"蛱"。列小韵多来自开口，只有"劣埒"来自合口。业小韵有疑母（业啮鯱闑孽臬）泥母（聂蹑涅揑）字。结小韵主要是见母字，混入了溪母"诘"匣母"缬颉撷"。别小韵並母"别"跟帮母"彆"同音。

撮口：蹩决缺掘绝雪月。来自物月薛合口三等、屑合口四等。月小韵有疑母（月轫刖）云母（曰越钺樾粤）余母（悦阅）。雪小韵只有"雪"是合口字，其余"屑燮薛躞渫泄洩絏榍糏屧呰偰"都来自开口三四等。血小韵晓母（血歇蝎）和匣母（挟协叶）合流。接小韵的"接"跟"楫"来自同一反切"即葉切"。掘小韵"穴"字来自匣母。绝小韵也是开（截捷婕睫）合（绝）同音。撇小韵除了有"瞥"字以外，还有"鷩毕"等字。而"彆"来自祭韵。鳖小韵有薛韵来的帮母"憋"等和滂母"瘪"等。

各地的读音基本是[iɛʔ]、[yɛʔ]，甘棠是[iɑ]，厚岸是[iaʔ]。《音韵正讹》时应该是[iaʔ]、[yaʔ]，写作[iɛʔ]、[yɛʔ]。

入声第二部（来自陌麦德韵，和没曷铎合开口一等）

彻音有三类：精组、端组开合不分，见组、晓组有开合的对立。

开口：百白麦物德特格客责舌设涉则贼塞遏黑合勒。来自没德曷铎合开口一等、陌麦开口二等。百小韵有"百柏伯（陌）檗（麦）北（德）"。责小韵有庄母（责箦昃窄侧帻）章母（折浙隻摺炙）知母（哲蛰摘谪）山母（涩）。合小韵有见母"嗑"混入匣母中。格小韵有匣母"合纥"混入见母。厄小韵有影母(厄戹轭扼)疑母(兀杌额)。德小韵有开口"德得"和合口"掇"。迫小韵有帮母(拍珀魄)滂母(迫)。黑小韵来自德韵(黑)陌韵(嚇)曷韵(喝)。塞小韵有德(塞)缉(涩)支(厮)韵的字。勒小韵来自德开口一等,内有"捋"来自末合口一等。麦小韵来自麦(麦脉)德(墨默)陌(蓦陌貉貊)等韵开口一二等,和没韵合口一等的"没殁"。白小韵"白(陌开口二等)""葡匐(模合口一等)"同音。则小韵也是开(则,德韵开口一等)合(繓,末合口一等)同音。特小韵开口(特,德开一)合口(凸突,没合一)合流。

齐齿:迫彻厄。来自陌麦德开口二等、薛职昔葉开口三等。彻小韵有彻(彻坼敇撤)初(测策册恻)昌(掣斥)母字。舌小韵有船(舌)日(热)昌(折)澄(翟宅择泽)母字。设小韵有书母(设葰摄螫)山母(色瑟穑涩蝨)崇母(赜)。

合口:脱国或拙。或小韵来自德韵(或惑)麦韵(獲划)末韵(活)锊韵(穫镬)。脱小韵兼有合口(脱,末合一;蜕,泰合一)开口(忒慝,德开一)。拙小韵有章母(拙棁)昌母(啜)知母(辍)庄母(茁)。

各点读音有[əʔ]、[eʔ]、[ɛʔ]、[oʔ]等,以[əʔ]为多。现定为[əʔ]、[iəʔ]、[uəʔ]。

入声第三部(来自质昔缉职陌迄锡)

一音从来源上看,只有一类;但是,由于阴声韵已经产生了舌尖元音,入声内也可以有这个韵。这样,本韵暂时定为两类:

齐齿:毕匹鼻密的惕狄逆吉乞及即七昔习一吸立。来自质昔缉职陌迄开口三等、锡开口四等。

咬齿韵:质赤食失十日。来自质职缉昔开口三等。

一小韵来自影母(一乙壹益邑挹)和余母(溢镒驿掖液腋奕弈亦)。即小韵从母"瘠"混入精母。立小韵有来自合口三等的"玉(烛韵,疑母)""律(術韵)"。吉小韵的群母"笈屐"、疑母"岌"、溪母"亟"混入见母。及小韵见母的"伋"混入群母。昔小韵的"恤卹戌"是合口三等,混入此开口三等字内;"袭"字是邪母,混入此心母字内。吸小韵内溪母"隙"匣母"檄"混入晓母字内。逆小韵疑母(逆屹)泥母(溺匿昵)合流。习小韵有邪母"习席夕穸汐隰"从母"蒺疾嫉寂籍集辑蕺"清母"葺"庄母"戢"。七小韵精母合口"蹙"混入清母开口三等字内。惕小韵主要是透母,内有"涤"是定母、"彳"是彻母字。乞小韵溪母(乞泣)见母(吃讫)疑母(仡)同音。鼻小韵帮(畀煏痹)並(鼻弼)母合流。匹小韵也是帮(襞)滂(匹劈癖霹辟)並(闢甓愎)合流。日小韵日母(日)船母(实)澄母(直)禅母(植殖)。食小韵有船母(食蚀)禅母(硕石)。赤小韵有昌母(赤尺)彻母(敕饬)知母(陟)。质小韵章(质职执汁织)知母(縶)澄(侄秩帙踯)合流。

现代宣城多数点是一类,一般是[iʔ],个别点齿音有[ɿʔ]、[ʅʔ]。还有[əʔ](裘公、湖阳等)、[iɛʔ](甘棠等)几个音。这几个音听觉上比较接近,早期应该是[iəʔ],《音韵正讹》应该拟为[iʔ]、[ɿʔ]比较合适。

入声第四部(来自觉药铎韵)

约音有三类:

开口:剥朴薄末缚托铎诺阁扩鄂嗟咋索恶鹤落。来自铎开口一等、觉开口二等。阁小韵开(阁各)合(郭括适)杂居。朴小韵"朴(觉开口二等)""泼(末合口一等)"同音。扩小韵有透母的"拓",注曰:"同'扩'用。"其余都是溪母字;有合口(廓)开口(磕)等。恶小韵"恶(铎开一)""桠(麻开二)""龌(觉开二)"同音。诺小韵分别来自铎开一(诺)觉开二(搦)歌开三(傩)合开一(纳)没合一(讷)队合一(内)。铎小韵"铎踱度"是铎开口一等,"夺"是末合口一等。末小韵的字除了"末"来自末合口一等外,都来自铎开口一等(摸莫漠)。缚小韵奉母(缚)匣母(纥)同现,可能是[v][x]不分。

齐齿:脚却虐卓绰朔弱爵雀嚼削约学略。来自觉开口二等、药开口三等。约小韵有影母(约)疑母(乐岳跃鷟)余母(瀹药钥籥)见母(矍)。雀小韵有精母(雀爵)和清母(鹊趞皵)字。绰小韵有昌母“绰”初母“龊戳”澄母“擢”。朔小韵(开口二三等)内有合口三等字“缩”。卓小韵知(卓琢啄)章(酌斫)庄(捉)禅(勺灼)母合流。虐小韵有疑母(虐疟)日母(箬)泥母(搦)晓母(谑)字。弱小韵有日母(若弱)禅母(杓)澄母(浊)崇母(镯濯)。爵小韵精(爵)从(爝)合流。

合口:天镬阔作霍。霍小韵有开口“涸壑”。天小韵“天”未详,小韵内有“湉”,《集韵》“吐火切”。

现代宣城多数点是[oʔ],少数是[əʔ],现从多数,定为[oʔ]、[ioʔ]、[yoʔ]、[uoʔ]。

入声第五部(来自屋沃烛物術)

读音有两类,但是,福/佛、律/六,两对立小韵都来自合口三等,现据现代方言定“福”“六”两小韵为合口,“佛”“律”两小韵为撮口。

合口:卜扑木福笃秃读国哭屋忽六。来自屋沃合口一等。

撮口:仆佛屈竹出孰束足促宿俗律。来自屋烛物術合口三等。

促小韵有“浞”来自崇母,“蹙蹴”来自精母。仆小韵帮母“濮”、滂母“扑朴”与並母“仆勃渤”等混。书小韵书母(束叔倏)禅母(淑)昌母(俶)山母(率)同音。扑小韵滂母(扑醭)帮母(蹼)並母(曝)合流。足小韵合口三等(足踧)跟合口一等(卒)同音。国小韵见母有“国谷縠毂骨榾梏牿掴帼蝈馘虢汩腘瀫”,匣母有“鹄鹘”,余母三等有“鹆”。秃小韵定母(秃突)归透母(鵚)。

现代宣城话各点合口一等多为[uʔ]、[uəʔ],舌齿音多为[əuʔ]。撮口多为[iuʔ]等。现定为[uʔ]、[iuʔ]。

入声第六部（来自屋烛物術合口三等牙喉音声母字）

曲音有两类:都来自屋物烛昔职術合口三等。菊/橘两小韵对立。橘小韵有余母"聿鹬","繘"有余母、见母两读。现把橘小韵放在撮口下,菊入齐齿呼。

撮口:菊橘曲局役蓄。役小韵影(彧鬱燠澳)余(役疫慾欲昱煜育毓浴鬻)云(域蜮棫)晓(阈)疑(狱玉)母同音,现放在影母下。蓄小韵的"煦"来自遇韵,"昱"是余母,但此字有又读在役小韵。

现代宣城各地以[iuʔ](灌口、茅坦、茂林、横渡、童埠、太平、繁昌)、[ɥɛʔ](裘公、庄村、南极湖阳、年陡)为多,次之是[ioʔ](厚岸、七都、陵阳)、[yʔ](奚滩、年陡)。《音韵正讹》应该是[yeʔ]、[ieʔ]。

入声第七部（来自盍合曷洽狎没末黠鎋月乏）

臘音有两类:

开口:八拔抹法乏荅塔达捺甲恰察煠杀匝擦囋飒鸭瞎狎臘。来自盍合曷开口一等、洽狎鎋开口二等。达小韵定(达)透(踏)同音。捺小韵"呐"来自薛开口三等。塔小韵定(沓遝阘)透(榻塔挞闼獭)端(怛)合流。煠小韵的"煠"是崇母,与"闸"同音。抹小韵有"袜"。鸭小韵内"阿"来自歌韵开口一等。飒小韵(心母)有来自山母的"钑榝"。察小韵初母"察插锸檫刹"跟山母"歃"同音。匝小韵精母(匝)庄母(札)章母(斫眨)同音。恰小韵匣母"恰"跟溪母"掐"同音。囋小韵从母"囋"跟精母"濽"同音。

合口:刮刷雜块滑。来自没末合口一等、黠鎋洽合口二等、月乏合口三等。滑小韵影母"空"混入匣母。块小韵"块"下注文"岩入声",《龙龛手鉴》"於决切",现归影母下。

现代宣城各点都是[aʔ]、[uaʔ]。现就定此韵为[aʔ]、[uaʔ]。

表 2—15:韵母表

	舒声					入声					
	o	i	ɪ	y	u		o	i	ɪ	y	u
天	ɛ̃	iɛ̃	ɪɛ̃	yɛ̃	uɛ̃						
元	ẽ	iẽ	ɪẽ	yẽ							
班	ɑ̃	iɑ̃	ɪɑ̃		uɑ̃						
林	ən	iən		yən	uən						
紬	əu	iəu				彻	əʔ	iəʔ			uəʔ
胡	u	iu				读	uʔ	iuʔ			
刚	aŋ	iaŋ		yaŋ	uaŋ						
洪	oŋ	ioŋ									
何	o					约	oʔ	ioʔ			uoʔ
痴	ʅ	i				一	ʅʔ	iʔ			
卑					uei						
姚	ɔ	iɔ	ɪɔ								
怀	a	ia	ɪa			臘	aʔ				uaʔ
沙	ɛ				uɛ	月		iɛʔ		yɛʔ	
蛇		ie		ye		曲		ie		yeʔ	

第四节　明末宣城话的声调系统

一、平分阴阳

《音韵正讹》以平上去入四声分四卷,但是,平声中全浊和次浊声母字单独为一韵(音),清声母字为一韵(音);而且,平声有二十九个韵,而上去只分别有十五、十四个韵。每一个上、去声韵,差不多正好跟平声清、浊韵分别相配。因此,我们认为,本书实际上在四声的格局下面,隐藏着一个阴、阳、上、去、入五声的声调系统。

但是,这里的平分阴阳是声调的区别呢,还是兼有声母的区别?我们认为,是声调、声母都有区别。平声有清浊对立而分两韵,清声母字在一韵，浊声母字在一韵。所以平声中，清浊的区别已经导致了声调的分化，故清浊不能居于一韵；去声、入声也有清浊对立，却不分两类，是仄声中，清浊的区别没有导致声调的分化。这说明：①去入浊声母并没有跟清声母合并，又不分阴阳，显然浊声母没有消失，只是去入声中的清浊不像平声那样有阴阳声调的差别。②平声阴阳分韵是照顾声调的区别，而不是声母的区别。现代宣城话依然如此。

《韵通》用“天朝统万国”五字作为代表字，韵图按照“阴阳上去入”五声排列。他讥四声是“泥吴音之隘”，因而“略其(沈韵)上平而名为阴，略其下平而名为阳，搀以原有之三仄声谓之阴阳上去入五声”。

《韵学大成》的声调仍然是传统的四声格局。从书中全浊声母基本没有消失的情况看，这个声调系统是可信的。它代表了当时宣城地区广德吴语的情况。现代广德吴语一般平上去入都分阴阳，个别地方只有去声不分阴阳。《韵学大成》作者濮阳涞在谈到周德清的《中原音韵》时，批评他的“入派三声”使得“天地之元声且阙其一矣”，但是对周的“平分阴阳”却没有什么评价。由于此书兼顾北音，也许可以容许别处平分阴阳。

《字汇》早此书 30 年，《字汇·韵法横图》“旬”字下有一个注释：“阴平。”可见当时平声已分阴阳，而“荀”字在当时已经归入阳平了。这个注释不知道是《字汇》作者梅膺祚所为，还是《韵法横图》作者李世泽所为，但比较李氏的序，猜测注释是刊刻时做的，那应该出自梅氏之手。

二、浊上变去

《音韵正讹》的浊声母字有不小的变化。上述平分阴阳是由于浊平声字在声调上已经跟清平声字不同了，因此才会跟清平声字分在不同韵里；上声里的浊声母字大部分变同去声了，而且主要是跟去声中的浊声母合流，只有小部分跟去声中的清声母合流。下面是阴平、上声、去

声中的浊声母音节的统计(去声,逗号后面的数字是跟清声母合流的数字,逗号前面是跟浊声母合流的数字):

表 2—16:

平	天	班	阴	尤	夫	刚	公	梭	痴	卑	萧	皆	沙	遮		合计
	2	4	8	0	5	3	8	2	5	0	3	0	2	0		42
上	雨	两	李	鬼	草	井	孔	雅	扯	板	免	简	海	斗	火	
	6	6	6	2	4	21	4	0	0	2	4	7	5	0	0	67
去	地	卫	照	盛	动	霸	寿	万	宪	判	父	课	大	上		
	17	4,7	17	15	4	1	9,7	7,1	9	7	28	4	10	11		143,15

从上表可以看到,上声中的浊声母字的数量(67)跟阴平中的古浊声母字数量(42)差不多,去声中的中古浊声母字相对较多(158),这说明,浊上声字基本上是跟去声中的浊声母合流的(143),跟去声中清声母合流的很少(15)。因此,我们认为浊上变去只是声调的变化,浊声母作为一个声母类别依然存在。浊上声变入去声时主要跟浊去声合流。

综上所述,明末宣城话的声调系统是阴、阳、上、去、入五个声调。平分阴阳、保留入声、浊上变去(还没有完成)是它的特点。

第五节　明末宣城方音的特点

一、声母方面

(一)浊音清化问题

上文我们讨论过几个古浊声母字的清化情况。下面是浊声母跟同部位清声母混用的统计("相逢数"下,括号里的数字是平声的相逢次数,"清声母"指清声母的总数。"浊母总数"下,括号里是平声浊声母总数):

表 2—17：

清＼浊	不送气		送气		擦音		浊母总数
	相逢数	清声母	相逢数	清声母	相逢数	清声母	（平声）
並	16(2)	帮 87	18(2)	滂 52			50(13)
奉	9(3)	非 20	9(6)	敷 22			25(9)
定	4(1)	端 56	11(1)	透 55			52(15)
群	16(5)	见 117	7(3)	溪 77			42(16)
匣	12(4)	见 117	10(4)	溪 77	18(2)	晓 71	95(19)
从	12(3)	精 68	6(1)	清 58	3	心 66	56(14)
邪	1	精 68	2	清 58	7(1)	心 66	27(12)
崇	3(2)	庄 27	3(2)	初 29	1	山 44	23(9)
船	1(1)	章 41	1	昌 31	1(1)	书 33	11(3)
禅	5(3)	章 41	3(2)	昌 31	4(2)	书 33	34(11)
澄	6(2)	知 34	3(3)	彻 24			43(14)

从表中可以看出，匣母、邪母分别流向晓母、心母，数量可观。澄、禅基本一致，都只有少量清化，但是清化后的去向却不一样：澄母清化后主要流向塞擦音，大致是平声送气，仄声不送气。禅母清化后则分别流向塞擦音和擦音；塞擦音中，平仄都以不送气略多。奉母有很多清化。

表 2—18：古浊声母今读塞音、塞擦音送气与否的表

	平声		仄声		上声变同去声
	送气	不送气	送气	不送气	
並	◎	◎	√	√	√
定	◎	√	√		√
群	√	√	◎	√	√
从	◎		◎	√	√
匣	◎	◎	√	√	√
禅	√	√		√	√
澄	√	√		√	√

说明：加"○"的表示数量较少。

这个表中几乎看不出什么规律。现在我们比较一下《韵通》里古浊声母清化的情况。《韵通》全浊声母已经清化，只有二十个声母。《音韵正讹》古浊声母清化后，可以变成不送气平声字，《韵通》则没有。

表 2—19：

	平声		仄声		上声变同去声
	送气	不送气	送气	不送气	
音韵正讹	√	√	√	√	√
韵通	√		√	√	√

仄声中，两书都以不送气为多，送气稍少。全浊上声都有变去声的现象。

《元声韵学大成》的浊声母清化初露端倪。平声的清浊没有大的变化，上声中的浊声母字部分转为去声。浊上声转为去声以后主要是跟去声中的浊声母字合流，少部分跟清去声合流。去声中的浊声母字也有少量清化的例子，但是为数很少。(参见 pp.41—42)

联系三个类型方音的浊声母清化情况，可以看到浊声母字在这基本上同时代的三地有一个链条性的发展：广德(《韵学大成》)→宣城(《音韵正讹》)→芜湖(《韵通》)。越往后，浊声母清化越快，清化程度越高。如果这个链条是正确的，则中古全浊声母清化的步骤应该是这样的：①上声中的全浊声母字合并到去声全浊声母字里，再进一步变成清去声字；②全浊擦音、塞擦音声母按部位合并，然后变成清擦音、塞擦音；③浊音清化可能是从塞音开始的。

这里面还有一个问题需要解决：全浊声母清化变成清塞音、塞擦音以后，读送气或者不送气的情况为什么那么复杂？从宣城周边的方言看，古全浊声母清化今读塞音、塞擦音的，有两种情况：一是官话和吴语，清化以后平声送气，仄声不送气，全浊上声变同去声；二是徽州话和赣语，清化以后不分平仄一律送气，全浊上声归上声，不归去声。明末宣城话跟这两种情况都不一样，平仄声都有送气音和不送气音。这种情况在现代宣城方言里也有反映。例如定母"邓"，裘公等今读一般是不送气的[t]，但是厚岸却读送气的[tʰ]；群母"菌"今读一般是不送气[tɕ]，但是横渡却读送气的[tɕʰ]。平声不送气的字现在已经不多，我们找到的除了"鲸"在官话里都读不送气音以外，只有宣城金宝圩还有"潭[tan]评[pin]"等个别字了，但这足以说明古全浊声母平声字，声母清化后也有变成不送气清音的可能。

（二）古全浊塞擦音的擦音化

这涉及匣母和群母、邪母和从母、澄母和禅母等。这些声母两两之间的关系比较密切。从现代方音的情况看，是古浊塞擦音变成了擦音，而不是相反。下面选取部分：

1. 匣母和群母：乔峤侨桥荞跻翘（群）淆肴崤（匣），掘（群）穴（匣），權拳惓卷颧踡蜷（群）悬玄（匣），强彊（群）降（匣）。

现代方言多数情况下，群母和匣母的区别明显。

表 2-20：

		铜陵	南陵	繁昌	芜湖	石台	泾县
群	桥	ʑiau	ʑiɔ	ɕɦiɔ	ɕɦiɔ	ɕhiɔ	ɕɦiɔ
	茄	ʑie	ʑiɛ	ɕɦyei	ʂɦuei	tɕʰye	ɕɦio
匣	咸	ɣã	ɦã	xɦã			
	下	ɣɒ	ɦɒ	xɦa/ɕia	xɦa/ɕia	xha	xɦo

但是有时候相混。

表 2-21：

		裘公	庄村	南极	太平	繁昌	厚岸
群	强	ʑɦiã	ʑhiœ	ʑhiœ	ʑɦiã	ʑɦiã	tɕʰiœ
匣	降	ʑɦiã	ʑhiœ	ʑhiœ	ʑɦiã	ʑɦiã	hœ

2. 澄母和禅母：茶搽查（澄）佘（禅），召邵劭绍韶（澄）肇旐兆（禅），寿受绶授售（禅）宙胄纣酎（澄），善蟮膳鳝单鄯禅（禅）缠（澄）。

表 2—22:现代方音澄、船分混的情况表

		铜陵	芜湖	泾县	石台
澄	茶	zɒ	ʂɦa	sɦo	sha
船	蛇	ze	ʂɦei	sɦo	sha

3. 邪母和从母:岫袖(邪)鹫就(从),漩旋镟缋(邪)践渐贱(从),匠(从)象像橡镓(邪),前钱泉全潜媊(从)旋还璿涎璇(邪),情晴秦螓(从)鳣寻浔(邪),囚(从)酋蝤(邪),祥详庠翔(邪)墙樯嫱蔷戕(从),辞词(邪)慈鹚糍磁瓷餈疵(从),寺姒耜嗣巳(邪)牸字(从)。

表 2—23:现代方音从、邪相混的情况

		裘公	庄村	南极	太平	繁昌	厚岸
从	墙	ʑɦiã	ʑhiœ	ʑhiœ	zɦiã	zɦiã	hiœ
	匠	ʑɦiã	ʑhiœ	ʑhiœ	zɦiã	zɦiã	iœ
邪	详	ʑɦiã	ʑhiœ	ʑhiœ	zɦiã	zɦiã	hiœ
	象	ʑɦiã	ʑhiœ	ʑhiœ	zɦiã	zɦiã	hiœ

(三)清擦音的塞擦音化

这主要指心、山、书母字跟清塞擦音混并比较多的情况。

山母:初 5,彻 1,清 3,昌 1,庄章知 1。

书母:彻 3,昌 3,知 2,初 1。

心母:清 4,精 1,初 1。

这些数字虽然不大,但是相对比较集中。反映了此地方言的一种特殊现象。

(四)知、章、庄合流

本区三个类型的材料都显示知、章、庄组已经合流。在《音韵正讹》里,虽然庄组有个别声母独现比较多,但没有对立,而且,那些独现的音节本来字少,可以不计。

庄组内还有个别字混入精组,这些字一般是合口字。

二、韵母方面

(一)闭口韵消失、山咸摄韵尾鼻化

《音韵正讹》没有一个独立的闭口韵,原闭口韵字有规律地分布在前鼻音韵尾韵中。合并的趋向是:深摄合并于臻摄,又进一步跟曾摄、梗摄合并;咸摄合并于山摄。

[-m]的发展走向因韵而有不同:深摄跟[-n]尾的臻摄合并以后,进一步的发展是跟[-ŋ]尾的曾摄、梗摄合并。合并以后的韵尾是什么?[-m][-ŋ][-n]中的哪一个?

表 2—24:现代宣城方言的三种情况

	裘公	庄村	南极	奚滩
殷	in	in	iŋ	ĩ
英	in	in	iŋ	ĩ
奔	pən	pəŋ	pəŋ	pə̃
耕	kən	kəŋ	kiŋ	kĩ

上表中,只有庄村话可以分辨前后鼻音韵尾。但是有条件:高元音后是前鼻音韵尾,央元音后是后鼻音韵尾。它们实际上是一个音位的两个变体。从音值上讲,上表有四个类型:裘公、庄村、南极、奚滩。其中,庄村、南极型的洪音都有后鼻音韵尾。而这两个类型的字,深、臻、曾、梗摄又跟通摄合流,例如:

表 2—25:

	裘公	奚滩	南极	庄村
孙	sən	sə̃	səŋ	səŋ
宋	soŋ	soŋ	səŋ	səŋ

裘公、奚滩两类型深、臻、曾、梗摄不跟通摄合流,跟《音韵正讹》一致。由于在《音韵正讹》里没有迹象表明深、臻、曾、梗摄是鼻化韵,所以,我们认为《音韵正讹》跟裘公型最接近。这个类型的方言点在现代宣城方言中的分布最广。在蒋冰冰调查的 20 个点中,有 14 个点是这

样的。《音韵正讹》中深、臻、曾、梗摄合流后的韵尾应该是[-n]。

咸摄跟山摄合并以后，进一步的发展不是合并于[-ŋ]尾的江摄、宕摄，而是脱落了辅音韵尾，变成了阴声韵，向假摄靠拢，因为有阴声韵字混入山咸摄：

上声简音：写

去声判音：这/战、射/、赦/扇

去声宪音：借/箭、卸/、谢/羡、夜/宴

这些字的分布显示，山咸摄在向阴声韵靠拢时，是去声变化比较快，所以去声中混入的阴声韵字比较多；其次是上声。平声没有发现有阴声韵字混入。我们不想把同一韵类不同声调的字构拟成不同的韵母，故认为山咸摄是别于阴声韵的鼻化韵。

《韵通》保留了两个闭口韵母的框架，它的山摄有坚、涓、关、艰、官、干，咸摄有毚、兼、甘。看起来好像[-n][-m]韵尾是有分别的，但是仔细检查韵内的字就可以发现，山摄的韵内混有咸摄字，例如：坚韵有来自咸摄俨韵的"俨"、来自盐韵系的"闪铦敛殓染"，艰韵有来自咸摄一等的"览烂"，官韵的"男探函"来自覃韵，干韵"惨"来自感韵，等等；咸摄的韵内也混有山摄字，例如：甘韵"端产疝"、毚韵"按"都来自山韵，兼韵"简"来自山韵、"鞭"来自仙韵、"幡"来自元韵。这些混并的情况说明，萧云从特意要保留已经不存在的闭口韵，当时的咸摄闭口韵字已经跟山摄字混合了。

《韵通》臻摄、梗摄、曾摄和深摄虽然分别列韵，但是各韵的字相互错杂，可能已经合并。例如：金韵（深摄）有"径（梗摄）"，庚韵（梗摄）有"吞巽（臻摄）"，根韵有"硬（梗摄）"，京韵有"品浸审朕（深摄）"、"丞（曾摄）"，巾韵有"阴（深摄）"、"冯（曾摄）"，簪韵有"陵（曾摄）"。根据今天芜湖方言的情况，山咸摄韵尾是鼻化韵，臻摄、梗摄、曾摄和深摄合并后带有前鼻音韵尾[-n]。

北方话[-m]韵尾并入[-n]韵尾大约在15世纪已经完成(耿振生2001,p.394)。至于是哪个摄的闭口韵尾最先变成前鼻音韵尾的,是深摄还是咸摄?还是同时进行的?现有资料不能很好地显示。《翻译老乞大》《翻译朴通事》《正音捃言》《重订司马温公等韵图经》等反映的闭口韵已经完全消失,不留痕迹了,所以无法知道其消失的过程。这个过程可能持续了相当的时间。《中原音韵》(1324)还保留闭口韵,但是已经有部分闭口韵字合并到了山摄字里。这些字都是唇音字,以咸摄较多,计有"凡帆樊礬鐢饭範犯泛范贩畈",深摄只有一个字"品"。[①] 这似乎预示,山咸摄的合并可能略早,深臻摄的略晚些。可以肯定的是,闭口韵的消失是从唇音字开始的,这是由于声母跟韵尾都是唇音,而产生了异化作用。《中原音韵》距离《翻译老乞大》《翻译朴通事》(1517年之前)不到二百年,反映的都是北方话的语音。

同时期南部的情况如何呢?《洪武正韵》(1375)保留闭口韵。《中原音韵》里那些丢掉[-m]尾的唇音字,在《洪武正韵》里依然带有鼻音尾。[②]《洪武正韵》跟《中原音韵》仅差半个世纪,如果考虑到南北的差距,这种现象是可以理解的。因为,虽然北方官话15世纪已经没有了闭口韵,但是南方官话直到16世纪还有闭口韵的残迹,这就是李登《书文音义便考私编》(1587)。李登书中第一次利用了除了"开口""合口"之外的"呼":撮口、正齿、抵齿、卷舌、闭口等。其中的"闭口"不是按照介音的情况来分析的,而是表示韵尾是鼻音。稍早一些时间的吴县(现

① 但是据此说深摄闭口韵消失在后也会遇到问题,因为唐代胡曾"戏妻族语不正"把"针阴"跟"真因"弄混了,这之后还有一些零星的闭口韵字混入前鼻音韵尾字内的情况。但数量少,范围窄,不能为据。杨耐思(1997,p.51)认为这是方言现象,不反映共同语的情况。

② 这里是就七十六韵本说的。八十韵本中,这些唇音字又部分地读同前鼻音韵尾字了。宁继福(2003,p.160)说:"(八十韵本)闭口韵唇音字'禀、贬、凡、法'等读同'丙、扁、烦、髮'."

湖州境内)人王文璧《中州音韵》(约1503)里,[-n][-m]是不相犯的。《中州音韵》异读字的情况显示,“除个别情况外,基本上保留中古汉语收[-m]韵尾的旧貌”(裴银汉2002,p.92)。跟《中州音韵》稍微不同的是,《书文音义便考私编》和《韵法横图》的闭口韵虽然独立成类,但是都跟山摄字放在同一个大类里面。例如:《书文音义便考私编》的“甘”等字放在寒韵,但是注明“见闭”“溪闭”等;并且指出“内自有别”。[①]《韵法横图》把闭口韵类“涓”跟来自山摄的“官”放在一类等。万历末年(1615)的《韵法横图》《韵法直图》的闭口韵都是运用语音感觉体味出来的,是具有实际方言基础的,说明当时鼻音韵尾都没有完全消失。例如《韵法横图》在闭口韵下注:“旋闭口。”这很清楚是发音动作描写。《韵法直图》“金”韵后面有梅膺祚的注释:“京、巾、金三韵,似出一音,而潜味之,京巾齐齿呼,金闭口呼,京齐齿而启唇呼,巾齐齿而旋闭口,微有别耳。”他分辨以上三韵的依据不是书本或者哪家的理论,而是“潜味之”,如果没有方音基础就很难做到了。邵荣芬(2002)虽然不承认《韵法横图》有[-m]韵尾,但是读到上述这句话以后,说:“我们只能承认在《直图》里三个韵尾([-n]、[-m]、[-ŋ])是有区别的。”我们认为,这时候的闭口韵可能仅仅保留在知识分子的语音里了,因为:①稍后的《西儒耳目资》已没有闭口韵了。②“[-m]韵尾虽未完全变成[-n],但已有个别[-m]、[-n]韵尾相混的字。”(高永安1997,p.18)③日常生活中可能已经没有分别了,所以才需要文人们“潜味之”方可辨别。结合《翻译老乞大》《翻译朴通事》,我们可以推测,鼻音韵尾的消失是按照由北到南

---

① 邵荣芬(1998,p.40)认为《韵法横图》分[-m]、[-n]是表面现象。又说《书文音义便考私编》里李登“内自有别”“音悉如上列,但旋闭口”的注释“正是两者([-m]、[-n])没有区别的证据,至少在口语里是这样”。邵先生这一意见完全是推测,而且也不坚定。如果说[-m]、[-n]相混正在此时,跟他的意见也不相左。何九盈(2000,p.226)认为“[-m]尾此时已脱落”。但这仅指口语里的情况,因为在他的拟音里,还是依据《横图》的框架保留了闭口韵。

的顺序进行的。南方官话[-m]尾完全消失的时间可能正在《字汇》(1615)到《音韵正讹》(1645)的三十年之间。在[-m]尾消失的进程中，可能在不同的人群中表现并不一致。

(二)山咸摄有三个主要元音

山摄、咸摄合并以后，并没有像北方话那样，变成只有一个主要元音的韵类，从韵类的对立上看，山咸摄内部至少有三类：判音(开齐合撮)/宪音(开齐撮)/万音(开齐合撮)，有十三个韵母。山咸摄的韵尾鼻化。

《中原音韵》里，山摄字分为寒山、桓欢、先天三部，有[an]、[ɔn]、[æn]三个韵基。三个韵部的分别是：先天部包括全部的三四等细音，中古一二等字则分布在寒山、桓欢两韵中。但洪音在两部中并不完全对立，对立的只有合口字：一等合口入桓欢，二等合口跟一二等开口入寒山。《音韵正讹》山咸摄也有三个韵基，但是范围跟中原音韵不同。天类、班类大致是一二等的区别，天类基本来自寒桓开、合口一等，班主要来自山删二等和部分寒一等舌齿音字。但是天音里边还有来自中古三四等的字，跟元类对立。它们的不同在声母上：元类韵(包括元、免、宪)除了宪音里有部分清声母字外，元、免两音都只有全浊和次浊声母字。而相应的韩、蓝两个阳平韵和简、板两个上声韵则都没有细音韵母，正好形成互补。就是说，在阳平和上声里，《音韵正讹》跟《中原音韵》一样，有两个一二等韵，一个三四等韵。只是《音韵正讹》这两个一二等韵都各有开合口，不像《中原》的桓韵只有合口。那么阴平和去声里的细音为什么没有同样跟洪音分开呢？去声宪韵为什么没有根据清浊而分开呢？

在北方，到徐孝的时候，《中原音韵》里的寒山、桓欢、先天已经合并成一个韵，即具有一个韵基了。南方可能也发生了这样的变化，但是时间稍微晚一些。很多地方至今没有完成这个变化。《音韵正讹》可能正处于这个变化的开始阶段：这个变化是从清细音开始，所以元类里没有阴平这个韵，因为它跟阳平分开以后就变同天音了。从声调上看，平、上声变化快一些，去声比较慢，还没有完成清浊分化，也就没有跟一二等一起变化。

《韵通》来自山咸摄的有坚、涓、关、艰、官、干六韵。关系跟《音韵正讹》基本一致：坚、涓来自三四等，相当于《音韵正讹》元类韵，关、艰来自二等，相当于班类，官、干来自一等，相当于天类。

（三）舌尖元音产生

支之脂三系和入声质职缉昔的知照组和精组字，在现代北方话中是舌尖前音和舌尖后音。《音韵正讹》的痴系韵（阴平痴、上声李、去声地）中，齿音声母下面出现了成组的对立：

平声痴音：兹/虀、雌/妻、司/犀

上声李音：子/济、死/洗

去声地音：渍/祭、次/砌、四/细。

这是舌尖元音产生的证据。它们限制在精组开口三等字。

在北方话里，舌尖元音产生当在北宋。邵康节（1010—1077）《皇极经世书·声音唱和图》的"地音"中把"自司寺"放在"开"类即一等字类，"意味着这些字的韵母已经属于洪音而不是[i]了"（耿振生 2001，p. 355）。[①]"天声"的"五声""相当于止摄支脂之微及蟹摄齐祭废等韵。蟹摄细音

① 蒋冀骋（1997）认为，舌尖元音的舌位比四等的[-i]还要高，没有理由跟洪音一样放在第一排。其实，古人分析韵母并不一定完全用一个标准，听觉上[ɿ]比[i]更含混一些，古人可能据此认为[ɿ]舌位低一些也是可能的；事实上，明末《重订司马温公等韵图经》把"各图均分上中下三等。上等列洪音字，中等只列照系字（卷舌声母），下等为细音字"（何九盈 2000，p. 220），说明作者徐孝就认为卷舌韵母是处于洪、细之间的。不管这个韵母是高是低，韵图作者既然把它们挪动了地方，那很可能是跟三四等有了区别。另外，舌尖元音之所以产生，主要是因为蟹摄四等变入止摄，推动止摄元音高化的结果。蟹摄四等变入止摄，以可以跟止摄字互相押韵为标志。而这个变化至少在北宋已经完成了，因为那时候河南诗人的作品中，支脂之微跟齐祭废已经合用不分了（周祖谟 2000，p. 190）。事实上，唐五代敦煌变文用韵中，齐韵已经跟支、脂、之、微、祭押韵了（周大璞 1979）。

归止摄，与《指掌图》（南宋后期，参看何九盈 2000，p. 154——引者）同。精组的‘子四’都派在日类，与《指掌图》的‘兹雌慈思词’排在一等，性质一样，可证 ɿ 音已经产生。”（何九盈 2000，p. 161）

但是因为“天音”中跟“子四日”一起排在“辟日”类（即开）的，还有一个“妻”字，而这个字在现代普通话里是[i]，这让学者们对邵雍的资料产生了怀疑。其实这是以今律古了。从这个“妻”字所处的地位及其搭配关系来看，那时它的韵母也可能是舌尖元音。在现代江淮方言、徽州方言和一些西北官话里，这个字都是读舌尖元音的。比如：合肥“妻欺期七此次词[tsʰɿ]”（北大中文系 1989）。绩溪“池次刺自字欺妻气[tsʰɿ]”（平田昌司 1998）。甘肃民勤话“[i]读成了舌尖前韵母[-ï]”（民勤县志编纂委员会 1994，p. 802）。内蒙古汉语方言“巴彦浩特[i]韵的实际音值是[ɿi]，即带舌尖前不圆唇元音 ɿ 作介音”（马国凡等 1997，p. 25）。宣城话也有这样的音，例如“妻”泾县、庄村、南极、永丰、太平[tsʰɿ]（蒋冰冰 2000）。在这些方音中，[ɿ]韵母能拼合的声母范围一般比较大，连唇音、前鼻音声母都可以拼合。而且，这些地区基本上散布在以中原为中心的扩散波周围，目前没有直接的材料说明它们之间有移民的历史，因此，如果“妻”字在北宋时的河南读舌尖元音韵母，并不奇怪。[①]《音韵正讹》里的舌尖元音韵母跟现代合肥、绩溪的一致之处是，“妻以米”字也读舌尖元音。

《音韵正讹》阳平齐音虽然没有对立，但也应该有两个韵类。同时，

---

① 学者们对这一看法一般还持谨慎的态度。有人认为舌尖元音产生的确切时代应该是南宋。朱熹《诗集传》《楚辞集注》里，“凡读叶音然后与支齐韵叶者，都是资思韵字”（王力 1985，p. 302）。耿振生（2001，p. 355）说：“到南宋时，这个变化才得到更充分的证明。”刘晓南（2002）认为朱熹所以要给一些止摄字注叶音，是因为这些字在朱熹的方音里本来读同遇摄。他之所以这么说，是认为朱熹所据的《诗补音》的作者吴棫是福建人。但据张民权考证，吴棫实为安徽人。（见张民权 2005，p. 109）

入声一音也应该定为两类。这样，具备咬齿韵的有阴平痴音、阳平齐音、上声李音、去声地音、入声一音五个韵了。这可以在《韵通》中得到印证。《韵通》"赀"韵只有齿音字，应该是舌尖元音韵。韵内有配套的阴阳上去入。这说明，当舌尖元音产生的时候，是在各声调同时产生的。《音韵正讹》也应该是这样。

儿韵母还没有产生，因为"儿""耳""二"三个音节跟舌尖元音在一个韵里，说明它们还是可以押韵的，没有成为一个独立的韵母。《韵通》里儿韵母在"赀"韵，与此同。

(四)合口多转变为开口

《音韵正讹》中，开合口混并的现象，在很多韵中都有发生。例如：

入声月音：雪小韵中，除了"雪"是合口字，其余"屑燮薛躞渫泄洩"全是开口字。[①] 平声天音：千小韵中，有开口字"千芊迁扦"，合口字"痊悛诠筌荃绘佺"。阴声韵中，来自遇摄、果摄的夫韵系、何韵系，都有开合口字同时处在一个小韵的情况。

从异读字的情况看，因介音不同而形成的异读字共 69 个，34 组，其中 1 组是三字的。齐撮异读的有 14 组，开合异读的有 8 组，开齐异读的有 5 组，合撮异读的有 3 组，开撮异读的有 2 组，二等和三四等异读的有 2 组。从中可以看出，齐齿呼跟撮口呼两读的比较多(41%)，例如："率(立小韵，入声一音第三)/率(律小韵，入声读音第五)，律(立小韵，入声一音第三)/律(律小韵，入声读音第五)，履(吕小韵，上声雨音第一)/履(李小韵，上声李音第三)"。其次是开合两读的(24%)。例如："爀(霍小韵，入声约音第四)/爀(黑小韵，入声彻音第二)"。这些开合相混的情况发生的范围有一个特点：一般在舌齿音，其他声母下比较

---

① "薛"字在很多方音里都读合口，北方话里现在一般也读合口。《红楼梦》有诗句"丰年好大雪"，"雪"用来影射薛家，说明当时"薛"也已经是合口字了。

少;而且细音相混多,洪音相混比较少。现代宣城方言也有这种情况,主要的趋势是合口特征消失,舌齿音没有合口介音,很少或者没有撮口呼。例如本人调查的泾县冯厚生先生的方言没有撮口呼。

(五)二等韵部分独立

中古四等配开、合是分析韵母的主要依据。关于中古“等”的概念,一般学者都承认它是后人用来分析隋唐语音的术语,但是也承认它基本是适应隋唐语音状况的。也有人不承认四等的存在,但是影响不大。至于四等的区别究竟在什么地方,大致有两种意见:一种认为分等有主要元音方面的标准,也有介音方面的标准;另一种认为分等的标准只能有一个,要么是主要元音,要么是介音,不能两个标准都用(谢纪锋 1992,p.132)[①]。近代汉语北方话里,四等首先出现了混乱:大体上一二等、三四等分别合流。但是一二等合流不是绝对的,二等部分还跟三四等合流。《中原音韵》二等合于一等或者三四等有一个规律:“如果同摄的一二等跟三四等合流为一个韵部,那么二等字跟三四等字变成同音字……如果同摄字的一二等跟三四等分韵,那么同一声母的二等字虽在同韵却不同音……这种规律所揭示的事实就是牙喉音二等字有跟三四等相同的介音,跟一等的介音不同”(耿振生 2001,p.378)。但是,这个规律会遇到一个困难:还有部分二等韵字同时跟一等和三四等对立,例如:

高(一等)/交(二等)/娇(三等)

蒿(一等)/哮(二等)/嚣(三等)

奥(一等)/靿(二等)/要(三等)

---

① 第一种观点的代表是高本汉、王力,认为各等主要元音不同,三等又有介音[j],高本汉还认为四等也有介音[i];主张为主要元音之别的有俞敏,认为等韵来自梵文元音增强的不同等级 guna、vrddhi(俞敏 1999,p.277);主张介音不同的有赵克刚等(1994),他的四等是:一等无介音,二等有-r-,三等有-j-,四等有-i-;许宝华、潘悟云(1994)认为二等介音是 ɯ。目前被广为接受的是高本汉、王力的观点。

《蒙古字韵》里二等韵已经有[i]介音，这常常被认为是二等合于三四等的证明，其实《蒙古字韵》里有两个前高的介音：[i]、[è]（杨耐思1997，p. 89，p. 142）。

表 2—26：

等	蒙古字韵							
三四等	è	经			贤	叫	嗟	兼
	i	京						
二等	i	行	江	佳	间	交	嘉	缄

二等跟三四等有不同的介音。要解释这种现象，只能从声韵配合关系上去说，例如二等的牙喉音声母还没有腭化，三四等已经腭化。现代宣城方言有这样的情况，例如甘棠“基纪机[ki]≠几[tɕi]”、“气欺[kʰi]≠起[tɕʰi]”。《蒙古韵略》和《蒙古字韵》的二等韵和三四等韵的情况有类于此。总之，《蒙古字韵》《中原音韵》里，二等韵还是独立的一类。

产生于《蒙古字韵》《中原音韵》之间的《古今韵会举要》也还一定程度地保留着独立的二等韵类。王勉《从〈通考〉看等的消失》（1994）一文认为《古今韵会举要》内的《礼部韵略七音三十六母通考》（一个可能是产生于宋末的韵图）的“字母韵”打破了中古四呼的格局，标志着等的消失。一二等合并、三四等合并（王勉 1994，pp. 108—111）。但是，如果从另一个角度看，二等韵并没有完全跟一等合并，而是还有相当数量的独立。我们仅以开口二等为例，只有二等韵字的“字母韵”有（举平赅上去）：

佳、间、交、嘉、牙、额、格

其中多数跟一二等或三四等对立（有*的字母韵里只有牙喉音字）。例如：

表 2—27：

二等	*佳	*间	*交	*嘉	牙	*格	额	*觉
一二等	该	干	高					
三四等		坚	骁	嗟		各		

花登正宏说:《〈礼部韵略七音三十六母通考〉韵母考》"开口二等牙喉音自成一个字母韵。例如行、经、佳、间、交、嘉、缄、格、觉、戛等字母韵都是。可以认为这些字母韵都已经腭化了。但应该注意的是这些牙喉音开口二等与三四等还有区别。因此,我们拟测这些字母韵有 ɪ 介音。"(花登正宏 1986,p.238)

"《韵略易通》已出现腭化韵,但与三四等韵保持区别"(叶宝奎 2001,p.130)。这种区别可能在介音上,也可能在主要元音上①,但是在徐孝那里,二等韵完全消失了,《重订司马温公等韵图经》(1606)中二等完全变入一等或三四等。

很多方言至今保持二等跟一等的区别。江淮官话就是这样的。考察明代南方韵书,大致都保持二等的独立地位,起码是部分地保持。例如,《书文音义便考私编》独立的二等韵类只保留在山咸摄里:寒韵,开口二等与一等对立,主要元音应该相同,不同的是介音。合口二等独立,跟一等合口桓韵形成对立。因为在不同的韵,所以应该是主要元音不同。在李登制定的"呼法"中,三四等字合流的韵类属于"卷舌呼",独立的二等韵类与此不同,分为"开口卷舌呼""闭口卷舌呼"两类(两类的区别在韵尾)。尽管李登制定"呼法"的标准并不一致,有介音的,也有韵尾的,但是"卷舌呼"和"开口卷舌呼"如果有区别,应该在介音,因为它们在来源上的唯一区别在中古的"等"。现代方言不能提供有其他区别的证据。总之,《书文音义便考私编》中,独立的二等韵类具有不同于三四等韵类的介音。

下之,《西儒耳目资》《韵法横图》《韵法直图》也是这样。这些书都

---

① 耿振生先生(2001,p.394)说:"《中原音韵》作韵腹的低元音有 ɒ、a、ɛ 三个,到明末合并成一个音位。……《中原音韵》的寒山、桓欢、先天、监咸、廉纤五个韵部合并为一个韵部(山部)。"

产生在南方，而同时期及其以后的北方韵书，再也没有对立的情形。

《音韵正讹》的情形跟上述韵书有同有异。同的是也保持寒、桓对立，异的是它的一二等对立更加彻底。一些韵里二等韵也有独立成类的现象。说对立更加彻底是指“天音/班音/元音”的对立基本上是“一等/二等/三四等”的对立，而不是像《中原音韵》等书那样一二等只在合口形成对立的韵。

二等韵跟一等韵字同韵且对立的现象有：

简音：敢/简/检

萧音：高/交/侥，毛/锚/苗

其他小韵因为只有单独跟一等或者三四等对立，所以不举例了。

《元声韵学大成》山摄开口字，一等基本在寒干韵，二等基本在山关韵。情形跟《音韵正讹》相同。《韵通》山摄开口：干（一等）/艰（二等）/坚（三四等），合口：官（一等）/关（二等）/涓（三四等），二等也是独立的韵类。

试比较现代芜湖市区话（孟庆惠 1997）和芜湖方村话（方进 1966）中古二等字的表现。

表 2—28：

摄＼等	一等		二等		三四等	
	方村	芜湖	方村	芜湖	方村	芜湖
假摄			假 ka，tɕia	家 ka，tɕia	夜 i	
蟹摄	哀 ɛ	改 kɛ	鞋 hɛ	解 kɛ，tɕie	鸡 tɕi	鸡 tɕi
效摄	高 kɔ	高 kɔ	敲 k^{h}ɔ，tɕ^{h}iɔ	敲 k^{h}ɔ，tɕ^{h}iɔ	骄 tɕiɔ	桥 tɕ^{h}iɔ
咸摄	男 nõ	喊 xã	淹 ŋã	咸 xã，ɕiẽ	嫌 ɕhiẽ	嫌 ɕiɛ̃
山摄	官 kõ	寒 xã	苋 hɑ̃	间 kan，tɕiɛ̃	茧 tɕiẽ	贤 ɕiɛ̃
江宕摄	当 tɑ̃	钢 kɑ̃	江 tɕiɑ̃，港 kɑ̃	讲 kɑ̃，tɕiɑ̃	香 ɕiɑ̃	强 tɕ^{h}iɑ̃
梗摄	等 təŋ	等 təɳ	更 kəŋ	坑 k^{h}ən	景 tɕin	轻 k^{h}in

二等韵正处在一等和三四等之间。这可能是二等原有的特征消失以后的一个过渡阶段。

附录:明末宣城话音节表

(本表根据《音韵正讹》制订)

第一部(包括天、韩、简、判,来自山咸摄一三四等)

	阴平:天[ɛ̃]				上:简[ɛ̃]				去:判[ɛ̃]				阳平:韩[ɛ̃]			
	开 -0	齐 -i-	合 -u-	撮 -y-	开 -0-	齐 -i-	合 -u-	撮 -y-	开 -0-	齐 -i-	合 -u-	撮 -y-	开 -0-	齐 -i-	合 -u-	撮 -y-
帮 p	般	边				眨			半	誧						
滂 pʰ	潘	偏							判							
並 b									叛				盘			
明 m									嫚				瞒			
非 f																
奉 ɸ																
微 v																
端 t	端	颠			短	典			断							
透 tʰ	贪	天			湍	忝			探							
定 d									段				团			
泥 n													南			
见 k	干	坚	官	涓	敢	检/简	管	卷	幹		贯					
溪 kʰ	堪	谦	宽	圈	坎	遣		犬	看							
群 g																
疑 ŋ									岸							
章 ʧ		詹	颛			展		转	这	战		转				
昌 ʧʰ		闩	川			谄		喘		韂	串					
崇 ʤ									射		篆				传	
书 ʃ						闪			赦	扇						
禅 ʒ										善			然			
精 ʦ	簪	尖			昝	剪					鑽					
清 ʦʰ	参	千		拴	惨	浅							竄			
从 ʣ									錾				蠶			
心 s		先	酸		糁	写		癣					算			
邪 z																
影 0	安	煙	豌	冤	欵	揜		兖	暗		换					
晓 x	鼾	掀	欢	萱	罕	显			汉		焕					
匣 ɣ									汗				韩		完	
来 l											乱				栾	

注:上声见母下"简"小韵来自开口二等,单独为一类。这个韵类在本韵中虽然没有系统性,但是,参看其他个别韵中有二等单独成类的事实,这里暂时把"简"独立出来。

第二部(包括元、免、宪,来自山咸摄三四等)

	阴平:无				上:免[ẽ]				去:宪[ẽ]				阳平:元[ẽ]			
	开 -0	齐 -i-	合 -u-	撮 -y-	开 -0-	齐 -i-	合 -u-	撮 -y-	开 -0-	齐 -i-	合 -u-	撮 -y-	开 -0-	齐 -i-	合 -u-	撮 -y-
帮 p										变						
滂 pʰ										片						
並 b						辩				卞				缏		
明 m						免	满			面				绵		
非 f																
奉 ɸ																
微 v																
端 t							断			店						
透 tʰ										栎						
定 d										殿				田		
泥 n						撚	暖			念				年		
见 k										见		眷				
溪 kʰ										欠		劝				
群 g												倦				权
疑 ŋ						俨										
章 ʧ																
昌 ʧʰ																
崇 ʤ																
书 ʃ																
禅 ʒ						染		软								
精 ʦ									借	箭						
清 ʦʰ										茜						
从 ʣ							攒			渐				前		
心 s									卸							
邪 z									谢	羡						
影 0							缓	远	夜	宴		怨		言		元
晓 x										宪						
匣 ɣ										县		炫		贤		
来 l						敛	卵			恋				连		

第三部(包括班、蓝、板、万,来自山咸摄二等和一三等舌齿音)

	阴平:班[ã]				上:板[ã]				去:万[ã]				阳平:蓝[ã]			
	开 -0	齐 -i-	合 -u-	撮 -y-	开 -0-	齐 -i-	合 -u-	撮 -y-	开 -0-	齐 -i-	合 -u-	撮 -y-	开 -0-	齐 -i-	合 -u-	撮 -y-
帮 p	班				板				绊							
滂 pʰ	攀								盼							
並 b									办				爿			
明 m									漫				蛮			
非 f	番				反				泛							
奉 ɸ									范				烦			
微 v					挽				万							
端 t	丹				瞻				旦							
透 tʰ	滩				坦				叹							
定 d									但				谭			
泥 n					赧											
见 k	姦		关						谏		惯					
溪 kʰ	悭								阚							
群 g																
疑 ŋ						眼			雁	暚			喦		顽	
章 ʧ						斩										
昌 ʧʰ					产	昆			儳							
崇 ʤ	躔	鈔	儳						湛				僝			
书 ʃ	山								讪							
禅 ʒ																
精 ʦ									赞							
清 ʦʰ	餐								灿							
从 ʣ					趱								残			
心 s	三				散				散							
邪 z																
影 0			弯			黯										
晓 x	憨				喊	僩										
匣 ɣ									陷		宦				还	
来 l					懒				滥				蓝			

第四部(包括林、井、盛、阴,来自臻、深、梗、曾四摄)

	阳平:林[ən]				上:井[ən]				去:盛[ən]				阴平:阴[ən]			
	开 -0-	齐 -i-	合 -u-	撮 -y-	开 -0-	齐 -i-	合 -u-	撮 -y-	开 -0-	齐 -i-	合 -u-	撮 -y-	开 -0-	齐 -i-	合 -u-	撮 -y-
帮 p					本	丙			坌	柄			崩	冰		
滂 p^h						品			喷	聘			烹	姘		
並 b	彭	平			畚				蚌	病						
明 m	门	明				敏			闷	命						
非 f					粉				奋				分			
奉 ɸ																
微 v	文								问							
端 t					等	鼎			顿	订			登	丁		
透 t^h					忳	挺	蘋		褪	听			吞	厅		
定 d	滕	庭							邓	定						
泥 n		宁								甯	嫩					
见 k				麕	耿	景	衮	窘	艮	敬	棍		庚	金	裩	君
溪 k^h					肯		綑	顷		庆	困		坑	钦	坤	倾
群 g		行		群								郡				
疑 ŋ									硬							
章 ʧ						枕		准		正			争	真		谆
昌 $ʧ^h$						逞		蠢		秤				嗔		春
崇 ʤ	岑	陈										顺				
书 ʃ						沈		瞬	渗	圣				申		
禅 ʒ		城		纯						盛						
精 ʦ					怎	井				进			尊	精		
清 $ʦ^h$					忖	请			寸	倩			村	清		
从 ʣ		情							赠	尽						
心 s						醒	损			姓	巽		孙	星		
邪 z		人				忍										
影 0		寅		雲		尹	稳	永		印		运	恩	阴	温	
晓 x										衅		训	亨	兴	昏	勋
匣 ɣ	恒	刑		浑		悻			恨	幸	混					
来 l		林	伦		冷	领				令	论					

第五部（包括憂、紬、斗、寿、彻，来自流摄）

	阴平：憂[əu]		上：斗[əu]		去：寿[əu]		阳平：紬[əu]		入声：彻[əʔ]		
	开 -0	齐 -i-	开 -0-	齐 -i-	开 -0-	齐 -i-	开 -0-	齐 -i-	开 -0-	齐 -i-	合 -u-
帮 p		彪							百		
滂 pʰ			剖				裒		迫		
並 b									白		
明 m			某		茂	谬	谋		麦		
非 f				否	覆						
奉 ɸ								浮			
微 v											物
端 t		丢	斗		鬬				德		
透 tʰ	偷				透				脱		
定 d					豆		头		特		
泥 n				钮							
见 k	勾	鸠	苟	九	搆				格		国
溪 kʰ		丘	口		扣				客		
群 g						旧		求			
疑 ŋ			偶					牛			
章 ʧ	邹	周		肘					责		拙
昌 ʧʰ		抽		丑		臭				彻	
崇 ʤ						骤		紬	舌		
书 ʃ	廋	收		首	瘦	兽			设		
禅 ʒ						寿			涉		
精 ʦ		啾	走		奏				则		
清 ʦʰ		秋			辏						
从 ʣ				楸		就			贼		
心 s		修	叟			秀			塞		
邪 z								囚			
影 0	欧	憂	呕	有	[illegible]	又		由	遏	厄	
晓 x	哮	休	吼	朽	狗	嗅			黑		
匣 ɣ			㖃		后		侯		合		或
来 l			篓	柳	漏	溜	娄	留	勒		

第六部(包括夫、胡、雨、父、读,来自遇摄,有个别止摄字)

	阳平:胡[u]		上:雨[u]		去:父[u]		阴平:夫[u]		入声读[uʔ]	
	合 -u-	撮 -y-	合 -u-	撮 -y-	合 -u-	撮 -y-	合 -u-	撮 -y-	合 -u-	撮 -y-
帮 p			补		布		铺			卜
滂 pʰ			普		铺		铺			扑
並 b	蒲				步					仆
明 m	模		母	畒	暮					木
非 f			府		富		夫			福
奉 ɸ	扶				父					佛
微 v			武	庑		务				
端 t			赌		妒		都			笃
透 tʰ			土		兔					秃
定 d	屠				度					读
泥 n	奴		努	女	怒					
见 k			古	举	故	句	姑	车		国
溪 kʰ			苦		库	去	枯	区	屈	哭
群 g		瞿				巨				
疑 ŋ	吾	虞	五		悞					
章 ʧ			阻	主		著		朱	竹	
昌 ʧʰ			楚	褚		处	初	樗	出	
崇 ʤ	锄									
书 ʃ			数	暑	数	庶	疏	书	束	
禅 ʒ		儒		汝		树			孰	
精 ʦ			祖					疽	足	
清 ʦʰ				取		趣	粗	趋	促	
从 ʣ					祚					
心 s					素	婿	胥	苏	宿	
邪 z		徐				序			俗	
影 0				雨		喻	乌	迂		屋
晓 x			虎	许			呼	虚		忽
匣 ɣ	胡				户					
来 l	盧	闾	鲁	吕	路	虑			律	六

第七部（包括刚、王、两、上，来自江、宕摄）

	阴平：刚[aŋ]				上：两[aŋ]				去：上[aŋ]				阳平：王[aŋ]			
	开 -0	齐 -i-	合 -u-	撮 -y-	开 -0-	齐 -i-	合 -u-	撮 -y-	开 -0-	齐 -i-	合 -u-	撮 -y-	开 -0-	齐 -i-	合 -u-	撮 -y-
帮 p	邦				榜				谤							
滂 pʰ	祥								胖				傍			
並 b					棒				埲							
明 m					莽				宗				忙			
非 f	方				访				放							
奉 ɸ													房			
微 v					罔				望							
端 t	当				党				当							
透 tʰ	汤				倘				烫							
定 d									荡				唐			
泥 n					囊	嚷			儾				囊	娘		
见 k	刚	姜	光		港	讲	广		杠	降	诳					
溪 kʰ	康	腔	匡		慷	襁			抗	謽	旷					
群 g						謽					逛			强	狂	
疑 ŋ						仰							昂			
章 ʧ		张	庄			掌				帐	壮					
昌 ʧʰ		昌	窗			厂				创						
崇 ʤ											状		长		幢	
书 ʃ		伤	霜			赏	爽									
禅 ʒ										上						
精 ʦ	臧	将				蒋			葬	酱						
清 ʦʰ	苍	鎗				抢				呛						
从 ʣ									脏					床		
心 s	桑	相			磉	想			丧	相						
邪 z										匠				祥		
影 0		秧	汪			养	往		盎	样	旺			杨	王	
晓 x	夯	香	荒			享				向	况					
匣 ɣ							恍		巷				杭		黄	
来 l					朗	两			浪	亮			郎	良		

第八部（包括公、洪、孔、动，来自通摄和梗、曾摄一二等合口）

	阴平：公[oŋ]				上：孔[oŋ]				去：动[oŋ]				阳平：洪[oŋ]			
	开 -0	齐 -i-	合 -u-	撮 -y-	开 -0-	齐 -i-	合 -u-	撮 -y-	开 -0-	齐 -i-	合 -u-	撮 -y-	开 -0-	齐 -i-	合 -u-	撮 -y-
帮 p	綍	绷														
滂 pʰ																
並 b													朋			
明 m					猛				孟				蒙			
非 f	风				唪				风				逢			
奉 ɸ																
微 v									俸							
端 t	东				董				栋							
透 tʰ	通				统				痛							
定 d									动				童			
泥 n					撨	鼐			齈				农			
见 k	公					拱			贡							
溪 kʰ	空				孔				控					穷		
群 g									共							
疑 ŋ																
章 ʧ		中				踵				众						
昌 ʧʰ		充				宠				铳						
崇 ʤ										仲				虫		
书 ʃ																
禅 ʒ																
精 ʦ	宗				總				纵							
清 ʦʰ	匆															
从 ʣ														从		
心 s		松				竦			送							
邪 z										讼						
影 0	翁	雍				勇				用				容		
晓 x	烘	凶			哄	洶										
匣 ɣ					唝				横				宏			
来 l					陇				弄				龙			

第九部（包括梭、何、火、课、约，来自果摄）

	阴平：梭[o]		上：火[o]		去：课[o]		阳平：何[o]		入声：约[oʔ]		
	开 -0	齐 -i-	开 -0-	齐 -i-	开 -0-	齐 -i-	开 -0-	齐 -i-	开 -0-	齐 -i-	合 -u-
帮 p	波		跛		播				剥		
滂 pʰ			颇		破				朴		
並 b							婆		薄		
明 m					磨		磨		末		
非 f											
奉 ɸ											
微 v									缚		
端 t	多		朵		跺						
透 tʰ	拖		妥		唾				托		天
定 d					惰		跎		铎		
泥 n					懦		挪		诺		
见 k	戈		果		个				阁	脚	镬
溪 kʰ	科		可		课				扩	却	阔
群 g											
疑 ŋ			我				鹅		鄂	虐	
章 ʧ										卓	
昌 ʧʰ										绰	
崇 ʤ											
书 ʃ			所							朔	
禅 ʒ										弱	
精 ʦ					做				嵯	爵	作
清 ʦʰ	磋				错					雀	
从 ʣ			左		坐				昨	嚼	
心 s	梭		锁						索	削	
邪 z											
影 0	窝				卧				恶	约	
晓 x	呵		火		货						霍
匣 ɣ					贺		何		鹤	学	
来 l			虏				罗		落	略	

第十部（包括痴、齐、李、地、一，来自止摄开口三等、蟹摄开口四等）

	阴平 痴[ʅ][i]		阳平 齐[ʅ][i]		上声 李[ʅ][i]		去声 地[ʅ][i]		入声 一[ʅ][iʔ]	
	开 -0	齐 -i-	开 -0-	齐 -i-	开 -0-	齐 -i-	开 -0-	齐 -i-	开 -0-	齐 -i-
帮 p						彼		闭		毕
滂 pʰ		披				痞		譬		匹
並 b				皮				敝		鼻
明 m				靡	眯	米				密
非 f										
奉 ɸ										
微 v										
端 t		低				底		帝		的
透 tʰ		梯				体		替		惕
定 d				提				地		狄
泥 n				宜		你				逆
见 k		鸡				己		计		吉
溪 kʰ		欺				岂		气		乞
群 g				其				忌		及
疑 ŋ								义		
章 ʧ	知				止		智		质	
昌 ʧʰ	痴				耻				赤	
崇 ʤ			时				事		食	
书 ʃ	施				史		世		失	
禅 ʒ			儿		耳		二		十	
精 ʦ	兹	齑			子	济	渍	祭		即
清 ʦʰ	妻	西			此		次	砌		七
从 ʣ	雌		辞	齐			自			习
心 s	司	犀			死	洗	四	细		昔
邪 z							寺		日	
影 0		衣		移	以	倚		意		一
晓 x		希				喜		戏		吸
匣 ɣ										
来 l				离		李		利		立

第十一部(包括卑、梅、鬼、卫,来自止、蟹摄合口一三四等)

	阴平:卑[ei]				上:鬼[ei]				去:卫[ei]				阳平:梅[ei]			
	开 -0	齐 -i-	合 -u-	撮 -y-	开 -0-	齐 -i-	合 -u-	撮 -y-	开 -0-	齐 -i-	合 -u-	撮 -y-	开 -0-	齐 -i-	合 -u-	撮 -y-
帮 p			卑								背					
滂 p^h											配					
並 b											备				裴	
明 m							美				昧				梅	
非 f			非				匪				肺					
奉 ɸ																
微 v							尾				未				微	
端 t			堆								对					
透 t^h			推				腿				退					
定 d											兑				颓	
泥 n							馁				内					
见 k			圭				鬼				贵					
溪 k^h			魁				傀				愧					
群 g															葵	
疑 ŋ																
章 ʧ			追													
昌 $ʧ^h$			吹								毳					
崇 ʤ																
书 ʃ							水				税					
禅 ʒ							蕋				瑞				谁	
精 ʦ							嘴				最					
清 $ʦ^h$			崔								翠					
从 ʣ											罪					
心 s			虽				髓				岁					
邪 z															随	
影 0			威				委				卫				为	
晓 x			辉				毁				悔					
匣 ɣ																
来 l							累				类				雷	

第十二部(包括萧、姚、草、照,来自效摄)

	阴平:萧[ɔ]				上:草[ɔ]				去:照[ɔ]				阳平:姚[ɔ]			
	开 -0-	齐 -i-	二 -ɪ-	撮 -y-	开 -0-	齐 -i-	二 -ɪ-	撮 -y-	开 -0-	齐 -i-	二 -ɪ-	撮 -y-	开 -0-	齐 -i-	二 -ɪ-	撮 -y-
帮 p		标	包			表	宝		报							
滂 pʰ		飘	抛			漂				票	砲					
並 b									暴				袍	嫖		
明 m						卯	邈			妙	貌		毛	苗	锚	
非 f																
奉 ɸ																
微 v																
端 t	刀	刁			岛	屌			到	吊						
透 tʰ	滔	挑			讨	眺			套	跳						
定 d									道	掉			桃	迢		
泥 n					恼	鸟				尿	闹				铙	
见 k	高	侥	交		稿	矫			告	叫						
溪 kʰ			敲		考	巧			靠	窍						
群 g						搅								乔		
疑 ŋ									傲				敖	尧		
章 ʧ		昭					爪			照						
昌 ʧʰ		超	抄				炒				钞					
崇 ʤ										召				潮	巢	
书 ʃ			稍			少				少						
禅 ʒ						扰										
精 ʦ	遭	焦			早	剿			躁	醮						
清 ʦʰ	操	锹			草	悄			噪	俏						
从 ʣ									造	瞧			曹	樵		
心 s	搔	萧			嫂	小			燥	笑						
邪 z																
影 0	凹				袄	妖			奥	耀				姚		
晓 x	蒿	枭			好	晓			耗	孝						
匣 ɣ									号	效			毫			
来 l					老	了			潦	料			劳	僚		

第十三部(包括皆、怀、海、大、臘,来自蟹摄一二等)

	阳平:怀[a]			上:海[a]			去:大[a]			阴平:皆[a]			入声:臘[aʔ]		
	开 -0	二 -ɪ-	合 -u-	开 -0-	二 -ɪ-	合 -u-	开 -0-	二 -ɪ-	合 -u-	开 -0-	二 -ɪ-	合 -u-	开 -0-	二 -ɪ-	合 -u-
帮 p					摆			拜					八		
滂 pʰ					派			奤							
並 b		排						败					拔		
明 m		埋			买			卖					抹		
非 f													法		
奉 ɸ															
微 v													乏		
端 t				歹			带			儓			荅		
透 tʰ							太			邰			塔		
定 d	臺			奋			大						达		
泥 n				乃			奈						捺		
见 k				改			盖	戒	怪	乍	皆	乖	甲		刮
溪 kʰ				慨		蒯		塊	快	开			恰		
群 g						拐									
疑 ŋ							艾	阂	外						
章 ʧ					水			债	惴		斋				
昌 ʧʰ						揣		嘬	寨		钗		察		
崇 ʤ		柴											煠		
书 ʃ					洒			晒	帅		筛	衰	杀		刷
禅 ʒ															
精 ʦ				宰			再			哉			匝		
清 ʦʰ				采			蔡			猜			擦		
从 ʣ	才						在						囋		雜
心 s							赛			腮			飒		
邪 z															
影 0		呆		蔼			爱			哀		歪	鸭		块
晓 x	孩			海						援			瞎		
匣 ɣ		谐	怀				骱	害					狎		滑
来 l	来			攋			赖						臘		

第十四部（包括沙、麻、雅、霸、月，来自佳麻二等开口）

	阴平：沙[ε]			上：雅[ε]			去：霸[ε]			阳平：麻[ε]			入声：月[εʔ]		
	开 -0	齐 -i-	合 -u-	开 -0-	齐 -i-	合 -u-	开 -0-	二 -ɪ-	合 -u-	开 -0-	齐 -i-	合 -u-	齐 -i-		撮 -y-
帮 p	巴			把			霸						鳖		
滂 pʰ							帕						撇		
並 b							耙			杷			别		
明 m				马			骂			麻			灭		
非 f															
奉 ɸ															
微 v															
端 t				打											
透 tʰ	他												铁		
定 d							大						跌		耊
泥 n				那			那			拿					
见 k	家		瓜	贾		寡	架		卦				结		决
溪 kʰ	跨		誇			咵			跨				慊		缺
群 g													竭		掘
疑 ŋ				厊						牙			业		
章 ʧ	咱			丅			诈								
昌 ʧʰ	叉						衩								
崇 ʤ	查						乍			茶					
书 ʃ	沙					耍	砂	嗄	厙						
禅 ʒ															
精 ʦ															
清 ʦʰ													接		
从 ʣ													妾		
心 s															绝
邪 z															雪
影 0	鸦		蛙	雅		瓦	亚		话						
晓 x	鰕		花	岈			罅		化				葉		月
匣 ɣ							下		吴	霞		华	血		
来 l															

第十五部(包括遮、蛇、扯、曲,来自麻、戈三等。此韵去声入山咸摄)

	阴平:遮[e]			阳平:蛇[e]			上:扯[e]			入声:曲[eʔ]		
	开 -0	齐 -i-	撮 -y-	开 -0-	齐 -i-	合 -u-	开 -0-	齐 -i-	合 -u-	齐 -i-	合 -u-	撮 -y-
端 t		爹										
透 tʰ												
定 d												
泥 n												
见 k										菊		橘
溪 kʰ												曲
群 g					跏							局
疑 ŋ												
章 ʧ		遮						者				
昌 ʧʰ							撦	扯				
崇 ʤ					蛇							
书 ʃ		奢						捨				
禅 ʒ								惹				
精 ʦ		嗟						姐				
清 ʦʰ								且				
从 ʣ												
心 s		些										
邪 z					斜							
影 0					爷			也				役
晓 x			靴									蓄

第三章 清代宣城方音

第一节 材料介绍

清代的宣城方音资料比较少，也很分散。凭借这些资料，我们只能了解到当时方音的一些特点。尽管如此，清代宣城话的地区差异仍然相当明显，尤其是声母方面。我们依据的主要材料有：嘉庆十一年李德淦修、洪亮吉纂的《泾县志》，梅文鼎《读等子韵说》和《太平府志》《芜湖县志》《南陵县志》的有关材料。根据这些材料，我们可以勾画出三个方音类型。

表3—1：

<table>
<tr><td>类型</td><td>资料</td><td>古浊声母</td><td>章组</td><td>知组</td><td>庄组</td><td>精组</td></tr>
<tr><td>宣城型</td><td>韵说</td><td>清化</td><td colspan="3">照组</td><td>精组</td></tr>
<tr><td>泾县型</td><td>泾县志</td><td>保持</td><td colspan="4">精组</td></tr>
<tr><td>芜湖型</td><td>太平府志</td><td>清化</td><td colspan="2">卷舌音</td><td>庄组</td><td>精组</td></tr>
</table>

一、泾县型："郑志"

我们依据的主要材料是嘉庆十一年李德淦修、洪亮吉纂的《泾县志》。这个县志中有一节方音材料。共分三部分：一是引用乾隆十八年郑相如编纂的《泾县志》，以下简称"郑志"；二是引用《宛陵风土记》；三是嘉庆十一年《泾县志》编者的按语。

“郑志”是一种私人编纂的地方志，作者是泾县人郑相如。相如字愿庭，号南柱山人。作者自序云：“盖由甲辰（雍正二年，1724）迄壬申（乾隆十七年，1752），历廿九星霜，始告竣也。”又云：“详不敢泛，略不敢漏，无不敢饰，有不敢隐，好恶不敢私，毁誉不敢设。”嘉庆志在引“郑志”以后说：“郑君系县人，故所记独详，今备录之，以存一方土语云。”“郑志”所记方音应该是比较忠实的。它应该能够反映清朝中叶的泾县方音。

“郑志”的材料可以分为三部分来利用：一是同音字组，可以观察声类、韵类合并的情况。这是我们的主要依据。二是注音，可能是用乡语互注，如：“生曰商，江曰冈；今曰庚，角曰阁。”这类材料，我们只用来作为参考。三是说明性材料，包括发音的说明和本县各地方音特色等，可从中了解当时的方言状况。也是非常重要的资料。

二、宣城型：《读等子韵说》

梅文鼎《读等子韵说》是作者在读《四声等子》基础上对比本地方音而发的议论。梅文鼎（1633—1721）是清代著名的数学家，并善诗文，《绩学堂文钞》刊刻于乾隆二十二年（1757）。《读等子韵说》就是本书中的一篇文章。

这是一篇比较方言学导论。作者把时空分为古今南北，拿“古”等韵与“今”南音进行比较，阐明“以代而变”的历时音变；拿“今”南音和北音进行比较，阐明“以地而变”的方音差异；拿假摄、蟹摄的古今不同和南北差异，阐明“代与地交变”这种音变的不平衡性。作者交代的“南音”的情况有：

声母方面：①並奉可通，“南音並奉可通。”②知组归照组、非敷合并，“而知反归照，澄反归床，彻反归穿，非可并敷矣。”③疑母跟喻母有别，“又如北音疑可归喻，南则自有疑音。”④浊声母清化后平声送气：

“又群可母从清，如群与溪、定与透、澄与彻、並与滂、奉与敷、从与清、邪与心、床与穿、禅与审、匣与晓、喻与影皆相为阴阳。”仄声不送气：“又只有阳平一声，余三声自归清母，上声又归去声，如群上去皆归见去，群入归见入之类。此以地而变也。”由于这个材料还不能构成一个系统，我们可以根据明末宣城方音的系统，结合清代的其他资料，为清代宣城方音拟定一个大致的声母系统：

表 3—2：

见 k	溪 k^h		疑 ŋ
端 t	透 t^h		泥 n、来 l
帮 p	滂 p^h		明 m
奉 ø		非 f	微 v
章 ʧ	昌 $ʧ^h$	书 ʃ	
精 ts	清 ts^h	心 s	
影 0		晓 x	

韵母方面：山摄有两个主要元音，“以韵言之，如果假摄中今分三读，蟹摄、山摄今分二读，而古皆通叶。”灰韵、麻韵读音跟徽州一致，“又如蟹之灰韵、假之麻韵，南方犹存古音，北则全无。”

声调方面：①浊上归去，“上声又归去声，如群上去皆归见去。”②四声具备。所谓四声，应该是指古四声，而当时既然平分阴阳，实际上是五声了。

文章中，“又如蟹之灰韵、假之麻韵，南方犹存古音”，这句话不好懂。结合当时泾县话的情况，可以作个猜测。“郑志”说：“三江、六麻、七阳俱张口，而作倭口”，“十灰韵，城微张，西乡全倭。”“倭”“张”相对，应该是开合的关系。从这里我们推测，可能当时的人认为，麻、灰韵的主要元音具有合口特征，被认为接近古音。

梅文鼎麻、灰韵的“古音”究竟是什么样，还可以从江永那里知道。江永曾经从梅文鼎学数学，那么，从事古韵研究的江永不可能不看老师的，可能是唯一的一篇音韵学论文。他们对“古音”的看法应该一致。江永《古韵标准》认为麻韵读如果摄为古音。他说：“而‘麻嗟瘥嘉加珈沙鲨’等字，则自入歌戈，见于三百篇者，井然具列也”(《古韵标准》平声第三部总论)。果摄在今皖南方音里大致都读[o]。

当时的徽州话里，也有这样的现象：江永说：“吾徽郡六邑，有三四邑之人呼麻韵中‘麻沙差嘉’等字皆如古音。”(《古韵标准》平声第八部总论)江氏这种说法似有一定影响。道光七年《徽州府志》说其乡音有“不合于二百六部而合于古韵者”，其中“呼麻如模，转入歌韵”就是一个。

由此可见，梅文鼎所说的南音的一些现象跟当时的徽州话、宣城话都一致。那么，它是不是当时的南方通语呢？如果我们承认明清时期有一个通行于南方的通语，那这个通语一定是南京官话，而不太可能是一种吴语或其他方言。查李登《书文音义便考私编》《西儒耳目资》《古今中外声韵通例》等明清南京官话韵书，它们的麻、歌韵都不接近。其中，《西儒耳目资》的注音麻韵是[ɑ]，歌韵是[o]。

表3—3：

	现代宣城		现代徽州		历史上的南京	
	永丰	厚岸	成溪	屯溪	西儒耳目资	赵元任南京音系
哥	ko	ko	ko	ko	ko	ko
家	ko	ko	ko	ko	kiɑ	jia

从上表可以看出，南京话的麻韵字跟歌韵不同，也就是与“古音”不同。只有徽州话、宣城话麻韵字跟歌韵相同。所以，梅文鼎所说的南音就是以他的家乡话为蓝本的。

三、芜湖型:太平府志等

反映芜湖方音的材料有,《太平府志·风俗·方音》(康熙十二年)、《太平府志·风俗·方音》(康熙四十六年)、《芜湖县志·地理·方言》(嘉庆十二年)、《安徽通志稿·方言考》(民国)等、《南陵县志》(民国)、《芜湖县志·地理·方言》(民国)。由于民国县志多引用旧志,例如民国《南陵县志》、《芜湖县志·方言》都是由余谊密、徐乃昌编修的,都采用康熙或嘉庆地方志的材料,所以那些也只能算是清早、中期的材料。《安徽通志稿·方言考》除了引用早、中期的材料以外,还引用了一些晚近学者,例如章太炎、胡朴安、王炯炎、陈慎登、光明甫、孙养癯等人的著作。

清末芜湖方音的声母特点是,增加了卷舌音。北方话卷舌声母至少在明末已经产生了,可能芜湖话比宣城话更容易受到官话的影响。当然,它的卷舌音的范围跟北方话还不太一样,比如“师”的声母是[s]。

表 3—4:清晚期芜湖话声母系统表(根据明末芜湖方音系统推测)

见 k	溪 k^h		疑 ŋ
端 t	透 t^h	(ɾ)	泥 n、来 l
帮 p	滂 p^h		明 m
奉 ø		非 f	微 v
章 tʂ	昌 $tʂ^h$	书 ʂ	
精 ts	清 ts^h	心 s	
影 o		晓 x	

第二节　清代宣城话的声母问题

由于这些材料比较零散,基本上不能反映一个完整的语音系统,所以，我们只就这些材料谈谈清代宣城方音的特点。

一、齿音

(一)知、章、庄组跟精组合流

知、章、庄、精母合并，例如"郑志"同音字组

庄组："庄(庄阳开三)张(知阳开三)章(章阳开三)臧(精唐开一)同音(俱占常切)。"按：占常切，为章阳开三。

知组："知(知支开三)之(章之开三)咨(精脂开三)枝(章之开三)同音(俱诸疵切)。"按：诸疵切，章支开三。

朱组："朱(章虞合三)诸(章鱼开三)株(知虞合三)猪(知鱼开三)同音(俱芝初切)。"按：芝初切，章鱼开三。

足组："足(精烛合三)筑竹(知屋合三)粥(章屋合三)嘱(章烛合三)同音(俱执蹴切)。"按：执蹴切，章屋合三。

山母、书母、心母合流，例如"郑志"同音字组

诗组："诗(书之开三)思(心之开三)丝(心之开三)尸(书脂开口)司(心之开三)同音(俱书疵切)。"按：书疵切，书母支韵开口三等。

书组："书舒纾(书鱼开三)输(书虞合三)苏(心模合一)疏(山鱼开三)同音(俱虽初切)。"按：虽初切，心鱼开三。

三组："三(心谈开一)山(山山开二)杉(山咸开二)删(山删开二)同音(俱酸阳切)。"按：酸阳切，心母阳开三。

知章庄组跟精组合流可能是泾县的特点，所以作者才拿出来作为例子，讲泾县方音的特殊之处。而在梅文鼎的方音里，精组跟知等不是一类。《读等子韵说》说："如端知八母、邦非八母、精照十母，古上下通切，今惟泥娘，与南音並奉可通，余皆迥别。而知反归照，澄反归床，彻反归穿，非可并敷矣。""精照十母"也是"迥别"的。照组不跟精组合流，而跟知组合流，这跟明末宣城方音一致。

宣城地区凡是除了[tɕ]、[tɕʰ]、[ɕ]之外只有一套塞擦音声母的，这套声母都是[ts]、[tsʰ]、[s]。清中期，泾县方音的知章庄组和精组既然合流了，那它的这套齿音就应该是[ts]、[tsʰ]、[s]。

早些时候的宣城县方音跟泾县不一样。它的精组跟知章庄组没有合并，那么精组应该是[ts]、[tsʰ]、[s]，知章庄组到清末或民国时期才有卷舌音的记录，这个时候应该还是[tʃ]、[tʃʰ]、[ʃ]。清末芜湖是[tʂ]、[tʂʰ]、[ʂ]。

(二)日母部分读鼻音，部分读擦音

"郑志"没有单独由日母字组成的同音字出现，部分日母字跟古浊塞擦音声母字一起，例如，"郑志"："神(船真开三)臣辰(禅真开三)存(从魂合一)程(澄清开三)陈(澄真开三)醇(禅谆合三)沉(澄侵开三)仁(日真开三)曾(从登开一)成(禅清开三)同音(俱常尊切)。""润(日稕合三)郑(澄劲开三)任(日震开三)顺(船稕合三)盛(禅劲开三)剩(船证开三)阵(澄震开三)同音(俱仲正切)。""入(日缉开三)贼(从德开一)寔(禅职开三)直(澄职开三)什拾(禅缉开三)同音(俱孰质切)。"

由于中古的全浊擦音、塞擦音此时在泾县方音里已经合并成了一类，(这跟现代泾县方音一致)日母的音值就应该跟这一类一样，当时清塞擦音是[ts]、[tsʰ]、[s]，全浊的塞擦音就应该是相应的[dz]，或者像现代泾县不少地方的读音是[hz]、[hʐ]、[hʑ]等。宣城方音的全浊声母中特有的强送气特征跟吴语不同，这种强送气可能是早期宣城方音就具备的特征。鉴于清中期泾县的全浊塞擦音声母已经没有对立，它最有可能是[hz]。

日母部分跟鼻音声母字一起，例如，"郑志"："人(日真开三)壬(日侵开三)银訚(疑真开三)吟(疑侵开三)迎(疑庚开三)宁(泥青开四)凝(疑蒸开三)同音(俱倪金切)。""儿(日支开三)鱼(疑鱼开三)虞愚(疑虞合三)尼(泥脂开三)泥(泥齐开四)疑(疑之开三)宜仪(疑支开三)霓倪

（疑齐开四）同音（俱吟鸡切）。”“耳（日质开三）语（疑语开三）女（泥语开三）你（泥止开三）同音（俱傈纪切）。”“闰（日稕合三）宁（泥青开四）佞泞（泥径开四）认（日震开三）同音（俱腻敬切）。”“玉狱（疑烛合三）肉（日屋合三）缛（日烛合三）同音（俱匿菊切）。”“逆（疑陌开二）日（日质开三）溺（泥锡开四）匿（泥职开三）同音（俱涅吉切）。”又有“相假产子曰勘儿（音倪），白昼曰日（音匿）里”。又有“称县令、丞、簿、尉官曰老爹，而冠以大、二、三、四字”，“二”注音“佞既切”。又有“相亲依曰倭热（音涅）”。

现代泾县方音里日母一般读[ȵ]，只拼细音，我们认为清中期已经是这样了。

日母分化的条件不明。比如：“人仁”二字同属于真韵开口三等，但是“郑志”：“仁”在神组，读塞擦音；“人”在人组，读鼻音。综合上述日母字的表现，我们认为其条件可能是使用环境。跟普通日常生活有关的字变鼻音声母，例如：人组的“人壬”，倪金切；儿组的“儿”，吟鸡切；闰组的“闰”，腻敬切；逆组的“日”，涅吉切；玉组的“肉缛”，匿菊切。不是跟普通日常生活有关，而是可能常用于精神生活或者文人生活的变塞擦音声母，例如：神组的“仁”，常尊切；耳组的“耳”，傈纪切；润组的“润”，仲正切；入组的“入”，孰质切。

日母的这种分化可能是来自不同的层次的读音，是方言接触造成的。文人生活和精神生活方面容易受到强势方言的影响，所以“仁”等字的读音（擦音）可能来自官话或吴语。这是一种异源层次。日常生活容易保留本地方音，所以，“人”等字（读鼻音）可能保留底层。现代宣城方音很少文白异读，日母字也是这样。各地日母字的读音多是鼻音[ȵ]、擦音[ʐ]、[z]，还有些地方读零声母。

读鼻音的日母字再次音转，可能读边音。民国《芜湖县志·地理·方言》：“谓人为臣，又读若邻。”人读为臣是变成了擦音，读为邻则是从鼻音转变而来的。这可能是后来有了[n]、[l]不分的影响才导致的。

(三)部分地区有卷舌音声母

民国《芜湖县志·地理·方言》说:"'船转者'等字,则卷舌以读之。"这跟舌音的卷舌不同,根据例字推断,应该是指卷舌声母产生了。北方话卷舌音声母产生的年代目前还有争论,王力先生(1985,p.310)认为产生于《中原音韵》,有人有不同看法。但至少在《司马温公等韵图经》里已经产生了(参见叶宝奎 2001,pp.144—147)。而南方直到清中期还没有产生,芜湖的卷舌音是受到北方话的影响而后起的。

按,有人认为《韵法直图》里的"卷舌"指前鼻音韵尾,恐怕不确当。因为虽然《韵法直图》里的"卷舌"只出现在"艰""监"两韵("监"韵即为闭口韵,与其说矛盾),但,这个"呼"的来源应该是《书文音义便考私编》或者《律古词曲赋叶韵统》。它们都有"卷舌"的名目,但是,它们涉及的韵还有阴声韵。

还有人认为"卷舌"指照组等卷舌声母的特征。赵荫棠(1956)说:"我疑心这卷舌之名,是特为'知照日'等系所属之字而设。"郑荣芝(1999)认为:"所谓知、穿、审三母的咬齿之音,即[tʂ]组声母的卷舌音:'其音似咬齿呼',大约亦近于齐齿呼,故名为'齐齿卷舌呼'。"她的根据是清·崇凤威《横切五声图》(1843),崇氏说:"凡合口呼、开口呼二韵,遇知穿审三母之音,俱兼咬齿;凡撮口呼、齐齿呼二韵,遇知穿审三母之音,俱兼咬舌。"崇氏此说是用来解释《韵法直图》的,而不是从自己的语音出发来体会。当时距离《韵法直图》发表已有二百多年,他的研究跟赵荫棠一样是推测。《韵法直图》的"卷舌"标在韵下,是对整个韵的规定,而不是只指某几个声母。《书文音义便考私编》和《律古词曲赋叶韵统》的呼法都标在声母下,而标有"卷"的声母并不是只有知照日,还标在其他声母下,有"见卷""疑卷"等名目。

张涛(2002,p.33)考察了《书文音义便考私编》卷舌呼出现的条件:

"中古蟹、宕、山、流诸摄中,有i介音的韵母,相当于后代的齐齿呼。"查《律古词曲赋叶韵统》有卷、开卷、卷开三个有关的呼法,涉及山、宕、流、假摄二三等字,应该是介音问题。我们认为是二等介音[ɪ]。

《南陵县志》《芜湖县志》所说的"卷舌"跟上面所说不同。这里实际上还有两种"卷舌",其中一种明确地说的是舌音。《南陵县志》:"凡遇舌音等字,则卷其舌以出之。"《芜湖县志》:"凡舌音等字,则连卷其舌以出之。盖与繁、南接壤而音近也。"《芜湖县志》还有一种"卷舌",指知照组,"'船转者'等字则卷舌以读之"。这三个字的"卷舌"是指其知照组声母。

首先,这个"卷舌"不是介音问题。"卷舌"作为介音的,一般指古二三等字,当时读细音的。"船转者"三字虽然是三等,但是并不都读细音。

表3—5:

	南极	湾址	繁昌	年陡
者	ʈʂʮi	ʈʂə	ʈʂei	
转	ʈʂʮi	ʈʂō	ʈʂō	ʈʂō
船	ʐhʮi	ʐhō	ʐhō	ʐhō

在宣城话地区,绝大多数地方的话中,这三个字都是洪音,只有两三个点读细音,例如南极。但是,这些地方的"船转者"的韵母都以[ʮ]开头,而这个音是一定要求配卷舌声母的。所以,整个地区一致的地方是,声母都是卷舌。因此,我们认为,《芜湖县志》所谓"'船转者'等字则卷舌以读之"的"卷舌"是指知照组声母读卷舌音。

二、喉牙音

(一)古影、喻母合口字归唇音声母

例如:“郑志”:父组有“伍乌”,尾补切;为组有“为违围”跟“肥微”同音,文非切;雨组遇摄跟止摄合并,后边有一个注文:“俱涌纪切,西南乡语音同‘尾’”,“尾”是微母字。这说明以[u]开头的字滋生出一个[v]声母,各乡的发展进度不一样。但是没有见到细音滋生出唇音的情况,因此,这个滋生出来的唇音声母跟零声母依然互补。现代宣城话还是这样的。

零声母的范围包括影母、喻母,和部分疑母、奉母、微母、匣母,例如:“郑志”:“黄皇(匣唐合一)王(云阳合三)亡(微阳合三)同音(俱闻方切)。”“佛(奉物合三)服伏(奉屋合三)斛(匣屋合一)物(微物合三)同音(俱放勿切)。”“復(奉屋合三)福幅(非屋合三)勿(微物合三)弗(非物合三)忽(晓没合一)拂(滂物合三)狒(奉未合三)同音(俱服汨切)。”

疑母没有看到独立的情况,也许是例字太少的缘故。但是,可以知道的是,直到梅文鼎的时候,疑母还保存着。《读等子韵说》说:“又如北音疑可归喻,南音则自有疑音。”作者把有疑母当作南北方音差距的重要部分,可见还存在。

(二)匣母有两部分特殊的变化

一部分跟群母合并,例如:“郑志”:行组、倖组。“协叶(匣帖开四)竭(群月开三)杰(群薛开三)胁(晓屑开三)同音(俱及结切)。”“倖幸(匣耿开二)杏(匣梗开三)近(群轸开三)同音(俱距顷切)。”“行(匣庚开二)勤(群欣开三)禽(群侵开三)裙群(群文合三)同音(俱棋钦切)。”这跟明末的情形一致。

匣母另一部分跟晓母合口一起变同唇音,例如:“郑志”:“佛(奉物合三)服伏(奉屋合三)斛(匣屋合一)物(微物合三)同音(俱放勿切)。”“胡湖壶乎狐(匣鱼合一)無芜巫(明虞合三)吴(一音莪)(疑模合一)扶(奉虞合三)同音(俱文敷切)。”此外还有,父组“户”(匣母),復组“忽”

(晓母)“房曰杭”“虎曰甫”“风曰分”“县曰院”等。这是由于匣母首先脱落了辅音声母，然后就跟零声母字一起滋生出唇音声母。

群母跟匣母合并以后又没有清化的部分，现代宣城方音一般是hʑ、hz，以 hʑ 为多，故定为 hʑ。

(三)晓组、章组和精组声母细音舌面化

“郑志”所记“西南乡杂音”有“酒曰久，雪曰血”，“岁曰戏”，“吹曰溪”。可能心、山、书母合并早于其舌面化，所以山、书母也跟心母一起舌面化了，如：“食曰席，升曰星。”

晓组、章组和精组声母细音舌面化可能是从擦音开始的，这种音变一开始，就标志着新的舌面音 tɕ、tɕ^{h}、ɕ 产生。

(四)二等没有舌面化，而是跟一等合流了

“郑志”有“家曰各(平声戈瓜切)，一曰噶，江曰冈；今曰庚，角曰阁；假曰各(上声)”，“街曰噶，讲曰吭，靴曰虾，虾曰花”。

三、唇音

(一)部分微母跟明母合并

例如：“郑志”：“物(微物合三)墨(明德开一)目(明屋合三)木(明屋合一)没(明没合一)同音(俱未北切)。”又有“望曰孟”，“蚊曰猛(平声)，舞曰母”。由于如上“×曰×”的注音格式里，用来注音的都是明母字，所以，这些字都应该读为[m-]声母。

(二)有[x]、[f]交替的现象

民国《芜湖县志·地理·方言》“放读若宦”。这种交替跟泾县匣母读如唇音方向相反，是地区差异。

梅文鼎说：“南音並奉可通。”可见奉母可能是[ɸ]。“郑志”有“缝曰问”“房曰杭”“凤曰共”“风曰分”，是说奉母一些字跟其他浊声母字有密切关系。要解释这种情况，就要结合现代宣城方音。现代宣城方音浊声母有弱化的趋势，在弱化的时候，都有一个伴随气流，例如南极“旋[ʑhɥi]”。而进一步的发展都既有可能失去伴随气流，而变成另一个音，例如，甘棠“旋[ʑiæ]”；也有可能失去另一部分而保留伴随气流，例如厚岸“旋[hiæ]”。所以，理论上，任何古浊声母都可能变成[h]或[ɦ]。上面提到的几个字都可以在现代方音里得到解释。“房曰杭”在陵阳话中都是[xã]，“凤曰共”在七都话里都是[hoŋ]，在庄村话中是[vhəŋ]。这样看来，这些浊声母字再进一步的发展都可能参加到[x]、[f]交替的音变中来。

並母跟奉母可通，那就可能不是[b]了，最有可能的是[ß]。既然其他浊声母都已经合并了，奉母、並母可能只是有不同的变体，未必有对立。我们也没有理由在其他部位只有一个浊声母的情况下，为唇音拟两个浊声母。所以，並母字除了清化而分别合并到帮、滂母的以外，其余可能合并到了奉母。

四、舌音

(一)来母变同泥母：“郑志”：“冷曰能(上声)。”章太炎《国故论衡·正言论》列有《正音表》，其中有“泥纽变来纽界”，表中注：“安徽北部。”“安徽北部”从字面上讲，似乎不包括宣城地区，但是宣城地区的北部一些地方确实有泥、来不分的情况。

(二)《国故论衡·正言论》还有“弹舌音变来母”一条，注：“安徽北部。”这里的所谓“弹舌音”可能就是县志里提到的“卷舌”音。

《南陵县志》：“凡遇舌音等字，则卷其舌以出之。”《芜湖县志》：“凡舌音等字，则连卷其舌以出之。盖与繁、南接壤而音近也。”两处说的“卷舌”是一种现象。这里所说的舌音“连卷其舌”，应该指闪音或颤音。现代宣城话有定母读[ɾ]或[r]的。

表 3－6：

	裘公	湖阳	年陡	童埠	广阳	七都
蛋	rā	ɦrā	hrā	ɦran	ɾan	ɦran
坛	rā	rā	hrā	ran	ɾan	ɦran

猜测章太炎讲的“弹音”、县志所说的舌音“连卷其舌”，就是宣城地区的颤音。可能从徽州的角度看，宣城是在北部，故称。也可能这种发音曾经在北部很有市场。

县志和《国故论衡・正言论》都没有交代所谓卷舌音和弹舌音涵盖的确切范围，比如地方志一般笼统地说是“舌音”，而现代宣城方言中闪音和颤音的范围只限定在中古定母，而且并不涉及定母的全部，所以，尽管我们确认部分中古端组某个声母（很可能就只有定母）部分地演变成了[ɾ]或[r]，但是这不是端组的主体。我们在设计方音系统时候不采用这两个音中的任何一个。

五、全浊声母

（一）合并

船禅澄日从邪大合并。例如：“郑志”：“神（船真开三）臣辰（禅真开三）陈（澄真开三）沉（澄侵开三）仁（日真开三）程（澄清开三）曾（从登开一）成（禅清开三）存（从魂合一）醇（禅谆合三）同音（俱常尊切）。”“時（禅之开三）迟（澄脂开三）辞词（邪之开三）慈（从之开三）持（澄之开三）同音（俱厨兹切）。”

匣群合并。“行（匣庚开二）勤（群欣开三）禽（群侵开三）裙群（群文合三）同音（俱棋钦切）。”

浊声母合并以后已经分不清楚哪个是擦音，哪个是塞擦音了。这跟现代宣城大部分地区方言（如：团山、裘公、泾县都只有带强送气的擦音，没有塞擦音）的情况类似。由于本地方音一般都带有强送气特征，应该是 hz。

（二）清化

从崇邪禅母字清化同章母字。例如："郑志"："字（从志开三）事（崇志开三）寺（邪志开三）视（禅至开三）同音（俱注至切）。"按：注至切，章至开三。浊声母字组用清声母作反切上字。

群匣母字清化同晓母字。如："协叶（匣帖开四）竭（群月开三）杰（群薛开三）胁（晓屑开三）同音（俱及结切）。"按：及结切，群屑开四。浊声母匣母、群母字跟晓母字同音。

这时的全浊声母清化程度因地而有不同，"郑志"所列的同音字组里只出现浊声母的字组数量要远远大于参入了清声母字的字组的数量。大约宣城清化程度要高一些，因为比"郑志"早些时候的梅文鼎虽说"南音浊母自有浊音，四声具备"，但是他所说的浊音实际上是就声调而言的。所以，他接下来又说："又只有阳平一声，余三声自归清母。"这里，梅氏是把声调之别当成清浊之别了。至于清化以后的趋向，梅氏有一段话："群与溪、定与透、澄与彻、並与滂、奉与敷、从与清、邪与心、床与穿、禅与审、匣与晓、喻与影皆相为阴阳。又只有阳平一声，余三声自归清母，上声又归去声，如群上去皆归见去，群入归见入之类。"前面说："群与溪"等是两两相配的清浊声母，则跟浊塞音、塞擦音声母相配的是送气的清音。但是后边又说，这些浊声母只存在于阳平，其余则已经归清声母，仄声归清声母的情况是怎样的，梅氏只提到群母，是归不送气的见母，跟平声不同。这样，梅氏所说的浊塞音、塞擦音的清化规则跟官话一样是"平送仄不送"。

（三）弱化

民国《南陵县志·地舆》："凡遇舌音等字，则卷其舌以出之，盖陵邑之本音如是也。"舌音应该是指端组字，"卷舌"是什么？民国

《芜湖县志·地理·方言》说:"凡舌音等字则连卷其舌以出之,盖与繁、南接壤而音近也。"既然芜湖的"卷舌"跟繁(昌)、南(陵)接近,则繁昌、南陵的"卷舌"也应该是"连卷其舌"。(《安徽通志稿·方言考》所引《南陵县志》正作"连卷其舌"。)今天该地区大面积范围内有定母读为颤音[r]或闪音[ɾ]者,[r]可谓是"连卷其舌"了。这正好是现代宣城方言(包括芜湖、繁昌、南陵等)浊声母变化的一个趋势:弱化。即:[d]→[ɾ]→[r]。

由于清代方音的材料不集中,没有任何完整的方音系统,我们在整理清代宣城方音系统的时候就要依据明代的音系。保留其中一致的地方,对其中不同的特点进行调整。

表 3—7:清中期的声母系统

端 t	透 t^h	定 d	(r)		泥 n、来 l
见 k	溪 k^h	群 hʑ			疑 ŋ
影 0		匣 h	晓 x		
精 ts	清 ts^h	从 hz	心 s		
帮 p	滂 p^h	並 b			明 m
		奉 ɸ	非 f	微 v	

第三节 清代宣城话的韵母问题

一、阴声韵

(一)蟹摄没有[i]韵尾,归假摄

"买曰马,埋曰麻,带曰大(打去声),歹曰打。"今天泾县方音中麻韵字跟灰韵字多相混,例如茂林、厚岸的"晒[so]=沙"。清代早、中期都是“倭口”,当时应该是[ɔ]。“每曰迷”,“梅曰埋”。后两字的读音保持了来自蟹摄一等的类别,而一般北方话已经升为半高元音。这样的例子还有“会曰外”。嘉庆志引用《宛陵风土记》:“城以雷为来,西南以来为雷之类。”也可证明。

果、假摄有三个主要元音,蟹摄、山摄有两个主要元音。梅文鼎《读等子韵说》说:“果、假摄中今分三读,蟹摄、山摄今分二读,而古皆通叶。”说“古皆通叶”,就是说今不能押韵了,这是说主要元音不同了。

(二)舌尖元音韵母的范围只涉及齿音

明末宣城话和今绩溪话、合肥话的舌尖元音韵母都可以拼一些齿音以外的声母,如[m-]、[l-]等。止摄开口三等齿音字独立一韵。“郑志”的同音字组中,凡是舌尖元音韵母出现的字组,只有知章庄组和精组字。时组有时(禅之开三)迟(澄脂开三)辞词(邪之开三)慈(从之开三)持(澄之开三),诗组有诗(书之开三)尸(书脂开三)思丝司(心之开三),知组有知(知支开三)之(章之开三)咨(精脂开三)枝(章之开三),治组有治(澄志开三)是(禅纸开三)柿(崇止开三)痔(澄止开三)耜似(邪止开三),字组有字(从志开三)事(崇志开三)寺(邪志开三)视(禅至开三)。从以上同音字组可以看出,大约清泾县话的舌尖元音韵母只有一个,只拼齿音声母。

(三)有些地区的流摄跟效摄音相近

“郑志”说:“西乡于萧肴豪三韵,几声混十一尤矣。”嘉庆志引用《宛陵风土记》:“西南角带变羽,商韵不张(如萧肴豪近尤之类)。”可以为证。今泾县方言效摄主要元音一般是[ɔ],流摄的主要元音是[o]。尤其是在细音中,两个音很接近。附近的徽州话也有类似情况。胡适《胡适留学日记》“山谷词带土音”条说:“吾绩溪土音读肴、豪韵如尤韵。而尤韵中字乃有二种绝不相同,如‘尤’‘由’‘游’‘休’诸字为一类(母音如法文之 ieu),而‘侯’‘留’‘楼’‘舟’‘愁’,仄声之‘昼’‘守’‘手’‘斗’‘酒’

诸字,另为一类(母音略如英文之 e),歙县之音则全韵皆作尤韵,故与肴、豪通也。”这显示了早些时候宣城方音和新安(徽州)方音的相通之处。

二、阳声韵

(一)臻摄、深摄、曾摄、梗摄合流

“郑志”神组有真韵(神臣辰陈仁)、魂韵(存)、谆韵(醇)、侵韵(沉)、登韵(曾)、清韵(成)字。人组有真韵(人银訚)、侵韵(壬)、庚韵(迎)、蒸韵(凝)字。行组有庚韵(行)、欣韵(勤)、侵韵(禽)、文韵(裙群)字。倖、闰、润三个同音字组也是这样。

(二)山咸摄合并

“郑志”元组有山摄:元(疑元合三)言(疑元开三)年(泥先开四),咸摄:嚴(疑衔开二)粘(泥盐开三)。三组有山摄:山(山山开二)删(山删开二),咸摄:三(心谈开一)杉(山咸开二)。烟组有山摄:烟湮(影先开四)焉(影仙开三)远(影阮合三)冤(影元合三),咸摄:淹腌(影盐开三)。

(三)中古宕摄跟通摄、山咸摄

有的地方合并,有的地方则非:

“郑志”只有两个宕摄的同音字组:庄、黄,都是中古宕摄字。

芜湖跟泾县不同,它的宕摄字跟山摄有合并。例如,民国《芜湖县志·地理·方言》:“放读若宦。”又有“惊讶之词曰‘格什敢’,即‘这怎讲’也。‘曾言’谓为‘放敢’。‘放’即‘方’之转;‘敢’即‘讲’之转也。”用“讲”来解释“敢”,说明两个韵尾可以通转。芜湖方音的这个特点可能来自江北的影响。安庆、贵池、桐城的宕摄、山摄开口一等字合流,三个点的读音一致:“胆=党[an]”。(孟庆惠 1997,p. 106)

(四)江、麻、阳韵的主要元音是后低元音

"郑志"说:"三江、六麻、七阳俱张口音,而作倭口,则已全讹。""张口"跟"倭口"相对,应该是开、合的关系。作者又说:"按阖邑无江麻阳音。十灰韵,城微张,西乡全倭。""无江麻阳音"可能是就官话的音值来说的,就是没有用[a]作主要元音的韵母。因为它们的韵母都是后低的。现代宣城话江、阳韵字有"光"[kuan](团山)[ko](泾县),它的早期可能是[kuon]。麻韵字有"家"[ka](团山)、[ko](泾县)等读音,它的早期可能是[kɔ]。

《读等子韵说》说:"蟹之灰韵、假之麻韵,南方犹存古音,北则全无。"现代宣城灰韵有"堆"[tei](团山)、[tæ](泾县)。看来梅文鼎认为开口度比较大的音是古音。

(五)出现了声化韵

"郑志"说:"至'红''五'两韵,平上同音,全入鼻音,反切俱穷。"这是说"红""五"两字读声化韵。例如,今当涂湖阳话"五"读[ŋ̍],团山寒亭"红"读[ŋ̍]。

三、入声韵

来自中古不同韵尾的字,在一个同音字组里,说明入声韵尾应该是喉塞音。

中古[-k]尾、[-t]尾合并:佛组有中古[-t]尾的:佛(奉物合三)物(微物合三);中古[-k]尾的:服伏(奉屋合三)斛(匣屋合一)。逆组有中古[-k]尾的:逆(疑陌开二)溺(泥锡开四)匿(泥职开三);中古[-t]尾的:日(日质开三)。国组有中古[-k]尾的国(见德合一)谷縠(见屋合三);中古[-t]尾的:骨汩(见没合一)。

中古[-p]尾、[-k]尾合并:入组有中古[-p]尾的:入(日缉开三)什拾(禅缉开三);中古[-k]尾的:贼(从德开一)寔(禅职开三)直(澄职开三)。

中古[-p]尾、[-t]尾合并：合组有中古[-p]尾的：合(匣合开一)盍(匣盍开一)；中古[-t]尾的：曷褐(匣曷开一)。协组有中古[-p]尾的：协叶(匣帖开四)；中古[-t]尾的：竭(群月开三)杰(群薛开三)胁(晓屑开三)。

四、介音

(一)合口细音变成了开口细音

表现在遇摄跟止摄、蟹摄喉牙音字同音："郑志"儿组有儿尼疑宜仪(止摄)、鱼虞愚(遇摄)、泥霓倪(蟹摄)。鸡组有鸡(蟹摄)、几幾期羁(止摄)、居拘(遇摄)；馀组有馀余予逾谀(遇摄)、遗贻颐(止摄)；庐组有庐驴(遇摄)、离罹釐梨(止摄)、犁(蟹摄)；耳组有耳你(止摄)、语女(遇摄)；雨组有雨羽禹宇于与迂(遇摄)、矣繄以衣(止摄)。

(二)二等牙喉音没有介音

"郑志"凡遇二等牙喉音字都读同一等字，例如："家曰各(平声戈瓜切)，一曰噶""下曰鹤(上声)"，"江曰冈，角曰阁，假曰各(上声)""街曰噶，讲曰吭，虾曰花，闲曰甘，咸曰寒"。有的三等字也没有介音，例如："今曰庚"，"靴曰虾。"①"庚""虾"都是二等字，"今""靴"可能变成洪音了。

(三)非开口字变成了开口

撮口变开口：学曰鹤。

齐齿变开口：胶曰高，孝曰耗，舅曰后。

合口变开口：水曰洗同喜，岁曰戏。

以上例子见于"郑志"。作者还说："若鹹闲颜岩间俱合口音，而做

① 此处也可以说是介音的齐撮之别。因为我们不知道用来注音的"虾"字是不是泾县话，是不是用官话说明"靴"字介音是[i]而不是[y]。其余例子不影响结论。

张口，与今韵删咸同收。”这里的“合口”不是指合口呼，也不是指闭口韵，而是指[i]介音。说明“咸闲颜岩间”这些字都没有介音。

五、其他

(一)儿化韵出现

民国《芜湖县志·地理·方言》：“昨日读若错俄格，南乡人又谓之合朝；明日读若门儿格，今日读若各儿格。‘错俄’、‘门儿’、‘各儿’皆两字连读。又谓腐干曰‘各儿’，亦两字连读。”这里说的“两字连读”应该是指合音现象，即两个字读一个音节。这种现象在现代江淮方言里还存在。例如合肥话(据孟庆惠 1997，pp. 97—98)：

小伢们→霞们：ɕiɔ＋iɑ→ɕiɑ

不要讲→摽讲：pəʔ＋iɔ→piɔ

侄女儿→侄□：ly＋ɑ→ly＋ɑ

类似的例子还有：自然→咱、朝阳→常、这端→张、这场→掌、去家→□、老人→俩、喜欢→□、衣裳→□。这些合音现象涉及的词的范围很广，一般都是复合词，附加词只有“女儿”，当然，这个词也可能不是“女儿”，而是“女伢”。这跟《芜湖县志》所举的例子略异。县志的例子主要是附加式合成词。“儿”“俄”都不单独成词，而是附加后缀。这样的合音应该就是儿化的一种。

汉语中“儿”的语音形式主要五种(据王福堂 1999，p. 104)：

①卷舌元音，如北京 ɚ；

②平舌元音，如洛阳 ɯ、扬州 a、建瓯 œ、梅县[i]等；

③鼻音声化韵，如休宁 n、温州 ŋ；

④边音声化韵，如杭州[l]等；

⑤舌尖元音，如甘肃武山[zɿ]。

这五种形式，在宣城话里都可以看到。

表 3—8:宣城话"儿"韵母的各种形式

	南极	年陡	厚岸	湖阳	贵池
卷舌元音	耳 ər				
平舌元音		耳 ε			
鼻音声化韵			n		
边音声化韵			l		
舌尖元音					ʐʅ

这些形式都可以进入儿化韵里。有的一个方音点有两种或两种以上的儿韵母形式。例如:太平的"儿"有文白异读。文读是[ər],白读是[n̩]。饺儿 kiɔ^{45} ər,娘儿 ȵiɔ^{13} n̩。

表 3—9:县志中提到的几个词在现代方音里的形式

	芜湖	贵池	繁昌
昨天		昨日格 tso^{35} ʐʅke	
明天	埋个 mε^{35} kə		门之 mən^{35} tʂʅ
今天	该个 kε^{31} kə		跟之 kən^{31} tʂʅ
前天		前日格 tɕʰiẽ^{24} ʐʅke	
儿	ər	ər	ər

表中三地的方音代表两种早期的儿化的方式。芜湖话"埋个"中的"儿"应该是平舌音[ε];贵池的"昨日格"中的"儿"是[ʐʅ],所以写作"日";繁昌话"跟之"中的"儿"是[tʂʅ],写作"之"。后两种的"儿"都是舌尖元音,其中繁昌话的"儿"声母变成了塞擦音。它们的发展应该是这样的:

芜湖:明儿格:mən^{35} +ε+kə　→　埋个 mε^{35} kə

贵池:昨儿格:tso^{35} +ʐʅ+ke　→　昨日格 tso^{35} ʐʅke

繁昌:明儿格:mən^{35} + ʐʅ+?　→　门之 mən^{35} tʂʅ

芜湖话的“埋个”两个字变成了一个音节，属于儿化韵。后两种方音“儿”依然独立成音节，不是儿化韵。《芜湖县志》“错俄”“门儿”“各儿”，“皆两字连读”，跟芜湖话的情况一致，应该是儿化韵。

当时芜湖话的儿韵母应该是平舌音。这是因为这个音还可以用“俄”代替，那一定是跟“俄”接近的音。我们看到，这个音在“错”的后边才变成“俄”，而“俄”在宣城地区一般读[o]，是有合口特征的。应该是“儿”受到“错”字的合口韵母的影响变成了合口元音，是一种语流音变。那么，单独的“儿”应该是[o]相应的开口音，可能接近年陡的[ɛ]。

当时的芜湖话可能跟今天太平话一样，也有两种儿化方式。上面说的是新的儿化韵，因为旧的儿化韵还保存着。同上的县志说：“呼小儿曰昂呢。”“呢”是南方儿化韵[n̩]。

（二）卷舌音韵母出现

这是随着卷舌音声母的出现而自然出现的。

表 3—10：清中期韵母系统表（根据明末方音韵母系统推测）

		i	u			i	u			i	u
天	ẽ	iẽ	uẽ	怀	ɛ	iɛ	uɛ	彻	ɛʔ	iɛʔ	uɛʔ
元	ē	iē		蛇		ie		月		yeʔ	
班	ã	iã	uã	沙	ɑ						
林	ən	iən	uən	䌷	əu	iəu					
胡	u	iu						读	uʔ	iuʔ	
刚	ā	iā	uā	姚	au	iau		臘	aʔ		uaʔ
洪	ō	iō		何	o			约	oʔ	ioʔ	uoʔ
痴	ɿ	i						一	ɿʔ	iʔ	
卑			uei								

六、声调系统

清初有五个声调：阴平、阳平、上声、去声、入声。入声短促而低沉。梅文鼎说："又只有阳平一声，余三声自归清母，上声又归去声，如群上去皆归见去，群入归见入之类。"一句话透露出"平分阴阳"、"浊上变去"两个信息，同时又交代了入声并没有消失。

入声或并入上声，或短促而低：嘉庆《泾县志》引用《宛陵风土记》："城饶宫羽，入弱邻上（入屋觉近尾假之类）。东多商角，入激且沈（入声沈捺太低）。"虽然原文语涉玄虚，但是注解还是比较清楚的。这是说城中入声已经开始脱落，入声调部分归到上声里了。东边的入声还存在，是个短而低的调子。

第四节　清代宣城方音的特点

清代宣城方音的资料不很集中，时间上经历了清早期、中期到晚期的比较长的时期，地域上分布在宣城、芜湖、泾县、南陵等不同的地区。同一地区内部，还有官语、城语、乡语的差别。在这些时空跨度比较大的材料里面，共时和历时的语音差异都得到了体现。

1. 声母

清代宣城方音声母的发展可以分为两种类型：一个是知、章、庄组跟精组合流的类型，发生在清中期的泾县；一个是不合流的类型，发生在宣城、芜湖，其中，芜湖的知、章、庄组在清晚期由[ʧ]、[ʧʰ]、[ʃ]转化为[tʂ]、[tʂʰ]、[ʂ]。

中古全浊声母在泾县型方音中基本保持跟清声母的对立，但是也发生了很大变化，主要是合流：全浊的擦音、塞擦音合流为hz，匣母跟群母合流为hʑ。在宣城和芜湖方音中，这些中古全浊声母字在清初开始清化。按康熙《太平府志》，当时浊声母清化可能是当涂比较彻底，其次是繁昌、南陵，芜湖最慢。清中期，宣城的浊声母清化已经很明显，那时候的芜湖话可能更甚，因为北方话的影响要从芜湖才能达到宣城。清末芜湖的浊声母已经基本清化。

但是芜湖的浊声母字还有另外一种演变的方式：弱化。比如定母发生了[d]→[ɾ]。

出现了两个交替：[h]⇔[f]、[n]⇔[l]。

舌面音产生：清中期泾县方音已经有部分见组字跟来自知章庄组的字声母合流，变成了[tɕ]、[tɕʰ]、[ɕ]。

卷舌音产生：清中期的芜湖开始出现了[tʂ]、[tʂʰ]、[ʂ]。

合口零声母唇化：从现代方言的情形看，可能是合口的[u]唇化成了[v]，因而跟原来的来自奉母的字合流。

2. 韵母

韵母有两个重要的变化：一个是二等韵残存的[ɪ]介音消失了，二等韵字不再跟一等或三四等保持对立。部分合并到三四等，[ɪ]介音进一步高化，变成了[i]介音，如"严"；部分合并到一等，如"咸"。第二个变化是撮口呼数量大大减少，部分地区甚至失去，合并到齐齿呼里去了。

芜湖话出现了儿化韵。泾县话中出现了声化韵 ŋ̍。

部分地区山咸摄跟江宕摄合流。只出现在泾县。现代泾县方音里，这种情况不占多数。

效摄和流摄字读音接近。

江、麻、阳、灰韵的主要元音正在从后低元音向前低元音转变。

3. 声调

平声分阴阳，浊上声归去声，共有阴、阳、上、去、入五个声调。

附录1：泾县志

清·李德淦修　洪亮吉纂　清·嘉庆十一年刊本

引《宛陵风土记》：

泾介宣陵旌太间，地方百里，语言异响，谬殊悖反。（城以雷为来，西南以来为雷之类。）城饶宫羽，入弱邻上（如屋觉近尾假之类）。东多商角，入激且沈（入声沈捺太低）。北角重宫微，徵羽隐商。西南角带变羽，商韵不张（如萧肴豪近尤之类）。大都喉齶易乎舌位，唇齿混乎帠调，土音诘屈，乡别村殊矣。

引用《郑志》：

邑中方言：家曰各（平声戈瓜切），一曰噶（该佳切）；生曰商，江曰冈；今曰庚，角曰阁；假曰各（上声），无曰麽，硬曰柳，輭曰阮，买曰马，县曰院，房曰杭，臭曰凑，会曰外，瞎曰呷，急曰艮（入声），下曰鹤（上声），望曰孟，撑曰仓，凤曰共，浓曰融，缝曰问，猫曰卯，夏曰鹤（去声），飞曰非，虎曰甫，街曰噶，讲曰吭，靴曰虾，虾曰花，牛曰齱，碓曰带，带曰大（打去声），歹曰打，韭曰苟，咬曰䪨，去曰气，吕曰李，胶曰高，翁曰拉，赊曰沙，间曰甘，咸曰寒，蚊曰猛（平声），舞曰母，梅曰埋，埋曰麻，野曰雅，尺曰策，橘曰棘，眉曰迷，叔曰粟，热曰涅，牙曰○（昂阁切），学曰鹤。（以上城乡同音）。

水曰洗（同喜），冷曰能（上声），举曰癸，食曰席，升曰星，窥曰匾，乐曰○（昂各切），酒曰久，雪曰血，走曰主，證曰敬，岁曰戏，花曰○（敷奢切），生曰酸，吹曰溪，钱曰權，（奇关切。○以上西南乡杂音。）风曰分，月曰轨，伯曰剥，孝曰耗，舅曰后，姐曰假，你曰倸。（以上东乡杂音。）皆字音之别者，蛋曰子，睡曰困，棹曰臺，盏曰鐘，读書曰念書（音舒）。男揖曰喏（茶上声），女揖曰福（音夫），一曰相假产子曰勘儿（音倪），白晝曰日（音匿）里，晚间曰暗头，鸦曰老哇，鹊曰丫雀（音削），风筝曰鹞得，尾曰尾(音米)巴,指头曰揶头,一曰揶摸得(东乡音),虎曰咍(音撼)猛得,疟疾曰半周得,皆语音之变者。称县令、丞、簿、尉官曰老爹,而冠以大(代佐切)、二(佞既切)、三、四字,父曰阿伯(城語。乡称爹有丁居、丁加二切),母曰阿姐,一曰妭(西南乡如音,东乡间作弋佳切),祖曰老爹,祖母曰奶奶,曾祖父母曰太公、太婆,媳曰新妇。媳称舅姑曰老爹妈妈,外祖祖母曰家(各平声)公、家婆,凡尊卑大小,均等呼小名(或单或双,无拘雅俗)。小名下押一字,长辈曰官,同侪曰哥,呼童子贵者曰姑,贱者曰儿(音倪。下仿此)。槩曰小末儿。称处女曰丫姑,一曰妹妹(音埋),妇人曰老相(去声)德,或作轻之之辞。人父母曰老子娘,人兄曰大(惰去声)汉。夫妇曰老公、老婆,奴曰做活得,皆称谓之俗者。如之何曰孰(作平声读。下仿此)那(或作傩,或作农,城语),一曰孰宁噶(东乡语),一曰孰乱(西南乡语)。如今日曰宁庚(该坑切,西南乡语),何处曰那(乃果切)哩,反诘不然曰约莫得,不满意人曰嗔(管翁切〇翁上声)侬(西南乡语)。恁地曰着个,突然曰三不知,苟且塞责曰闵闵(音愤)儿,坏人曰糙物(物音墨,下仿此),一曰恶物,一曰备赖物,当时曰一億歇儿,稍待曰过歇儿,候人曰等等,相亲依曰倭热(音涅),没要紧曰么搭煞,不情曰埋(音麻)乖头,不修邊幅曰剌(音辣)乖,致谢人曰括刷,可怜人曰在辜你得,诘问何物曰什么(音墨)得,骇人多物曰过些,彼曰们(猛本切)个,此曰億个反,应曰莫怎(此字随开说作变换)伊(如说要打应说"莫打伊"之类,属市井戏谑语)皆语义之约略难晓者。又神臣辰存程陈曾成仁沉醇同音(俱常尊切)。人壬银吟迎宁凝誾同音(俱倪金切)。行勤禽裙群同音(俱棋钦切)。時迟辞慈词持同音(俱厨兹切)。胡无吴(一音莪)湖壶巫狐蕪扶乎同音(俱文敷切)。儿鱼虞尼疑宜儀霓愚倪泥同音(俱吟鸡切)。元言嚴粘年同音(俱誾堅切)。居鸡几幾期拘羁同音(俱巾溪切)。为违肥微围同音(俱文非切,西南乡并"于"字入此音)。蛇茶佘搽同音(俱随麻切)。庄张章臧同音(俱占常切)。诗思丝尸司同音(俱书疪切)。知之咨枝同音(俱诸疪切)。朱诸株猪同音(俱芝初切)。馀余遗逾谀贻颐予同音(俱雲虞切)。黄皇王亡同音(俱闻方切)。书舒苏输疏纾同音(俱虽初切)。庐离驴犁鲞罹梨同音(俱灵低切)。三山杉删同音(俱酸阳切)。远烟焉淹醃冤湮同音(俱禹倦切)。父武户舞伍鳥侮妇同音(俱尾補切)。耳语女你同音(俱僸纪切)。雨矣翳以于与羽迂禹衣宇同音(俱涌纪切,西南乡语,音同"尾")。治是柿耜痔似同音(俱下止反)。倖幸近杏同音(俱距顷切)。闰佞宁泞认同音(俱腻敬切)。润郑任顺盛剩阵同音(俱仲正切)。足筑粥竹嘱同音(俱执蹴切)。石宅择硕翟折同音(俱昨责切)。物墨目木没同音(俱未北切)。协叶竭桀脅同音(俱及结切)。褐合曷盍同音(俱鹤割切)。字事寺视同音(俱注至切)。玉肉狱缛同音(俱匿菊切)。復福勿狒弗忽拂幅同音(俱服汨切)。入贼寔直什拾同音(俱孰质切)。国骨汩谷縠同音(俱姑勿切)。佛服斛物伏同音(俱放勿切)。逆日溺匿同音(俱涅吉切)。

皆声義之混杂無辨者。至红五两韵,平上同声,全入鼻音,反切俱穷。三江、六麻、七阳俱张口音,而作倭口,则已全讹。(按阖邑无江麻阳音。十灰韵,城微张,西乡全倭。又西乡于萧肴豪三韵,几声混十一尤矣。)若咸闲颜岩间俱合口音,而做张口,与今韵删咸同收,则虽半讹,犹属转韵之可通,未可谓泾方言之尽非也。(郑志)

按:泾人口齿视休、歙较清,其轻重、缓急、声转,亦尚可以意推。如:家之曰各、曰噶,同声字也;如:生曰商,房曰杭,臭曰凑,等,皆同韵字也。郑君系县人,故所记独详。今备录之,以存一方土语云。

又按:如称母曰姐、称曾祖父母曰太公、太婆等语,皆甚典。见于历代史书,又非可以方音例之。

附录 2:读等子韵说

清·梅文鼎《续学堂文钞》卷二

字有义有音，韵学士家，守帖括不讲於小学久矣。好古君子或致详於义於文，而音韵阙如，何也？畏其繁也。於是为音韵反切之学者，率欲宗音和，而废门法。愚以自今为字书专用音和可耳，若夫读古人之书，则等子门法断不可废。

盖字以地殊，亦以代别。以音言之，如端知八母、邦非八母、精照十母，古上下通切，今惟泥娘，与南音並奉可通，余皆迥别。而知反归照，澄反归床，彻反归穿，非可并敷矣。此以代而变也。又如北音疑可归喻，南则自有疑音；南音浊母自有浊音，四声具备；又群可母从清，如群与溪、定与透、澄与彻、並与滂、奉与敷、从与清、邪与心、床与穿、禅与审、匣与晓、喻与影皆相为阴阳。又只有阳平一声，余三声自归清母，上声又归去声，如群上去皆归见去，群入归见入之类。此以地而变也。以韵言之，如果假摄中今分三读，蟹摄、山摄今分二读，而古皆通叶。又如蟹之灰韵、假之麻韵，南方犹存古音，北则全无，此代与地交变也。

夫其变也，必有渐；而其分合也，皆有因。等子法以四等摄之，十三门法通之，亦其所不得已焉者耳。欲读古人之书，则必用古人反切，用古人反切，则必欲周知古今南北方言，自非等摄诸门，何以该贯。愚故曰不可废也。

附录 3：太平府志·地理·方言

清·黄桂修　宋骧纂　康熙十二年修

方音：语轻清不如省会，而亦明白易晓。官语之外有城语，有乡语。乡语在十里五里之外即有稍异，非童而习者莫辨。城语与官语不甚远。大约当涂之语气重而较清，芜湖语气清而稍浊，繁迩、南陵视芜较重，清浊相半，其本致也。至若市语、隐谜、歇后、诨谈，下贱俚鄙，龌龊之习，士君子不必详稽而悉矣。

各市镇：当涂以黄池采石为最。黄池承十字圩枢轴，民安土著，每多株守，而其士尚笃实，习诗书，无市井气。采石突出江表，以舟为家，扬帆楚豫吴越者，无虚日。其寄赢易以致富，而丧其贝者亦多。士并秀于黄池，其余博望之力穑、新市之讦悍、湖阳多鱼、蒲尚礼教，虽地柔使然，亦渐渍有以致之也。余俗从同，芜湖无市镇，止鲁港与繁分属临江贾集，故多开砻坊，操舟楫为业，民亦好斗。石硊以下诸市，人烟可以指屈，无贸迁之利，习亦不偷，奉公输輓皆朝阵而夕应也。繁昌大镇六，俱滨江河荻港，两倍城邑，商船几与芜湖土埒，士民杂处，勤诵读，负气好胜，用稍侈。故久富者少，旧县多洲厂芦鱼之产，然贫富不肯相下。黄山桥俗尚朴茂，喜积贮，红朽相继，聚语谋生，外不及旁也。故贫者十不一二。士亦务弦诵，敬官畏法，较他镇尤甚焉。峩桥俗称下乡以旱涝为消长。襄水际仓在其地，存活实多。今仓移鲁镇，民浸浸事业，亦俗狡而吝，未可以抚字缓催科也。黄浒秘迩铜陵，居民多外籍，逞智角力，息事者少。

附录 4：芜湖县志·地理·方言

清·梁启让等修 陈春华等纂 嘉庆十二年修

凡语言为一方所独有，并无故实可征者，尤为真正之方言。兹本旧志，约略举之。如这曰格、那曰故，南乡人又曰贵。然读若而，船转者等字则卷舌以读之。昨日读如错俄格，南乡人又谓之合朝。明日读若门儿格，今日读若各儿格，错俄、门儿、各儿皆两字连读。又谓腐干曰各儿，亦两字连读。于今读若儿根。惊讶之词曰格什敢，即这怎讲也。曾言谓为放敢，放即方之转，敢即讲之转也，乡人又谓潘潘敢。呼小儿曰昂呢，又曰乖乖；小儿性情乖张谓之拐嘬，小儿疲顽谓之废。称长辈曰你南格，即你老人家之省音也。倩人做事以言谢之曰起动，妇女寄语问安曰上夫，即上福之转音。南乡人谓他为奚，谓人为臣，又读若邻。肉谓之菜，旧读若臭，放读若宦，好谓之莫事，微小谓之丢丢，片刻谓之一造至。凡舌音等字,则连卷其舌以出之。盖与繁、南接壤而音近也。

附录 5: 南陵县志·卷四·舆地

清·余谊密修　徐乃昌纂　民国铅印本

占验(新增 附):

乡人俗语,于年岁丰歉时节阴晴,皆有征验。如云:

新正十日晴,年岁有十分。(谓正月上旬忌风雨也。)

惊蛰落一点,反九四十天。(谓惊蛰日雨,则一春必阴寒也。)

清明一夜雨,菜麦歉收成。(谓清明忌夜雨也。)

小暑闻雷,大暑波围。(谓小暑日打雷,则水大将坏圩也。陵俗谓霉谓围。)

雨洒霉头烂犁头。(谓入霉日雨芒种逢丙日入霉,则霉天必多雨也。)

打雷送霉,一去不回。(谓若出霉日有雨无雷小暑逢未日出霉,则秋雨必多,成倒霉也。)

六月六,水头伏。(谓水节多在五月,至六月则雨少,而水势定,岁将告成也。)

云漫中秋月,雨洒上元灯。(谓中秋夜雨,次年元宵必阴雨也。)

重阳无雨望十三,十三无雨一冬干。(谓是冬少雨雪也。)

雨雪年年有,不在三九在四九。(谓冬至后一月雨雪也。)

其平日之泛占晴雨者,如云:

明星照烂泥,晴不到鸡啼。又:

雨后夕阳照,来日水浸灶。又:

乌云接日,来朝不出。东虹日头西虹雨。

南闪火门开,北闪夜雨来。

山占:

射的(山名)白,米斛百;射的玄,米斛千。

云谚：工山下无云，山田不得耘。云护工山头，圩乡水横流。

峩岭云横，立听雨声。

（上东乡）：元旦望神龙，再看是何风。

方言（新增　附）：

凡语音之异于读音，又限于一方，莫知其所自来者，尤为真正之方言。约略举之，如："这曰格，那曰贵，小儿曰昂呢，又曰乖乖。末了曰煞格（西南乡人语），如何曰罗格。"

人读若邻，菜读若臭等，皆是。凡遇舌音等字，则连卷其舌以出之，盖陵邑之本音如是也。

第四章 明末徽州方音

第一节 材料介绍

研究明末徽州方音依据的材料有:《音声纪元》(万历辛亥,1611)、《律古词曲赋叶韵统》(万历甲寅,1614。以下简称《律》)、《韵法直图》(万历壬子,1612)、《徽州传朱子谱》(略早于《切韵声原》,1641)。

这四个音韵材料都创作于明末的徽州,多少都反映了当时徽州方音的特点,可以作为我们分析明末徽州方音的材料。鉴于这些材料反映方音的程度不同,我们在工作中以《律》为主要材料,其余为辅助材料。由于这些材料的写作时间不同,依据的方言点也可能不同(现代歙县方言分东西南北四个方言区域,之间差异很大,至于不能通话;就整个徽州来看,差距就更大),各音系之间有参差是很正常的。

从现有的音系上看,它们的共同点是主要的。声母方面,(由于《徽州传朱子谱》没有声母方面的资料,可以不论)《律》有声母 32 个,《音声纪元》有 35 个,《韵法直图》有 31 个。其共同点是:都有全浊声母,庄组字基本上跟章组字合流;疑母字有混入影喻母的。各书(图)的特点也很明显:《律》的知组清声母虽然已经并入照组,但是浊声母澄母还存在;《音声纪元》的澄母也是独立的,但是,它的章组跟庄组是分开的,中古知组基本上归章组,由于船、禅合并了,所以,澄母可以看成是章组对应的全浊声母:船、禅母是浊擦音,澄母是浊塞擦音。总的来看,《律》跟《直图》的相似点多一些:主要是它们的章、庄组都合并成照组,不同之处只是《律》比《直图》多出一个澄母。同时,在精组中,《律》混进了知组、庄组字，《直图》则精组跟知、庄组绝然不混。如果我们把《律》的澄母看成是知组合并到照组过程中的最后阶段，那么，《律》反映的方音要比《直图》反映的方音变化慢一些，或者是《律》成书时间稍微早一些。今天徽州话古知照组声母的情况主要有三种：一是像歙县的一样，庄组跟章组不合流，庄组跟精组一致，知组跟章组一致；一种是跟祁门一样，章、庄组合并，跟精组没有关涉；第三种跟黟县一样，知、章、庄组合并，但是部分知、庄组字入精组。这样《音声纪元》的章、庄分立的情况跟歙县一致，我们称为歙县型；《直图》跟祁门一致，我们称为祁门型。《律》跟黟县一致，我们称为黟县型。

表 4—1：明末徽州话类型表

<table>
<tr><td>类型</td><td>材料</td><td colspan="2">知组</td><td colspan="2">章组</td><td colspan="2">庄组</td><td>精组</td></tr>
<tr><td>黟县型</td><td>律古</td><td>澄母</td><td colspan="4">照组</td><td colspan="2">精组</td></tr>
<tr><td>婺源型</td><td>朱子谱</td><td colspan="7">只有韵母特点：臻深梗蒸摄合流</td></tr>
<tr><td>祁门型</td><td>直图</td><td colspan="6">照组</td><td>精组</td></tr>
<tr><td>歙县型</td><td>纪元</td><td colspan="3">知组</td><td colspan="3">庄组</td><td>精组</td></tr>
</table>

从韵母上看，光看舒声韵类，《律》36 个，《直图》44 个，《音声纪元》46 个，《徽州传朱子谱》只有 28 个。造成韵母数量差距如此之大的主要原因，一个是二等韵是否独立，前两者都是寒、桓有别的，《律》和《徽州传朱子谱》没有寒、桓对立和萧、肴对立等；第二个原因是《徽州传朱子谱》的臻深梗曾摄归并成了一类，这就大大减少了韵母的个数。从这些情况看，以上材料之间可能有地域的差异，也可能有时间的差异。《徽州传朱子谱》韵母特点接近婺源，加上原本伪托朱子所作，可能产生于婺源，我们称之为婺源型。

在拟测音值的时候，我们采用了现代徽州方言的调查成果，这些方言材料有：孟庆惠(1997)，平田昌司(1998)。北京大学中文系李小凡老师提供了北大中文系方言调查队1995年调查的徽州七个方言点(歙县塘里乡、富堨镇、汤口、徽州区岩寺镇、屯溪阳湖镇、休宁海阳镇、万安乡)的成果。作者本人在2003年夏天调查了歙县大阜镇(凌家和,男,59岁,小学文化)、徽州区岩寺镇(鲍宽达,男,68岁;方志远,男,72岁。都是徽州区岩寺人,退休小学教师)、黄山市屯溪区(曹建平,男;戴莹,女。两人都是81岁,高中文化)的方言。

一、黟县型:《律古词曲赋叶韵统》

《律古词曲赋叶韵统》署名新安程元初撰。《四库全书总目提要》云:"是编成于万历甲寅。"万历甲寅是公元1614年。我们用的是崇祯五年刊刻的茅元仪注考本。程元初,字全之;茅元仪,字止生。两人都是万历、崇祯时人。

(一)体例

其一,书有序言、凡例、六书大义、目录、古诗词赋分平上去入通用例、凡通用者可并四声通转用例、转用连绵不断例、凡借入声通作四声用例、古韵通用沈韵字音分别考、正文,共六部分。其中,"古诗词赋分平上去入通用例"举《诗经》韵例以证"古诗词赋"的通转。"古韵通用沈韵字音分别考"仿照《中原音韵·正语作词起例》,罗列了一些字组,加以辨析,例如"送有鬆,龙有农"等,具有方言色彩。

其二,正文用平水韵旧目,而归并、调整为十二部(韵目举平以赅上去):

1. 东、冬,

2. 支上、支下、微、齐、质、职、物、缉、锡,

3. 佳、泰、灰、陌、月,

4. 鱼、虞、屋、沃,

5. 真、文、元、侵,

6. 庚、青、蒸,

7. 先、盐，

8. 寒、删、覃、咸，

9. 萧、肴、豪、觉、药，

10. 歌、曷、觉、药、麻、黠、合、洽、曷、屑、葉、月，

11. 江、阳，

12. 尤。

每韵之下，分别注出《诗经》、古、律诗、今乐府等的分合。所用名目计有：古、律、曲、诗经、(今)乐府、(今)《中原音韵》、古词赋、元曲、元词、今十个。所用分合的术语有“通”“分”“转”“通转”等。作者用这些术语换算以上各名目之间的关系。

其三，全书正文只有同音字组，没有反切。在每一个同音字组上面标有这个音节所属的字母。共有三十二个：知组仅保留澄母，余归照组，非母并入敷母。

其四，在一些字母下面同时标有呼法，这些呼法有开、齐、合、撮、卷、开卷、开合、正、卷开、抵、抵开、闭、闭抵、闭卷等共十四种。这些复杂的呼法最早是从李登那里来的。李登的《书文音义便考私编》有十二种呼法。其后的《韵法横图》《韵法直图》分别有八种、十种。

表 4—2：四种文献中的呼法对比表

	私编(1587)	律(1614)	横图(1614)	直图(1612)
1	开口呼	开	开口	开口呼
2	闭口呼	闭	闭口	闭口呼
3	合口呼	合	合口	合口呼
4	撮口呼	撮	撮口	撮口呼
5	卷舌呼	卷		
6	抵齿呼	抵		

（续表）

7	正齿呼	正		
8	抵齿开口呼	抵开		
9	抵齿闭口呼	抵闭		
10	开合呼	开合		
11	闭口卷舌呼	闭卷		
12	开口卷舌呼	开卷		
13		齐	齐齿	齐齿呼
14		卷开	齐齿卷舌	齐齿卷舌呼
15			齐齿卷舌而闭	齐齿卷舌而闭
16			混呼	混呼
17				咬齿之韵
18				舌向上呼

从取用呼法名称的远近看，《私编》和《律》是一个系统，《横图》《直图》是一个系统。《直图》的“咬齿之韵”从口气上看，可能是梅膺祚的说法；则《直图》仅比《横图》多出一个呼法：舌向上呼。如果说《律》的“卷开”就是“开卷”，那么，它比《私编》也只多出一个呼法：齐（齿呼）。①

其五，作者考古韵利用的是《诗经》押韵和谐声字材料。他说：“盖未

① 邵荣芬（1998，p. 29）说：“到了《横图》，继《私编》之后，又创造了‘齐齿’（呼）这一术语，于是四呼之名遂臻于齐备。”这里，邵先生判断《横图》的制作早于《直图》的标准，不是刊刻年代，而是呼法的继承性。显然，《律》继承的是早得多的《私编》，有“正”“抵”等名目，而没有“齐齿卷舌呼”“混呼”等新的名目。那么，《律》应该早于“韵法”二图。这样，“齐”的发明权很可能属于《律》。从刊刻年代上看，按《四库全书总目提要》，《律》“成书于万历甲寅”，即1614年（但不知这是不是刊刻年代）。《直图》得之于1612年，比《律》早两年；《横图》序于1614年，跟《律》序同年，但是，《直图》《横图》并没有在得到，或者作序的当年刊刻出来，而是到了1615年才跟《字汇》一起面世。

有卦图，先有音韵。仓颉制字，用音韵以谐声，将谐声诸字边旁证之，古音韵居然可见。”这跟徐蒇、赵宧光等一样，是“同谐声必同部”的前奏。

（二）性质

《律》是反映当时方音的韵书。

我们把《律》作为重建明末徽州方言音系的主要材料，是因为它是一个有浓重方言色彩的韵书。根据如下：

1. 作者对不同时期诗歌韵律的看法有历史观念。作者把多种押韵材料放在一起来讨论，表面上看好像是平面地罗列，其实，他总结了各时期的押韵规律，从材料出发，以文体跟时代紧密结合，他预想得到的押韵规律应该适应不同历史时期的语言概貌。

2. 作者的一些论述透露出了他的语音背景。他说：“（浊）上声皆当读如去声。”说的是浊上变去的现象；又说：“衰心母，受审母。”其中“衰”应该是山母，可能当时山母已经并入心母。这是作者方音的流露。

3. 作者的审音方法是利用口耳辨别。作者认为，他的书“寓拊掌反切出字音法于其中”。这种方法不是只应用于书本上，还可以宣诸唇吻。他说：“二人反切即熟，片段文章皆可成诵。以口诵出，不必心思而可信口，其心易驰，故曰口耳之学。”“拍掌知音”之类的方法，如果能够宣诸唇吻，一般都会反映实际语音。

4. 作者保守思想的表现很少。作者对此前学者对时音的发掘持积极的态度。作者虽然兼通今古，但没有厚古薄今。他对《中原音韵》、今曲韵等没有一句贬斥的话，这种心态对他比较可靠地记录实际语音大有好处。

5. 最重要的，《律》的音系中有一些独特之处，如知组已经跟照组合并，但澄母却独立，没有哪一个官话方言曾经记录过这样的现象，而这却可以在明末的徽州话中得到解释：在明末徽州话里，由于船母跟禅母合流，变成擦音了，所以，在章、庄分立的歙县型方音里，跟章组配合的全浊声母就是澄母；但在章、庄无别的黟县型方音里，澄母只好单独跟崇母对立了。它的前途是变成祁门型。

总之,我们认为用《律》作为研究明末徽州方音的主要材料是合适的。

二、歙县型:《音声纪元》

《音声纪元》是我们研究明末徽州方音的重要辅助材料。

(一)体例

本书作者吴继仕,明末新安(今歙县)人。本书刊刻于万历辛亥(1611)。内有《前谱表》《后谱表》两个韵图和一些音韵、音乐理论。书中说其制作韵图的方法得自邵雍、李文利,实际上只是继承了他们把音韵和阴阳五行以及四时节气结合起来的做法。《后谱表》基本上是对《四声等子》《切韵指南》的重新归并;它的框架基本上是中古音的。比如,保持喻母三四等的区别;虽然没有分等,却把庄组依然放在第二格,精组依然放在第一、四格;一些韵部已经合并,但是却要显现出分别来,所以有两个字挤在一个格子里的现象。① 鉴于《后谱表》的保守性质,我们不把它作为我们研究徽州方音的参考材料。

《前谱表》的性质与《后谱表》不同。作者在这里完全打破了旧的等韵的格局,自创六十六声母,把所有音节都纳入到这个框架内。这些声母不是单纯的辅音声母,而是跟介音结合在一起的。例如,黄母[hu]、玄母[hj]、和母[h]共同组成匣母。韵分二十四图,74个韵母(舒声58,

---

① 这种做法被《韵法横图》借鉴,所以,在《横图》里不但有两个字列在一个格子里的,还有三个字列在一个格子里的。按,《字汇》言《横图》又名《切韵射标》。《续说郛》和清·刘廷升《青照堂丛书》都收入了此图,名《切韵射标》。这两个《切韵射标》都有两字、三字列于一格的情况。只是《横图》的双列字的性质比《音声纪元·后谱表》更复杂:《横图》是在归并音类的时候企图顾及旧韵图而产生的龃龉,它本质上还是反映实际语音的,比如"细/四",来源一样,当时的读音的确不同,所以双列;《音声纪元·后谱表》则是为了让旧韵图适应作者十二个月的框架而做的机械合并,所以双列的字都是成系统的:中古的两个韵类完全并列到一个横行里面去了。

入声 14)。入声兼配阴阳。

（二）性质

《前谱表》在很大程度上反映了作者的方音，我们这样说的理由如下：

1. 作者对旧韵图进行了彻底的调整。《前谱表》跟由旧韵图而来的《后谱表》在语音上有很大的出入，两个韵图虽然同是 24 韵，但是内涵完全不同，《前谱表》对旧的韵类进行了归并。一般来讲，改变了韵图的面貌以后就很难不反映时音了。

2.《前谱表》中，作者对声母系统进行了重新调整。创制了声介合母的形式，这样的改动显然是得自唇吻，这一点从前后两谱的差异之中可以看出。

3. 作者自己标榜："三代而下，既无采风之典，而方音各异，南北平仄不啻胡越矣。余之《纪元》者，循天地自然之音声，一一而谱之，勿论南北，勿论胡越，虽昆虫鸟兽，总不出此音声之外。"他不但要利用这个韵图通方音，而且要通人与物，这显然是言过其实。但任何语音系统都会有所依托。吴氏所记的音系特点，比如没有撮口呼等，是很特别的，因此，我们认为他的《前谱表》如果不是方音记录，至少带有很多方音特征。

4. 作者制作韵图的手续是："于音分字，字具者具之；音溷则分，字阙则空。"可见他是就音填字，也就是说，每一个字要经过读音的检验，读得出来，则填上；读不出来，则空缺。这样得到的字表应该有活的语言基础。

5. 书中记录了一些方音特点。例如，说江南有五个声调："《中原》有三声，燕齐有平无入，秦赵有入无平，至沈氏而四声始全，江南乃有五声，等韵乃有展声。"又说浊上声北方变为去声，南方没有这么变："浊音上声，北音溷读作去；在南人则绝然二声。"

（三）声母系统

《前谱表》的六十六个字母是：

舌音：敦母、丁母、通母、天母、同母、庭母、能母、宁母、雷母、霧母。

唇音：贲母、冰母、丕母、披母、蓬母、平母、萌母、明母、分母、非母、逢母、文母、微母。

舌尖前音：尊母、精母、清母、琤母、从母、全母、随母、饧母、嵩母、星母。

舌面音：知母、称母、成母、神母、声母、人母。

舌叶音：之母、初母、棖母、生母。

零声母：温母、因韵、恩母。

喉音：容母、王母、黄母、玄母、和母。

舌根音：根母、斤母、光母、铿母、坤母、轻母、共母、乾母、葵母、轰母、亨母、兴母、昂母、迎母、吾母。

从这些声母的来源上看，它们都是声介合母形式的。即声母内已经包含了介音在内。根据我们的研究，它的声母系统共有35个声母组成。

表4—3：声母表

方法 声类	塞音、塞擦音			次浊	擦音	
	清不送气	清送气	浊		清	浊
见组	见[k]	溪[kʰ]	群[g]	疑[ŋ]		
帮组	端[t]	透[tʰ]	定[d]	泥[n] 来[l]		
端组	帮[p]	滂[pʰ]	並[b]	明[m]		
非组	非[f]		奉[v]	文[w]		
精组	精[ts]	清[tsʰ]	从[dz]		心[s]	邪[z]
庄组	庄[ʧ]	初[ʧʰ]	崇[ʤ]		生[ʃ]	
章组	章[tʂ]	昌[tʂʰ]	澄[dʐ]	禅[ʐ]	书[ʂ]	日[ʒ]
晓组	影[0]		匣[h]	喻[j]	晓[x]	

(四)韵母系统

它的韵母系统的特点有：保留闭口韵；山摄一等跟二等主要元音不

同,但是一等开合口同韵;止摄三等跟蟹摄四等不同韵;舌尖元音韵母产生;江韵、唐韵合流,阳韵独立;遇摄洪(胡)、细(徐)不同韵;果摄不分开合;梗摄合口一二等没有跟通摄合流,等等。

表 4—4:韵母表

韵	涓 ɑ̃	啴 ɔ̃	坚 ɛ̃	缄 õ	含 ẽ	开 a	吹 ei	熙 i	呬 ɿ	空 əŋ	阳 ɔŋ	光 oŋ
开 0	韩	残		谗	含	孩	奇		慈	洪		航
齐 j	旋	闲	坚	咸	挦	涯		基		穷	祥	降
合 u	桓	还				怀	微					黄

韵	些 e	牙 ɛ	华 ɐ	呼 u	响 u	呵 o	庚 aŋ	云 ã	因 ẽ	交 ɔ	收 əu	阴 ə
开 0		哈				和	恒	存	痕	豪	侯	岑
齐 j	邪	牙	虾		徐		饧	旬	勤	乔	求	金
合 u			华	胡			横		魂			

声调系统是传统平、上、去、入四声。

三、祁门型:《韵法直图》

(一)体例

本图不知是何人所作,梅膺祚得之于新安(歙县),然后刊刻于《字汇》之后。它的排列方式是:横排平、上、去、入四声,竖列三十二声母,每韵一图。每图后面都说明本韵的"呼法",例如"开口呼""齐齿呼"等。它的声母系统调整了传统三十六字母,把知组并入照组,得到 32 个。有 44 张图,也就是 44 个韵母,入声 23 个。有四个声调。

（二）性质

何九盈（2000,p.227）认为《韵法直图》是作者从南方方音出发制作的韵图。耿振生（1992,p.241）认为："本图音系带有皖南吴音特点，但折中南北古今的色彩也比较浓重。"从它反映的语音系统上看，它在一定程度上保留了一些明末徽州方音特点，应该是徽州人作的。

关于《韵法直图》，已经有不少人作过研究。我们参考的有何九盈（2000,pp.225—228）、耿振生（1992,p.241）、邵荣芬（2002）、麦耘（1995,pp.193—198）、宋韵姗（1995）、郑荣芝（1999）。

（三）声母系统

声母系统的特点是：知组并入照组，全浊声母部分清化[①]，中古全浊塞音、塞擦音清化后读送气清音（跟现代徽州话一致）。非敷合并，影、喻、疑有混淆的迹象，但是基本独立，实际上是31个声母。

表4—5：声母表

方法／声类	塞音、塞擦音			次浊	擦音	
	清、不送气	清、送气	浊		清	浊
见组	见[k]	溪[kʰ]	群[g]	疑[ŋ]		
帮组	端[t]	透[tʰ]	定[d]	泥[n] 来[l]		
端组	帮[p]	滂[pʰ]	並[b]	明[m]		
非组	非[f]		奉[v]	微[w]		
精组	精[ts]	清[tsʰ]	从[dz]		心[s]	邪[z]
照组	照[ʧ]	穿[ʧʰ]	床[ʤ]	日[ʑ]	审[ʃ]	禅[ʒ]
晓组	影[0]		匣[h]	喻[j]	晓[x]	

① 邵荣芬认为《直图》的全浊声母已经全部清化，是只看到清浊相混的情况，而忽略了这种相混只发生在一定范围内：平声阴、阳分开了，浊上声也部分变入去声，但仄声中清、浊声母有对立。

(四)韵母系统

韵母的特点是:有闭口韵,“呼法”比较复杂,二等韵有特殊的类,我们认为它有一个介音[ɪ]。①

表 4-6:韵母表

		歌戈	支思	萧豪	皆来	家麻	车遮	尤侯	齐微	鱼摸	
阴声韵	开	o	ɿ	ɔ	a	ɛ		əu	i		
	齐			iɔ			ie	iəu			
	合	uo			ua	uɛ			ui	u	
	撮						ye			y	
	二			ɪɔ	ɪa	ɪɛ					
		江阳	寒山	桓欢	庚青	先天	真文	东钟	侵寻	监咸	廉纤
阳声韵	开	oŋ	ã		aŋ		ẽ	əŋ	əm	ɐm	
	齐				iaŋ	iɛ̃	iẽ	iəŋ	iəm		iɛm
	合	uoŋ	uã	ɔ̃	uaŋ		uẽ				
	撮				yaŋ	yɛ̃	yẽ				
	二	ɪoŋ	ɪã							ɪɐm	

声调方面:邵荣芬先生(2002,p.4)观察到《直图》在列字方面有这样一种现象:“即从浊声的角度说,浊音仄声往往跟同调的清音仄声重列同一个字,而浊音平声则从来不跟清音平声重列同一个字,反过来,从清音的角度说,清音仄声往往跟同调的浊音仄声重列同一个字,而清音平声则也从不

---

① 关于二等韵,何九盈(2000)、邵荣芬(2002)把他们分别归到相应的开口呼和齐齿呼类里面;麦耘(1995)和郑荣芝(1999)都认为它们有一个带有卷舌性质的介音,这个介音接近[i],其中,麦耘拟为[r],郑荣芝拟为[ï]。我们认为,这个介音是由于中古开口二等韵的主要元音比一等韵略高,所以后来衍生出一个音色比较暗的介音,它接近[i],但直到近代晚期才最后跟三四等介音合并。

跟浊音平声重列同一个字。”所以，他认为：“《直图》表面上作平上去入四个声调，而作者的实际语音透露出来的则是五个调，也就是平分阴阳。”郑荣芝(1999，pp.72—76)也持同样的看法。我们同意两家的结论。

四、婺源型：《徽州传朱子谱》

本图不知为何人所作，明末方以智展转得到，最早见于《切韵声原》，清·李邺《切韵考》引用时改作《朱子韵纲》。此图只是一个简谱，仅列出韵目，计有十二韵(《切韵考》叫十二纲)。在每一韵下面分别用开、合、闭和清、重、唱配合来确定介音，并且交代各韵类的收声。例如：“班”韵下注道：“开重收寒，开轻收山。”通过对各韵和韵下面注释的分析，我们确定该谱有28个韵母。

表4—7：韵母表

<table>
<tr><th></th><th></th><th>绷</th><th>逋</th><th>陂</th><th>牌</th><th>崩</th><th>波</th><th>巴</th><th>邦</th><th>包</th><th>裒</th><th>鞭</th><th>班</th></tr>
<tr><td rowspan="3">开</td><td>唱</td><td></td><td></td><td></td><td></td><td>青 iɔ̃</td><td>波 o</td><td>巴 ɛ</td><td>阳 iõ</td><td></td><td></td><td rowspan="2">仙 iɛ̃</td><td></td></tr>
<tr><td>重</td><td></td><td></td><td>齐 i</td><td>灰 ɑ</td><td>盆 ɔ̃</td><td></td><td></td><td></td><td>豪 ɔ</td><td>侯 əu</td><td>寒 ɑ̃</td></tr>
<tr><td>轻</td><td>冬 iəŋ</td><td>鱼 iu</td><td>微 ui</td><td></td><td></td><td></td><td></td><td></td><td>宵 iɔ</td><td>尤 iəu</td><td></td><td>山 ɪɑ̃</td></tr>
<tr><td rowspan="4">闭</td><td>唱</td><td>东 əŋ</td><td></td><td></td><td></td><td></td><td></td><td></td><td>方 õ</td><td></td><td></td><td></td><td></td></tr>
<tr><td>重</td><td></td><td></td><td></td><td></td><td></td><td></td><td></td><td>光 uõ</td><td></td><td></td><td></td><td></td></tr>
<tr><td>轻</td><td></td><td></td><td></td><td>皆 iɑ</td><td>文 uɔ̃</td><td></td><td></td><td></td><td></td><td></td><td>元 yɛ̃</td><td></td></tr>
<tr><td>重</td><td></td><td>模 u</td><td>知 ɿ</td><td></td><td></td><td></td><td></td><td></td><td></td><td></td><td></td><td></td></tr>
<tr><td>尾闭</td><td></td><td></td><td></td><td></td><td></td><td>琴 əm</td><td></td><td></td><td></td><td></td><td></td><td>廉纤 iɛm</td><td>监咸 ɪɑm</td></tr>
</table>

这个韵母系统比较简略，这主要是因为方以智的交代不太清楚，实际的状况可能要复杂些。比如可能还有入声，闭口韵(如果有的话)可

能不止三个韵母，有的地方，方氏还交代了不同声母的归属，山摄跟咸摄、臻摄跟深摄分别放在一个韵里，也许闭口韵已经跟舌尖鼻音韵尾韵合流，但方以智分别注释道："尾闭琴心收侵。""尾闭收廉纤。""尾闭收监咸。"好像闭口韵还是独立成类的。

韵母的基本特点还比较清楚："寒叶桓"，果摄不分开合，臻深摄跟梗摄韵尾合流，这些都是徽州话的特点。舌尖元音已经产生，"重收舌上知迟、正齿支痴，转赀差皆收。"二等韵已经完全失去独立的地位了，例如效摄二等、三等合流，"开轻收宵，则肴在内矣。"从这些特点看，这个谱非但不是朱熹所作，而且不会比方以智早很多年，大约是他同时，或稍早的人伪托的。

何九盈(2000，pp. 234—235)、耿振生(1992，p. 256)对这个韵谱有介绍。何先生认为："这个《谱》对研究明代徽州方言应该有意义。如'宾崩'(真登)不分，-m 尾消失，寒山与桓欢合流，都是实际语音的反映。"

第二节　明末徽州方音的声母系统

一、照组

《律》的照组基本上是由中古章组、知组和部分庄组合并而来的，但是浊声母澄母依然独立。合并的情况是：照母来自中古章母、知母和庄母开口，穿母来自中古昌母、彻母、初母，审母来自书母、山母和少数心母、晓母，日母里有几个泥娘母字。表现知、章、庄大量合并的主要是清塞擦音和清擦音。全浊声母的来源主要是：床母来自中古崇母，有少量中古澄母字；禅母来自中古禅母和船母；澄母来自中古澄母，有禅母、知母、彻母几个字。

除了合并以外，还有两个现象：一个是浊声母清化，一个是擦音塞擦音化。浊声母清化的情况是，澄母清化后主要变成塞擦音，多数送气(30字)，少数不送气(14字)，很少变同清擦音(3字)；禅母、船母清化后基本上变同清擦音审母(禅21字、船10字)，很少变同塞擦音(照3字、穿5字)。擦音塞擦音化主要是指书母少数字"翅啻深沈舍贳成赦输"变入了送气塞擦音穿母。

1. 照母：来自章母三等165字，开口125字，合口40字，出现在正、齐、开、抵、闭等呼法下。知母三等83字，出现在抵、开、齐、正下面。知母二等8字，只有一个"嘲"字出现在齐齿下面，其余没有注明呼法。庄母三等开口8字，全部出现在抵、抵开下。庄母二等十字，除了"髽茁"以外，全部来自开口。澄母三等30字，开合都有，主要是开口；主要是仄声字，平声只有五个字，除了一个"坻"在支齐微韵以外，全部出现在东冬韵。其他情况有：以母"繇"，溪母"圈戡"，透母"趟拓"，书母"娠沈"，"决镢玦缴"来自见母，"底抵湛堵"来自端母，先盐韵"戋"来自从母，真文韵"唇"来自船母，庚青蒸韵"铮"来自初母，尤韵"骤"寒覃韵"谗"来自崇母(平声)。

照母由知、章、庄变来，二三等没有分别。祁门型的《韵法直图》与此相似，只是不跟精组有瓜葛。歙县型的《音声纪元》中，此声母分为知、之两类。知类来自章、知三等，之类字来自庄、章母二三等。其中，之母中来自古章母的字只出现在阳、空、呬、涓四韵。

2. 穿母：昌母59字，彻母41字(二等6字)，澄母三等"擢篆澈"等14字(仄声，主要是开口)，初母"龇厕谶"等11字，书母"翅啻深沈舍贳成赦输"，禅母"绍社拾"，船母"射麝"，知母"沾咤"，清母"枪"，章母"踵缜帜"，透母"推倘"，见母"鄄湨"。

此母歙县型分为称、初两母，称母来自昌、彻三等，初母来自初、彻二三等。还有清、昌母个别字。

3. 床母:来自崇母“涔岑愁床”等14字,澄母“泽宅翟择爈”,知母“磔”,章母“盅”,从母“淙”,初母“刍”。

此母歙县型为桭母,来自崇、澄母开口二三等。

4. 审母:来自书母99字,山母26字,禅母22字(仄声),船母10字(仄声),崇母“涔镯”,澄母“场驰踷”,昌母“春绰”,清母“趣促”,章母“焯颤”,从母“潜”,心母“猩哨削粟叟蛸”,晓母“咻蝎向酗煦歇”。

此母歙县型分为声、生两母。声母主要来自书母,“双率刷朔衰”来自山母。生母主要来自山母二三等,有来自心母的“索(莘韵)绥(吹韵)莎(呵韵)哨索(交韵)”、书母的“束(空韵)始试(吅韵)说(涓韵)”。

5. 禅母:来自禅母97字,船母“葚舌蚀实示唇蛇塍乘绳”,书母“失室税畲”,澄母“蜍”,以母“镛揲”。

此母歙县型为神母,来自船母、禅母三等。有以母“鳙(空韵)鋋(坚韵)”、日母“热(些韵入声)辱(响韵、收韵入声)”。

6. 澄母:来自澄母94字,禅母“雔植售酬”,彻母“趁侦惆饬”,章母“惴”,船母“船”,崇母“镯”。知组的知、彻母名目已经取消了,独留澄母。

此母歙县型为成母,来自澄母开口三等,有个别字来自禅母:些韵“阇”、庚韵“成”。它进一步的发展是跟禅母合流,变同祁门型。

7. 日母:来自日母112字,泥母“忸酿挠懦”,禅母“杓”,以母“锐睿”,心母“絮”。此母歙县型、祁门型都跟全浊擦音有关联。

《律》反映的这一组知、章、庄合流的情况是不彻底的,因为它的庄组字还有部分没有合并到这一组,而是跟精组合流了。明末徽州方音还有两种情况:一是知、章组合流,跟庄组对立,如《音声纪元》;一是知、章、庄组完全合流,跟精组无关,如《直图》。《律》的情况跟现代黟县话相似,属于黟县型。

全浊声母清化的情况,可以从清声母中混入的浊声母字看出来:

照母：澄母三等30字，主要是仄声字，平声只有5个字，除了一个“坻”在支齐微韵以外，全部出现在东冬韵。“骤谗”来自崇母，“淳纯”来自禅母。

穿母：澄母三等“擢篆澈”等14字（仄声。平声只有“褫冲种踣”4字。），船母“射麝”。

审母：禅母21字（仄声），船母10字（仄声），崇母“涔镯”，澄母“场驰踣”。

从这些情况看，古全浊声母的清化正在进行之中。从澄、船、禅的情况看，仄声字清化比较多。澄母多数读同不送气的照母，少数读同送气的穿母。少量的读同清擦音审母。崇母字少，只有不送气塞擦音和擦音两种读法。歙县型的《纪元》中，全浊声母基本不清化。祁门型的《直图》中，有少量浊声母字列在次清声母地位，比如“鸩蜇”。因为没有太多信息，我们认为其浊声母清化也在进行中，塞擦音清化后可能读送气清塞擦音。

清擦音书母字有读清塞擦音的情况：

照母：书母“翅啻深沈舍贯成赦输”。

穿母：书母“娠沈”。

二、精组

由精组跟庄组（部分）组成：精庄、清初、从崇、心山分别合并。其中精组没有条件，但是庄组一般是中古开口字。浊声母从母、邪母有清化。从母清化的以仄声为多，而且多数变成不送气塞擦音，少数送气。邪母清化主要变成清擦音心母（山母）。擦音有变成塞擦音的，其中清擦音变成清塞擦音的有心母8个变入清母；浊擦音变成浊塞擦的有邪母45个变入从母。

8. 精母：来自精母184字，从母“齐荠荐”等共46字（平声7字），清母一三等“撮猝清请”等25字，庄母开口二三等（只有“俎诅”是合口）43字，知母开口二等“谪罩椿站吒”，崇母“浞栈闸揸寨砦侪”，澄母“撞幢艟绽棹翟”，昌母“憧”，匣母“挟”，见母“叫矜”，澄母“湛（在真文、寒覃、先盐韵共出现三次，分别相当于澄、定、端母）”，船母“吮”。

此声母和以下各清声母，歙县、祁门都只含有精组字。

9. 清母：来自清母141字，从母11字（4个平声），初母44字（5个合口）。彻母“拆坼虿”，心母8字，书母“戍”，山母“掺衰洒杀”。

10. 从母：来自从母89字，邪母“寻浔颂徇讼”等45字，崇母“士状崇谗撰”等17字（4个合口），澄母“杼茶撞術搽”，精母“樵兹接渐溅”等13字，清母“椠堑彩锉淬醋”，庄母“滓蓁睁狰”，章母“褶”，心母“哨洵”，见母“叫”，定母“涂”。

此母歙县、祁门都只有极少数邪母字加入。

11. 心母：来自心母244字，邪母16字（5个平声），山母90字（19个合口），还有：溪母“契跬”，生母“鹓”，清母“俏逡荃”，精母“骏甑”，从母“鸶萃”，初母“搀册”，崇母“俟士仕撰”（上声），澄母“褫”。並母“裒”。此母下《音声纪元》刻有西文字母“X”。

12. 邪母：来自邪母的有19字。“痒洋遗”来自以母，“环”来自匣母。“疾蒺嫉”来自从母。此母下《音声纪元》刻有西文字母“Z”。《古韵通用、沈韵字音分别考》表现了邪母清化成心母：“讼（邪）有送（心）”。

这一组的全浊声母清化也在进行之中。

精母：来自从母“齐荠荐”等共46字（平声7字），崇母“浞栈闸揸寨砦侪”，澄母“撞幢艟绽棹翟”，船母“吮”。

清母：来自从母11字（4个平声）。

心母：来自邪母15字，从母“萃”，崇母“俟士仕撰”（上声），澄母“褫”。

从从母字的分布看，多数清化以后归不送气塞擦音，少数归送气，

“萃”变成了清擦音。从母清化后送气与否，跟声调的平仄没有直接关系。崇母、船母变入本组的主要在不送气塞擦音和擦音，不变成送气塞擦音。歙县浊声母没有变化。祁门的浊声母清化后变成了送气清塞擦音。

清擦音读成塞擦音的有：

清母：心母“哨恤膝蟋祟粹邃萨”，书母“戍”，山母“掺衰洒杀”。

庄组大部分入精组。精、庄合流。《律》有《古韵通用沈韵分别考》辨别精、庄组：疏（山）/苏（心）、初（初）/粗（清）、阻（庄）/祖（精）、所（山）/锁（心）。前者来自庄组，后者来自精组。

三、晓组

影母和喻母都来自中古影母、云母、以母，分配的标准却不相同：影母以等为标准，部分三等字归喻母，归影母的没有条件；中古云母和以母都以开合为条件，喻母中的中古云母字都是合口，影母中的中古云母字则开合都有；影母里的中古以母字多为开口字，喻母里的则没有条件。以母还有一个条件是声调，影母里的中古以母字一般是仄声，喻母里的没有限制。从跟韵母的配合关系来看，影母跟喻母在萧肴豪韵的齐齿、江阳韵的卷舌、真文韵的撮口等处对立，可以处理为两个声母。这一点跟歙县型、祁门型一致。

匣母有少量清化为晓母，另有少量清化变同见母字；而在本书匣母字中也混有部分见母、晓母字，匣母的音质应该在晓母、见母之间。

13. 影母：来自影母的 293 字，一至四等都有。来自以母的 69 字（49 字是开口字），平声只有“炀悠攸犹”。来自云母三等 21 字，平声只有两个，合开都有。来自疑母 10 字，两个仄声。另外“桶”来自透母。《音声纪元》的影母分为温［u］、因［i］、恩［0］三个声母。其中恩母下“牙”音、“些”音平声格内分别有西文字母“A”“E”。说明这个声母是零声母。

14. 喻母：来自以母三等156字，开合参半。云母三等69字，除了“熠烨”来自开口以外，其余都来自合口，平声约占三分之二。来自影母三等的有37字，二等2字，开合都有。来自疑母的五字“伪魏呆咬隗”，来自邪母的四字“羡斜邪颂”，匣母四等“携”。

15. 晓母：来自晓母172字，匣母的65字（全是仄声）。其余，“堕敔”来自定母，“概邝既蹇炯浇”等来自见母，“芒”来自明母，“挠”来自泥母，“跫”群母，“厦”山母，“兽”书母，“忾阚隙气慊骞”来自溪母，“燹睢”来自心母，“聩”疑母，“呀哕”影母。此母《音声纪元》分为轰[u]、亨[0]、兴[i]，其中亨母牙韵平声格子里有一个西文字母“H”。

16. 匣母：来自匣母297字，平仄都有，见母21字，晓母18字。溪母“确阚棵桔”，“嵘熊雄韦莹越”来自云母，心母“洵”。

这一组中，疑母有变成零声母的。有这种变化的还有匣母、邪母。

匣母、晓母互有往来。以匣母变晓母为多。见母有不少字变成了匣母，少量变成了晓母。溪母也有这种变化，只是数量极少。

四、见组

群母有少量清化，清化的规律是平声一般送气，仄声不送气（先盐、尤韵有部分例外）。匣母清化，变成不送气塞音的都是平声，少数变成送气塞音。

17. 见母：来自见母551字，群母“轿噤菌杰倦”等27字（只有两个平声），溪母“犄锲岂轻卿”等18字，匣母“颉侠夏横肮”等19字（平声字），影母“押”，来母“烙裸”。

18. 溪母：来自溪母233字，群母16字（平多仄少，仄声限制在先盐、尤韵）。知母“绌”，疑母“屹”，“颃嗑黠吭”来自匣母开口一等，来母“骒”。

19. 群母:群母 149 字,见母 24 字,溪母“企恐鋆鰢曲劝绻渴”。

20. 疑母:来自疑母各等。还有云母“邮疣”,影母“呀”,以母“异异”,晓母“嚣献哈”,匣母“頟”,泥母“镊蹑”。

浊音清化的情况如下:

见母:来自群母“轿噤菌杰倦頍侠夏”等 30 字(只有两个平声),匣母“横”等 15 字(平声字)。

溪母:来自群母 16 字(平多仄少,仄声限制在先盐、尤韵)。“颃嗑黠吭”来自匣母开口一等。

群母、匣母变入清塞音后,基本上是平声送气,仄声不送气。跟官话的规律一致。

五、端组

跟中古的格局一致,但是定母有部分字清化。清化的规律比较明显,是平声送气、仄声不送气。泥母(娘母)里有个别日母字。

21. 端母:来自端母 161 字,定母 44 字(其中平声只有“庭提题坛投”),透母“汀榻塔遢”,澄母有“坠槌坻”,禅母“芍”。《音声纪元》此母些韵下有一个西文字母“T”。

22. 透母:来自透母 108 字,定母 35 字(主要是平声)。从母“蚕”。

23. 定母:来自定母 210 字,透母“替涕佻挑惕剔掏踏菟盹”,端母“殿掸祷敦瘴锐”,以母“轶佚”,澄母“逐妯侄泽翟爋”,初母“揣”,匣母“馄”。《音声纪元》此母些韵下有一个西文字母“D”。

24. 泥母:来自泥母 127 字,日母“娆壤濡惬糅纫诿”,疑母“镍”。泥母、来母在这里虽然分用不混,但是,可能在作者的实际语音里,泥、来已经混了。书前的《古韵通用、沈韵字音分别考》里有“龙(来)有农(泥)”,如果这两个声母没有混用,就没有必要辨别了。

25. 来母:来自来母 418 字,见母“菰谷”。

浊音清化的情况如下：

端母：来自定母 43 字（其中平声只有“庭提题坛投”），澄母有“坠槌坻”。

透母：来自定母 36 字（主要是平声）。从母“蚕”。

定母清化以后基本上是平声送气、仄声不送气。

这一组有一些特殊的现象：

a. 澄母读如定母的有“逐妯侄泽翟爞”，读如端母的有：“坠槌坻”。这种情况在祁门型的《韵法直图》里也有，例如：知母读如端母的“镇釱爹”，彻母读如透母的有“疢”。澄母读如定母的有“阵朕”。

b. 以母字读如定母：“轶佚”。

c. 日母读如泥母：“娆壤濡愞糅纫说诿”。

六、帮组

重唇音跟中古情况一样，有帮、滂、並、明，但是，並母有部分清化，主要的是仄声，其中大部分入不送气的帮母，少部分入送气的滂母。轻唇音里，非母合并到敷母，微母里有少量明母字。

26. 帮母：来自帮母 170 字，並母 49 字（5 个平声），滂母“拚披抨怖喷沛”，影母“奄阉餍厌淹”，邪母“饧”。

27. 滂母：来自滂母 105 字，並母 14 字（平声三字），帮母 14 字（二三等开口）。

28. 並母：来自並母 125 字，滂母 21 字，帮母 12 字，敷母的“覆啡”，奉母“逢”。《音声纪元》此母些韵平声下有一个反写的西文字母“B”。

29. 明母：来自明母有 334 字，微母“汶袜鹜”。

30. 敷母：来自非母有 72 字，敷母 42 字，奉母 41 字（平声 8 字），滂母“潘仆”，帮母“扮补”，並母“脯”。

31. 奉母：来自奉母 52 字，非母有：“藩坊奋分痱粪夫”，明母“宓娩”，敷“俘孚氾泛忿汎”，並母“殍”。

32. 微母：来自微母有 52 字，明母有：“娩免蔓曼戊芒硭宎”。

这一组里，非母跟敷母合流了。

浊音清化的情况如下：

奉母清化以后入敷母。

帮母：来自並母 49 字(5 个平声)。

滂母：来自並母 14 字(平声 3 字)。

清化的仄声比较多，平声少。变成不送气的多，变成送气的少。均没有规律可循。

表 4—8：明末徽州话的声母系统(32 个)

唇音	帮[p]	滂[pʰ]	並[b]	明[m]	敷[f]	奉[v]	微[w]
舌根音	见[k]	溪[kʰ]	群[g]	疑[ŋ]			
喉音	影[0]		匣[ɣ]		晓[x]	喻[j]	
舌叶音	照[ʧ]	穿[ʧʰ]	床[ʤ]	日[ʑ]	审[ʃ]	禅[ʒ]	
舌尖音	精[ʦ]	清[ʦʰ]	从[ʣ]		心[s]	邪[z]	
舌面音			澄[ʥ]				
舌音	端[t]	透[tʰ]	定[d]	泥[n]			来[l]

这个声母系统的特点有：

1. 浊声母部分清化，塞音、塞擦音清化后，见、端组基本上是平声送气，仄声不送气。其他组则没有明显的规律，一般来讲，是仄声清化多，平声清化的少；变成不送气的多，变成送气的少。

2. 知章庄组声母的分合有三种类型：歙县型、祁门型、黟县型。

3. 非、敷合流。

4. 影、喻、疑有很多混并，但是依然各自独立。

5. 匣、晓母跟见、溪母关系密切。

6. 泥、来母有混淆。

第三节　韵母系统(上)介音问题

在介绍、分析韵母系统以前,有一个关键性的问题需要解决,就是介音。除了《徽州传朱子谱》以外,《音声纪元》《律》《直图》都是深于辨别介音的。其中,《律》《直图》利用呼法来辨别,《音声纪元》利用"声介合母"来辨别。

一、《音声纪元》的"声介合母"

《音声纪元》共设置了六十六个声母,这些声母都包含一个介音(有的是零介音),是声介合母的形式。总结这些声母,可以分为三类:[i]、[u]、[0]。如果对这些介音进行归并,六十六个声母就成了三十五个了。其中,[i]介音在所有声母下都出现,而[u]介音只出现在舌根音后面。也就是说,只有舌根音有合口,其余声母都不配合口。没有发现有类似[iu]或者[y]等的介音。这说明,明末徽州话的介音也发生了跟宣城话一样的变化:[y](或 iu)→[i]。只是宣城的这种音变比较晚,泾县直到清初才完全实现这个变化;徽州则在明万历初年已经实现了。《音声纪元》的六十六声母归并为三十五声母的情况见下表:

表 4—9:端组

	端[t]	透 t^h	定 d	泥 n	来 l
0	敦母	通母	同母	能母	雷母
i	丁母	天母	庭母	宁母	霛母

表 4—10:帮组

	帮 p	滂 p^h	並 b	明 m	非 f	奉 v	微 w
0	贲母	丕母	蓬母	萌母	分母	逢母	文母
i	冰母	披母	平母	明母	非母		微母

表 4－11:见组

	见 k	溪 k^h	群 g	疑 ŋ
0	根母	铿母	共母	昂母
i	斤母	轻母	乾母	迎母
u	光母	坤母	葵母	吾母

表 4－12:精组

	精 ts	清 ts^h	从 dz	心 s	邪 z
0	尊母	琤母	从母	嵩母	随母
i	精母	清母	全母	星母	餳母

表 4－13:章组

	章 tʂ	昌 $tʂ^h$	澄 dʐ	禅 ʐ	书 ʂ	日 ʑ
0	知母	称母	成母	神母	声母	人母

表 4－14:庄组

	庄 ʧ	初 $ʧ^h$	崇 ʤ	生 ʃ
0	之母	初母	根母	生母

表 4－15:晓组

	影 0	喻 j	匣 h	晓 x
0	恩母		和母	亨母
i	因韵	容母	玄母	兴母
u	温母	王母	黄母	轰母

二、"呼法"

下面我们以《律》为纲,参考《直图》,谈谈呼法问题。

1. 正:这种呼法只出现于支齐微韵和尤韵,声母局限于照穿审精清心六母，一般来自中古开口三等，如“痴斥鸱世势”。少数来自一、四等。来自一等的有：有韵心母下“叟嗾薮擞瞍”、精母下“走”、宥韵精母下“奏”；四等的有：齐韵心母下“西犀栖”、清母下“凄妻萋”、精母下“挤”、从母下“脐蛴”，都是平声字。另外还有入声的一个音节：质韵穿母下“尺赤”。这部分字祁门型的《直图》分别归“咬齿之韵”和“齐齿呼”。两个类型的分歧有两点：一个是舌尖元音的范围不同，“痴斥鸱世势”在《律》不属于舌尖元音，而在《直图》里则属于舌尖元音。一个是尤韵的细音的音值不同，《律》的尤韵细音可能已经像现代绩溪话一样，都读成[i]，《直图》则非。从这两点看，《直图》更接近官话，《律》则保留了更多的徽州方音。

2. 齐：只出现于萧肴豪韵，涉及各种声母和声调。中古来源主要是开口二三四等，也有一等个别字：萧韵帮母下“褒”、肴韵並母下有“袍”、巧韵精母下有“蚤”、肴韵疑母下有“聱”。这部分字《直图》主要归齐齿呼。

3. 开卷：只出现于寒覃韵，只有七个字：删韵有“殷(影母)痫(匣母)”、谏韵有“晏(影母)鴈(疑母)谏(见母)”、陷韵有“嵌(溪母)”，都是开口二等字。《直图》跟这些字相当的开口二等字标为齐齿卷舌呼。

4. 开合：只有16个字，都在寒覃韵。分布在见、影、晓、匣母下，审母下还有一个“闩”。这些字都是中古合口二等。《直图》跟这些字相当的合口二等字是合口呼。

5. 开：帮母下来自开口一二等、合口一等，真文韵“宾”等来自开口三等。並母下只有6字，来自开口一二等(寒覃韵“辨”来自三等)。澄母下只有江阳韵四字(仗杖长丈)，来自三等。穿母主要出现在江阳、真文韵，都来自开口三等。床母只有寒覃韵中一个音节、两字“潺孱”，来自中古崇母开口二等。从母出现在真文、萧肴豪韵，寒覃韵下有一个“僝”，是中古崇母开口二等字，真文韵“寻浔”来自中古开口三等邪母，其余都出现在萧肴豪韵里,来自中古从母开口一等。端母、定母都只出现在真文和萧肴豪韵,都来自中古开口一等。敷母下只有两字“反返”,都来自中古非母下。见母下的开口出现在歌麻、庚青蒸、寒覃、佳灰、江阳、萧肴豪、真文等韵里,主要来自中古开口一二等,来自三等的只有“景境颈儆卿警咎鞬”。精母出现在寒覃、江阳、真文、支齐微,“钻攒”来自合口一等,其余来自开口一三等,只有支齐微韵的“济挤”来自四等。来母出现于寒覃、江阳、真文、萧肴豪韵里,除了真文韵三个字“磷粼吝”来自开口三等,其余均来自开口一等。明母来自寒覃(开口二等)、萧肴豪(开口一等)、真文(开口三等)。泥母来自开口一等,出现在萧肴豪、江阳、寒覃韵里,只有“年”来自先韵开口四等,出现在先盐韵里。滂母都来自开口二等,出现在寒覃韵,只有“扳攀盼襻”等字。清母出现在萧肴豪、江阳、寒覃韵下,来自中古开口一二等,只有“疮”来自三等。群母只有真文韵里“堇槿”等,来自开口三等。日母出现在真文韵。审母只出现在江阳、真文韵。透母出现在寒覃、萧肴豪韵,都来自开口一等,只有“绸”来自三等。微母只有“万”出现在愿韵。溪母出现在歌麻、庚青蒸、寒覃、佳灰、江阳、萧肴豪、真文韵里,除了庚青蒸韵的字来自开口二等外,其余都来自开口一等。匣母来自庚青蒸、真文、江阳、萧肴豪、佳灰、寒覃、歌麻韵,开口一二等,只有“横幻”是合口二等、“奂唤涣逭焕换会幌”是合口一等字。晓母出现在同样的韵里,除了真文仅有的三个字:“釁欣昕”来自开口三等以外,其余来自开口一二等。心母来自开口一三等,“爽”来自合口三等山母。疑母来自开口一等,“嚚谚银垠”来自三等。影母来自一二等,“泆与引尹印蚓”来自三等。喻母全部来自余母,出现在庚青蒸韵里。照母下都来自开口三等。

6. 卷开:只有两字“简柬”,出现在寒覃韵,来自见母开口二等。

7. 卷:都是开口字。喻母下只有江阳韵,都是中古余母字。匣母、影母下有尤、江阳、佳灰、歌麻二三等。见母、溪母、疑母、晓母下有尤、江阳、佳灰二三等。泥母、来母下有尤、江阳韵。帮母下有尤韵一字“彪”。

8. 合：照母出现在尤、歌麻韵，来自中古合口二三等。精母下“嵯”来自开口三等，其余来自合口一三等。心母下尤韵“瞍艘潄”来自开口一三等。晓母下，尤韵来自开口一等，其余来自合口一二三等。匣母下，真文、鱼虞、江阳韵来自合口一等，佳灰、庚青蒸、歌麻韵来自合口一二三等。喻母只有一个“王”字，在江阳韵。影母出现在真文、鱼虞、尤、江阳、佳灰、庚青蒸、歌麻、东冬韵，来自合口一二三等，尤韵还来自开口一等。见母下真文、鱼虞韵来自合口一等，尤韵和部分江阳韵字来自开口一等，其余来自合口一二等。溪母来自合口一二等，只有江阳韵的“眶筐匡”等来自三等。群母只有尤韵“臼舅咎（又开口）”江阳韵“狂”几个字，都是合口三等字。疑母“偶藕耦”来自开口一等，其余来自合口一二等。端母只出现在尤韵，从母只有一个琮字，在东冬韵。泥母只出现在尤、江阳、东冬韵，“壤儴”等来自开口，其余来自合口。来母下，真文韵字都来自合口三等，尤、江阳（浪）韵字都来自开口一等，东冬韵都来自合口一等。帮母、並母只出现在尤韵，来自开口一二等。敷母只出现在东冬韵。明母只出现在尤韵，来自一三等开口。

9. 抵开：只出现在真文韵，照母下的字都来自真韵，床母下的字都来自侵韵。相当于《书文音义便考私编》的抵齿开口呼和抵齿闭口呼。

10. 抵：照母下只有支齐微、尤韵。穿母除了“搽”在尤韵以外，其余都在支齐微韵。审母只出现在尤、齐微韵中，床母只有一个“愁”字，是崇母三等字。精母出现在江阳、尤、支齐微韵中，清母出现在江阳、齐微韵中。从母只出现在江阳韵里。心母下涉及的韵比较多，有歌麻、江阳、支齐微、尤等韵。影母下只有江阳韵，全部来自开口三等。以上精、清、从、照、穿、床、审、影母，除了精母“蕞则”来自开口一等，其余都来自开口三等。相当于《书文音义便考私编》的抵齿呼，但是范围略大，因为前者不包括影母字。应当指舌尖元音韵。止摄以外的字可能仅指其声母跟舌尖元音和谐。

11. 撮:照母下只有真文韵。喻母下有真文、庚青蒸韵。影母下有东冬韵、真文韵。晓母下,有真文、庚青蒸、东冬韵。从母出现在真文、东冬韵。穿母下只有"春椿"两字,在真文韵。匣母只出现在东冬韵,溪母出现在庚青蒸、东冬韵,以上都来自合口三等。心母下有真文、歌麻、东冬韵,除了"刷"来自合口二等,其余都来自合口三等。群母出现在真文、东冬韵,清母出现在真文、江阳韵,"窗"是二等字。泥、来母出现在东冬韵,来自合口一三等。精母出现在江阳、东冬韵,来自中古精组一三等合口,和知组二等、庄组三等开口。见母出现在真文、鱼虞、庚青蒸、东冬韵,除了庚青蒸韵的字来自合口四等外,其余都来自合口三等。床母出现在江阳韵,只有"淙床"两字,分别来自合口一、三等。

12. 闭卷:来自中古咸摄,都在寒覃韵。疑母下只有"严岩"两字,来自开口二三等。晓母下只有"喊阚",来自开口二等。见、溪、匣母下字都来自中古开口一二等。

13. 闭抵:来自中古深摄,只有一个字:渗。在真文韵审母下,来自沁韵开口三等。

14. 闭:只出现在真文、寒覃、先盐韵,来自中古深、咸摄开口三等。

以上的呼法共有十四种,设立的依据各不相同。现在,我们根据其来源和现代方言的表现,对这些呼法先进行一番整理。

"**闭**"一类呼法是从韵尾的角度分的类,可以合并到其余的呼法里。"闭卷"并入"卷","闭抵"并入"抵","闭"也可以并入"开"或其他类里,但是由于本书很多字没有标明呼法,所以为慎重起见,还是不归到相应的类里面,只是取消了这种呼法。

"**开**"应该是没有介音的开口呼韵类,主要来自中古开口一二等。例外情况也不少,一是有不少合口字,除了一些唇音字以外,还有"奂唤涣道焕换会幌"等合口一等字、"横幻"等合口二等字、"爽"等合口三等字，这些字在现代大部分徽州方言里是开口呼。所以，"开"是没有介音的呼法。

"**合**"主要来自合口一二等，应该是有合口介音的。例外主要发生在尤、江阳韵，这两个韵里有部分开口字也标为"合"。现代徽州方言里，这些字一般已经不是合口呼，但是它们的主要元音都是后的半高圆唇元音[o]。

"**撮**"基本上来自合口三等。跟官话不同的是包括精组、知组、见组字，这些字里面还有少量的二等字。它们都是细音，大致跟现代的撮口呼的情况相同。

跟"开"的名称有关的还有"**开卷**""**卷开**""**开合**""**抵开**"，前三者都只出现在寒覃韵，"抵开"只出现在真文韵照母、床母下，可能是照顾到声母的特征。真文韵其他声母下的字都归开口，包括穿母、审母字，看起来这个呼法是作者比较随意地写出来的，可以合到"开"里面。其中"卷开"只涉及"简柬裥拣"4 个字，不一定有独立的意义，现并入开卷类。"开合"基本来自合口一二等，应该跟"合"有关。其余的三个呼法都来自二等韵，可能表示二等有独立的介音。我们构拟二等韵的介音是："开卷(卷开)"[ɪ]，"开合"是[ɥ]。

还有四种呼法都来自开口三四等：正、齐、卷、抵。

表 4－16：

呼法	现代徽语介音	涉及的韵	涉及的等呼和声母
正	i	支齐微、尤(平、入)	开口三等、照穿审精清心
齐	i	萧肴豪	开口二三四等
卷	i	佳灰、尤、歌麻、江阳	开口三等、见溪疑影晓匣喻
抵	ɿ	支齐微、尤、歌麻、江阳	开口三等、照穿床审精清从影

“齐”只涉及萧肴豪韵,所以跟其他任何一个呼法都可以形成互补分布。“卷”跟“抵”涉及的韵和等呼都基本一致,不同只在声母的范围:“卷”主要涉及喉牙音,“抵”只涉及齿音,也是互补的。从现代方言的角度看,“抵”在支齐微韵一般是舌尖元音[ɿ],其余都有介音或主要元音[i];“卷”一类的介音所配的牙喉音虽然一般已经变成了舌面音,但是还有一些地方(如绩溪等)这些牙喉音依然保持舌根音的发音部位,例如:绩溪“勾[ki31]”。可能所谓“卷”就是指这种牙喉音拼细音的情况。

从韵的角度看,支思韵主要在“抵”这部分里,它的韵母应该是[ɿ]。相应的尤、江阳韵的介音也应该是[ɿ]。“正”里的字主要是流摄字,在绩溪方言里读为[i],如“斗[ti213]、头[tʰi44]、收[si31]”。它的出现跟“齐”“卷”互补,它们的音值都是[i]。

表4—17:呼法表(“抵”是开口,现为明显起见单列一种)

呼法	抵	齐、卷、正	开、开抵	开卷	开合	合	撮
拟音	[ɿ]	[i]	0	[ɪ]	[ɥ]	[u]	[y]

第四节 韵母系统(下)韵部

一、《律》的韵母数量

重建韵母系统之前,还有一个问题需讨论:就是《律》的韵母数量问题。

《律古词曲赋叶韵统》从书名上看,是要把律、古、词、曲、赋、叶韵六种押韵规则都统到一起。但事实上,作者凡是提到“词赋”的时候,一般称“古诗词赋”或者“古词赋”,而且不跟“古”“词”“赋”同时出现,所以,它们所指可能是一回事,至少它们的押韵情况是一致的。“古”单独出现的时候一般是相对于“律”而言的，所以常常跟“律”同时出现，并且对称，例如经常有：“律分古通”。这样，古、词、赋就是一样的东西了。

词还有一个名称叫“元词”。这个名称不跟“古”“赋”混淆，用韵情况也跟它们不一致，因此，书名中的“词”应当是指这个的。

“曲”也有两个不同的名称：元曲、(今)乐府。跟《中原音韵》不同，例如：卷一“东冬韵”韵目后注释说：“元曲平上去六韵同庚清通，《中原音韵》单以六韵作东钟韵。”

书内的韵目注释里没有“叶韵”的字眼，但是有《诗经》《易经》等，这可能就是叶韵了。总结这些韵目，可以得到作者的古韵系统：

第一卷：东冬。《诗经》六韵通。

第二卷：支微齐。《易经》又与鱼虞通。

第三卷：佳灰泰月陌。《诗经》通作四声用。

第四卷：鱼虞屋沃。《诗经》八韵通作四声用。

第五卷：真文元侵。《诗经》真文元侵十二韵与庚八韵通作四声用。

第六卷：庚青蒸。《诗经》八韵通作四声用。

第七卷：先盐。《诗经》先盐六韵与寒删覃咸六韵通用。

第八卷：寒删覃咸。《诗经》寒删覃咸十二韵皆通用。

第九卷：萧肴豪。《诗经》十一韵通作四声用。

第十卷：歌麻。

第十一卷：江阳。

第十二卷：尤。《诗经》虞尤通转用。

另有虽然没在韵目中提到，但在后面的押韵用例中“通”的：江阳可通庚。如果把这些“通转”的地方都合到一起(歌麻部没有提到)，可以得到以下七部：

1. 东冬；2. 支微齐鱼虞屋沃尤；3. 佳灰泰月陌；4. 真文元侵庚青蒸江阳；5. 先盐寒删覃咸；6. 萧肴豪；7. 歌麻。

这七部古韵分韵既不精，又掺杂今音和方音。江阳在一起是今音，支鱼、真庚分别在一起则一定是方音。

《律》对韵母的分析有合并，也有分析。合并的地方主要是韵目，作者根据《平水韵》的韵目，把可以互相压韵的韵目大致归并到一起。但是，这些归并还不能够准确反映近代的押韵规则，所以，在归并之外，又有分析：就是把《平水韵》的一个韵目分为两个部分。比如，作者把《平水韵》"真文元侵"几个韵排列在一起，这一步是归并；然后，又把"元"韵分成两部分，注明一部分归真文侵，一部分归先盐。作者离析的《平水韵》韵目除了元韵以外还有寒、支、麻韵。其中，除了寒韵只用于《中原音韵》以外，其他几个韵又同时用于"曲韵"。

"叶"韵的情况已见上述，"律"顾名思义就是格律诗的律。现在我们把书中涉及的除了"律""叶"以外的韵目开列如下：

表 4—18：

<table>
<tr><th>原目</th><th>内容</th><th>古韵</th><th>元词</th><th>今曲韵</th><th>中原音韵</th></tr>
<tr><td>1. 东冬</td><td>东、冬</td><td>通江阳</td><td>东冬(通庚)</td><td>东钟</td><td>东钟</td></tr>
<tr><td>2. 支微齐</td><td>支质职、微物、齐缉锡</td><td rowspan="2">通佳灰</td><td rowspan="2">通佳灰</td><td>支上：支思
支下齐微</td><td>支：支思
齐微</td></tr>
<tr><td>3. 佳灰</td><td>佳陌、灰月</td><td>佳灰</td><td>佳灰</td></tr>
<tr><td>4. 鱼虞</td><td>鱼屋、虞沃</td><td>通尤</td><td>鱼虞</td><td>鱼虞</td><td>鱼模</td></tr>
<tr><td>5. 真文元侵</td><td>真文元侵</td><td>舒入同</td><td rowspan="2">真文元侵庚青蒸</td><td>真文侵元半</td><td>真文元
侵</td></tr>
<tr><td>6. 庚青蒸</td><td>庚、青、蒸</td><td>舒入同，通真、阳</td><td>庚、青、蒸</td><td>庚、青、蒸</td></tr>
<tr><td>7. 先盐</td><td>先盐</td><td rowspan="2">先盐、寒删覃咸</td><td rowspan="2">先盐寒删覃咸</td><td>先盐、元半</td><td>先天
纤廉</td></tr>
<tr><td>8. 寒删覃咸</td><td>寒删覃咸</td><td>寒删覃咸</td><td>寒上：桓欢
删寒下：寒山
覃咸：监咸</td></tr>
</table>

（续表）

<table>
<tr><td>9.萧肴豪</td><td>萧肴豪、觉药</td><td>萧肴豪</td><td>萧肴豪</td><td>萧药、肴觉、豪</td><td colspan="2">萧药、肴觉、豪</td></tr>
<tr><td rowspan="3">10.歌麻</td><td rowspan="3">歌曷觉药、麻黠合洽曷葉月</td><td rowspan="3">古通</td><td>歌麻</td><td>上麻黠合洽</td><td>上麻、黠合洽</td><td rowspan="2">曷屑葉月</td></tr>
<tr><td>黠合洽</td><td>下麻曷屑葉月</td><td>下麻：车遮</td></tr>
<tr><td>陌屑葉曷月</td><td>歌曷觉药</td><td colspan="2">歌曷觉药</td></tr>
<tr><td>11.江阳</td><td>江阳</td><td>转通庚</td><td>江阳</td><td>江阳</td><td colspan="2">江阳</td></tr>
<tr><td>12.尤</td><td>尤</td><td>入借屋沃</td><td>尤，又入鱼虞</td><td>尤屋沃</td><td colspan="2">尤</td></tr>
<tr><td>备注</td><td colspan="6">古韵第3、4、5、6、9韵内通作四声用</td></tr>
</table>

从这个表可以看出，本书是根据“平水韵”的韵母，分为十二部，又对个别韵加以离析，以推导不同的押韵标准。这十二韵显然不是作者要描写的实际语音。但作者在对押韵作分合调整的时候很注意时代的划分，这使我们很容易确定哪个系统是我们要关注的：只有冠上“今”字的系统才是时音的系统。由于是“今乐府”“今曲韵”，所以它可能反映了地方戏曲的用韵，而不是百姓日常生活的方音。尽管如此，分析这部书的韵部对了解该地区的方音特点会有帮助。

“今曲韵”分十五部。我们就根据这十五部来分析它们内部的韵母系统。

二、各韵情况

(一)东冬韵

有合、撮两类。合口基本上来自通摄合口一等，例外有“松淞浓从泛奉捧”来自三等，是非、精组的字，都来自冬韵系。撮口基本上来自合口三等，包括“共供”等字。例外，有“桶(透)哝(泥)珑笼珑咙拢(来)综(精)”，东、冬韵系都有。

现代方言也分两类，合口三等的“弓宫躬”等字，在现代大多数方音里都变同一等“公”等了,但在徽州话里不少地方依然读细音。例如祁门“公功工[kɤŋ]”≠“共宫躬[kiɤŋ]”。黟县话发生了更进一步的变化,一等是“公功工”是[kəŋ],三等“共宫躬”却是[ʧaŋ]。以上两组字在明末黟县、歙县、祁门各类型的方音里都是分开的,这也是徽州方音的一个特点。

《直图》《徽州传朱子谱》也都分两类,但是《直图》端组字“冬”跟“东”不同音。今天在徽州话里已经没有这样的方音了,而当时这两字可能确有区别,也可能是作者因袭旧等韵。《横图》虽然没有像《直图》那样把“弓”等字列在撮口,但是撮口呼端组还是有“冬”等字。不同方音区的韵图列了相同的字,《横图》要么是抄袭《直图》,要么是守旧。

(二)支思韵

主要来自止摄开口三等,《律》注为支上。只有“抵”一类。这是舌尖元音韵。明末徽州话三个类型的音系中,舌尖元音韵母的范围有所不同。歙县型的《音声纪元》有三套声母可以拼舌尖元音:精组[ts]、庄组[tʂ]、章组[ʧ];祁门型、黟县型都只有两套声母,因为它们的庄、章组合流了:精组[ts]、庄章组[ʧ]。

这一韵可以跟下面支齐微韵在一起押韵,《徽州传朱子谱》把它们都归在“陂”韵。这应该是作者归韵时候的标准不同所致:如果从韵母上考虑,本韵应该跟支齐微韵分开,如果从押韵上考虑,则可以合到一起。

本部有入声,来自臻、深、梗、曾摄。

(三)支齐微韵

由支下和齐微组成,来自止摄、蟹摄开口三四等。有“正”“开”两类。“虽”“吹”等字没有注明呼法,跟开口一样开列,应该是开口呼。“规亏葵辉追累”等字分别跟在开口呼字后面,用圆圈隔开,应该是标志合流,比如(前字为音节开首的字头,后字在圆圈后面):

羁/规、欺/亏、奇/葵、宜/危、驰/槌、离/累、追/知、羲/扮、移/为、幾/归、沂/嵬、衣/威、希/挥、鸡/圭、鸡/奎、已/轨、起/跬、跪/技、里/壘、随/徙。

这里边的个别字是把合口字放在前边，开口反而放在后边，说明作者无意去区别开合。用圆圈隔开的目的只是要说明其来源。现代徽州话还有类似的情况：例如婺源“厉＝累[lɤ]，利吏丽＝类泪[li]”。这可能是由于[u]介音失去而使得开合合流的结果。婺源话有一个韵母[uɤ]，只有[k]、[kʰ]、[x]三个声母有字：[kuɤ]规诡、[kʰuɤ]亏窥跪、[xuɤ]惠慧毁。而这些字的这种读音只限于读书音(平田昌司 1997，p. 153)。说明这个韵母正处于消失之中。而这个消失的过程在明末就已经开始了。黟县话也有类似的情况，例如：“危”有两个读音[ɛi]、[yɛi]，是自由换读。说明此前曾经有过开合混淆的阶段。

本部有入声，来自中古陌、月韵。

(四)佳灰韵

由蟹摄字组成，有开、合、卷三类。开来自开口一等，卷来自开口二等(例外有“唉$_{一等}$”)，合来自合口一二等(一等有“国外”)。

这一韵的情况有两种类型：歙县、祁门、黟县为一个类型，二等韵“皆”类独立，没有变成齐齿呼，所以都有该、皆、乖三个韵类。另一个类型是如《朱子谱》那样，只有两类。洪音一类，“灰该”同音，读开口呼；二等“皆”等字读齐齿呼。《朱子谱》“牌”韵下有注释：“开重收灰，闭轻收皆，正齿‘斋钗’亦收重，‘得杯陪’亦可错收。愚所谓字无定也。”这里“灰”成了开口呼，跟“斋钗”都收重；“皆”等已经有了典型的[i]介音，是齐齿呼“闭轻”。“得杯陪”等字已经跟本韵不合，应该在齐微韵里了，所以，如果勉强收在本韵就是“错收”，是在“字无定”的原则下方可收此。

“灰该”同韵母的情况在现代徽州话里有表现,其中同读开口呼的有两个地方:

表 4—19:

	绩溪	婺源	祁门	黟县	屯溪	休宁
灰	fa	xɤ	xuɑ	xuɤ	xuɤ	xuɤ
该	ka	kɤ	kuɑ	kuɤ	kuɤ	kuɤ

根据上表,我们说《朱子谱》接近婺源方音,加上它曾经伪托朱子大名,我们把它看成是明末婺源型方音的代表是妥当的。

本部有入声,来自通摄。

(五)鱼虞韵

主要来自鱼虞模韵,有少量尤侯和屋沃觉韵字。有合口、撮口两类。注明呼法的字都是入声字,合口来自屋沃合口一等,影母下的字来自合口三等。撮口来自中古合口三等。舒声没有注明呼法,但是比照入声的情况,我们可以也把它们分成合口、撮口两类:大致是模韵为合口,鱼虞为撮口。

这个韵的洪细两个韵母在当时的官话和吴语里差不多都不押韵了。自从《中原音韵》把遇摄字放在一起,称为鱼模韵以后,到了明代基本上没有人再这么称谓了,因为明代的韵书差不多都把这一韵按照洪细分为两部分。《洪武正韵》《韵略易通》《韵略汇通》《重订司马温公等韵图经》《书文音义便考私编》《西儒耳目资》等都是这样。其中,《重订司马温公等韵图经》把洪音部分独立出来叫做祝摄,细音归到止摄,跟支思、齐微放在一起,说明它已经不能跟洪音部分押韵,而变成了舌位前高的元音了。吴语的《元声韵学大成》也分为须鱼、苏模两个韵。在须鱼韵韵目下,作者说:“《中州》以鱼模为一韵,今分之。”《中州》,又叫《中州韵》,就是作者认为“世之标帜”的《中原音韵》。作者能够改变它,说明作者是确有所据的。

那么,《律》不把遇摄字分为洪音、细音两个韵,是不是守旧的表现?为什么作者在支思韵、齐微韵的归字上那么尊重方音,而在遇摄字上却一味守旧呢?我们在黟县方言中找到了答案。黟县话大部分遇摄洪音字读[u],但是遇摄细音字却读[yɛi]。这两部分的前身是什么?它们是怎么分化的?黟县话根本没有[y]或者[iu]韵母,跟[yɛi]韵母相配的是[uɛi]。但是[uɛi]韵中也有来自遇摄的细音"女吕旅驴虑"等。分析这两个韵母的组成成分,我们会发现,这两个韵母就是遇摄的古读,[u]韵母是受周围方言影响而后起的。

这两个韵母的字都来自中古见晓组和泥、来、心母。韵母分别是遇摄(居区鱼)、止摄(虽跪亏)、蟹摄(桂)、臻摄(军群孕)、通摄(永琼)三等合口。[①] 这些字是怎么来到这两个韵母的呢?先说臻摄、通摄字。黟县话这两个摄已经合并,它们的开口、合口分别是[aŋ]、[uaŋ],没有相应的撮口呼。这个韵本来应该有撮口呼[yaŋ],显然[yɛi]是[yaŋ]变化来的:首先是[a]受到[y]的前高部位同化变成[ɛ],然后[ŋ]受到前高元音的同化变成[i]。

这两个韵母里的止、蟹摄字都是合口字。跟他们同一地位的字一般同蟹摄字合流,读[uaɯ],如:对堆台雷来。早先时候,三等的介音可能是细音,它后来的变化应该是[yaɯ],后来[ɯ]受到[y]的影响变成了[ɐ]。黟县话正有一个包括有止、蟹摄三四等合口字"规闺圭"的韵母[yɛɐ],它进一步的变化就应该是[yɛi]。

综上所述,黟县话[yɛi]、[uɛi]两个韵母中的止、蟹、臻、通摄字都是后来加入的,只有遇摄字跟其他韵母没有关涉,是这两个韵母

---

① 这里举的字都是读[yɛi]韵的,读[uɛi]韵的有:遇摄:旅吕女,止摄:类累愧挥毁,蟹摄:凯溉概,臻摄:仑沦抡律。这两个韵所辖字的来源没有区别。只是读[uɛi]的字少,读[yɛi]的字多。

的本有的成员。那么,它们的原来的区别很可能就是洪细。也就是说,现在读[u]的那些字,以前在[uɛi]韵母里面。[u]韵母是后起的,因为在黟县话中除了这个[u]、[ɿ]以外,没有别的单元音韵母是高元音的,例如[i]、[y]都不存在,这似乎是一种排斥高元音韵母的方音。[u]韵母的产生是受到外来影响的结果。这样,在早些时候,遇摄字就是韵基相同而洪细不同的同韵关系。这再次说明,《律》代表的方音可能是黟县话。

(六)真文韵

来自真文侵及元之半。有开、合、撮、闭、抵开等。其中闭、抵开可以合并到开口,实际上是开、合、撮三类。开口来自真侵开口三等,唇音来自合口。合口来自谆、魂合口一等。撮口来自谆、文合口三等。《律》之所以要分出真文和侵,是由本书的体例决定的,因为作者是利用了现成的平水韵韵目,他还要在这本书里表现其他时代的押韵模式。虽然标明了"闭口",但是能跟山、臻摄押韵,所以,它的[-n]、[-m]韵尾的对立不是现实的。歙县型和祁门型与此不同,歙县型《音声纪元》虽然在其《后谱表》里把闭口韵跟前鼻音韵尾韵放在一起,但是,那是为了凑够作者的二十四的数字;作者在反映方音较多的《前谱表》里则给闭口韵以独立的地位。说明它保存的闭口韵是现实存在的。

"樠烦繁番藩蘩樊袢反言鼋沅原芫源元"等字来自元韵。另外一些来自元韵的字"鸳冤蜿宛暄喧萱谖埙轩掀骞蹇袁辕猿园垣援媛"等,前面注明归先韵,这些都是晓组字。

这一韵的进一步发展是跟庚清蒸韵合流。婺源型《朱子谱》把"宾崩"当成一个韵目,韵内包括了臻、深、梗、曾四摄的字,而且没有再为这几个摄另设韵目,显然,这几个韵已经合并了。

(七)庚青蒸韵

来自梗摄、曾摄。有开、合、撮三类。开口来自中古开口一二三等，四等没有标明呼法，现比照三等，也列在开口下。例外有“横”来自二等合口。合口来自中古合口一二等，只有“犷嵘”是三等字。撮口一概来自合口三四等。

梗摄没有齐齿呼看起来比较奇怪，其实这正是本地方音的一个特点。试比较：

表 4—20：

	阳湖	休宁	歙县汤口	歙县富堨	黟县
庚二等	kɛ	ka	kæ	kaŋ	ka
京三等	tɕiɛ	tɕiɛ	ʧiɛ	ʧaŋ	ʧɛɐ
经四等	tɕiɛ	tɕia	ʧiɛ	ʧaŋ	ʧɛɐ

这个表反映了等消失的两种途径：一是二三四等合流，如歙县富堨话；一是三四等合流，跟二等对立，如其余几个点。后者又分两种情况：一是四等合并到三等，都带[i]介音，如湖阳、休宁、汤口；一是三等合并到四等，都不带[i]介音，如黟县。《律》的梗摄二三等可以押韵，又都是开口，跟歙县富堨话一致。《直图》有开口呼（庚）、齐齿呼（京）、合口呼（觥）、混呼（实为撮口呼，扃）四类，三四等开口字变成了齐齿呼，跟阳湖、休宁、歙县汤口话等多数方音一致。《纪元》跟《直图》基本一致，但少了一个撮口呼，它合并到通摄去了。在这一点上，《纪元》比《直图》前进了一步。

（八）先盐韵

来自先仙盐添开、合口三四等，有少数字来自寒桓谈覃一等、删二等。真文韵里有元韵影晓喻母字也归本韵。本韵只有开口和闭口，实际上只有开口一类。三四等归开口，也是方言现象。

表 4—21:

	富堨	岩寺	绩溪	婺源	黟县
坚山摄四等	ʧe	ʧᴇ	tɕiēi	tɕɪ	tɕi:e
建山摄三等	ʧe	ʧᴇ	tɕiēi	tɕi	tɕi:e
兼咸摄四等	ʧe	ʧᴇ	tɕiēi	tɕi	tɕi:e
剑咸摄三等	ʧe	ʧᴇ	tɕiēɪ	tɕi	tɕi:e

上表反映的山摄三四等的韵母有洪细两种①。《律》与富堨、岩寺的方音一致,而其他地方都是细音。所以《纪元》《直图》介音都只有一类,《纪元》为坚韵和含韵的搿类,只跟细音声母拼合;《直图》为坚、兼两韵,分别注明"齐齿呼"和"闭口呼",其实都是齐齿呼,具有[i]介音。

(九)寒覃韵

来自山摄、咸摄一二等,也有一些三等字。有开卷、开合、开、卷开、闭卷、闭。其中卷开应该合并到开卷,闭卷应该合并到卷,闭不是呼法,可以不计。这样,实际上是开卷、开合、开三类。开卷来自山咸摄开口二等,开合来自山咸摄合口二等,一等只有"倌惋腕"。"开"来自开口、合口一二等,例如,篡(合口二等)、换(合口一等)、办(开口二等)、安(开口一等)。

这种山摄一二等开、合口合流的情况并不多见,我们在婺源话里找到了例子:肝=官([kom])、杆=管([kom])、干=惯([kom])、寒韩=还桓([xom])。屯溪、休宁、黟县、祁门也是这样。它们的相同点是主要元音都是圆唇的。《律》的不同是,以上各点的方音中山摄一二等字还跟二等合口字混淆,比如都跟"关"同韵母,而《律》的二等合口则单独成类,还没有合并到一等里去。祁门型的《韵法直图》也保留闭口韵,只

① [tɕi]、[tɕi:e]里的[i]都是主要元音,而不是介音。它们是否来自有[i]介音的韵母尚需要论证。

是闭口韵的数量不同：歙县型咸摄有四个闭口韵韵母，祁门型只有三个。区别只在二等舌齿音字是否独立：祁门型的二等舌齿音字不独立，而是跟一等一起组成甘韵；歙县型的二等舌齿音字是独立的，二等牙喉音组成咸韵，二等舌齿音组成谗韵。

表 4—22：

<table>
<tr><td>祁门：直图</td><td>甘</td><td>兼</td><td>监</td><td>甘</td></tr>
<tr><td rowspan="2">歙县：纪元</td><td colspan="2">含</td><td colspan="2">缄</td></tr>
<tr><td>含</td><td>挦</td><td>咸</td><td>谗</td></tr>
</table>

《纪元》的“谗”类依然保持二等韵的地位，是一二等对立没有完全消除的表现，因此，它表现的音系是比较早一点的。进一步的发展就会变成祁门型。

婺源话一二等韵也是对立的，所以“寒/山”对立。但是，跟现代婺源话一样，明末婺源话的特点是一等开口、合口没有对立。《朱子谱》班韵下有注释：“此读寒叶桓。”现代婺源话“寒＝桓[xom]”，“干＝官[kom]”，“宽＝看[kʰom]”。

相比起来，《直图》还保持着一二等的对立：官/关、干/艰。《纪元》也是这样：韩/残、桓/还。它们更具有保守性，这有地域的关系，也有时间的关系。

本部有入声，来自宕江摄。

（十）萧肴豪

来自效摄。有开口、齐齿两类。开口来自一等开口，例外有“嚣绸缲昝（三等）挠（二等）”。齐齿来自开口二三等，“鳌蚤袍褒”几个字来自一等。本韵的入声都没有注明呼法。二等已经跟三等合并。明末婺源型、歙县型也是如此，但祁门型为三类：一等为高韵，二等为交韵，三四等为骄韵。

本部有入声,来自山咸摄。

(十一)上麻韵

包括上麻黠合洽。有开、合、抵三类,开、合分别来自佳、麻韵开口(加等)、合口(瓜等)二等牙喉音。抵类只有“洒要傻洒”4个字,应该跟所有的唇舌齿音为一类。《纪元》多出一类,只有“哈咱啰辣”等字,另外亨母、恩母下分别有“H”“A”,可能是呼唤之词。其中“A”可能正标明了这一韵的主要元音。

(十二)下麻韵

来自戈合口三等、麻开口三等。注明呼法的只有4个字,其中“嗟瘸靴”注明是“合”,“舍”是“开”。“嗟”来自麻开口三等,在《律》里跟“罝謯”同音。这三个字在《广韵》里在同一小韵,但是“罝”现在一般读jū,可能这几个字在《律》里已经全部变成合口了。虽然标明“开”的只有一个字,但是我们根据来源,还是把这个韵分成开合两类。来自戈合口三等的归合口,来自麻开口三等的归开口。

祁门型《直图》把这两个韵母分别注为齐齿呼、撮口呼,与此不同。而跟官话一致。歙县型的《纪元》没有出现来自果摄合口三等的字(例如“靴瘸”等)。可能这部分字跟其他韵类的字合并了。在现代歙县话里有这样的情况,例如:歙县富堨“瘸”字跟来自假摄开口三等的字(如“茄”)同音,都有文白异读:[ʧʰɒ]白、[ʧʰye]文。其中白读还跟假摄开口二等字的文读一致,如“假[ʧɒ]文”。在这种情况下,歙县型的果摄合口三等字既可能合并到果摄开口三等,也可能合并到假摄开口二等字内了。① 它在早先的某一个时期可能是合口的。试比较现代徽州话的情况:

① “假”的白读是[ko],这是一个更早期的形式。它的韵母的原形可能是[ɒ],被声母发音部位拉动,高化为今天的形式。这是同源层次。“瘸”的文读则是异源层次的,[ʧʰɒ]白是本地读音,[ʧʰye]文则是受外来影响而产生的。“瘸茄”同音的情况在徽州话里不乏其例,例如歙县:瘸＝茄[ya]。

表 4—23：

	岩寺	富堨	休宁	休宁西门	屯溪阳湖
茄	ʧɔ白、ʧyᴇ文	ʧɒ白、ʧyɐ文	kɔ		kɔ
瘸	ʧyᴇ	ʧɒ白、ʧyɐ文		kua(拐)	
靴	ʃyᴇ	ʃyɐ			

上表中休宁西门的发音人说当地方言没有“瘸”字，他们一般说“拐”。这可能是训读，但也可能是“瘸”“拐”合流了，因为果摄和蟹摄部分字是合流的，例如“左＝宰[tso]”。

从三个字在上表中的表现看，它们原来的韵母很可能是合口的。

（十三）歌戈韵

来自中古歌戈韵，有开合两类。入声“曷”韵标明是“合”，包括“割葛（曷韵）阔适（合韵）”。

这个韵有两个类型：婺源型跟歙县型一致，都不分开合，只有一类。黟县型、祁门型则分开合两类。现代方言也是两种：不分开合的有：黟县“歌锅果裹个过可棵科禾和火祸”的韵母都是[au]，歙县“歌哥过锅果个可科棵窠卧饿火祸和河禾”的韵母都是[o]。分开合的有：祁门“歌哥个可鹅”读[ɔ]，“锅果过科棵颗课窠和禾火祸”读[uːə]。除了黟县之外，都跟明末韵类正合。

（十四）江阳韵

来自江摄、宕摄。有开、合、卷、抵、撮五类。“开”来自开口一等、三等的知组、章组、晓母字。“合”来自合口一等，还有个别见系合口三等字。“卷”来自开口二三等见系字，还有“缸虹讧控”等几个一等字。“抵”主要是精组、庄组开口三等字。“撮”包括来自江韵的全部知组、照组、精组字。

歙县型有三类，缺少“抵”“撮”类。《纪元》无撮口呼，如果认为所谓的“抵”类只是声母方面的特征的话，歙县型就跟黟县型是一样的了。婺源型、祁门型只有三类，缺少“抵”“卷”两类，开口二等跟开口三等合流了。但是，现代祁门话里虽然江韵二等已经不能独立存在了，却不是合并到阳韵，而是跟一等合并了。例如“江＝冈[kõ]≠姜[kiõ]”。是不是《直图》根本代表不了祁门方音呢?

回答是否定的。首先，虽然我们称《直图》为“祁门型”，但仅是一个称呼而已，并不指望它真的是今祁门话的祖先，只是它的多数特征能在今祁门找到而已。其次，江韵归一等的情况在现代徽州话里很普遍，例如江韵在黟县也是跟唐韵合并的：“江＝冈[koŋ]≠姜[tɕiŋ]。”屯溪、休宁等处也是这样。但是，我们通过《纪元》《律》已经知道，在明末的时候它们的江韵都是独立的，那么，今天徽州话的江韵合并到唐韵的现象只能是后起的。再次，江韵在今天徽州话里的归属并不一定跟《直图》反映的音系相违背。虽然《直图》里江韵字跟阳韵字排在一起，但是这并不说明它们是同介音的，因为《直图》给它的呼法是“混呼”。下面我们要讨论一下这个“混呼”。

“混呼”的名称见于《韵法直图》《韵法横图》。学者们一般认为，所谓“混呼”就是两种呼法的混合。最早提出这个看法的是李新魁。他从今音出发，发现所谓“混呼”大致都包括两个不同的介音，所以表示介音差别的“混呼”是不存在的，实际上只有开、齐、合、撮四呼(李新魁 1986，p. 254)。赵荫棠则认为“混呼”标志着实际语音的差别，因为在《直图》里“混呼”不仅指有开口、齐齿混的江韵，齐齿、撮口混的扃韵，而冈韵没有两个呼法的混合，却也标明平入是开口呼，上去是混呼。“这不见得全是泥守等韵的关系，恐怕是当时的读法就有差异。”(赵荫棠 1956，p. 112)如果从方音的角度考虑，则赵说有理。

其实，跟赵荫棠持相同看法的人古已有之。清·胡垣《古今中外声韵通例》认为混呼跟声母清浊有关系，他的确切所指可能还有待进一步探讨。清·马自援《等音》有“第二分五音”用宫商角徵羽给语音分类：“宫喉音合口呼，商齿音开口呼，角牙音卷舌呼，徵舌音齐齿呼，羽唇音撮口呼。”也是把声母（喉齿牙舌唇）跟介音结合起来来解释呼法的。他的“卷舌呼”又叫“卷舌混呼”，是专门为见组（牙音）拼齐齿呼而设立的。清·林本裕《声位》进一步解释了这种呼法：“且有角音中字反切不出，等韵家乃增立门法，诚为蛇足。即如‘角’字旧系吉岳切，则与徵音中‘觉’字同音矣。然天地自然之音终不能泯，故俗呼‘角’字微似‘各’字之音，乃正是本音，但须闭口卷舌混呼方得之。”从这段话可以清楚地看出，“角”字是二等字，声母依然是[k]，“觉”也是二等字，但是声母已经变成了[tɕ]。所以林本裕把[tɕ]声母的“觉”归到徵音，即舌音里去。而“角”却跟一等字“各”声母略近，“须闭口卷舌混呼方得之”。但是也许二等当时是一个前半高的元音，或者有一个介音，比如是[ɪ]，所以其声母是[c]，这才是“混呼”的确切含义。换句话说，“混呼”指的是见组声母没有腭化以前跟半高元音韵母相拼的音节。如果是这样，见组声母在没有腭化以前，跟三四等韵母相拼的也可以叫混呼。

马自援继承这种呼法并不是用来描写通行官话的，所以在“汉音（官话）”中，“卷舌混呼”应该归到齐齿呼里去，所以他在教读者读他的韵图时不必读“角音”一行：“角音与徵音之字全同，但出口后旋闭口，与混呼少异。”混呼只存在于方音之中，他说：“汉音无角音中字，故不用。惟粤豫闽三省有角音中字。”

粤豫闽三省的现代方音可以帮助我们认识这个混呼。

先说粤语（据北大中文系语言学教研室编《汉语方音字汇》），广州的宕摄字一二等一般读[ɔŋ]，三等一般是[œŋ]。主要元音一个是前元音，一个是后元音。如果他们曾经同韵，主要元音就一定相同，我们认为那时候的主要元音是前元音,可以参见阳江的三等是[iɛŋ],这个韵母更古老。

现代闽语福州话有文白异读,例如,“江”[kouŋ]$_{文}$、[køyŋ]$_{白}$。白读的两个元音都是前高的。白读音的主元音比文读舌位高或者前,这是闽语的特点。我们试找出《汉语方音字汇》中所收的厦门、潮州、福州、建瓯四地,有文白异读且区别仅在主要元音的江宕摄见组字,比较如下:

表 4—24:

字		冈	江	刚	纲	缸	杠	腔	康	糠	讲	强
地位		宕开一	江开二	宕开一	宕开一	宕开一		江开二	宕开一	宕开一	江开二	宕开三
厦门	文	kɔŋ		kɔŋ	kɔŋ	kɔŋ	kɔŋ	k^hiɔŋ	k^hɔŋ	k^hɔŋ	kaŋ	k^hiɔŋ
	白	kaŋ		kaŋ	kaŋ	kŋ̍	kŋ̍	k^hiũ	k^haŋ	k^hŋ̍	kɔŋ	k^hiũ
潮州	文							k^hiaŋ		k^haŋ		
	白							k^hiũ		k^hɯŋ		
福州	文		kouŋ					k^hyɔŋ				
	白		køyŋ					k^høyŋ				

上表中除了厦门话“讲”字以外,其余都是文读主要元音舌位后或者低,白读主要元音前或者高。见组以外的字跟这些字一致,不再赘述。

河南话形成四呼的时间比较早,明末《青郊杂著》已经分“四科”(相当于四呼)了,但是江摄并没有跟宕摄合流,“江[kiɔŋ]≠姜[kiaŋ]”(见王建喜 2003,p.17)。到了清·马自援和林本裕的时候,可能阳韵字(三等)的见组声母已经腭化,而江韵字(二等)的见组声母还没有腭化,所以跟“姜”等字不同。现在河南部分地区依然有舌根音拼细音声母的,例如本人家乡附近的遂平人常常把“隔”说成[cɛ],但是也可以说成[tɕiɛ]。河南多数方言把“讲故事”的“讲”说成[kaŋ]，这个字声母的前身可能跟“隔”一样也是[c]。

现代徽州话宕江摄有两种类型：一种是，宕摄开口一等、江摄开口二等合流，跟宕摄开口三等主要元音不同。例如，黟县话“江＝刚[koŋ]≠姜[tɕiŋ]”。另一种是，宕摄开口一等、江摄开口二等也合流了，但跟宕摄开口三等主要元音相同。例如祁门话“江＝刚[kõ]≠姜[tɕiõ]”。前一种类型跟吴语相似，例如，苏州话“江＝刚[kɒŋ]≠姜[tɕiaŋ]”，温州话“江＝刚[kuɔ]≠姜[tɕi]”。后一种类型跟赣语、官话相似，例如南昌话（赣语）“江＝刚[kɔŋ]≠姜[tɕiɔŋ]”，扬州话（官话）“江＝刚[kaŋ]≠姜[tɕiaŋ]”。体现明末徽州话的《律》《直图》《纪元》中的江宕摄字都在一个韵里，主要元音一定相同，因此，明末的徽州话的江宕摄的格局是赣语、官话型的，而不是吴语型的。

现代徽州话的江宕摄主要元音一般是后元音，个别地方是前低元音。那么它们此前是前元音，还是后元音呢？比较歙县方音中“刚”字的差异，我们可以找到一个猜测：

表 4—25：

塘里	屯溪阳湖	休宁西门	歙县汤口	岩寺	富堨	休宁
kaŋ	kau	kau	kɔ	ko	ko	kɐu

从[kaŋ]到[kau]的变化是歙县方音阳声韵变成阴声韵的一个途径。张琨（1986，p. 14）在观察了徽州话的宕江摄字（如深度话“黄望忘[ũ]、羊娘[ioũ]”）以后说：“这里可以看到舌根音与舌根元音 u 的关系，休宁方言 * ɑŋ 读成 au；黟县方言中和 ɔŋ 韵相当的入声韵是 ɔu，和 iŋ 韵相当的入声韵是 iu。”[kau]接下来的变化可能是[ɔ]，然后高化成[o]；或者是[ɐu]。这个演变过程可以图解如下：

kaŋ → kau ↗ kɔ → ko ↘ kɐu

也就是说，徽州话宕江摄字的主要元音本来是前元音，变成后元音是后来的事。下述各点方音的一些不整齐的读音可以作为旁证。

表 4—26：

	塘里	屯溪阳湖	休宁西门	歙县汤口	岩寺	富堨	休宁
"刚"字	kaŋ	kau	kau	kɔ	ko	ko	kɐu
不整齐的字		慷 kan	虹 xan	昨 tɬɵ	昂 ɔ	昂 ŋe	躺 ta

如果徽州话江宕摄字早期的主要元音是前元音，从后来的发展趋势看，它早期可能会更高一些，这样，它跟舌根音拼合时候就是"混呼"。

(十五)尤韵

来自流摄。有正、卷、合、抵四类。"正"来自知组、章组和部分精组开口三等(清母"趋取"、精母"走奏"、心母"叟瞍薮擞嗾嗽嗾")。"卷"来自见系和来、泥、明等次浊声母开口三四等。"合"来自开口一等，有一个例外"臼舅咎"是三等字。"抵"来自精组、庄组开口三等。

婺源型、祁门型和歙县型都只有两类，一类是开口呼，一类是齐齿呼。可能黟县型的《律》的主要元音是合口性质的，所以称为合口，如现代歙县汤口话"狗口"韵母都是[ɔ]，"钩勾"韵母都是[ɵ]，均为合口性质的元音。《律》所谓正、卷、抵在此韵可能只有声母上的分别，应该同是齐齿呼。

尤韵的洪音字在《书文音义便考私编》里也是合口，说明《律》的这个呼法是从《私编》来的。有人认为李登把尤韵的洪音标为合口是"把韵尾收 u 的字也归入了合口呼"。现代南京话和徽州大部分地区的话流摄一等字韵母都是[əu]，上述解释似乎可以行得通。但是这种解释不能适用于《私编》中同标为合口的“靴瘸”等字，因为这些字在现代南京话里还是撮口呼，按赵元任记为[iue]，这个音跟官话一致（赵元任 2002，p. 288）。而今扬州话“靴[suəi]”、“瘸[tsʰuəi]”，正是合口呼。徽州话果摄合口三等早期可能也是有合口介音的，参见下麻韵。尤韵与此同类，可以拟一个圆唇元音[ɵ]。

表 4—27：韵母表

		东冬	支思	齐微	佳灰	鱼虞	真文	庚青	先盐	寒覃	萧豪	上麻	下麻	歌戈	江阳	尤
舒声	开			ɛ	a		an	aŋ	ɤ	ɔ̃	æ	ɑ	ɔ	o	ɛ̃	ɵ
	齐			iɛ	ia		ian	iaŋ			iæ	iɑ			iɛ̃	iɵ
	合	uaŋ			ua	u	uan	uaŋ		uɔ̃		uɑ	uɔ	uo	uɛ̃	
	撮	yaŋ				iu	yan	yaŋ							yɛ̃	
	抵		ɿ												ɿɛ̃	ɿɵ
	开合									ɥɔ̃						
	开卷									ɪɔ̃						
入声	开				aʔ						æʔ	ɑʔ		oʔ		
	齐			iɛʔ	iaʔ						iæʔ	iɑʔ				
	合				uaʔ	uʔ						uɑʔ				
	撮				yaʔ	iuʔ						yɑʔ				
	抵		ɿʔ													

第五节 明末徽州方音的声调系统

明末徽州话跟中古一样有四个声调：平上去入。

黟县型入声跟阴声韵相配，有的变同去声了。《律》“凡例”说：

“庶入声清正，其中作去声者居多，故古诗赋去入通用者尤多。第《诗经》正声及借用声皆通用，近乐府惟借用者通用，正入声不用，今入声皆入借用类，虽以便作乐府家，其实入声作平上去声于借用声尤谐也。”

这里有两个概念：正入声、借用声。这两个概念是特有所指的，他说："屋沃为东冬之入声，而鱼虞尤三韵借用之；觉药为江阳之入声，而萧肴豪歌借用之；质职物缉锡为真文元侵之入声，而支微齐借用之；陌月为庚青蒸之入声，而灰佳麻借用之；屑曷葉为先寒盐之入声，黠合洽为覃咸之入声，而麻借用之。"

作者显然是把传统上入声配阳声叫做正入声，而把当时入声配阴声叫做借用声。在第一段引文里，作者把入声的时代分为三个时期：一、《诗经》时代，正声和借用声不拘，"《诗经》古赋多四声通用"，是后来"四声一贯"说的滥觞。二、近代入声分为两类：正入声、借用声，即入声兼配阴阳，但是近代乐府押韵只用借用声，即入声只配阴声。三、今天入声不跟阳声韵相配，而只跟阴声韵相配了。在书中的每一个入声音节下都有注释，说明这音节作阴声某字。如"德"小韵下注："作低。"看来，当时的入声还没有完全跟阴声合流，所以在乐府里还需要改作才可以明白。这说明入声韵还是存在的，只是不能配阳声韵了，也就是没有了[-p]、[-t]、[-k]韵尾，韵尾合并成了喉塞音。那么入声调一定也存在了，只是从调值上看，入声调跟去声调很接近，以至于入声"作去声者居多"。

浊上声读如去声。《律》"凡例"说："（浊音）上声皆当读如去声，如禅母'辰肾慎实'；'肾'时忍切，当读为'慎'，分字母而知此义，庶读上声不讹。"可能当时的人多已经不知道"肾"是上声字了，所以要"分字母而知此义"。但是人们不知道哪个是正声，所以作者又加上一句折中的话："庶读上声不讹。"可能在作者听来，周围地区还有人读浊上声不变去声的。

祁门型有阴阳上去入五个声调。祁门型浊声母没有消失，邵荣芬(2002)认为《直图》全浊上声已经完全清化的证据只是部分的现象，只能说明当时已经有了浊声母消失的预兆而已。但是，《直图》在"四声"

的格局下反映的却是平声已经分阴阳的“五声”。这跟稍晚的宣城韵书《音韵正讹》一致。

歙县型是浊上声不变去声的。《纪元》“凡例”说：“浊音上声，北人溷读作去，在南人则绝然二声。”因为《纪元》的浊声母是完整保持的，它的浊上声不变去声可能是还没有发展到清化的阶段。

总之，明末徽州话的声调有两个类型：五调型——祁门，四调型——黟县、歙县。祁门型、黟县型浊上声部分跟去声合流。歙县型则没有变化的迹象。

第六节 明末徽州方音的特点

一、声母方面

保持全浊声母，部分地区全浊声母有清化的趋势。全浊塞音、塞擦音清化后读送气音。各地浊声母清化的程度有不同，大致是，祁门型比较快，黟县型次之，歙县型最慢。

知章庄三组字的分合有三种类型。跟当时的官话韵书比较，祁门型与《洪武正韵》一致，精组、知照组各自独立（参见叶宝奎 2001，pp. 29—33）；黟县型与《重订司马温公等韵图经》一致，知照组合流，但照组里有部分庄组字合并到精组（参见郭力 2002，pp. 36—42）；歙县型与《西儒耳目资》一致，精组基本独立，但知章组跟庄组有别（参见叶宝奎 2001，pp. 117—119）。

喻母是独立的。非敷合流。部分疑母变成了零声母。微母在《纪元》和《律》中保持独立。

二、韵母方面

二等韵正在变化之中。虽然明末徽州话有不同的类型，但是主要方音点都保持独立的二等韵。他们的具体音值还有待探讨,但从二等韵在今天方音里的表现看,当时可能有一个独立的介音。

闭口韵正在消失之中。从几个保持闭口韵的资料对闭口韵的尾韵处理看,闭口韵的保持是很勉强的,比如《徽州传朱子谱》把它们和相应的舌尖前音韵放在一起,还要特别交代一下;《音声纪元》虽然比较可靠,但它的《后谱表》还是给人留下了想象的空间。到了《律》,闭口韵可以跟舌尖前音韵母字押韵,这使我们相信,闭口韵即便没有在所有地区,起码在局部地区应该是消失了。

部分地区,例如婺源型方音里,臻、梗、深、曾四摄合并。这一特点跟宣城话和江淮方言一致。

通摄一等跟三等见组字不同韵。东、冬分韵是一个比较特殊的现象。我们认为这是一种假象。我们看到的东、冬分韵的资料有《直图》《横图》和明末嘉兴人陈荩谟《四声经纬图》(崇祯五年1632)。这些都是韵图,从排列方式上看,它们可能有一个共同的来源。从表面上看,《律》也是东、冬分韵的,但《律》的作者把东、冬两韵分开只是为了说明来源,因为此书是以诗韵为底本的。虽然把两韵分开,但又列在一个韵部里,又注明都是开口,那肯定是相同的了。

三、声调方面

多数地区保持四声格局,部分地区平声开始分化成阴阳两个。在平分阴阳这一点上,《纪元》又走在了前面,其余均未分。

黟县入声似去,浊上变去。按照《律》的说法,黟县型的入声字多读成了去声,具体是先分别划出了阴阳,其中的某一类跟去声合流了,还是未分阴阳,从现有的材料难以得出结论。加上浊上声字也变入了去声,明末黟县型的去声字一定不少。

附录:明末徽州话音节表

(本表根据《律古词曲赋叶韵统》制订)

一、东冬韵

		平		上		去	
		合 uaŋ	撮 yaŋ	合 uaŋ	撮 yaŋ	合 uaŋ	撮 yaŋ
见	k	公	弓	巩		贡	共
溪	kʰ	空	穹	孔		恐	
群	g		芎		恐		
疑	ŋ		颙				峄
端	t	东		董		冻	
透	tʰ	通		统		痛	
定	d	同		动		峒	
泥	n	农	浓	癑		齈	
来	l	笼	龙	笼	陇	弄	
精	ts	揔	纵	总	怂	粽	纵
清	tsʰ						
从	dz	丛					颂
心	s	鬆	嵩		竦		宋
邪	z						
照	ʧ	中		肿		仲	种
穿	ʧʰ	充		宠		惷	
床	ʤ	虫					
日	ʑ	戎	茸	冗			冗
审	ʃ	春					
禅	ʒ		慵				
澄	ʥ	重					
帮	p			琫			
滂	pʰ						
並	b			拝			
明	m	蒙		蠓		梦	

		平		上		去	
		合 uaŋ	撮 yaŋ	合 uaŋ	撮 yaŋ	合 uaŋ	撮 yaŋ
非	f	风		奉		凤	俸
奉	v	蓬					
微	w						
影	ø	，翁	邕	蓊	拥	甕	
喻	j	融	容				用
匣	h	红	雄				
晓	x	烘	凶	哄	汹	烘	訩

二、支思、支齐微韵

		平			上			去			入		
		抵 ɿ	开 ɛ	正 iɛ	抵 ɿ	开 ɛ	正 iɛ	抵 ɿ	开 ɛ	正 iɛ	抵 ɿʔ	开 ɛʔ	正 iɛʔ
见	k		羁			己			寄				吉
溪	k^h		欺			起			器				乞
群	g		奇			跪			洎				极
疑	ŋ		宜			蚁			义				疙
端	t		氐			氐			地				德
透	t^h		尼			体							忒
定	d		题			弟							
泥	n		泥			你			腻				怩
来	l		离			里			类				栗
精	ts	资	檇	跻	子	觜		恣	醉		唧		卒
清	ts^h	雌	崔	妻	此	泚		次	邃		测		七
从	dz	慈		齐	士			渍	遂		啬		贼
心	s	私	虽	西	死	髓		赐	帅	虱			
邪	z	词	随										疾
照	ʧ	支	追		纸			至	智		职		术
穿	$ʧ^h$	差	吹	痴	齿			翅	吹				尺
床	ʤ												
日	ʑ	儿	绥		耳			二					日

		平			上			去			入		
		抵 ɿ	开 ε	正 iε	抵 ɿ	开 ε	正 iε	抵 ɿ	开 ε	正 iε	抵 ɿʔ	开 εʔ	正 iεʔ
审	ʃ	诗	觿		始			施		世	识		述
禅	ʒ	时	谁		是			豉	瑞		蚀		饬
澄	ʤ	驰			雉				值		秩		
帮	p		卑			比			臂				必
滂	pʰ		披			痞			譬				匹
並	b		皮			婢			备				葡
明	m		弥			弭			寐				密
非	f		非			匪			沸				
奉	v		肥										
微	w		微			尾			未				
影	∅		漪			矣			意				鹬
喻	j		移			委			移①				逸
匣	h					徯			系				纥
晓	x		牺			喜			戏				肸

三、佳灰韵

		平			上			去			入		
		开 a	合 ua	齐 ɪa	开 a	合 ua	齐 ɪa	开 a	合 ua	齐 ɪa	开 a	合 ua	齐 ɪa
见	k	该	乖	皆	改	挂	解	盖	卦	戒	厥	骨	格
溪	kʰ	魁	冎	揩	恺		楷	磕	快			窟	客
群	g											掘	屐
疑	ŋ	桅		崖	隗		砝	艾	外	睚	月	兀	逆
端	t	堆					歹	兑				咄	
透	tʰ	推			腿			泰					
定	d	臺			待			兑				突	

① 羡也。

		平			上			去			入		
		开 a	合 ua	齐 ɪa	开 a	合 ua	齐 ɪa	开 a	合 ua	齐 ɪa	开 a	合 ua	齐 ɪa
泥	n	挼			餧		妳	奈				讷	搦
来	l	雷			磊			赖					
精	ts	哉			宰			最		债		卒	积
清	tsʰ	催		叉	璀		跐	蔡		瘥		猝	策
从	dz	材			采							萃	藉
心	s	鳃					灑			洒			惜
邪	z												
照	ʧ			斋									拓
穿	ʧʰ				茝		茝						尺
床	ʤ			柴									泽
日	ʑ												
审	ʃ			筛								蝎	适
禅	ʒ												石
澄	ʥ												
帮	p	杯					摆	贝		拜			百
滂	pʰ	肧			痱			霈		派			辟
並	b	裴		牌			罢	旆		粺	孛		碧
明	m	枚		埋	每		买			迈	没		陌
非	f										发		
奉	v												
微	w										袜		
影	ø	隗	蛙	挨	萎		矮	爱		隘		搵	益
喻	j											檝	役
匣	h	回	怀	谐	亥			害	坏	画		纥	
晓	x			解	贿		解	翙		邂		忽	赫

四、鱼虞韵

		平		上		去		入	
		合 u	撮 iu	合 u	撮 iu	合 u	撮 iu	合 uʔ	撮 iuʔ
见	k	孤	居	古	举	顾	据	谷	鞠
溪	kʰ	枯	驱	拒	去	库	去	哭	锔

		平		上		去		入	
		合 u	撮 iu	合 u	撮 iu	合 u	撮 iu	合 uʔ	撮 iuʔ
群	g	句	渠	齲	巨	瞿			曲
疑	ŋ	虞	鱼	五	语	误	御		玉
端	t	都		睹		妒			督
透	t^{h}	稌		土		兔		禿	
定	d	徒		杜		度		读	毒
泥	n	奴		弩		怒	女	忸	
来	l	卢	闾	鲁	吕	路	虑	禄	渌
精	ts	租	沮	祖	沮	阼	聚	族	足
清	ts^{h}	趋	初	取	楚	娶	觑	蹴	数
从	dz	徂			叙	从	诅		俗
心	s	苏	胥	数	醑	素	絮	速	
邪	z		徐						
照	ʧ	朱	诸	主	煮	照	著	竹	烛
穿	ʧ^{h}	枢	樗		杵	穿	处	畜	触
床	ʤ	雏	锄				助		
日	ʑ	儒	挐	乳	汝	乳	茹	肉	辱
审	ʃ		书		暑		恕	叔	促
禅	ʒ	殊	蜍	竖	墅	禅	署	孰	
澄	ʥ	厨	除	柱	宁		箸	逐	躅
帮	p	晡		补		布		卜	不
滂	p^{h}	铺		普		铺		扑	镤
並	b	蒲		簿		哺		並	
明	m	模		姥		暮		木	
非	f	肤		父		付		福	
奉	v	扶		父		驸		服	襆
微	w	无		武		务			
影	ø	乌	於	坞	伛	恶	饫	屋	沃
喻	j	于	予	羽	与	芋	豫		欲
匣	h	胡		户		护		槲	鹄

		平		上		去		入	
		合 u	撮 iu	合 u	撮 iu	合 u	撮 iu	合 uʔ	撮 iuʔ
晓	x	呼	虚	坞	许	呼		畜	旭

五、先盐韵

		平		上		去	
		开 ʏ	合	开 ʏ	合	开 ʏ	合
见	k	兼		卷		见	
溪	kʰ	谦		遣		俔	
群	g	黔		群		倦	
疑	ŋ	嚴		献		彦	
端	t	掂		典		店	
透	tʰ	添		腆		填	
定	d	甜		蜓		电	
泥	n	拈		碾		碾	
来	l	廉		琏		练	
精	ts	尖		吮		荐	
清	tsʰ	佥		浅		茜	
从	dz	前		践		馔	
心	s	先		铣		霰	
邪	z	旋					
照	ʧ	专		转		战	
穿	ʧʰ	川		舛		硟	
床	ʤ	孱					
日	ʑ	堧		輭		愞	
审	ʃ	羶		闪		善	
禅	ʒ	蝉		善			
澄	ʥ			篆		缠	
帮	p	边		扁		变	
滂	pʰ	扁					
並	b	便				汴	
明	m	眠		免		面	

		平		上		去	
		开Y	合	开Y	合	开Y	合
非	f			辩			
奉	v						
微	w						
影	Ø	渊		蕴		燕	
喻	j	延		衍		瑗	
匣	h	玄		缳		眩	
晓	x	儇		显		苋	

六、真文

		平				上				去			
		开 an	齐 ian	合 uan	撮 yan	开 an	齐 ian	合 uan	撮 yan	开 an	齐 ian	合 uan	撮 yan
见	k	巾	斤	昆	均	紧	谨	衮		堇	靳	艮	建
溪	k^h			坤		恳	犬		麇	菣			券
群	g	堇	勤		群	窘	近			僅	郡	健	
疑	ŋ	银	垠	言		听	听		阮	慭	吟		愿
端	t			敦								顿	
透	t^h			吞					畽			褪	
定	d			屯		盾		沌				钝	
泥	n	纫										嫩	
来	l	麟		伦	仑	嶙			碖	吝		论	
精	ts	津		尊		尽		撙		晋		焌	
清	ts^h			村	逡			忖		亲		寸	
从	dz	秦		存	旬	尽				烬			
心	s	辛		孙	荀	隼		损		峻		逊	
邪	z												
照	ʧ	真				轸	圈	准		震		稕	
穿	$ʧ^h$	嗔			春	龀		蠢		趁			
床	ʤ												
日	ʑ	人				忍		蝡		刃		闰	

		平				上				去			
		开 an	齐 ian	合 uan	撮 yan	开 an	齐 ian	合 uan	撮 yan	开 an	齐 ian	合 uan	撮 yan
审	ʃ	申				审						顺	
禅	ʒ				唇	肾							
澄	ʥ	陈				朕				阵			
帮	p	宾		奔		牝	本			傧		喷	
滂	pʰ	缤		喷							溢		
並	b	贫		盆	轮							溢	
明	m	民		门		闵						闷	
非	f		分	番		粉	反					饭	
奉	v		坟	烦		愤					愤	娩	
微	w		文			吻					问		万
影	ø	因	殷	温	氲	引	隐			印	蕴		怨
喻	j	寅			匀	允			恽	胤	隐		堰
匣	h			魂		很		浑				溷	
晓	x	歆		昏	熏					衅	训		宪

七、庚青蒸韵

		平				上				去			
		开 aŋ	齐 iaŋ	合 uaŋ	撮 yaŋ	开 aŋ	齐 iaŋ	合 uaŋ	撮 yaŋ	开 aŋ	齐 iaŋ	合 uaŋ	撮 yaŋ
见	k	庚	京	觥	扃	景	颎	矿	炯	径	敬		
溪	kʰ	坑			倾	肯	磬		倾	磬	庆		
群	g										竞		
疑	ŋ									凝	迎		
端	t		丁			等	顶			邓			
透	tʰ		听							听			
定	d		廷				挺			锭			
泥	n		狞				泞			佞			

		平				上				去			
		开 aŋ	齐 iaŋ	合 uaŋ	撮 yaŋ	开 aŋ	齐 iaŋ	合 uaŋ	撮 yaŋ	开 aŋ	齐 iaŋ	合 uaŋ	撮 yaŋ
来	l		令			领				凌	令		
精	ts		精			井				静	请		
清	tsʰ		清			请				蹭	倩		
从	dz		情			静							
心	s		觪			省	醒			腥	性		
邪	z												
照	ʧ		贞			拯	氶			趟	诤		
穿	ʧʰ		瞠			逞				称	瞠		
床	ʤ												
日	ʑ		仍							仍			
审	ʃ		生			殑				胜	圣		
禅	ʒ		成										
澄	ʥ		呈			悜				瞪	侦		
帮	p		饧			丙	鞞			堋	榜		
滂	pʰ	砰	烹			倗	瓶				聘		
並	b	凭	平			蚌	竝			並	膨		
明	m	瞢	名			猛	茗			懵	命		
非	f												
奉	v												
微	w												
影	ø	膺	迎	泓		影	荧			应	映		
喻	j	盈	蝇		荣	永					咏		
匣	h	恒	行	弘		杏	迥			横	杏		
晓	x	亨	馨	轰	兄		炯			兴	胻		

八、寒覃韵

		平				上				去			
		开 ɔ̃	合 uɔ̃	开合 ɥɔ̃	开卷 ɪɔ̃	开 ɔ̃	合 uɔ̃	开合 ɥɔ̃	开卷 ɪɔ̃	开 ɔ̃	合 uɔ̃	开合 ɥɔ̃	开卷 ɪɔ̃
见	k	干	官	关	间	旰	管		简	旰	贯	惯	谏
溪	kʰ	看	宽		悭	侃	款		绾	看			嵌

		平				上				去			
		开 ɔ̃	合 uɔ̃	开合 ʮɔ̃	开卷 ɪɔ̃	开 ɔ̃	合 uɔ̃	开合 ʮɔ̃	开卷 ɪɔ̃	开 ɔ̃	合 uɔ̃	开合 ʮɔ̃	开卷 ɪɔ̃
群	g												
疑	ŋ	犴	岏	顽	颜		輐		眼	犴	玩		鴈
端	t	单	端			瘅	短			旦	断		
透	tʰ	摊	湍			坦	疃			炭	彖		
定	d	坛	团			撣			但				
泥	n	难	濡		奻		暖		赧	难			婻
来	l	阑	鸾		斓	懒				烂			
精	ts		撺				纂		盏	瓒			绽
清	tsʰ	餐							铲	粲			划
从	dz	珊	攒						瓒	僝			
心	s		酸		跚	伞	算		潸	散	算		讪
邪	z												
照	ʧ												
穿	ʧʰ				跧								
床	ʤ				孱								
日	ʑ												
审	ʃ			闩									
禅	ʒ												
澄	dʑ												
帮	p	般			开		粄		版	办			扮
滂	pʰ	潘			攀						判		讪
並	b	盘			瓣		伴				畔		瓣
明	m	瞒			蛮				晚		漫		慢
非	f	凡											
奉	v												
微	w						晚						鋄
影	ø	安		弯	殷		碗		绾	按		惋	晏
喻	j												

		平				上				去			
		开 ɔ̣̃	合 uɔ̃	开合 ɥɔ̃	开卷 ɪɔ̃	开 ɔ̃	合 uɔ̃	开合 ɥɔ̃	开卷 ɪɔ̃	开 ɔ̃	合 uɔ̃	开合 ɥɔ̃	开卷 ɪɔ̃
匣	h	寒		还	闲	旱	澣		晥	唤			苋
晓	x	鼾			僩	罕			限	汉		患	

九、萧肴豪

		平		上		去		入	
		开 æ	齐 iæ	开 æ	齐 iæ	开 æ	齐 iæ	开 æ	齐 iæ
见	k	高	骄交	稿	皎绞	告	叫教	郭	觉
溪	kʰ	尻	跷敲	考	巧	犒	窍硗	却	殼
群	g		乔				桥	噱	
疑	ŋ	翱	尧敖		咬	敖	浇乐	虐	乐
端	t	刀	貂	岛	鸟梼	到	吊		
透	tʰ	叨	挑	讨	朓	套	藋	柝	
定	d	陶	调	道	窕	道		铎	
泥	n	猱	铙	脑	袅	臑	尿	诺	搦
来	l	劳	聊	老	了	劳	料	略	荦
精	ts	糟	焦巢	早	剿爪	躁	醮罩	爵	捉
清	tsʰ	操	锹抄	草	愀炒	操	俏	厝	龊
从	dz	曹	樵	造			叫	醋	
心	s	骚	萧	扫	小	噪	啸	索	朔
邪	z								
照	ʧ		昭		沼		召	灼	卓
穿	ʧʰ		超嘲		绍		钞櫂	逴	踔
床	ʤ								
日	ʑ		饶		扰		饶	若	
审	ʃ		烧捎		稍		少稍	绰	
禅	ʒ		韶				邵	勺	
澄	ʥ		潮		赵				浊

		平		上		去		入	
		开 æ	齐 iæ	开 æ	齐 iæ	开 æ	齐 iæ	开 æ	齐 iæ
帮	p	褒	标包	宝	表饱	报	票豹	膊	剥
滂	pʰ		漂胞		缥		剽砲	粕	璞
並	b	袍	瓢庖	抱				泊	雹
明	m	毛	苗茅	蓩	渺卯	冒	庙貌	莫	邈
非	f							缚	
奉	v								
微	w								
影	ø	鏊	腰咬	襖	杳拗	与	要拗	约	幄
喻	j		遥咬				耀	跃	
匣	h	豪	爻	镐				鹤	鬵
晓	x	蒿	嚣哮	好	晓	號	孝	壑	嗀

十、歌戈韵

		平		上		去		入	
		开 o	合 uo	开 o	合 uo	开 o	合 uo	卷 ɪoʔ	合 uoʔ
见	k	歌	戈	哿	果	箇	过	蛤	阁
溪	kʰ	珂	科	可	颗	轲	课	磕	
群	g	伽							
疑	ŋ	峨	讹	我			卧	哈	
端	t	多		朵		惰		锔	
透	tʰ	拖		妥		唾			
定	d	驼		柁		大		沓	
泥	n	傩		娜		懦		纳	
来	l	罗		蓏		逻		臘	
精	ts			左		佐		帀	
清	tsʰ	蹉		脞		挫			
从	dz	矬				坐		杂	

		平		上		去		入	
		开 o	合 uo	开 o	合 uo	开 o	合 uo	卷 ɪoʔ	合 uoʔ
心	s	梭		锁		些		卅	
邪	z								
照	ʧ								
穿	ʧʰ								
床	ʤ								
日	ʑ								
审	ʃ								
禅	ʒ								
澄	ʥ								
帮	p			跛		播			
滂	pʰ	坡		颇		破			
並	b	婆				[illegible]			
明	m	摩		麽		磨			
非	f							法	
奉	v					缚		乏	
微	w								
影	ø	阿	窝	婀	婐	涴		邑	
喻	j								
匣	h	何	禾	荷				嗑	
晓	x	呵			火	荷			

十一、上麻韵

		平		上		去		入		
		开 ɑ	合 uɑ	开 ɑ	合 uɑ	开 ɑ	合 uɑ	开 ɑʔ	合 uɑʔ	卷 ɪɑʔ
见	k	嘉	瓜	贾	寡	驾	卦	阁	括	戛
溪	kʰ	呿	夸	揢	胯	揢	跨	渴	阔	劼
群	g									

		平		上		去		入		
		开 ɑ	合 uɑ	开 ɑ	合 uɑ	开 ɑ	合 uɑ	开 ɑʔ	合 uɑʔ	卷 ɪɑʔ
疑	ŋ	牙			瓦	迓		蘖		刖
端	t			打				裰		鵽
透	tʰ							闼		獭
定	d							达		
泥	n	拏		那						捺
来	l							捋		
精	ts	樝		鲊		诈		撮		札
清	tsʰ	叉		姹		汊		撮		察
从	dz	茶				蜡		巀		
心	s	沙		灑		嗄				杀
邪	z									
照	ʧ		撾							茁
穿	ʧʰ	哆				咤				
床	ʤ									
日	ʑ		婼							
审	ʃ									
禅	ʒ									
澄	ʥ									
帮	p	巴		把		霸		拨		八
滂	pʰ	葩				怕		泼		汃
並	b							犮		拔
明	m	麻		马		祃		末		抹
非	f									
奉	v									
微	w									
影	ø	鸦	蛙	哑		亚	摦	遏	斡	轧
喻	j									
匣	h	遐	华	下				活		辖

		平		上		去		入		
		开 ɑ	合 uɑ	开 ɑ	合 uɑ	开 ɑ	合 uɑ	开 ɑʔ	合 uɑʔ	卷 ɪɑʔ
晓	x	蝦	花	间		下	化	曷		

十二、下麻韵

		平		上		去		入			
		开 ɔ	合 uɔ	开 ɔ	合 uɔ	开 ɔ	合 uɔ	开 ɔʔ	合 uɔʔ	齐 iɑʔ	撮 yɑʔ
见	k							极	刮	结	
溪	kʰ							篋		挈	
群	g	茄	瘸					笈		傑	
疑	ŋ							业		齧	
端	t										
透	tʰ							帖		铁	
定	d							蝶		垤	
泥	n							聂		涅	
来	l							躐		列	
精	ts			姐		借		接		节	
清	tsʰ			且		趄		妾		切	
从	dz	邪				谢		捷		绝	
心	s			写				燮		屑	刷
邪	z										
照	ʧ	遮		者		蔗		辄		哲	
穿	ʧʰ	车		扯		社		澈		掣	
床	ʤ										
日	ʑ				惹					热	
审	ʃ	奢				厍		摄		设	
禅	ʒ	蛇		社				涉		舌	
澄	ʥ										

		平		上		去		入			
		开 ɔ	合 uɔ	开 ɔ	合 uɔ	开 ɔ	合 uɔ	开 ɔʔ	合 uɔʔ	齐 iɑʔ	撮 yɑʔ
帮	p									别	
滂	pʰ									撇	
並	b									蹩	
明	m									灭	
非	f										
奉	v										
微	w										
影	ø			野		夜		浥	婠	咽	
喻	j		邪					葉		哕	
匣	h									页	
晓	x		靴					胁	滑	血	

十三、江阳韵

		平				上				去		
		开 ɛ̃	卷 iɛ̃	合 uɛ̃	撮 yɛ̃	开 ɛ̃	卷 iɛ̃	合 uɛ̃	撮 yɛ̃	开 ɛ̃	卷 iɛ̃	合 uɛ̃
见	k	冈	江殭	光			讲缰	广		杠	降彊	俇
溪	kʰ	康	腔羌	匡		慷	强	圹		亢		旷
群	g		强	狂				俇			强	
疑	ŋ	昂					仰					枊
端	t	当					党			当		
透	tʰ	汤					傥			铴		
定	d						荡			荡		
泥	n	囊	娘			农	曩			釀		儾
来	l	郎	良			朗	两				亮	浪
精	ts	臧	将		幢	驵	奖			葬	将	撞
清	tsʰ	仓	锵		窗	苍	抢				跄	

		平				上				去		
		开 ɛ̃	卷 iɛ̃	合 uɛ̃	撮 yɛ̃	开 ɛ̃	卷 iɛ̃	合 uɛ̃	撮 yɛ̃	开 ɛ̃	卷 iɛ̃	合 uɛ̃
从	dz	藏	墙			藏	象				匠	
心	s	霜	襄		双	颡	想	愯		丧		
邪	z		祥									
照	ʧ	章				掌				障		
穿	ʧʰ	昌				敞				唱		
床	ʤ				床							
日	ʑ	穰			壤					让		
审	ʃ	商				赏				向		
禅	ʒ	常			上					尚		
澄	ʥ	长					丈			丈		
帮	p	邦	帮			榜				谤		
滂	pʰ	胮	滂			髈				胖		
並	b		旁			棒				傍		
明	m	庬	茫			厖				漭		
非	f		方			昉				放		
奉	v		房									
微	w		亡			网				妄		
影	ø		央	汪		盎	勨	往		盎	漾	旺
喻	j		阳	王			养					
匣	h	杭	降	黄		吭	项			沆		
晓	x	香		荒			响	恍			巷向	况

十四、尤韵

		平			上			去		
		合 ɵ	卷 ɪɵ	正抵 ɿɵ	合 ɵ	卷 ɪɵ	正抵 ɿɵ	合 ɵ	卷 ɪɵ	正抵 ɿɵ
见	k	勾	鸠		苟	九		搆	救	
溪	kʰ	抠	丘		口	糗		寇	糗	
群	g		求		臼					

		平			上			去		
		合 ɵ	卷 ɪɵ	正抵 ʅɵ	合 ɵ	卷 ɪɵ	正抵 ʅɵ	合 ɵ	卷 ɪɵ	正抵 ʅɵ
疑	ŋ	腢	牛		偶					
端	t	兜	丢		斗			鬬		
透	t^h	偷			黈			透		
定	d	头			钷					
泥	n	獳			穀	杻		耨	狃	
来	l	楼	留		搂	柳		漏	溜	
精	ts		陬	啾			走酒			奏就
清	ts^h			秋			趋			凑
从	dz			酋						
心	s		艘	修			叟滫			漱秀
邪	z			囚						
照	ʧ		诌	周			肘			宙骤
穿	$ʧ^h$		抽				丑搊			臭簉
床	ʤ			愁					骤	
日	ʑ		柔			揉			鞣	
审	ʃ		搜	收			首溲			受瘦
禅	ʒ					受				
澄	ʥ		畴							
帮	p	褒	彪		掊					
滂	p^h	秠			剖					
並	b	抔	滮							
明	m	谋	缪		某			贸	缪	
非	f				否			阜		
奉	v	芣								
微	w									
影	ø	讴	幽		殴	有		沤	又	
喻	j		由							
匣	h	矦						厚		
晓	x	响	休		吼	朽			嗅	

第五章　清代徽州方音

第一节　材料介绍

我们研究清代徽州方音的主要材料是周赟《山门新语》，参考材料是詹逢光《新安乡音字义考正》，无名氏《婺城乡音字汇》。后两个材料参考了胡松柏、钱文俊(2004)的文章。

《山门新语》是宁国人的作品，而且跟今天的宁国话很接近，所以我们称它为宁国型。

《新安乡音字义考正》作者詹逢光籍贯不详。胡松柏、钱文俊(2004)说："《乡音字义》音系的某些特点还使我们对它究竟以何处乡音为基础发生一些困惑。……'吞＝通、尊＝宗'的特点在《徽州方言研究》所记七处方音中只见于绩溪、歙县两处。《乡音字义》音系的性质还需我们作进一步的考察。"他们还认为此书书名中的"新安""只是一个大范围的地理区域，尚难推断所记为何处具体地点方音"。按，绩溪、歙县两处方音都有入声韵，而《新安乡音字义考正》没有入声韵，而且入声调也已经并入了阳去。其实本书特点跟黟县方音更接近，它们的共同点有：通摄跟臻摄合口字合流；江韵、唐韵合流，跟阳韵不同韵；山摄一等开口、合口(如"桓寒")同音，跟二等不同；山摄二等跟咸摄一二等合流；效摄一二三等各不同韵，例如黟县"高[kɤɐ]/交[kau]/娇[tɕiːu]"；遇摄跟止摄合口有相混的情况；等等。所以，我们称它为黟县型的方音。

《婺城乡音字汇》虽然作者不详，但是书名已经标明了地点，所以，胡松柏、钱文俊(2004)说:“《婺城乡音字汇》无疑是记录婺源县城方音的。”我们就称它为婺源型。

表 5—1:清代徽州话类型表

	代表文献	地点	特点
黟县型	乡音字义	未知	臻摄合口一等归通摄
婺源型	乡音字汇	标题为婺源	深摄=臻摄、梗摄=曾摄
宁国型	山门新语	作者为宁国人	深摄=梗摄≠臻摄

一、宁国型:《山门新语》

(一)体例

周赟,字子美,号山门山人,出生在今宣城市宁国县胡乐乡。该地现虽属宣城市,但今天的话却属于徽州方言。赟少年学业优秀,咸丰九年己未(1859)参加乡试获第一名。因不为时用而隐居山门山。光绪丙戌年(1886)做青阳县训导。次年周氏六十岁。依此推算,周氏应该出生于道光丁亥年(1827)。他自幼能分辨其语音中去声有阴阳调。所著的《山门新语》,又名《周氏琴律切音》。书前有黄山人容保《山门新语序》,作于同治癸亥年(1863)。但是书中又有《附记六声事迹》说:“是编复探讨三十年,得以成书而问世。”则可能同治时虽已成《山门新语》而未刊刻,后来又作了《周氏琴律切音》,然后一起于光绪十九年(1893)刊刻于“六声草堂”。或者《山门新语》跟《周氏琴律切音》本不是一书,前者早出,后来又研究了音乐理论,著成《周氏琴律切音》,然后合两书为一。书中《六声图说第十二》前有:“原图幼年所作,本不按韵序。兹改从琴律韵母之次,以归一例。”可以证明。

书中除了大量的音乐和语音理论以外,主要音韵资料保存在一个韵图《琴律三十韵母分经纬生声按序切音图》和一个同音字表《琴律四声分部合韵同声谱》中。韵图按韵母排列，韵前注明开、合。横排声调，竖排声母，类似于《韵法直图》的方式。声调共有阴平、阳平、上声、阴去、阳去、入声六声。韵图以六声排列，同音字表仍按旧四声排列。图中删去全浊声母，仅用十九声母，分别是：呱枯乌、都菟弩、逋铺模、租粗苏、朱初疏、呼攎敷濡。转写为传统字母分别是：见溪疑、端透泥、帮滂明、精清心、照穿审、晓来非日。韵母系统有三十个韵母，可以合并成十五个大韵部。韵图既标声母、韵母，又有反切。反切很是讲究，舒声字的反切上字一般用本韵入声字，入声字的反切上字一般用本韵阴平字；反切下字按照声母而有不同，见组字用帮组作反切下字，以下端组用精组、帮组用照组、精组用见组、照组用端组，晓来非日四母分别用溪透帮穿四母字。

（二）性质

周氏在书中多以音乐、阴阳、气等玄虚的概念附会语音，其音韵、音乐理论多大而无用，但他的实际工作却非常出色。他的重要成绩是发现其方音中去声分为两类。他在《周氏琴律切音序》中说：“赟能言时，授经祖膝。初学韵语，教以四声，每举一平声，使自别之，辄读去声为二，而误以其次声为入声。及九岁，教以五声，因思平声既有阴阳，则去声亦有阴阳，乃悟向之所误以为入声者即去声之阴声耳。”从这些话可以看出，作者揣摩语音完全出自自己的体验：按照传统韵书读字，在小孩的口中却分出两个去声。这样得出的语音应该是活在他口中的音。而且，由于这种语音是基于一个孩子的体验，那么，活在这孩子口中的语音应当不是当时的天下通语，也不是整个皖南的通语，而是以作者乡音为基础的、通行范围不大的地方音。

作者的乡音很浓重。例如，他在解释反切方法的时候举例说：“急读‘居涓’两音成‘君’字，急读‘哥干’两音成‘高’字是也。”所谓

(声母相同的)两字急读为一音,其条件肯定是这两个字的韵母组合起来应该跟急读得到的字韵母相合,但是,官话在任何时候都不可能有"居涓"韵母组合成"君"、"哥干"韵母组合成"高"的情况。"涓""君"韵尾相同,尚可附会;"干""高"一个是阴声韵,一个是阳声韵,相差甚远。但是在距离胡乐乡方音比较近的绩溪话里,"干"读[kɔ],"高"读[kɤ],都是阴声韵。可能在周赟的话里,这两组字韵尾是一样的。

当然,由于写成此书是在周赟长大以后,这就不可避免地要掺入当时通语的影响。作者在"论读法"一节里说:"赟自同治乙丑北上至今,凡海航京邸所遇各省士大夫,与之接谈,未尝不采听,乃知字音相去之远,其故有二:一在乡音而一在读法。不得专咎乡音,亦不得混指读法之不同为乡音之不同。使乡音之不同而读法皆同,初听虽觉难解,尚可即已解之音以推其余,即不尽中,而亦不远;乡音同而读法不同,虽兄弟,各从一师而问字,尚烦指画,是则读法之讹,其弊更甚乡音也。"这里,作者把"读法"跟"乡音"对立起来,而"读法"会因塾师不同而异,为周氏所不取。但"乡音""读法"之外,复有官话。周书虽不用"读法",却有迁就官话而不依据"乡音"的地方。例如,在他的方音里,舌音本不分开合口,书中分开合是依据读音得到的。他说:"舌音以点舌得音,似无分开合者;然'官'韵合则舌音为端,'干'韵开则舌音为丹,端合而丹开也。"周氏辨别舌音开合,全不依本地方音,那一定是依据官话了。

但是,如果认为所谓的"读法"就是当时的通语就错了。周赟说:"第十一图即众音之读法也。""第十一图"就是《三十韵母音经声纬按序切音图》,这个图跟全书反映的音系完全一致。看来,所谓"读法",不过是把汉字按照他的话读出来,而不是仅仅存在于古书的反切之中而已。所以,作者又说:"按琴律切音,则所切之音不能毕肖字之本音；有切法而无读法，则人之口音又不能毕肖所切之音，此音学之所以难明也。”就是说，读法是用口音读出反切之音的手段。则读法就是教书识字时用的音，即通常说的地方上的读书音。是活的语音。

由于本书的音系比较清楚，声母、韵母的数量和归字都很分明，加上作者的籍贯没有疑问，因此，虽然本书反映的方音并不在徽州中心地区，我们也用它作为我们了解清代徽州方音的主要资料。

二、黟县型:《新安乡音字义考正》

(一)体例

本书封面不题作者名字，但是“例言”说本书收字本《康熙字典》，又谈到清人龙启瑞的《字学举隅》，可证本书作于清代无疑。

平声首叶题有：“詹逢光字梦仙辑。”书内有署名“环川詹逢光”的《叙》。文中还有“光朱墨妄涂，丹铅未校”等字。

詹逢光，字梦仙。环川人。其人其地皆无可考。据上饶师范学院胡松柏先生告知，新安詹姓多在婺源，作者很可能是婺源人。

这个叙作于同治六年(1867)丁卯春二月，印行时间为清光绪乙亥年(1875)。比《山门新语》早，但是从“竭两载之精神”这句话看，本书应该作于1865年到1867年两年间，则写作时间又晚于《山门新语》(1863)。而在编辑体例上，本书完全模仿《音韵正讹》而跟《山门新语》相差很远。

本书按平上去入四声分为四个部分，每声内各有二十韵，但入声部分包括“共浪让嵘健段定”七个阳声韵。每韵内排列小韵，小韵的排列按照声母的次序，这是本书在体例上唯一改进了《音韵正讹》的地方。小韵各字下没有反切(极个别字有反切)，但有简短释义。

(二)性质

从“例言”和“叙”看，编辑本书的目的是实用的，总结起来有三点：教儿童，正方音，供日用。首先，作者认为教儿童语音应该清正。

如果因为“或幼而就养外家，或长而从师异地”等原因，而使语音致误，则“矫之者，其弊更多”。其次，作者有感于当地乡音歧异，“宗族不同声，互相欢笑；乡邻滋异议，各有师承。”所以应该制定一个通行于当地的语音标准。最后，作者在选字的时候注意到了“常用”这个标准：“是编上为便用起见，不欲夸多斗靡，故有不常用之字，虽见《五经》者亦不录。”

由于本书标明是新安乡音，又鉴于以上的编辑目的，我们认为它是一个清代末年的徽州方音韵书。利用它来研究清代徽州话是非常合适的。

（三）声调系统

本书的韵按四声排列，但是入声二十个韵里有九个是中古阳声韵。这九个阳声韵的字都是中古全浊去声字，可见他的去声里阴阳已经分化，其中阴去独立，而阳去则跟入声声调相同。那么，这时候阴阳的区别在声调而不是声母的清浊了。但是平上声里古清浊声母字并存。例如：平声姜韵有“姜/羌（匡）/强”的对立，上声古韵有“堵/土/杜”的对立，都是中古“全清/次清/全浊”的对立。如果是声调发生了分化，那么为什么去声的声调分化以后可以归成两调，而平声、上声却不能呢？是不是平、上声的古全浊声母还没有清化呢？我们认为不是这样。首先，作者归字是按照某种乡音而作。阳去的声调正好跟入声声调相同，把阳去跟入声合并到一起后，传统声调的总数并不增加，所以，在四声内作音节的调整容易做到，而且不容易引起非议。

说平声和上声里来自中古全浊声母的字，跟清声母字只是声调的不同，而不是声母的不同，还有一个理由是：原来同音的字出现了分化，变成了两个音节。但是这样的两部分字也可以出现在同一个声调内。比如：平声坚韵有“钳/乾”、“恬/田”的对立，钩韵有“求/虬”。两类字都是中古去全浊声母，其韵尾的区别已经不存在。它们的不同在什么地方呢？

这些字除了声母送气与否的区别外，还可能有声调的区别，例如：

休宁城关：钳[ʧia³³]≠乾[ʧʰiɛ⁵⁵]。

屯溪胡阳：钳[ʧia⁵⁵]≠乾[ʧʰiɛ³³]。

如果说以上两组字不够典型，我们还能找到次浊声母的字例：交韵只有一类，但是明母下有"矛/猫"。"猫"字虽然有二等、三等两个来源，但是，效摄三等字都应该在娇韵，而娇韵明母下有"苗"。现代徽州话一些地方还保留着以上几组字的区别。例如：歙县汤口、岩寺、歙县塘里、歙县富堨都是"矛(阳平)≠猫(阴平)"。

上声也有这样的情况。谨韵有"敏/闵"的对立。这两个字在《广韵》用一个反切，在这里的区别不可能是声母，由于本韵只有一类，所以也不可能是韵的区别。唯一的可能是声调的区别：现代徽州话次浊声母字归阴调、阳调的都有。

那么，《新安乡音字义考正》的声母就有阴平、阳平、阴上、阳上、阴去、阳去(入声)六类。

（四）声母系统

《新安乡音字义考正》的声母系统有三个主要的特点，一个是古全浊声母全部清化，一个是知照系跟精组声母合流，洪音读舌尖前音声母；第三，知照系三等细音，读舌面音声母。跟见组合流。第一个特点已见上文，这里再补充两点：一是古浊声母清化后，不都变成阳调字，也有部分变成阴调字。二是古浊声母清化后，塞音、塞擦音的送气问题。平声工韵中小韵以不送气的清音为主，如"宗忠衷尊遵钟终螽"等，又有古全浊声母字"淙琮从纵"；平声稽韵主小韵以不送气清音为主，又有古全浊声母字"奎睽睽"，等等。但是也有并入送气塞音、塞擦音的，例如上声主韵揆小韵有群母字“揆跪”跟“处杵”等字同音。可以说，古浊声母字清化以后多数变同不送气清音，少数变同送气清音。

第二个特点是照组字跟精组字合流。以支韵的四个音节为例：

支祇枝肢之芝卮脂（章母）知蜘（知母）兹滋姿资咨孜（精母）。

蚩鸱（昌母）笞痴魑（彻母）差（初母）雌（清母）。

治持篪踟迟池驰（澄母）慈磁瓷茨（从母）祠词辞（邪母）。

思缌丝斯厮司私蓰（心母）诗施尸蓍（书母）师狮（山母）。

下面是庚韵精小韵的一些字：

精睛增晶旌（精母）正征（章母）争峥狰（庄母）贞徵（知母）。

第三个特点是，知章组三等字跟见组三四等细音声母合流。例如上声主韵主小韵有章母三等字“煮渚”、知三等“拄”、见母字“矩莒轨宄鬼诡晷”，揆小韵有群母字“揆跪”、昌母字“处杵”。精组细音字也有跟见组合流的。例如基韵且小韵有精组的“且沮狙疽雎”和见组的“佳”等。这些字的声母已经变成舌面前音了。其韵母条件是有前高的介音，因为它们都来自三四等，个别来自二等。

声母方面的问题还有：

1. 泥母跟来母合流。例如：

工韵隆小韵：隆仑抡轮龙笼咙珑（来母）农脓浓侬（泥母）。

泥母跟来母合流既有洪音，也有细音：

洪音，甘韵：男南难（泥母）兰阑澜岚婪（来母）。

细音，坚韵：年粘（泥母）莲奁镰怜涟联帘挛（来母）。

2. 日母不独立，而是跟今天的徽州话一样分别并入零声母和疑母。如：

并入零声母的，金韵：人仁任壬纫（日母）寅淫霪（喻母）。

并入疑母的，居韵：儒濡如（日母）予余与俞榆腴唯惟（余母）围违（云母）隅虞鱼渔危（疑母）。此小韵跟“于圩竽（云母）於威（影母）”对立。

此外，非母跟敷母合并。

表5—2：《新安乡音字义考正》的声母表（21个）

帮 p	滂 pʰ		明 m	
非 f			微 v	
见 k	溪 kʰ	晓 x	疑 ŋ	
端 t	透 tʰ		泥 n	
精 ts	清 tsʰ	心 s		
章 tɕ	昌 tɕʰ	书 ɕ		
影 o			喻 j	

《新安乡音字义考正》共有20个韵，含28个韵母。

工孔贡洞 江讲绛浪 姜强将让 支子志质 基幾记吉 居主贵柜 姑古故谷 稽启计挈 佳解戒格 娇皎叫戟 该改盖国 金谨禁噤 坚茧见健 官管贯段 甘感谏雁 交姣教觉 高杲告鸽 家果卦甲 庚耿更定 钩玖究菊

跟《山门新语》有30个韵母不同。这个韵母系统的特点有：没有闭口韵和入声韵。山摄一等不分开合，跟二等不同类。唐韵一等跟阳韵三等不同韵，而跟江韵合流。通摄跟臻摄合口字合流。舌尖元音韵母产生。遇摄分两类，细音部分跟止摄合口互有错综。开、合口在很多韵内不分。果摄不分开合跟麻开口二等同韵。流摄不分洪细。

表 5—3:韵母表(28 个。注:按原书韵序排列)

	开	齐	合	撮		开	齐	合	撮
1	工 əŋ	恭 iəŋ			11	该 ɔ			
2	江 oŋ		光 uoŋ		12		金 ɛi		君 yɛi
3		姜 iŋ			13		坚 iɛ		玄 yɛ
4	支 ɿ				14			官 uo	
5		基 ei			15	甘 ō			
6				居 yei	16	交 au			
7			姑 u		17	高 ɛu			
8		稽 e	圭 ue		18	家 o			
9		佳 a	乖 ua		19	庚 ā	京 iā		訇 uā
10		娇 iu			20	钩 ɯ			

三、婺源型:《乡音字汇》

《乡音字汇》其书未见。胡松柏、钱文俊(2004)说:"《乡音字汇》是一套丛书,《婺城乡音字汇》、《下北乡音字汇》与《正下北乡音字汇》的书名已表明各为《乡音字汇》之一册。"又说:"在《乡音字义》正文前'字义纂要'页题有'有字无音查字汇,有音无字查字义'之语,可知《乡音字汇》与《乡音字义》是同时流行并相互配套的,《乡音字汇》书名在《乡音字义》中提及,其成书当在更早时间。① 从内容、体例上看,《乡音字汇》

① "有字无音查字汇,有音无字查字义"中的"字汇"不知是否指梅膺祚《字汇》。因为婺源《乡音字汇》跟《乡音字义》一样,也是按韵排列的,都应用于"有音无字"的情况。而《字汇》则按笔画排列,可以应用于"有字无音"的情况。

与《乡音字义》有不少差异,《乡音字汇》是否系詹逢光所编纂,暂难断定。”

胡松柏、钱文俊(2004)介绍了他们收集到的这套书的分韵情况:“《婺城乡音字汇》116 韵 20 韵部(平 38、上 39、去 19、入 20),《下北乡音字汇》99 韵 18 韵部(平 33、上 32、去 16、入 18),《正下北乡音字汇》104 韵 18 韵部(平 35、上 34、去 17、入 18)。”

其中只有《婺城乡音字汇》列出了韵目:

东容孔动送仲、江忙讲像降状、知移纸是记利、兹慈此似四字、规葵语柱岁位、疏炉甫杜富福、遮邪野社卸列、靴才灾在再月、尔二、开梅海亥盖代、真臣谨尽信论、先贤忝善见念、冤元远软劝愿、丹烦反淡赞但、庵颜坎限谏雁、交爻巧鲍教各、高鞋少兆太白、家挖颇下卦达、经平梗并正命、忧谋柳厚救立

这个韵母系统的突出特点是儿韵母产生了。声调明确地分为六个:阴平、阳平、阴上、阳上、阴去、阳去,入声并入阳去。胡松柏、钱文俊(2004)比较了《乡音字义》、《乡音字汇》韵母的差异。转录于下:

①古臻摄一等字(开合)及合口三等字在《乡音字义》中与通摄字同韵为“工”部,如:吞＝通、尊＝宗、分＝风;而在《婺城乡音字汇》中则与深摄字、臻摄开口三等字同韵为“真臣”部,如:孙＝心＝新。

②古蟹摄四等字在《乡音字义》中与蟹摄、假摄三等字同韵为“稽”部,如:西＝些、丽＝例;而在《婺城乡音字汇》中则与止摄三等字同韵为“知移”部,如:米＝美、鸡＝基。

③在《乡音字义》中古效摄一等字独为“高”部,三等知章组字与蟹摄二等字合为“佳”部,而在《婺城乡音字汇》中都合为“高鞋”部,如:老＝乃、韶＝柴、豪＝鞋。

《乡音字义》、《婺城乡音字汇》声母的差异主要有:

①《乡音字义》中古全浊声母有送气与不送气两读的对立,在一

些韵中分列不同的小韵,如"柜"韵中:柜≠住;"坚"韵中:钳≠乾。

②《婺城乡音字汇》中塞音、塞擦音声母有3套,在一些韵中形成三分的对立,如"忧谋"韵中:囚道 ≠仇酬绸愁 ≠求仇姓;"真臣"韵中:辛新荀 ≠身申深升 ≠欣昕。

第二节　声母系统

下面以《山门新语》为纲,参考其他资料,介绍清代徽州话的语音系统。这一节先介绍声母,韵母、声调在后边介绍。

一、见系

见母:全部来自中古见母,没有例外字。只出现在阴平、上声、阴去、入声四个声调中,阳平、阳去无字。这是一个来源非常单纯的声母。

溪母:阴平、阴去、入声都以溪母字为主,阴平只有二十八巩"戢"来自庄母。阴去二十五巾韵"掀"来自元韵晓母,声韵都不合,应该是"揿"字之误。入声溪母下有十四个韵,只有二居韵"局"、二十一经韵"竭"两个字来自中古群母,其余都来自中古溪母。

阳平、阳去以来自群母为主,阳平里,来自溪母的有一呱韵"刳"、八加韵"颬"、十七官韵"髋"、二十庚韵"硁";还有一个"衔(十六干韵)"字来自中古匣母。阳去里面来自溪母的有二十八巩"企"、十六干"瞰"、二十六姬"掎";来自见母的有一呱韵"涸"、三江的"弶"、十五高的"烄";十九佳的"喝"来自晓母;十七官的"绾"来自影母。

上声二十九个音节,有一个来自见母(冎,九瓜韵),七个来自群母,其余二十一个音节全部来自溪母。参考同音字表,可以断定,上声内的浊声母已经清化而跟相应送气清声母字同音。

疑母:阴平和阴去基本来自中古影母,只有阴去声有二十四君韵的

“韵”字来自云母，二十六姬韵“易”、二十八玑的“异”来自以母，是例外。阳平来自疑母、云母、以母，例外是，二十五真韵有“人”字在疑母下，应该是鼻音；六昆韵有“文”来自微母。上声主要是影、以、云母，疑母字只有五个：一呱韵“五”，二居韵“语”，九瓜韵“瓦”，十一哥韵“我”，十二钩韵“耦”。阳去以疑母为主，有云母、以母若干字。这个情况跟阳平相似，但是疑母所占比例更大。另外还有两个微母字：五光韵“望”、六昆“问”；两个影母字：二十八玑“懿”、二十一经“映”。这样，组成疑母的字可以分为三类：影母为一类，是纯清声母，一般在阴平和阴去出现；疑母和少量微母为一类，一般在阳平、阳去出现；云母、以母为一类，既可以出现在阴声调，也可以出现在阳声调。但是它们出现的情况互补，可以归并为一个声母。因为影母只在此出现，所以这是个零声母。

晓母：阴平全部来自晓母，阳平除了二十四君韵“獯”、二居韵“姁”来自晓母，二十九宫韵“雄”来自云母外，其余全部来自匣母；阳去主要是来自匣母。例外有：二十九宫韵“鞯”来自日母。上声、入声内晓母和匣母参半：上声（共 25 字）有晓母的“许火”等（9 字），也有匣母的“亥祸”等（16 字）；入声（14 字）有晓母（7 字）、匣母（7 字），分布没有规律。参考同音字表，上声和入声的浊声母字跟相应的清声母字同音，已经清化。阴去主要是晓母字，来自匣母的也不少，但是这些匣母字相应的阳去也都是匣母。这显示阴去里的匣母字声母清化发生在去声分阴阳之前，声调是阴调。

表 5—4：

阴去	声	韵	开合	等	阳去	声	韵	开合	等
下	匣	祃	开	2	暇	匣	祃	开	2
胫	匣	径	开	4	绗	匣	映	开	2

阴去	声	韵	开合	等	阳去	声	韵	开合	等
慁	匣	慁	合	1	溷	匣	慁	合	1
溰	匣	箇	开	1	贺	匣	箇	开	1
绘	匣	泰	合	1	会	匣	泰	合	1
苋	匣	裥	开	2	县	匣	霰	合	4
械	匣	怪	开	2	害	匣	泰	开	1

表中字都来自中古去声。看来去声分阴阳的规律并不严格。

黟县型、婺源型的浊声母清化后有送气、不送气两种，送气的多，不送气的少(胡松柏、钱文俊 2004)，跟宁国一致。另外，黟县型、婺源型见组已经有腭化的现象。胡松伯、钱文俊(2004)认为："古见组声母一般在三四等字中发生腭化，而一些流摄、曾摄一等字中的见组声母也读舌面音，如：狗＝赳、刻克＝吃轿。"而《山门新语》里没有这种情况。

古浊声母今读是否送气的问题后面再谈，见组舌面化的情况在黟县型、婺源型出现较早，而在宁国型出现较晚。这反映了见组舌面化的推进是从黟县型(西北)、婺源型(西南)向宁国型(东北)发展的。从现代徽州方音的存在状况看，西部各点(婺源、黟县、祁门)见组声母跟细音拼合时，基本上都变成了舌面音，而东部各点(如绩溪"沟[ki]"、歙县"沟[kio]")则依然有些舌根音声母可以跟细音韵母拼合。由于我们找到的这三个点的材料时间在上基本同时，所以，可以推断，徽州话接受的见组声母舌面化这一特征，是从西边的方言，即赣语带来的。

二、端组

端母：基本上来自中古端母。例外有：阴去二十一经“锭”、十戈“椃”、入声二十一经“叠”来自定母，入声二居“啄”来自知母。

透母：阳平、阳去全部来自定母。阴平、阴去主要来自透母。阴平二十九宫“佟”、十戈“诧”、十一哥“佗”来自定母。阴去二十庚“澄”来自澄母；十二钩“逗”、二十二坚“电”来自定母。上声(19音节)则定母(10音节)、透母(9音节)参半。入声(11音节)透母字多(8音节)、定母字少(3音节：六昆“突”、十七官“夺”、十三鸠“迪”)。

泥母：全部来自中古泥、娘两声母，分布于六声之中。这些字在阴阳声调中是如何分别的，看不出规律。

来母：来自中古来母。分布于六声，各声调的分布没有明显规律，但是阴平(15)、阴去(18)比阳平(25)、阳去(25)字数稍微少些。

宁国型没有泥、来相混的情况，黟县型、婺源型则都有。据胡松柏、钱文俊(2004)，“古泥母字韵母为洪音及为-i时与来母字混，韵母为-i以外的细音时与日母字混，如：男＝蓝、尼＝梨，业＝热、年＝染”。

泥、来相混也是从西向东发展的，至今，歙县话没有泥、来相混的情况，绩溪话泥、来相混。从徽州话接受泥、来相混的方言点的位置看，西面、北面接受的多，中部接受的少。可见泥、来相混是从外方言借来的。在徽州话的周围，西面是赣语，北面是江淮官话，都具有泥、来相混特征。

三、帮系

帮母：帮母来源比较单一，都来自中古帮母，阳平、阳去无字。例外有：阴平三十公“艂”、上声二十五巾“膑”、三十七圭“被”来自並母。

滂母：阴平、阴去以滂母字为主，阳平、阳去以並母字为主，上声和入声则滂母字、並母字都有。例外情况有：阴平中有三个並母字：三十公“芃”、十二钩“鎝”、十三鸠“滮”；阴去中有三个並母字：二十六姬“奰”、二十庚“膨”、十二钩“脴”；阳平中有两个帮母字：十六干“般”、二十七圭“裨”；阳去中有两个滂母字：十二钩“豧”、二十六姬“媲”。上声除了十六干“扳”、三十公“菶”来自帮母外，其余(15字)滂母(7字)、並母(8字)参半。入声只有七个字，其中三个是滂母字：二居“朴”、二十一经“擎”、二十五巾“匹”。

明母：来自中古明母，阴阳都有字。

非母：阴平、阴去基本来自中古清声母非、敷母，阳平、阳去以奉母为主，上声、入声清浊都有。例外有：阴平十六干“帆”、阴去二十一经“倗”来自奉母，阳去十二钩“富”、二十一经“堋”、二十七圭“沸”来自非母。其中，二十一经韵的阴去(倗，奉母)和阳去(堋，非母)字可能在韵图上放颠倒了位置。也就是说，“堋”应该是阴去，“倗”应该是阳去。这两个字都没有同音字。而“富沸”相对的阴去则有非母字“缶/芾”对立。上声中来自奉母的“奉父”显然已经清化了。

个别微母字有读同明母的情况。胡松伯、钱文俊(2004)说：“古微母字一部分读 m 声母而与明母字混，如：尾＝米、袜＝末、蚊＝门。”今绩溪话也有这种情况。赵日新(见平田昌司 1998，p. 36)说：“微母字白读多为[m]声母，文读多为[v]或[0]声母。”举的例子有“晚蚊物妄”。可能《山门新语》产生地宁国，其方音跟绩溪还是有点不同。或者受官话影响，采用了文读音。

总之，微母字今读[m]声母是徽州话的一个特点，中心地带的方音更能反映这一点。例如，屯溪话、休宁话的“物袜网惘忘问蚊”都读重唇音。越是靠近中心地带，这种情况越多；相反，宁国胡乐乡正好处于徽州话的北部边缘，受到江淮官话、吴语、皖南客籍话的影响，这些古老的残迹基本上消失了。

四、精组

精母：阳平和阳去无字，阴平、阴去、上声和入声都来自中古精母。上声四冈“驵”、二十五巾“尽”，入声一呱“族”，来自从母；阴去十三鸠“皱”来自庄母。精母的来源比较单一。

清母：来自中古清、从两母：阴平、阴去主要来自清母；阳平阳去主要来自从母；上声以清母居多，也有从母字；从同音字表上看，这些清母、从母字出现在同一个同音字组。

表5—5：

例字 韵部	清母下的同音字组	
	清母	从母
觉韵	鹊皵碏	嚼
各韵	错厝	昨酢作筰凿
格韵	撮	贼鲗
结韵	切窃妾	捷截倢巀
决韵	朧	绝
葛韵	擦	杂
吉韵	七漆戚慼	疾嫉蒺

从上表可以看出，入声里的清浊声母字合并了。

心母：阳平和阳去以邪母为主，十二钩韵阳平有“涑”，三十公韵阳平有“娀”，二十七圭韵阳去“邃”，一呱韵阳去有“遡”来自心母；十二钩韵去声有“漱”来自山母；二十五巾韵去声“烬”来自从母。阴平、上声、阴去、入声以心母为主；阴平十二钩韵有"锼"来自山母；上声二居韵"叙"来自邪母；阴去二十四君有"徇"，十二钩韵"瘦"来自山母；入声只有心母字。心母字主要有两部分来源：阴声调来自心母，阳声调来自邪母。

根据胡松柏、钱文俊(2004)，黟县型、婺源型还有如下特点：①邪母字多读与从母字同声母，且读送气清音，如：寺＝字、袖＝就、习＝集。②古精组声母与古见组声母拼细音时不相混，仍区别尖团，如：焦≠娇、妻≠溪、先≠掀。

邪母字读同从母的情况是这一地区的特点，现代徽州方音依然有这样的表现，例如屯溪话"序绪徐随[ts^hi]"。这一点跟宣城话也是一样的，说明这是皖南地区方音的共同特点。《山门新语》没有反映这一变化，有可能是作者有意为之。

黟县型此组声母跟下面照组合流。精、照有别的方音，进一步发展应该跟黟县型一致。这跟清初宣城地区的泾县话一致。

五、照组

照母：阳平无字，其余阴平、上声、去声、入声均来自中古知、庄、章母。二十五巾韵入声照母下"积"来自精母。同音字表中跟"绩(精母)帻(庄母)骘(章母)"同音。看来精母可能也有字混入了照母，但数量很少。

穿母：阴平、阴去来自中古清声母彻、初、昌，阳平、阳去来自中古浊声母澄、崇和个别船母，上声、入声清浊参半。例外有：阳平十二钩"犨"来自昌母，阴去十二庚"鸩"、二十四君"櫂"、二十六姬"滞"来自澄母，阳去十四交"召"来自章母，十五高"踔"来自彻母，十六干"儳"来自初母。

审母：阴平、阴去来自书母、山母，阴平只有二十三涓"揎"、阴去有二十五巾“信”来自心母。阳平、阳去来自禅母和少量穿母、澄母，阳平有二十四君“驯”来自邪母，二居“蜍”来自澄母，九瓜“蛇”、二十庚“绳”来自船母，二十九宫“鳙”来自以母；阳去八加“射”，二十庚“乘”，二十四君“顺”，二十八玑“示”，来自船母。上声有清声母书、山母和浊声母禅母、船母等，二十六姬“玺”来自心母，四冈“象”来自邪母。入声来自书、山、禅、船母，十三鸠“莤”来自心母。

黟县型、婺源型知章组细音字，其声母往往变成舌面前音，跟见组拼细音的字合流。这一变化当时在宁国徽语里没有发生。黟县、婺源型的知章组跟见组一起变化的情况，如果考虑到赣语也有章组声母读同见组的现象，则可以认为是受赣语影响所致。（罗常培1999）

六、日母

日母：全部来自中古日母。但是分布在六声都有，如何区别阴平和阳平、阴去和阳去？从列字上找不到依据。请看例子：

表 5—6：

阴	声	韵	开合	等	阳	声	韵	开合	等
揉	日	尤	开	3	柔	日	尤	开	3
绥	日	脂	合	3	蕤	日	脂	合	3
駕	日	鱼	合	3	如	日	鱼	合	3

结合其他次浊声母的分布统计，大致是次浊声母分布在阳声调的略多，在阴调的略少：

明母：阴平(11)—阳平(19)　　阴去(10)—阳去(21)

泥母：阴平(11)—阳平(21)　　阴去(10)—阳去(20)

日母:阴平(11)—阳平(15)　　阴去(9)—阳去(12)

黟县型的日母都已经分别合并到零声母和疑母中,不存在了。婺源型的日母跟宁国型一致。由于日母在音系中处于单向对立中,在塞擦音合流到只有一组的时候,日母就不能跟其他塞擦音声母配合,要么变成跟新的塞擦音配合的浊擦音,例如江淮官话的[z];要么就转而消失了,如徽州话大部分地区。黟县型没有日母的现象是说明徽州话日母的消失至少在十九世纪末。

表 5—7:声母表

塞音	舌根	帮[p]	滂[p^h]		明[m]
	双唇	端[t]	透[t^h]		泥[n]
	齿头	见[k]	溪[k^h]		
塞擦音、擦音	舌尖	精[ts]	清[ts^h]	心[s]	
	舌叶	照[tʃ]	穿[$tʃ^h$]	审[ʃ]	日[ȵ]
	喉、边	疑[0]		晓[x]	来[l]
	唇齿			非[f]	

第三节　韵母系统

《山门新语》把韵母分为十四个"合韵",三十个"音"。所谓"合韵"就是通常说的韵,所谓"音"就是通常说的音类。在每个"合韵"和"音"前边,作者都注明"开音"、"合音",即开合。每韵都配有入声,共十五个入声韵类。入声兼配阴阳。今徽州话有入声跟阳声同韵的情况。黟县型、婺源型都没有入声韵,入声韵跟相应的阴声韵合流,并入阳去调阳声韵。这基本上跟今天徽州话的情况相符:西部、南部各点(婺源、祁门、休宁、黟县)没有入声韵,东部、北部各点(歙县、绩溪、旌德)有入声韵。

入声消失的时间是西早东晚，消失的速度是西快东慢。

下面分析韵母系统：

第一合韵：有"呱古固"、"居矩据"两个音类（举平声来代表上、去，下同）。这两类来自遇摄，黟县型、婺源型跟宁国型一样，都是洪、细两类；但是黟县型和婺源型居类细音又跟止摄三等合口有混淆，具体的分配大致是：鱼虞韵三等精组字归开口基韵，支、微合口三等知照组和见晓组字归撮口居韵。今黟县话遇摄读音主体上有两个层次[u]/[yɛi]，其中[yɛi]的读音与部分蟹、止摄合口三等一致，如：

基（止开三见）[tʃɛi]，脆（蟹摄三清）[tʃʰɛi]，居（遇合三见）[tʃyɛi]，趣（遇合三清）[tʃʰyɛi]

在徽州地区，这种现象最早的文献记载应该是明晚期的《律》。《律》在支齐微韵下面说："元词用此十四韵与皆灰八韵通用，又有通虞鱼八韵者。"根据鲁国尧的研究，宋代已经有支微韵字跟鱼韵通押的情况，比如苏轼、辛弃疾、吴泳的词。但是，"支鱼通押在赣、闽、吴地区词人中比较普遍。"其中，婺源人王炎支鱼相叶达11次之多。鲁先生因此断言这是"词人用方音入韵的结果"。（鲁国尧 1999，pp. 145—146）

一呱：一般来自《广韵》模韵系合口一等，非母、日母和照组来自鱼虞韵合口三等。二居：来自鱼虞韵合口三等。只有来母下字有些特殊，"蒌"来自侯韵开口一等、"铲"来自模韵合口一等。

一呱、二居两韵，都注明是"合音"，是合口韵。绩溪话是[u]、[y]，"租苏"等字韵母是[u]，"书"等字韵母是[y]，只有"朱"等字《山门新语》在一呱韵，绩溪话却音[y]，是章母的归属两地不同。这两个韵母是[u]、[y]。

一呱的入声谷音：来自屋、沃、烛、物、没、铎合口一等，非、日母和照组来自三等。这一类是[uʔ]。

二居的入声橘:来自术、烛、屋合口三等和觉开口二等。这一类是[yʔ]。

第二合韵:江、冈、光三类。

三江:来自江开口二等、阳开口三等,其中精、照组和晓、来、日母都来自阳韵开口三等。照组全部来自中古章组。

四冈:来自唐开口一等、江开口二等,照组来自阳开口三等中古知组,擦音审母内有书母、禅母字,还有邪母(象)、晓母(向)两字。在同音字表中,"象"在"想"字下,不应该有独立的音韵地位,此处是误列。"想"在三江韵心母下。在同音字表中,"向"字旁边注了一个"姓"字,《广韵》漾韵"饷"小韵(式亮切)有"向",注明:"人姓,出河内。"则这个字应该是书母字。

五光:来自江合口二等、阳合口三等和唐合口一等。照组来自中古庄组江阳开口二三等。

入声:三江(觉):来自觉药开口二三等。唇音和舌音下无字。四冈(各):来自铎开口一等,照组字来自觉韵开口二等,明母下"目"来自屋合口三等。五光(国):见组和晓母来自德没物合口一等,照组和非母来自薛术屋合口三等,审母下"舌"来自薛开口三等。

婺源型与此相同:江宕摄合并为一韵。黟县型江韵、唐韵合并了,但是不跟阳韵合并。一二等合,三等单独为一类。这符合多数二等韵的音变趋势,却跟多数方言(包括官话)的变化不同。黟县型跟吴语一致,比如《韵学大成》的阳韵分出两类,这是吴语底层。但是,黟县型还有一个特点是非常特殊的:来自中古唐、江韵的"江韵"是分开合的,比如刚≠光,但是来自中古阳韵的"姜"韵却不分开合,羌=匡。为什么黟县型跟宁国型有那么大的差异呢?我们认为,可能跟两个音系的性质有关。很可能《山门新语》反映当地通语,官场上用的接近官话的"城语”，而《乡音字义》则为儿童习字而作，很可能反映了更小范围的话。同时，徽州方音本来地区差异很大，宁国、婺源分别在徽州的西南和东北，方音上有比较大的差别是在情理之中的。从外部影响来看，婺源现在属于江西省，接近赣语区；宁国现在属于宣城市，接近江淮官话区。分别受到外部影响，比如，赣语南昌话就是一等唐韵跟二等江韵合流的，而宣城、芜湖江韵牙喉音字则有洪、细两读，洪音跟一等合流，细音跟三等合流。

表 5－8：“江”字读音

南昌	屯溪	旌德	繁昌	宣城	芜湖	苏州
kɔŋ	kau	ko	kā	kā，tɕiā	kā，tɕiā	tɕiɒŋ，kɒŋ

中古宕摄和江摄在《山门新语》有三江、四冈、五光三个韵，江、冈韵注明“开音”，光韵注明“合音”。绩溪话只有两个韵母[õ]、[iõ]，冈韵跟光韵合并为[õ]了。岭北也是两个[õ]、[iõ]。查周围的庄村、南极两地，这三个韵母都分别为[iœ]、[œ]、[uœ]。为了跟哥韵相配，它的主要元音应该是[ɵ]。考虑到绩溪徽语的这两个韵母是鼻化韵，则其早期更可能是有鼻音韵尾的，所以，我们为《山门新语》的江摄、宕摄的三江、四冈、五光韵构拟的韵母是：[iɵŋ]、[ɵŋ]、[uɵŋ]，入声：[iɵʔ]、[ɵʔ]、[uɵʔ]。

第三合韵：昆根两类。

六昆：来自魂合口一等，疑母下有来自中古微母三等的个别字，非母下字都来自中古三等唇音。七根：除了透母下有“吞”等字、精母下有“怎”以外，本韵只在见组、照组和晓母下有字。见组和晓母下的字来自痕韵开口一等，照组下的字来自真开口三等。

黟县型的这部分字的归韵与此不同：它们都跟通摄合流，没有开合的分别。例如，工小韵有“工（通摄）根跟（臻摄开口）昆琨鲲（臻摄合口)”,同小韵有“同铜筒彤童仝疼(通摄开口)屯饨豚臀(臻摄合口)”。这种开合不分的情况是乡音特点,在城语里还是能分清楚的。所以,《山门新语》把昆、根分为两韵。

入声:六昆(咄):只有端组、帮组、精组和非母有字,除了非母下的“覆”字来自屋韵合口三等、帮母下“北”和明母下“墨”来自德韵开口一等外,其余精组、端组都分别来自末、没两韵合口一等。七根(甲):来自狎洽辖黠等韵的开口二等,只出现在见组、晓母和照组下,其中,照组下只有庄组字。

《山门新语》六昆、七根,分别注明是合音、开音。绩溪话臻摄跟深摄、梗摄、曾摄以及通摄合并了,这是受吴语或者江淮官话影响的结果。合并后韵母是[ã]、[iã]、[uã]、[yã]。庄村、南极话与绩溪基本一致,只是没有合并通摄,主要元音也不是低元音,而是央元音和高元音:[ɛŋ]、[iŋ]、[uŋ]、[ɥŋ]。由于《山门新语》臻摄跟深摄、梗摄、曾摄没有合并,其主要差别很可能是韵尾,因此我们定主要元音为[ɑ],有前鼻音韵尾。这两个韵母是:[ɑn]、[uɑn]。

第四合韵:加、瓜两类。

八加:全部来自麻韵系开口二三等。舌音下只有“爹哆”等字,唇音无字。九瓜:来自麻韵合口二三等字,唇音来自开口二等。舌音下有“打拏”等字,应该是读合口。

黟县型、婺源型都不分开合,并到一起了。婺源型家韵有卦字。黟县型家韵家小韵有“家加嘉枷珈哥歌茄戈锅过瓜葭”等字。不但中古麻韵开口、合口合并,还跟果摄合并了。这种现象说明这是一种有非常浓厚乡土气息的“乡音”。

八加(牐):只有精组、照组和来、日母下有字,来自黠开口二等。

九瓜(郭):来自铎末合口一等,其中疑母下面“恶”、晓母下面“壑”来自铎开口一等,应该读同合口了;来母下面有“拉”来自合韵开口一等。

八加、九瓜来自假摄，分别是开音、合音。绩溪话瓜韵韵母是[o]，加韵有两个韵母：假摄二等韵母是[io]，三等是[iɔ]。旌德话假摄二等一般读[u]，三等一般读[ɑ]。我们拟订假摄八加、九瓜的韵母是[io]、[o]。

第五合韵：戈、哥两类。

十戈：除了透母下“诧”来自歌韵以外，其余都来自戈韵合口一等。

十一哥：来自歌韵开口一等。疑母下“涴”、心母下“蓑”、晓母下“火”、来母下“覼”、来自戈韵。泥母下“奈”来自泰韵开口一等。

绩溪话果摄只有一个韵母[ɵ]，这是一个央、中、圆唇元音。哥、锅同音，庄村、南极也是一个韵母。旌德话为两类：[u]/[ɷ]，我们定为开合两类：[ɵ]、[uɵ]。

第六合韵：钩、鸠两类。

十二钩：来自侯韵开口一等。溪母下“虯”来自幽韵，疑母下“牛”来自尤韵，明母、心母、非母、日母和照组下的字主要来自尤韵开口三等。

十三鸠：来自尤幽开口三四等。端透母多来自侯韵开口一等。来自侯韵一等的还有“茂嗾簉漏”分别在明母、心母、穿母、来母下。

这一韵的两类在黟县型只有一类，现代徽州话一些点也是一类。例如：

表 5—9：

	休宁	屯溪	溪绩	歙县	婺源	祁门	黟县
狗	tɕiu	tɕiu	ki	kio	kiɑ	kie	kaɯ
九	tɕiu	tɕiu	tɕiɵ	tɕio	kiɑ	kie	kaɯ

从溪绩、歙县等地看，两类还是有区别的。无区别的情况有三种：

一是像黟县这样的，是开口韵，声母是舌根音[k]。一类是像休宁、屯溪这样的，是齐齿呼，声母是舌面音[tɕ]。第三类是像婺源、祁门这样的，读齐齿呼，声母是舌根音[k]。周氏在十三鸠下说："钩鸠二韵，喉齿合音而外，北音读鸠韵如钩韵，南音读钩韵如鸠韵。不知钩韵横口气浅而声曲，为呵气之音，气出于心；鸠音蹙口气深而声尖，为唏气之音，气出于肺脏。其易辨如菽麦耳！"可见此韵在南北方音里都已经合并，而周氏独可依声辨别为二。

伍巍(1994,pp.19—20)认为流摄一三等的合流是由于一等字变成了细音，其原因是由于流摄的主要元音是比较高的元音，这个比较高的元音进一步高化，就势必要产生出一个介音来。这种说法可以解释前六种读齐齿的方言，但无法解释黟县两类都变成开口呼的情况。

我们认为，汉语里舌根音声母跟高、半高元音韵母相拼是一种不稳定的状态，所以在不同的方言里，先后发生了舌根音声母舌面化的现象，以使声、韵配合达到一种稳定状态。但是，要达到稳定状态，不止有舌根音声母舌面化的一条道路，还可以通过调整韵母来实现，即把跟舌根音声母相拼的细音韵母变成洪音韵母。黟县话的情况就是这样的。联系"江间家"等字的变化，更能清楚地看到这一点：这些字都是二等字，主要元音舌位较高，容易衍生出[i]介音，也容易变同舌位稍低的一等韵字。所以，在北方广大地区，它们表现为前者，衍生了介音，使得"江间"读同"姜坚"；在南方很多地方，它们低化，变同一等字了，这使得"江间家"读同"刚甘嘎"。

总之，流摄虽在不同点表现很不一样，但是它们早些时候是洪细有别的。

入声：十二钩跟哥韵、冈韵共用入声，这里不再说了。十三鸠(匊)：来自屋烛合口三等，透母下面有"迪"，来自锡韵开口四等。

绩溪话鸠韵见母和疑母字的韵母是[iɵ]，钩韵和鸠韵的见母、疑母以外的字的韵母都是[i],跟止摄合流了。那么,绩溪话钩韵的早期很可能是[e],后来高化、前化,才跟止摄合并。《山门新语》的情况与此一致,故构拟为:[e]、[ie]。

第七合韵:交、高两类。

十四交:来自宵萧肴开口二三四等,其中肴韵开口二等跟萧宵韵三四等字混合出现,表明已经成为一体,而且,肴韵二等字不仅出现在见晓组,还出现在端组如"铙",帮组如"媌猫",这表明这些二等字已经变同三四等了。照组全部来自章组和知组三等。

十五高:来自豪开口一等、肴开口二等。其中照组均来自中古庄组和知组二等。

黟县型这部分字的归属非常整齐:按照中古一二三等的关系分成三类。一等为高类,二等为交类,三四等为娇类,很少例外。只有三等照组字窜入由中古佳皆韵组成的佳韵。这显然是一种方音中的存古现象。

入声:十四交(辱):只有日母下面有一个"辱"字,来自烛合口三等。十五高(葛):来自曷合盍开口一等,只有"末"来自合口一等。唇音还有两个字"八拔",来自黠开口二等。

绩溪话"效摄一二等和三四等主要元音不同,逢[tɕ]组声母读[ie]韵,逢其他声母多读[ɤ]韵"。(平田昌司 1998,p. 35)《山门新语》周氏自序说:"急读哥干两音成高字。"可见,高字在他那里是复合韵母。绩溪话山咸摄主要元音是[ɔ],哥韵元音是[ɵ]。那么,"高"早期的形式应该是[ɵɔ],为方便起见,写作[əu]。两个韵分别是:[əu][iəu]。这个韵母很像流摄。胡适先生说:"吾绩溪土音读肴豪韵如尤韵。"(《胡适留学日记·卷九·山谷词带土音》,见《胡适文集》第二十八卷第 157 页,安徽教育出版社 2003 年)

第八合韵:干、官两类。

十六干:来自寒开口一等,照组来自山删韵,都是中古庄组字。来自咸摄的字不少：见母下“感绀”，疑母下“庵”，透母下“贪”，泥母下“南湳”，精母下“簪趱”，清母下“惨”，来母下“婪阑懒”，来自覃韵系；心母下“三”，照母下“斩”来自谈韵系；穿母下“谗”来自咸韵系、“忏儳”来自衔韵系；非母下“帆凡”来自凡韵。从以上山咸摄共现的情况看，山咸摄应该已经合并了。

十七官：来自桓韵合口一等、删韵合口二等，还有疑母下“宛”来自阮韵合口三等。照组下“跧蟤孨(照母)栓(审母)”来自仙韵合口三等。来自咸摄的有：从母下“蚕錾”分别来自覃阚开口一等。

宁国型这个韵的特点是山、咸摄一二等合流，内部分开合口。这跟婺源型、黟县型都不一致。婺源型的《婺城乡音字汇》和黟县型的《新安乡音字义考正》中山咸摄也都已经合流，但是，黟县还保持着一等、二等的严格区别：一等为一类，二等为一类；但都不分开合，一等字组成的官韵内部的开、合口合流，二等合口字也并入此类，例如：官＝关＝干。二等开口字组成的甘韵里还收了来自中古咸摄一等的字。咸摄一等开口字只跟二等开口字合流，不混入合口官韵，这跟山摄开口一等不同。婺源型的情况跟黟县基本一致，但是其咸摄开口一等字有个别混入官韵。

总结一下，本地山咸摄在这一时期中各地的一致点是：一二等的合口都合流了。不同点是：宁国型一二等开口、合口分别合流，黟县型山摄开口一等跟合口一二等合流、咸摄开口一等跟开口一二等合流。婺源型跟黟县型一致，不同在于其咸摄开口一等游弋于两类之间，一部分跟山摄一等一起变，一部分跟山咸摄二等一起变。分成两类的语音条件不明，应该是受其他方言影响的结果。

入声：十七官(扩)：来自沃末陌铎等韵合口一二等。

这两类在《山门新语》里分别标为开音、合音。绩溪话分别是[ɔ]、[uɔ]。这跟《山门新语》完全一致：如上文所引“急读哥干两音成高字”。

既然“哥干”可以合音成高，“干”和“高”的韵尾一定是相同的。在周氏的韵图中，干、官两韵并没有跟坚、涓放在一起，中间还隔着乖、佳两韵，也说明它们是阴声韵。所以它可以配入声韵。我们定这两韵为：[ɔ]、[uɔ]。

第九合韵：乖、佳两类。

十八乖：主要来自灰韵合口一等，只有见组和晓母、非母有字，有部分皆佳夬韵合口二等字。十九佳：主要来自咍泰开口一等，见组、照组和部分帮组下有佳皆夬韵开口二等字。帮组下主要来自灰韵合口一等。如“杯胚”等。

十八乖、十九佳分别是合音、开音。绩溪话“改＝解[kæ]”，旌德话“改＝解[ka]”。由于《山门新语》中此韵入声又分别配庚[eŋ]和官[uɔ]，所以，这两韵应该有中元音韵腹：[æ]、[uæ]。

第十合韵：庚、经两类。

二十庚来自庚耕开口二等、登开口一等，精组照组有部分字来自庚耕蒸开口三等。晓母下“胫”来自青韵开口四等，疑母下“婴荣永”来自清庚开口三等。这些字可能已经变成洪音了。

二十一经：来自耕庚清青蒸开口三四等，“琴（溪母）心（心母）沈（审母）任妊饪衽（日母）”来自侵韵。这说明梗摄、曾摄跟深摄混淆。

宁国的梗、曾摄字跟深摄合流的情况是比较特殊的。在本地区和周围地区都很少有这样的方音。黟县型、婺源型深摄字都不跟梗、曾摄混淆，而跟臻摄合流。这是两个结构类型：深、臻摄合流是北方官话的特点，深、臻、梗、曾四摄合流是吴语、江淮官话的特点。黟县型、婺源型深、臻摄合流，梗、曾摄合流，两部分互不牵扯，跟官话的情况一致；而宁国型却是独特的。

入声：

二十庚只有日母下有“入”一个字，来自缉韵开口三等。

二十一经（结）：来自屑月帖薛韵开口三四等，晓母下的“檄”来自锡韵，疑母下的“曳”来自祭韵。

二十庚、二十一经都是开音。绩溪话韵母是[ã]、[iã]。但部分牙喉音声母字韵母读[ɛi]，如耕[kɛi]。旌德话此韵一般为[e][iŋ]，如坑[kʰe]、经[tɕiŋ]。此韵早些时候应该有一个前半高的主元音，可能是[eŋ]、[ieŋ]。

第十一合韵：坚、涓两类。

二十二坚：来自元先仙开口三四等。另外有些字来自咸摄：溪母下“俭”、泥母下“黏”、日母下“髯冉”来自盐韵，疑母下“弇”、来母下“蔹”来自琰韵，端母下“坫”来自桥韵，透母下“忝”来自忝韵。

二十三涓：端组、帮组无字，其余来自先仙元合口三等。例外有“渐”来自盐韵开口四等。

婺源型跟宁国型一致，黟县型虽然也是两类，但是开合的对立只存在于见组，其余的声母下齐齿呼跟撮口呼合并了。例如“专捐砖涓鹃”、“先仙歼鲜宣”、“前钱廛缠潜蝉单全泉旋漩”等分别同音。这反映出细音的开合口是很容易合流的。合流的结果，一般都是合口（撮口）合流到开口（齐齿）里去了。例如现代婺源话“前＝全＝旋[tsʰi]”。

二十三涓（决）：只有见组、精组、照组和晓母、来母、日母下有字。端组、帮组无字。来自屑月薛觉黠等韵合口二三四等，清母下面的“膬”来自祭韵。

来自山咸摄三四等的二十三坚、二十四涓分别是开音、合音。绩溪话韵母有四个：[ẽi]、[iẽi]、[uẽi]、[yẽi]。由于[iẽi]、[yẽi]都只配舌面前音声母，显然是后起的，所以，我们定此两韵韵母为[en]、[yen]。

第十二合韵：君、巾两类。

二十四君：来自真谆文合口三等，只有晓母下“迥”字来自迥韵。端组、帮组无字。

二十五巾：来自真开口三等，部分字来自欣韵。心母下“巡迅”来自谆韵，但是，“迅”有真韵的又读。滂母下“冯”来自蒸开口三等，溪母下有“掀”是元韵字，如果是“揿”字之误，则应该在侵韵。端组无字。

入声：二十五巾（吉）：来自质迄昔职等韵开口三等、锡开口四等。

来自臻摄的二十四君、二十五巾分别是合音、开音。绩溪话分别是[iã]、[yã]。《山门新语》周氏自序说：“急读居涓两字成君字。”则涓、君主要元音和韵尾应该相同、相近。涓韵既然是[yen]，君韵应该是[yn]，那么巾韵就是[in]了。

第十三合韵：姬、圭、玑三类。

二十六姬：来自止摄、蟹摄开口三四等。非母下来自合口三等。“二”等字在此韵日母下，说明儿韵母还没有产生。

二十七圭：来自止摄、蟹摄合口三四等和部分灰韵合口一等。唇音来自开口三四等。

二十八玑：全部来自止摄开口三等，只有精、照组和见组有字。例外有：溪母下“戢”来自缉韵开口三等。

入声：二十八玑（质）：只有照组下面有“质尺十”三个字，来自质昔缉开口三等。

二十六姬、二十七圭、二十八玑分别是开音、合音、开音。绩溪话里，姬韵字都读[i]，圭韵除了跟[k]、[k^{h}]配合的韵母是[ui]以外，其余声母配合的字已经全部合并到姬韵里去了。玑韵字基本上都读[ɿ]，比如：鸡[tsɿ]^{31}，企[ts^{h}ɿ]^{213}，喜[sɿ]^{35}。这样，这三个韵的韵母就很清楚了，它们分别是[i]、[ui]、[ɿ]。

可能有疑问的是玑韵的舌尖元音韵母问题。因为一般来讲舌尖元音韵母只配齿音，而这个韵里还有见组字，怎么解释？其实，虽然舌尖元音韵母只配齿音是多数汉语方言的特点，但是还是有不少地方方音舌尖元音韵母可以配齿音以外的声母，例如安徽合肥、绩溪，舌尖元音韵母都可以配唇牙喉音，例如记、气、戏、衣分别是：[tsɿ]、[ts^{h}ɿ]、[sɿ]、 [ɿ];比、皮、米分别是[pɿ]、[pʰɿ]、[mɿ];泥、来母在绩溪里合流,读[n-],也可以拼舌尖元音韵母,例如:尼=梨[nɿ]。合肥话则读为零声母,即:尼=梨[ɿ]。

西北地区也有这样的声韵配合关系。甘肃民勤话“七”读[tsʰɿ],“一”读[ɿ]。

第十四合韵

二十九宫:端组来自冬合口一等,其余来自东钟合口三等。

三十公:来自东合口一等,精组、照组和明母、来母部分字来自钟合口三等。

二十九宫、三十公都是合音。绩溪话通摄已经合并到臻摄、梗摄等里面去了,公、宫同音,是[uã],宫韵的穷等字韵母是[yã]。根据绩溪话的走势,这两个韵可能跟庚、经韵很近。我们干脆把它们配合到一块,以预示其后来的合并。故构拟宫、公分别为[yaŋ]、[uaŋ]。

下面我们再把入声集中起来,因为《山门新语·琴律四声分部合韵同声谱》把入声也分了六类。

入声第一合韵:谷、橘、匊三类。

一呱(谷):来自屋、沃、烛、物、没、铎合口一等,非、日母和照组来自三等。

二居(橘):来自术、烛、屋合口三等和觉开口二等。

十三鸠(匊):来自屋烛合口三等,透母下面有“迪”,来自锡韵开口四等。

入声第二合韵:觉、各、郭三类。

三江(觉):来自觉药开口二三等。唇音和舌音下无字。

四冈(各):来自铎开口一等,照组字来自觉韵开口二等,明母下“目”来自屋合口三等。

九瓜(郭):来自铎末合口一等,其中疑母下面“恶”、晓母下面

“螯”来自铎开口一等，应该读同合口了；来母下面有“拉”来自合开口一等。

入声第三合韵：国、格两类。

五光(国)：见组和晓母来自德没物合口一等，照组和非母来自薛术屋合口三等，审母下“舌”来自薛开口三等。

十九佳(格)：来自职德开口一等、陌麦开口二等。

入声第四合韵：结、决两类。

二十一经(结)：来自屑月帖薛韵开口三四等，晓母下的“檄”来自锡韵，疑母下的“曳”来自祭韵。

二十三涓(决)：只有见组、精组、照组和晓母、来母、日母下有字。端组、帮组无字。来自屑月薛觉黠等韵合口二三四等，清母下面的“臎”来自祭韵。

入声第五合韵：甲、葛、括三类。

七根(甲)：来自狎洽辖黠等韵的开口二等，只出现在见组、晓母和照组下，其中，照组下只有庄组字。

十五高(葛)：来自曷合盍开口一等，只有“末”来自合口一等。唇音只有两个字“八拔”，来自黠开口二等。

十七官(括)：来自沃末陌铎等韵合口一二等。

入声第六合韵：吉、质两类。

二十五巾(吉)：来自质迄昔职等韵开口三等、锡开口四等。

二十八玑(质)：只有照组下面有“质尺十”三个字，来自质昔缉开口三等。

除了以上六部十五韵类之外，尚有跟不同的舒声韵配合的七个入声韵类：

六昆(咄)：只有端组、帮组、精组和非母有字，除了非母下的“覆”字来自屋韵合口三等、帮母下“北”和明母下“墨”来自德韵开口一等外，其余精组、端组都分别来自末、没两韵合口一等。

八加(牐):只有精组、照组和来、日母下有字,来自黠开口二等。

九瓜(郭):来自铎末合口一等。

十四交(辱):只有日母下面有一个“辱”字,来自烛合口三等。

二十庚只有日母下有“入”一个字,来自缉韵开口三等。

这是由于一个入声韵可以同时配两个或者两个以上的舒声韵,而作者在不同的舒声韵里选用的入声字的代表字不同所致。在《山门新语》的《琴律四声分部合韵同声谱》里,这些入声韵都合并到其他韵里了(括号内的是合并了的):

国(咄)、甲(牐)、括(郭、哷)、匊(辱)、吉(入)、葛(伐)。

表 5—10:入声\舒声的配合情况表

入声	谷、橘、匊	觉、各、郭	国、格	结、决	甲、葛、括	吉、质
阴声	呱、居、鸠交	哥钩、瓜戈	圭、佳	姬	加、高、乖	姬、玑
阳声	公、宫	江冈	光昆、庚	经坚、涓君	根、干、官	巾

表 5—11:韵母表

<table>
<tr><th>开</th><th>齐</th><th>合</th><th>撮</th><th>开</th><th>齐</th><th>合</th><th>撮</th></tr>
<tr><td></td><td></td><td>呱[u]
公[uɑŋ]</td><td>居[iu]
宫[yɑŋ]</td><td></td><td rowspan="2">结[iæʔ]</td><td>谷[uʔ]</td><td>橘[iuʔ]</td></tr>
<tr><td>庚[eŋ]</td><td>经[ieŋ]</td><td></td><td></td><td rowspan="2">格[æʔ]</td><td></td><td></td></tr>
<tr><td>佳[æ]</td><td></td><td>乖[uæ]</td><td></td><td></td><td rowspan="2">括[uɔʔ]</td><td></td></tr>
<tr><td>干[ɔ]</td><td></td><td>官[uɔ]</td><td></td><td rowspan="2">葛[əuʔ]</td><td></td><td></td></tr>
<tr><td>高[əu]</td><td>交[iəu]</td><td></td><td></td><td></td><td></td><td></td></tr>
</table>

（续表）

开	齐	合	撮	开	齐	合	撮
钩[e]	鸠[ie]						
哥[ɵ]		戈[uɵ]		各[ɵʔ]	粡[ieʔ]		
冈[ɵŋ]	江[iɵŋ]	光[uɵŋ]			觉[iɵʔ]		
玑[ɿ]	姬[i]	圭[ui]		质[ɿʔ]		国[uɵʔ]	
	巾[in]		君[yn]				
坚[en]			涓[yen]		吉[iʔ]		决[yeʔ]
瓜[o]	加[io]			郭[oʔ]			
根[an]		昆[uan]			甲[iaʔ]		

第四节　声调系统

清末徽州话的声调有两个类型：一是有入声的，宁国型《山门新语》是；二是没有入声的，黟县型《新安乡音字义考正》、婺源型《婺城乡音字汇》是。

一、有入声的

（一）去声分阴阳

《山门新语》作者周赟对声调分析甚精密，它记录的清末宁国徽语的声调系统是：平声、去声各分阴阳，上声、入声不分阴阳。从声母的情况看，上声、入声内的浊声母字一般都跟同声调的清声母字合流了，这也是上声、入声不分阴阳的原因。

除了宁国以外，清代歙县也有去声分阴阳的情况。歙县人黄承吉在黄生《义府》卷下"中宗"条下有按语：

> 歙音有两去声，"众"与"仲用"并不一读。若东字之去"动"与"冻"亦不一读，"冻"之音如"众"，"动"之音如"仲用"。所以，公以"仲用"相切，在歙音则"用"不能切"众"也。此非笔墨所能写出，唯有歙人自喻。

"众"清声母章母字，"仲"浊声母澄母字，两字在歙县话中声调不同了。"动"定母，"冻"端母。两字声母都跟端母的"东"字一样，是不送气的清辅音，但是声调不同。所以"冻""众"都是阴去，声调相同；"动"和"仲用"都是阳去，声调相同。

（二）浊上声多归上声

宁国型古浊上声字声母清化以后归次清上声，不归去声。古浊上声字的这种非常明确的归属，跟现代绩溪方言一致。赵日新的调查是："古全浊声母字今读清音声母，逢塞音塞擦音不论平仄都读送气清音。"（平田昌司 1998，p. 34）又说："古全浊声母上声字很不稳定，大多数字今读阳去，还有一部分字读上声，或阳去、上声两读，少数字读阴去，分化条件不明。"（同上，第 35 页）

道光《徽州府志·舆地志·风俗》说："古本有四声，然去声字最少，多读作上声。段太令玉裁谓古无去声之说，非无卓见。检今韵书，上、去两收之字最多，此其证也。而以新安论之，如鲍字、在字、上字、坐字、咎字之类，读作上声者十居六七，不可谓非古音之正也。"这位编辑地方志的先生显然对古音只是一知半解，所举的"读作上声者十居六七"的去声字，都是中古浊上声字。此时的浊声母已经清化，浊上声字声母清化后还读上声，这符合今徽州话的特点。

二、无入声的

(一)平、上、去各分阴阳

《婺城乡音字汇》也是按照六个声调来排列的，例如：其中一组韵母是“东容孔动送仲”，分别是阴平、阳平、阴上、阳上、阴去、阳去。另一个韵目是：靴才灾在再月，最后一个字是入声，排在第六，跟阳去调在同一位置，显然是入声调跟阳去调合流了。这跟宁国型稍有不同：除了没有入声的差异之外，上声分阴阳也是独特的。

黟县型跟婺源型的声调系统完全一样。尽管《新安乡音字义考正》用传统四声的格局来编排韵书，但是它的入声里面有阳声韵是很特殊的。如果不是阳去跟入声的调值一致，怎么可以排列在一起呢？平声、上声内，古清声母字跟古浊声母字都有，而且互相不混淆，这是声母的区别变成了声调的差别了。

(二)次浊声母字有阴阳两调

次浊声母字在同一个韵类中有两个音节出现，例如：矛/猫、敏/闽，这只能是声调有区别。根据胡松柏、钱文俊(2004)，《婺城乡音字汇》的次浊声母字多数归阴调，少数归阳调。如：

归阴上的：

美靡姆拇姥某牡每卯渺藐满懵蠓敏泯莽蟒罔惘猛茗皿酩免勉你履鲁橹女屡缕柳篓绺蕾儡垒磊裸馁老乃奶鸟袅嘹垄陇垅朗辆脸敛辇拟语汝藕偶惹绕仰俨我雅以羽有野冶也扰窈勇拥涌踊养永冉演远宛舞武五午往

归阳上的：

米尾荬闽网奴虏笼拢扭钮领岭冷染碾研蚁眼软暖懒瓦咬尔耳珥迩酉蚓痒舀

《新安乡音字义考正》的次浊声母字也是有的归阴调，有的归阳调。正是这种情况暴露了他的声调分阴阳的真实面貌。

两个类型的主要区别在：一是有没有入声调，二是上声是否分阴阳。这完全是地域差别而不是城乡差别。从地理方位上看，黟县、婺源在徽州西部，其声调没有入声，上声分阴阳；歙县、宁国在徽州东部，有入声，上声不分阴阳。

第五节 清代徽州方音的特点

一、声母方面

声母系统的特点主要有：

1. 全浊声母清化。

全浊声母清化后，塞音、塞擦音无论平仄都归送气清音，跟官话塞音、塞擦音清化后平声送气、仄声不送气不同。所以，不送气声母的字出现在阴调，而不出现在阳调；送气声母和擦音声母的字都有阴阳调相配。上声中的浊声母字清化后没有归去声，而是跟上声中的清声母字合并了，也跟官话浊上变去不同。入声里的浊声母字：宁国型和黟县型清化后，都跟清声母入声字在一起；但是，宁国型的入声独立；黟县型的入声归阳去。

2. 知章组和见组细音声母变成舌面音。

这个变化是从西向东进行的，西边的黟县型、婺源型已经发生了这种变化，但东边的宁国到后来才发生。

3. 精组、知照组声母在洪音前合流。

4. 西部黟县型、婺源型泥母跟来母有混淆的现象，但是东部宁国型没有这种现象。

5. 次浊声母分布在阴调、阳调都有，没有韵母方面的条件。但是相比而言，次浊声母字归阴调的字少，归阳调的字多。

6. 日母发生了分化，部分归并到鼻音，另有一部分归到零声母里去了。

二、韵母方面

韵母系统有如下特点：

1. 二等韵已经失去了独立地位。二等肴韵字在宁国型已经混同宵萧韵三四等，二等江韵字分别混同于唐韵一等和阳韵三等，二等删山韵字跟寒桓韵一等混同，庚耕韵二等字跟登韵一等混同。其余的二等字也分别混同于相应的一等或三四等。

2. 山摄跟咸摄合流。三个代表点山摄咸摄都已合并，《山门新语》虽然只有少量咸摄字混入山摄，但由于它没有单独由咸摄字组成的韵，我们认为其山咸摄已经合并了。

3. 梗摄、曾摄合流是一致的趋势。深摄、臻摄的情况因地区而有不同。黟县型、婺源型深、臻摄合流，梗摄、曾摄合流，像北方官话。宁国型深摄跟梗、曾摄合流，是比较独特的。《山门新语》由梗摄、曾摄字组成的有庚韵、经韵，其中，经韵中有"琴（溪母）心（心母）沈（审母）任妊饪衽（日母）"等字来自侵韵。由于本书没有单独由深摄字组成的韵，因此，可以认为深摄已经合并到梗摄、曾摄中去了。查同音字表，可以在此韵深摄字分别流入经韵、庚韵：庚韵生小韵有"甥牲笙（梗摄）参森（深摄）"，经韵经小韵有"经泾京扃惊竞荆（梗摄）金今衿禁襟（深摄）"，琴小韵有"琼檠（梗摄）琴擒禽衾（深摄）"，盈小韵有"盈楹嬴瀛赢迎（梗摄）凝（曾摄）淫霪吟（深摄）"，清小韵有"清请（梗摄）侵浸（深摄）"，心小韵有"心（深摄）星惺腥醒猩（梗摄）"，情小韵有"情晴（梗摄）寻浔（深摄）"，轻小韵有

“轻鲸顷倾擎卿（梗摄）钦（深摄）”，英小韵有“英瑛（梗摄）音阴（深摄）”，征小韵有“征正怔症（梗摄）湛斟椹箴针（深摄）”，声小韵有“声（梗摄）升胜（曾摄）深（深摄）”，呈小韵有“呈程（梗摄）琛郴岑沈（深摄）”，成小韵有“成城诚盛（梗摄）忱谌（深摄）”，苓小韵有“苓令零伶龄聆翎铃玲灵（梗摄）林淋临（深摄）”。足证深摄已经合并到梗摄曾摄了。

由臻摄字组成的巾韵跟深摄字无涉，只有一个“冯”字来自曾摄蒸韵。不足以证明臻摄跟曾摄有关。

在深摄、臻摄、梗摄、曾摄的关系上，清代徽州话有三个类型：婺源型是深摄跟臻摄合流、梗摄跟曾摄合流①；宁国型是深摄跟梗摄合流；黟县型是跟婺源型基本一致，只是它的臻摄合口一等字分化出去，跟通摄一等合流了。

4. 儿韵母已经产生，但是没有遍及整个地区。黟县型、宁国型都没有儿韵母的记载，只有婺源型列出了两个儿韵母音节。

5. 宁国型舌尖元音可以配合齿音以外的声母。

6. 入声韵在部分地区消失了，消失的方向是从西向东。

三、声调方面

声调系统的特点主要有：

1. 平声都分阴阳。这个特点在明代已经出现，清代的三个点都是如此。

2. 部分地区上声分阴阳。这个特点只出现在黟县型和婺源型方

---

① 我们没有得到《婺城乡音字汇》，从钱松柏、胡文俊（2004）提供的韵目看，四摄中只有臻摄、梗摄字出现在韵目里，如：“真臣谨尽信论、经平梗并正命”，没有深摄、曾摄字。该文还提到深、臻摄是合流的，我们推测，此书是深跟臻合流、曾跟梗合流型。

音里。宁国型方音上声不分阴阳，古全浊上声字声母清化后，依然入上声，不转入去声，也不独立成阳上。

3. 去声分阴阳。清代徽州话三个音系，去声都分阴阳，但具体情况不同。它们都按声母清浊而分阴阳去，但黟县型、婺源型阳去里混入了入声字，而宁国型没有这种现象。

4. 入声。清代黟县型、婺源型入声归入阳去，因而无独立的入声；宁国型依然有入声。

附录 1:《新安乡音字义考正》节录

詹逢光　梦仙辑　扉页题"乡音字义"。光绪乙亥孟冬石印

一、例言

"六书"造自伏曦，一曰象形，谓日月之类，象形体而为之也；二曰假借，谓令长之类，一字两用也；三曰指事，谓上下之类，人在一上为上，人在一下为下，各有其处事、得其宜也；四曰会意，谓武信之类，人言为信、止戈为武，会合人意也；五曰转注，谓考老之类，建类一首，文意相受，左右相注，故曰转注也；六曰谐声，如江河之类，皆以水为形，以工、可为声也。学者以此求之，思过半矣。

自篆籀八分，变为楷法，于是字书杂出。其最著者则汉有《说文》、梁有《玉篇》、唐有《唐韵》、宋有《集韵》、元有《韵会》、明有《洪武正韵》，皆能考核详明矣。而集大成者则我朝《康熙字典》尚焉。经道光七年重刊，更明且备。故是编一以《字典》为宗。

是编上为便用起见，不欲夸多斗靡，故有不常用之字，虽见五经者，亦置不录。非略也，求简也。

每韵次序，照切法喉舌唇牙齿为先后，故以一二为首，不依《诗韵》，非漫尔妄作也。

《字学举隅》一书，行世已久，其中有与《字典》不合者，承用诸字亦不知何处承来。是编既遵《字典》，则凡背《字典》者，自不免龃龉矣。

俗字、讹字、省字，及古无此字者，本不宜录，但相承既久，《字典》亦收，是编于此等字，必照《字典》注明。其有俗音误读者，亦详注音切，使阅者一览便知。

乡间素有杂字书，专载器皿俗语，其字半无来历。是编概不收入。

壹贰叁肆伍陆柒捌玖拾等字，系官司文移防诈讹窜易而设，非字之本义也。此惟记账宜之，文人于乡会闱中填写添注、涂改数目公令亦用此字，此外并无用处。

二、叙

且夫孩童，无知者也。或幼而就养外家，或长而从师异地，所谓置之庄岳，复谁教之中州？间有聪明，亦思改正；不知因之者，其失犹显；矫之者，其弊更多。是以宗族不同声，互相欢笑；乡邻滋异议，各有师承。光朱墨妄涂，丹铅未校，少王筠之学，几惭蜺霓；无刘杳之才，安识棍书作楛？亡无無不辨，未详变易之由；文攵攴莫分，罔晓混同之故。

幸我朝文教昌明，宣天地中和之元气；字书密察，集古今切韵之大成，微妙可窥知。《正韵》本非时尚，源源必究，比《说文》更觉详明。虽去取无凭，似嫌臆断，而从违有据，只欲心安。所忧者志在速成，竭两载之精神，不无挂漏；更惧心求济用，撮一书之蕴奥。犹欠淹通，苟有博学才人，多能雅士，示以精清从心邪之理，导以宫商角徵羽之源，俾一艺精通，六书贯彻，是则予之大幸也。

同治六年丁卯春二月，环川詹逢光叙。

三、字义纂要

平 上 去 入

有字无音查字汇，有音无字察字义。

四、横韵法

工 江 姜 支 基 居 姑 稽 佳 娇 该 金 坚 官

甘 交 高 家 庚 钩 孔 讲 强 子 几 主 古 启

解 皎 改 谨 茧 管 感 姣 杲 果 耿 玖 贡 绛

将 志 记 贵 故 计 戒 叫 盖 禁 见 贯 谏 教

告 卦 更 突 洞 浪 让 质 吉 櫃 縠 挈 格 戟

国 嘌 健 段 雁 觉 鸽 甲 定 匊

五、新安乡音字义考正总目

平声：

（一）工空根坤恭邛东通同隆奔锛盆蓬门中充存重恂吰红翁分逢恩文凶崇雍颙昏魂

（二）江康卬光狂当堂郎邦旁氓章昌长双藏恒汤行方房汪王皇

（三）姜匡强娘将戕庠相香央阳良

（四）支蚩祠思时

（五）基欺奇宜离卑丕眉且趋徐胥熙衣彝非肥微

（六）居吹除徽垂于儒

（七）姑枯吾都图盧晡匍谟租初徂疏锄呼乎夫[①]夫[②]迂無

（八）稽溪茄倪圭窥瘸低提啼尼篦批磓齊车齊西蛇嵇爷靴兒

（九）佳揩厓乖他挐俳埋昭超潮烧韶谐挨华歪[③]

---

① 原注："夫，男子通称。又音扶。"同音字有"肤趺孚俘郛桴枹膚跗"。

② 原注："夫，发语辞，又语已辞，又有所指之辞"。同音字有"扶芙符凫"。

③ 原注："歪，不正也，竵之俗字。"

(十)娇撬乔尧刁祧调寥杓漂瓢苗焦鳌嶕霄傲谣

(十一)该开崽堆推台来杯坏抔玫崔才鳃灰回偎

(十二)金钦琴吟君春群林宾频旻珍亲陈心神昕因人熏涫云

(十三)坚谦钳乾言专传颠天恬田年编扁便棉詹千全先轩贤奄炎咺玄渊元

(十四)官宽端团案般潘磻曼钻攒酸欢桓安完革鞔

(十五)甘堪颜丹贪覃男攀蛮簪参毚三酣闲番凡

(十六)交敲熬包抛庖袍矛猫嘲抄巢捎哮爻坳铙

(十七)高尻敖刀弢匋老褒蕉毛枣操曹缫蒿孩

(十八)家科牙多拕佗罗巴颇婆麻查叉茶矬沙花和娲禾鸦

(十九)庚铿京卿茎迎訇倾璚丁听亭廷拎宁兵屏平名精清情生成亨行莺兴形英兄弘荣

(二十)钩丘球求牛兜偷头留牟周秋俦修休侯优由浮

上声：

(一)孔衮恳珙董统本捧懵偬宠粉稳甬很动拢唪重奉倱

(二)讲忼广党倘朗榜莽长敞爽仿枉晃荡棒网文上项

(三)强仰奖抢想享往魉象两痒

(四)子齿史治是

(五)几起拟女比七美沮取髓喜以匪蚁吕被序

(六)主揆水与巨墅雨

(七)古苦堵土鲁补普母祖楚所虎甫五杜努部户父舞

(八)启氏体礼霁且玺冶尔跬弟皛社系哔

(九)解楷矮打寡乃摆者少骇买搌罷兆

(十)皎绕屌窕窈表漂杳剿悄小晓也皛了舀

(十一)改剀霭腿馁剖杲肘海待抂亥

(十二)谨准蠢廪品敏枕寝审忍允近窘闽尽甚引

(十三)蔺遣捲犬典忝敛扁免剪浅选显琰俨烜宛俭倦荬甸弁渐善染

(十四)管侃短疃暖瓒罕盌断伴满撰缓

(十五)感坎黯亶坦览盏铲晚僴反眼淡懒瓣湛限范

(十六)姣巧拗挠饱爪炒稍咬鲍卯

(十七)杲考袄岛讨潦宝早采叟好道老抱崽造

(十八)果可雅朵妥倮把颇嬷左琐火瓦惰马坐下

(十九)耿景肯磺顷顶侹丙皿井请省颖永冷竝靖杏

(二十)玖口偶斗柳畝走丑手吼有否臼诌宙受厚酉

去声：

(一)贡空齉艮困顿痛摒众寸巽汞嗅壅奋

(二)绛亢盎旷当钖诳谤胖壮罂丧放

(三)将呛相向映

(四)志次四

(五)记气贝譬醉娶晬戏意肺

(六)贵讫去恕畏

(七)故库妬吐布破做措素货富饫

(八)计桂契帝褅裂蔽制翠世秽懿税

(九)戒屃怪快带大拜派照菜晒

(十)叫竅钓票醮肖要

(十一)盖概对退背配再帅诲爱

(十二)禁僅训秦傧进趁信衅印训韫

(十三)见欠卷串店徧片占羡宪宴绚怨

(十四)贯看断象半泮钻竄算奂案

(十五)谏勘晏旦叹扮盼赞粲讪泛

(十六)教坳豹砲罩钞哨孝

(十七)告靠奥到套捞报竈燥秏好

(十八)卦课亚霸怕佐汉化

(十九)更敬庆订听并聘正倩圣暗兴应迴

(二十)突叩鬭透籀昼凑秀糗幼覆

入声:

(一)洞共论笨梦仲恨用分问

(二)浪傍状仗上苍望

(三)让亮匠

(四)质字十

(五)吉及日橘屈地立必密欷七魆翕一未

(六)柜住树裕

(七)縠哭悟马读禄卜璞木竹助束互辱福婺

(八)挈决杰缺业第铁列鳖别灭折切雪协烨说说

(九)格客额虢大德历百默则赤西日赫画外

(十)戟克逆调料庙爵洫奕

(十一)国窟勿代逮内不佩昧队出術会饿弗

(十二)噤觐认吝阵朕慎胤顺韵

(十三)健篆彦殿葚念便面贱见猋願

(十四)段乱畔曼宦玩

(十五)雁诞但滥办慢暂臽饭万

(十六)觉恪乐郭託洛博爆莫作擢朔学缚

（十七）鸽刻傲导老冒合

（十八）甲阔迓答达纳八拔末帀察刹夏活发

（十九）定竞迎令病命净盛行硬横咏

（二十）菊曲玉豆六懋爵就寿旭曜

附录2:徽州府志·舆地志·风俗

清·马步蟾修　夏銮纂　道光七年刊本

矧新安居万山之中，风土独厚，禀其气者，言语迟重，口舌艰涩。而欲绳之以五方之正音，势不可也。然而，方之古韵，核以双声，亦复有不侔而合者，如歙城中人帐呼如长，映呼如漾，更呼如冈，转入阳韵；歙之西乡呼华如呼，转入虞韵，呼麻如模，转入歌韵。绩溪人呼嫂如叟，转入尤韵；呼妇如否，转入之韵。此皆不合于唐人二百六部，而合于古韵者。又，以等韵论之，牙音、喉音，新安呼之最善。而重浊一位，尤能一毫不乱，如呼群字、穷字、渠字、近字之类，皆重呼之，似溪之浊，不似李安溪所云“南方人呼为见之浊”也。呼为见之浊者，非正音也。

疑母之字尤能不混入喻母，如呼义字、宜字、吾字、鱼字之类皆咬牙呼之，不似江、宁、池、太等处呼之缓懈，混入喻母也。

又，江字、讲字、解字之类，南方各处呼之似三四等之细音，独新安一郡，呼江如扛，呼讲如港，呼解如改，合于一二等之粗音也。

古本有四声，然去声字最少，多读作上声。段太令玉裁谓古无去声之说，非无卓见。检今韵书，上、去两收之字最多，此其证也。而以新安论之，如鲍字、在字、上字、坐字、咎字之类，读作上声者十居六七，不可谓非古音之正也。善乎！江氏永之言曰：中原文献亦有习非，乡曲僻陋，亦有至是。愿与今之深于音学者论之。

附录 3:清代徽州话音节表

（本表根据《山门新语》制订）

韵	声母		阴平	阳平	上声	阴去	阳去	入声	备注
一呱 u/uʔ	见	k	呱		古	固		谷	
	溪	kʰ	枯	刳	苦	库	涸	酷	
	疑	ŋ	乌	吴	五	汙	悟	屋	
	定	t	都		睹	妒		笃	
	透	tʰ	菟	徒	土	兔	度	秃	
	泥	n	驽	奴	努	笯	怒	傉	
	帮	p	逋		補	布		不	
	滂	pʰ	铺	蒲	部	怖	步	孛	
	明	m	摸	模	姥	𫄸	暮	莫	
	精	ts	租		祖	做		族	
	从	tsʰ	粗	徂	蔖	醋	祚	簇	
	心	s	苏		谞	素	遡	速	
	照	ʧ	朱		主	注		粥	
	穿	ʧʰ	初	锄	楚	憷	住	逐	
	审	ʃ	疎	殊	所	戍	树	束	
	晓	x	呼	胡	虎	戽	互	斛	
	方	f	敷	扶	父	傅	附	福	
	来	l	攎	盧	鲁	瀘	路	禄	
	日	ȵ	濡	儒	醹	擩	孺	缛	

韵	声母		阴平	阳平	上声	阴去	阳去	入声	备注
二居 iu/iuʔ	见	k	居		矩		據	橘	
	溪	kʰ	嶇	渠	巨	去	具	局	
	疑	ŋ	迂	鱼	语	飫	遇	玉	
	定	t						啄	
	透	tʰ							
	泥	n			女		女	朒	
	帮	p						卜	
	滂	pʰ						朴	
	明	m						木	
	精	ts	疽		苴	怚		足	
	从	tsʰ	蛆		取	趣	聚	促	
	心	s	须	徐	叙	絮		粟	
	照	ʧ	诸		渚	著		燭	
	穿	ʧʰ	樞	除	杼	处	箸	触	
	审	ʃ	書	蜍	竖	恕	薯	术	
	晓	x	嘘	姁	许	昫		旭	
	方	f						伏	
	来	l	蒌	閭	吕	铘	慮	録	
	日	ȵ	驽	如	汝		孺		

韵	声母		阴平	阳平	上声	阴去	阳去	入声	备注
	见	k	江		讲		绛	觉	
	溪	kʰ	羌	強	襁	羫	弶	却	
	疑	ŋ	央	羊	养	快	羕	约	
	定	t							
	透	tʰ							
	泥	n							
	帮	p							
	滂	pʰ							
	明	m							
三江 iɵŋ/iɵʔ	精	ts	将		奖		酱	爵	
	从	tsʰ	锵	墙	抢	蹡	匠	鹊	
	心	s	襄	详	想	相		削	
	照	ʧ	章		掌	障		灼	
	穿	ʧʰ	昌	肠	丈	唱	仗	绰	
	审	ʃ		常	赏		上	烁	
	晓	x	香	降	响	向	珦	学	
	方	f							
	来	l		良	两		谅	略	
	日	ȵ		穰	攘		让	若	

韵	声母		阴平	阳平	上声	阴去	阳去	入声	备注
	见	k	岡		港	钢		各	
	溪	k^h	康	甋	慷	亢	闶	恪	
	疑	ŋ	佒	昂	醠	盎		咢	
	定	t	当		黨	谠		沰	
	透	t^h	汤	定	砀	傥	宕	託	
	泥	n		囊	曩		儾	诺	
	帮	p	邦		膀	谤		博	
	滂	p^h	雱	旁	蚌		傍	薄	
	明	m		芒	莽		漭	目	
四冈 ɵŋ/ɵʔ	精	ts	臧		驵	葬		作	
	从	ts^h	倉	藏	抢		臟	错	
	心	s	桑		颡	丧		索	
	照	ʧ	张		涨	帐		斫	
	穿	$ʧ^h$	伥	长	昶	怅	瓺	浊	
	审	ʃ	商	尝	象	向	尚	朔	
	晓	x	炕	航	沆	攩	吭	鹤	
	方	f					放		
	来	l		郎	朗	阆	浪	落	
	日	ȵ							

韵	声母		阴平	阳平	上声	阴去	阳去	入声	备注
五光 uoŋ/uoʔ	见	k	光		廣	桄		国	
	溪	k^h	匡	狂	廣	旷		窟	
	疑	ŋ	汪	王	往		望	物	
	定	t							
	透	t^h							
	泥	n							
	帮	p							
	滂	p^h							
	明	m							
	精	ts							
	从	ts^h							
	心	s							
	照	ʧ	庄			壮		拙	
	穿	ʧ^h	窗	床	磢	创	状	出	
	审	ʃ	双		爽			舌	
	晓	x	荒	黄	慌	况	巷	惑	
	方	f	方	房	仿	放		覆	
	来	l							
	日	ȵ							

韵	声母		阴平	阳平	上声	阴去	阳去	入声	备注
六昆 uɑn/uɵʔ	见	k	昆		鲧		棍	国	
	溪	kʰ	坤	髡	阃	困		窟	
	疑	ŋ	温	文	稳	愠	问	物	
	定	t	敦			顿		咄	
	透	tʰ	暾	屯	盾	褪	钝	突	
	泥	n				嫩		讷	
	帮	p	奔		本	奔		北	
	滂	pʰ	歕	盆	笨				
	明	m		门	懑		闷	墨	
	精	ts	尊		撙	焌		卒	
	从	tsʰ	村	存	忖	寸	栫	猝	
	心	s	孙		损	巽		窣	
	照	ʧ							
	穿	ʧʰ							
	审	ʃ							
	晓	x	昏	魂	混	圂	溷	惑	
	方	f	分	焚	粉	忿	秎	覆	
	来	l		崘	㤻	沦	论	捋	
	日	ȵ							

韵	声母		阴平	阳平	上声	阴去	阳去	入声	备注
七根 an/aʔ	见	k	根				艮	甲	
	溪	kʰ			懇			恰	
	疑	ŋ	恩	垠				鸭	
	定	t							
	透	tʰ	吞						
	泥	n							
	帮	p							
	滂	pʰ							
	明	m							
	精	ts			怎				
	从	tsʰ							
	心	s							
	照	ʧ		臻		縥		扎	
	穿	ʧʰ		帘	龇			刹	
	审	ʃ	莘					刷	
	晓	x	哼	痕	很		恨	麧	
	方	f							
	来	l							
	日	ȵ							

韵	声母		阴平	阳平	上声	阴去	阳去	入声	备注
八加 io/ioʔ	见	k	加		假		驾	甲	
	溪	kʰ				髂		恰	
	疑	ŋ	丫	牙	野	亚	夜	鸭	
	定	t	爹		哆				
	透	tʰ							
	泥	n							
	帮	p							
	滂	pʰ							
	明	m		哔	乜				
	精	ts	嗟		姐	借		浃	
	从	tsʰ			且	笪	藉	牐	
	心	s	些	邪	写	卸	谢	箑	
	照	ʧ	遮		者	柘		札	
	穿	ʧʰ	车	槎		诧	蜡	刹	
	审	ʃ	奢	*	捨	赦	射	刷	
	晓	x	鰕	遐		下	暇	狎	
	方	f							
	来	l		伢					
	日	ȵ	婼		惹	偌			

韵	声母		阴平	阳平	上声	阴去	阳去	入声	备注
九瓜 o/oʔ	见	k	瓜		寡	卦		郭	
	溪	kʰ	誇	荂	冎	跨		廓	
	疑	ŋ	窊		瓦			恶	
	定	t			打				
	透	tʰ						脱	
	泥	n		拏					
	帮	p	巴		把	霸		卜	
	滂	pʰ	葩	琶		怕	罢	朴	
	明	m		麻	马	鬓	码	木	
	精	ts							
	从	tsʰ							
	心	s							
	照	ʧ	撾		鲊	诈		勺	
	穿	ʧʰ	叉	茶		汊	乍	濯	
	审	ʃ	沙	蛇	耍	舍	嗄	芍	
	晓	x	花	华	踝	化	华	壑	
	方	f							
	来	l						拉	
	日	ȵ							

韵	声母		阴平	阳平	上声	阴去	阳去	入声	备注
十戈 ɵ/ə	见	k	戈		果		过	郭	
	溪	k^h	科		颗	课		廓	
	疑	ŋ	倭	讹	婐	侉	卧	恶	
	定	t			朵	桗			
	透	t^h	訑	牠	妥	唾	媠	脱	
	泥	n		挼		愞	稬		
	帮	p	波		跛	播		卜	
	滂	p^h	颇	婆	叵	破	缚	朴	
	明	m		摩	么		磨	木	
	精	ts				挫		族	
	从	ts^h	莝	矬	脞	剉	座	簇	
	心	s	梭		锁			速	
	照	ʧ							
	穿	$ʧ^h$							
	审	ʃ							
	晓	x		禾	祸	货	和	壑	
	方	f							
	来	l	摞	骡	裸	蠃		碌	
	日	ȵ							

韵	声母		阴平	阳平	上声	阴去	阳去	入声	备注
十一哥 ɵ/ɵʔ	见	k	哥		哿		个	各	
	溪	k^h	珂	翗	可	坷	艘	恪	
	疑	ŋ	阿	莪	我	涴	饿	咢	
	定	t	多		軃	跢		沰	
	透	t^h	佗	驼	柁	拖	大	託	
	泥	n	䴴	挪	娜	那	奈	诺	
	帮	p						博	
	滂	p^h						薄	
	明	m						目	
	精	ts			左	佐		作	
	从	ts^h	蹉	醝	瑳			错	
	心	s	蓑		縒			索	
	照	ʧ							
	穿	$ʧ^h$							
	审	ʃ							
	晓	x	呵	河	火	濄	贺	鹤	
	方	f							
	来	l	覙	罗			逻	落	
	日	ȵ							

韵	声母		阴平	阳平	上声	阴去	阳去	入声	备注
十二钩 e/ɵʔ	见	k	钩		苟	姤		各	
	溪	k^h	彄	虯	口	寇	叩	恪	
	疑	ŋ	讴	牛	耦	沤	鼿	咢	
	定	t	兜		斗	鬬		沰	
	透	t^h	偷	头		逗	豆	託	
	泥	n		羺				诺	
	帮	p	吥					博	
	滂	p^h	錇	裒	剖	腤	豧	薄	
	明	m	髳	牟	母	姆	戊	目	
	精	ts	緅		走	奏		作	
	从	ts^h			棷	辏		错	
	心	s	锼	涑	叟	瘦	漱	索	
	照	ʧ	舟		肘	昼		灼	
	穿	ʧ^h	瘳	雔	纣	臭	酎	绰	
	审	ʃ	廋	售	受	狩	授	烁	
	晓	x	齁	侯	厚	吼	候	鹤	
	方	f	鸡	浮	否	缶	富	覆	
	来	l		楼	塿	镂	陋	落	
	日	ȵ	揉	柔	蹂	煣	鍒	若	

韵	声母		阴平	阳平	上声	阴去	阳去	入声	备注
十三鸠 ie/ieʔ	见	k	鸠		久		救	匊	
	溪	kʰ	邱	求	糗		旧	曲	
	疑	ŋ	尤	遊	有	幼	又	郁	
	定	t	丢		抖				
	透	tʰ	鍮	投	黈	透	酘	迪	
	泥	n			狃	钮	槈	衄	
	帮	p	彪						
	滂	pʰ	滮						
	明	m	缪				茂		
	精	ts	遒		酒	皱		蹙	
	从	tsʰ	秋	酋	噈		就	蹴	
	心	s	修	囚		秀	袖	宿	
	照	ʧ	周		帚	咒		竹	
	穿	ʧʰ	抽	绸	丑	簉	宙	轴	
	审	ʃ	收	醻	首	兽	寿	莤	
	晓	x	休			齅		蓄	
	方	f							
	来	l		刘	柳	溜	漏	蓼	
	日	ȵ							

韵	声母		阴平	阳平	上声	阴去	阳去	入声	备注
	见	k	交		皎		教	匊	
	溪	kʰ	趫	乔	巧	竅	峤	曲	
	疑	ŋ	夭	遥	杳	要	鹞	郁	
	定	t	貂			钓			
	透	tʰ	祧	迢	窕	眺	调	岴	
	泥	n		铙	鸟		溺	衄	
	帮	p	标		表	裱			
	滂	pʰ	飘	瓢	缥	剽	摽		
	明	m	媌	苗	渺	緢	妙		
十四交 iəu/ieʔ	精	ts	焦		剿	醮		蹙	
	从	tsʰ	锹	樵	悄	俏		蹴	
	心	s	宵		小	笑		宿	
	照	ʧ	昭		沼	照		竹	
	穿	ʧʰ	超	潮	赵	钞	召	轴	
	审	ʃ	烧	韶	绍	少	邵	茜	
	晓	x	嚣	爻	晓	孝	效	蓄	
	方	f							
	来	l	飉	敹	了	燎	料	蓼	
	日	ȵ	桡	饶	扰	娆	绕	辱	

韵	声母		阴平	阳平	上声	阴去	阳去	入声	备注
十五高 əu/əuʔ	见	k	高		杲	告		葛	
	溪	kʰ			考	犒	校	渴	
	疑	ŋ	坳	鳌	袄	拗	傲	遏	
	定	t	刀		祷	到		答	
	透	tʰ	叨	桃	道	套	导	塔	
	泥	n	臑	猱	恼		闹	纳	
	帮	p	包		保	报		八	
	滂	pʰ		袍	抱	砲	暴	拔	
	明	m	貓	毛	卯	芼	冒	末	
	精	ts	遭		早	灶		匝	
	从	tsʰ	操	曹	草	躁	造	杂	
	心	s	骚		嫂	燥			
	照	ʧ			爪	罩		札	
	穿	ʧʰ	勦	巢	炒	櫂	踔	刹	
	审	ʃ	梢			稍		刷	
	晓	x	蒿	豪	浩	耗	號	曷	
	方	f							
	来	l	捞	牢	老		劳	剌	
	日	ȵ							

韵	声母		阴平	阳平	上声	阴去	阳去	入声	备注
十六干 ɔ/ɔʔ	见	k	干		感	绀		同高	
	溪	kʰ	刊	衔	侃	看	瞰	同高	
	疑	ŋ	安	颜	庵	按	岸	同高	
	定	t	丹		亶	旦		同高	
	透	tʰ	贪	坛	坦	炭	但	同高	
	泥	n	嘫	南	湳		难	同高	
	帮	p	班		版	扮		同高	
	滂	pʰ	攀	般	扳	襻	辨	同高	
	明	m		蛮			慢	同高	
	精	ts	簪		趱	赞		同高	
	从	tsʰ	餐	残	惨	粲	栈	同高	
	心	s	三		繖	散		同高	
	照	ʧ			醆	蘸		同高	
	穿	ʧʰ		谗	刬	忏	儳	同高	
	审	ʃ	山		产	讪		同高	
	晓	x	鼾	寒	罕	汉	汗	同高	
	方	f	帆	凡	反	贩	饭		
	来	l	婪	阑	懒		烂	同高	
	日	ȵ							

韵	声母		阴平	阳平	上声	阴去	阳去	入声	备注
十七官 uɔ/uɔʔ	见	k	官		管	贯		括	
	溪	kʰ	宽	髋	款		绾	阔	
	疑	ŋ	弯	顽	宛	惋	玩	沃	
	定	t	端		短	锻		掇	
	透	tʰ	湍	团	断	彖	段	夺	
	泥	n		渜	煖		偄	搦	
	帮	p			粄	半		博	
	滂	pʰ	胖	蟠	坢	泮	叛	薄	
	明	m		瞒	满		幔	目	
	精	ts	钻		纂			作	
	从	tsʰ		鼈		窜	錾	错	
	心	s	酸		匴	算		索	
	照	ʧ	跧		蟤	孨		斫	
	穿	ʧʰ				篡		浊	
	审	ʃ	栓		浐	*		朔	
	晓	x	欢	桓	缓	唤	宧	豁	
	方	f							
	来	l		峦	卵		乱	硸	
	日	ȵ							

韵	声母		阴平	阳平	上声	阴去	阳去	入声	备注
十八乖 uæ/uæʔ	见	k	乖		拐		夬	括	
	溪	kʰ	诙		胯	快		阔	
	疑	ŋ	偎	诡	崴	⿰黑會	外	沃	
	定	t							
	透	tʰ							
	泥	n							
	帮	p							
	滂	pʰ							
	明	m							
	精	ts							
	从	tsʰ							
	心	s							
	照	ʧ							
	穿	ʧʰ							
	审	ʃ							
	晓	x	灰	怀		绘	会	豁	
	方	f					酹		
	来	l							
	日	ȵ							

韵	声母		阴平	阳平	上声	阴去	阳去	入声	备注
	见	k	佳		改		介	格	
	溪	kʰ	开		恺	慨	喝	客	
	疑	ŋ	挨	埃	僾	爱	艾	额	
	定	t	堆		歹	带		德	
	透	tʰ	胎	台	待	泰	兑	忒	
	泥	n		能	乃		奈	鼊	
	帮	p	杯		摆	拜		百	
	滂	pʰ	胚	牌	倍	派	败	白	
	明	m		梅	买		卖	陌	
十九佳 æ/æʔ	精	ts	哉		宰	再		则	
	从	tsʰ	猜	才	采，菜		在	堿	
	心	s	颙		諰	赛		塞	
	照	ʧ	斋		抧	债		责	
	穿	ʧʰ	钗	豺	廌	虿	砦	宅	
	审	ʃ	筛		洒	晒		色	
	晓	x	咍	孩	亥	械	害	赫	
	方	f							
	来	l	唻	来		赉	莱	勒	
	日	ȵ							

韵	声母		阴平	阳平	上声	阴去	阳去	入声	备注
二十庚 eŋ/eʔ	见	k	庚		梗	更		格	
	溪	k^h	坑	硁	肯			客	
	疑	ŋ	婴	荣	永	潆	硬	额	
	定	t	登		等	嶝	邓	德	
	透	t^h	鼟	腾	鼟	澄	僜	忒	
	泥	n		能				螚	
	帮	p	崩		浜	榜		百	
	滂	p^h	烹	朋	絣	膨		白	
	明	m	甍	萌	猛		孟	陌	
	精	ts	增			甑		则	
	从	ts^h		层		蹭	赠	测	
	心	s		伥	省			塞	
	照	ʧ	争			诤		责	
	穿	$ʧ^h$	琤	枨	朕	鸩	瞪	宅	
	审	ʃ	生	绳	甚	胜	乘	色	
	晓	x	亨	宏	荇	胫	绗	赫	
	方	f						弗	
	来	l		陵		锼	凌	勒	
	日	ȵ		仍	稔		扔	入	

韵	声母		阴平	阳平	上声	阴去	阳去	入声	备注
二十一经 ie/ieʔ	见	k	经		景		敬	结	
	溪	kʰ	轻	琴	顷	庆	竞	竭	
	疑	ŋ	英	盈	影		映	曳	
	定	t	丁		顶		锭	叠	
	透	tʰ	汀	廷	挺	听	定	铁	
	泥	n		佇	苧	泞	宁	涅	
	帮	p	冰		丙		柄	别	
	滂	pʰ	娉	平	並	聘	病	撆	
	明	m		明	皿		命	蔑	
	精	ts	精		井	浸		節	
	从	tsʰ	清	情	静	倩	倩	切	
	心	s	心	饧	醒	性		屑	
	照	ʧ	征		整	正		哲	
	穿	ʧʰ	青	呈	逞	秤	郑	掣	
	审	ʃ	聲	成	沈	圣	盛	设	
	晓	x	兴	刑	幸	敻		檄	
	方	f	淜	冯		倗	堋		
	来	l		苓	领		令	列	
	日	ȵ	陾	任	餁	妊	衽	热	

韵	声母		阴平	阳平	上声	阴去	阳去	入声	备注
二十二坚 en/ieʔ	见	k	坚		茧	见		结	
	溪	k^h	愆	乾	俭	谴	健	竭	
	疑	ŋ	烟	沿	弇	宴	研	曳	
	定	t	颠		典		坫	叠	
	透	t^h	天	田	忝	电	佃	铁	
	泥	n	黏	年	撚	睍	念	涅	
	帮	p	边		褊	徧		别	
	滂	p^h	篇	便	辨	片	卞	撇	
	明	m	臱	眠	勉	眄	面	蔑	
	精	ts	箋		翦	箭		節	
	从	ts^h	千	前	浅	蒨	贱	切	
	心	s	先	涎	狝	霰	羡	屑	
	照	ʧ	邅		展		战	哲	
	穿	$ʧ^h$	脡	廛	阐		缠	掣	
	审	ʃ	羶	蝉	善	扇	禅	设	
	晓	x	轩	贤	显	苋	县	檄	
	方	f							
	来	l	蔹	连	辇		练	列	
	日	ȵ	髯	然	冉			热	

韵	声母		阴平	阳平	上声	阴去	阳去	入声	备注
二十三涓 yen/yeʔ	见	k	涓		卷	眷		决	
	溪	kʰ	圈	权	犬	劝	倦	缺	
	疑	ŋ	鸳	原	远	怨	願	月	
	定	t							
	透	tʰ							
	泥	n							
	帮	p							
	滂	pʰ							
	明	m							
	精	ts	镌		臇	薦		蕝	
	从	tsʰ	诠	全	渐	洊	撰	臎	
	心	s	宣	旋	选	渲	镟	学	
	照	ʧ	专		转	占		茁	
	穿	ʧʰ	川	传	篆	钏	猭	啜	
	审	ʃ	揎	遄	膞		赡	说	
	晓	x	喧	玄	泫	绚	眩	血	
	方	f							
	来	l		挛	脔	烂	恋	劣	
	日	ȵ		堧	輭				

韵	声母		阴平	阳平	上声	阴去	阳去	入声	备注
二十四君 yn/yeʔ	见	k	君				郡	玦	
	溪	k^h	囷	群	窘			缺	
	疑	ŋ	赟	雲	尹	韵	运	月	
	定	t							
	透	t^h							
	泥	n							
	帮	p							
	滂	p^h							
	明	m							
	精	ts	遵			俊		蕝	
	从	ts^h	皴	鹑	蹲			臇	
	心	s		旬	筍	徇	濬	雪	
	照	ʧ	谆		准		稕	茁	
	穿	$ʧ^h$	春	唇	蠢	疢		啜	
	审	ʃ		驯	盾	舜	顺	说	
	晓	x	薰	獯	迥	训		血	
	方	f							
	来	l			耣			劣	
	日	ȵ		犉			闰	焫	

韵	声母		阴平	阳平	上声	阴去	阳去	入声	备注
二十五巾 in/iʔ	见	k	巾		巹		靳	吉	
	溪	k^h		勤	近	揿	仅	乞	
	疑	ŋ	因	人	引	印	慭	一	
	定	t						的	
	透	t^h						剔	
	泥	n					佞	匿	
	帮	p	宾		膑	傧		必	
	滂	p^h	冯					匹	
	明	m	泯	民	敏	瞑		密	
	精	ts	津		尽	晋		即	
	从	ts^h	亲	秦	笉	衬	荩	七	
	心	s	新	巡	囟	迅	烬	锡	
	照	ʧ	真		轸	震		积	
	穿	$ʧ^h$	嗔	陈		趁	阵	叱	
	审	ʃ	申	辰	哂	信	慎	失	
	晓	x	欣	磌		焮	衅	迄	
	方	f							
	来	l		麟	嶙	粦	吝	力	
	日	ȵ		纫	忍	牣	刃	日	

韵	声母		阴平	阳平	上声	阴去	阳去	入声	备注
二十六姬 i/iʔ	见	k	姬		几	寄		吉	
	溪	kʰ	溪	奇	启	器	掎	乞	
	疑	ŋ	衣	移	扆	易	义	一	
	定	t	低		底	帝		的	
	透	tʰ	梯	啼	弟	替	地	剔	
	泥	n	呢	尼	祢	腻	泥	匿	
	帮	p	陂		比	祕		必	
	滂	pʰ	披	皮	仳	畀	媲	匹	
	明	m	弥	迷	米	怢	谜	密	
	精	ts			濟	霁		即	
	从	tsʰ	妻	齊	紫	砌	渍	七	
	心	s	西		洗	细		锡	
	照	ʧ			咫	制		积	
	穿	ʧʰ	螭	迟		滞	稺	叱	
	审	ʃ		釃	玺	世	逝	失	
	晓	x	唏	奚	喜	戲		迄	
	方	f	非	肥	匪				
	来	l		離	里		利	力	
	日	ȵ	鲕	而	耳	饵	二	日	

韵	声母		阴平	阳平	上声	阴去	阳去	入声	备注
	见	k	圭		癸	贵		国	
	溪	kʰ	奎	葵	揆	愧	匮	窟	
	疑	ŋ	威	韦	委	畏	胃	物	
	定	t	頧			对		咄	
	透	tʰ	推	颓	腿	退	队	突	
	泥	n	捼		餒		内	讷	
	帮	p	卑		被	臂		北	
	滂	pʰ	丕	裨	陛	譬	备	擘	
	明	m		梅	美		媚	墨	
二十七圭 ui/ueʔ	精	ts	嗺		觜	醉		卒	
	从	tsʰ	崔		皠	萃	罪	猝	
	心	s	绥	随	髓	岁	邃	飒	
	照	ʧ		追	捶	赘		拙	
	穿	ʧʰ	吹	槌	揣	毳	缒	出	
	审	ʃ	衰	谁	水	税	瑞	舌	
	晓	x	辉	回	贿	讳	惠	惑	
	方	f	非	肥	匪	芾	沸	弗	
	来	l	擂	雷	累	累	类	捋	
	日	ȵ	绥	蕤	蕊		芮		

韵	声母		阴平	阳平	上声	阴去	阳去	入声	备注
二十八玑 ɿ/ɿʔ	见	k	玑		纪	冀		结	
	溪	kʰ	戡	其	技	气	企	竭	
	疑	ŋ	伊	贻	以	异	懿	莱	
	定	t							
	透	tʰ							
	泥	n							
	帮	p							
	滂	pʰ							
	明	m							
	精	ts	孜		紫	恣		则	
	从	tsʰ	雌	慈	此	次	字	测	
	心	s	思	词	死	四	祀	塞	
	照	ʧ	之		止	智		质	
	穿	ʧʰ	蚩	池	耻	炽	治	尺	
	审	ʃ	诗	时	士	试	示	十	
	晓	x							
	方	f							
	来	l							
	日	ȵ							

韵	声母		阴平	阳平	上声	阴去	阳去	入声	备注
二十九宫 yaŋ/yʔ	见	k	宫		拱	供		橘	
	溪	kʰ	穹	穷	恐	焪	共	局	
	疑	ŋ	邕	容	勇	雍	用	玉	
	定	t	冬		湩			啄	
	透	tʰ	佟	彤	动				
	泥	n		侬			挊	朒	
	帮	p						卜	
	滂	pʰ			覂			朴	
	明	m						木	
	精	ts	踪		縦	纵		足	
	从	tsʰ		枞			從	促	
	心	s	松	凇	耸	宋	讼	粟	
	照	ʧ	钟		踵	种		燭	
	穿	ʧʰ	衝	重				触	
	审	ʃ	舂	鳙	尰	惷		术	
	晓	x	匈	雄	汹			旭	
	方	f						伏	
	来	l	胧	龙	陇	咙	徿	騄	
	日	ȵ	械	戎	氄			肉	

韵	声母		阴平	阳平	上声	阴去	阳去	入声	备注
三十公 uaŋ/uʔ	见	k	公		衮	贡		谷	
	溪	kʰ	空	邛	孔	控		酷	
	疑	ŋ	翁	喁	滃	瓮		屋	
	定	t	东		董	栋		笃	
	透	tʰ	通	同	桶	痛	洞	秃	
	泥	n		农			浓	缛	
	帮	p	靜		琫			不	
	滂	pʰ	芃	蓬	菶	葑		孛	
	明	m	濛	蒙	蠓	霁	梦	莫	
	精	ts	宗		总	糉		族	
	从	tsʰ	悤	丛				簇	
	心	s	嵩	娀	悚	送	诵	速	
	照	ʧ	中		肿	众		粥	
	穿	ʧʰ	充	崇	宠	铳	仲	逐	
	审	ʃ						束	
	晓	x	烘	红	汞	哄	闀	斛	
	方	f	风	冯	奉	讽	凤	福	
	来	l	癃	隆	笼	梇	弄	禄	
	日	ȵ							

第六章　明清皖南方音的比较研究

第一节　历时比较(上)明清宣城方音比较

跟明末宣城方音相比，清代宣城方音有不少相同之处，也有不少不同的地方。下面重点讨论不同点，从中可以看到宣城方音从明代到清代发生了哪些变化。在此之前，我们先简要概括一下明清宣城方音的共同点。声母方面：基本格局没有变化，塞音声母维持原来的状态，中古全浊声母有合并、清化的趋势，中古日母分为鼻音和擦音两部分。韵母方面：臻、深、曾、梗摄合流，山咸摄合并、鼻化，部分合口细音字跟开口细音字合流。声调方面：都是阴、阳、上、去、入五个调。下面是明末宣城方音跟清代的不同点：

一、声母比较

(一)中古全浊声母的变化方向越来越明朗

从明末开始，中古全浊声母在此地的变化就有清化、弱化、合并几种相互关联的方式。到清代，这些方式都有进一步的发展。

1. 清化

明末浊声母清化趋势刚刚出现，《音韵正讹》代表的宣城方音跟《韵学大成》代表的明末广德吴语比，清化的程度要大得多。后者只是有个别浊声母字混入清声母字内，可以说基本上处于刚开始的阶段。《音韵正讹》浊声母的清化已经非常明显了。芜湖的《韵通》中的浊声母已经完全清化，不留痕迹了。这是地域的不同造成的。

清代初期浊声母的清化也是芜湖比较快，其次宣城，其次泾县。在芜湖地区，即旧太平府境内，当涂浊声母清化是领先的，其次繁昌、南陵，其次芜湖，其次宣城，然后是泾县。其中当涂可能已经完成这个过程，繁昌、南陵还有浊声母的残留，芜湖的浊声母直到康熙时候，可能还是一个独立的类，宣城大约比芜湖稍晚一些。

这里有一个看似矛盾的问题：芜湖话在《韵通》里已经没有浊声母了，为什么康熙《太平府志》还说芜湖有浊声母呢？[①] 这是因为，《韵通》是等韵著作，可能以"官语"为标准，而《太平府志》则纯为了记录方音，所以可能选择"城语"或者"乡语"。"城语"和"乡语"都是本地话，浊声母的清化自然比较滞后一些。今芜湖市区说江淮官话，而芜湖县方村则说宣州片吴语，可以为证。

2. 弱化

这里所谓弱化，指的是浊声母的变化。有确切记录的是定母（舌音）的弱化。並母可能也发生了弱化，所以，梅文鼎说並母和奉母还比较接近。浊塞擦音向浊擦音方向发展也是弱化的一种形式。明末《音韵正讹》里面浊塞擦音和浊擦音合并的情况很普遍，这是擦音化的开端；到了清中叶，泾县志里已经没有浊擦音和浊塞擦音的分别了，可能像现在有些宣城方言点保留的那样，只有一个浊擦音了。

3. 合并

合并也是弱化的一个表现，因为它是擦音化的一个结果。在《音韵正讹》里，匣母跟群母有密切的关系，但是还依然是两个彼此独立的声母；到了清中叶的《泾县志》里，已经找不到两个声母的分别。从、邪、崇、禅母在《音韵正讹》里是四个声母，由于从、崇（澄）母的擦音化，它们

---

① 方以智《切韵声原》里提到过萧云从的《韵通》，所以《韵通》应该作于《切韵声原》之前。《切韵声原》作于崇祯十四年（1641），刊行于康熙三年（1663）。

合并到了邪、禅母里面;再进一步,当精组和知章庄组合并的时候,这四个声母彻底合并成了一个。

(二)塞擦音的格局发生了很大的变化

1. 合流

塞擦音在明末有两套,ʧ、ʧʰ、ʃ和ts、tsʰ、s。到清中叶,ʧ、ʧʰ、ʃ在不同地区发生了不同的变化:在芜湖是变成了卷舌音:tʂ、tʂʰ、ʂ,在泾县是跟ts、tsʰ、s合流了。这是本地区塞擦音发展的两条道路。

2. 卷舌音

本地区卷舌音的最早记录出现在清中叶的芜湖。现代宣城地区有卷舌音的地方主要是芜湖县和繁昌县。但是隔着长江,江北除了淮河沿岸之外的大片地区都拥有卷舌音。卷舌音在本地区的影响是缓慢扩展的,直到现在,仍然没有停止。

3. 舌面音

舌面音声母的产生是由原来的见晓组和精组细音腭化后合并而来的。本区方音中,最早出现腭化的是见晓组还是精组现在没有确切的资料。在明末《音韵正讹》里,它们都没有分组的趋势,但是到了清中叶,它们却有合流的表现。合理的解释是,受到官话的影响,两组同时腭化。

二、韵母比较

(一)撮口呼的范围逐渐缩小,直到消失

在明末《音韵正讹》中,撮口呼字窜入齐齿呼的情况只发生在山咸摄和入声读音与曲音之间,遇摄跟止摄之间的混淆也有,但比较少见。到了清中叶的《泾县志》里,没有发现单独的撮口呼的字组,可能撮口呼已经消失了。现代宣城地区撮口呼的状况比较特殊。蒋冰冰(2003,p.51)说:“各地基本上四呼俱全,不过各地撮口呼韵母的数量差别比较大，最多的有七个（如裘公、湾址），最少的只有两个（如甘棠、太平）。”孟庆惠（1997，p. 296）更说：“从四呼与声母的关系看，繁昌和芜湖县话四呼俱全，铜陵话撮口韵只有 y，石台话只有 y 和 yo，泾县话只有开齐合三呼。”本人调查的泾县人冯厚生先生的话也没有撮口呼。所有原撮口呼的字全部归到相应的齐齿呼里去了。

撮口呼归入齐齿呼在有些地方属于语流音变。比如北京话的“去”就常常被说成[tɕʰi]，是为了省力。大概发撮口呼的音要有一个唇的动作，这个动作的失去是很自然的，尤其是在轻声位置。合口呼也有类似情况，比如“轻松”，北京话口语说[tɕʰiŋ ʂ̩əŋ]。[ʂ̩oŋ]→[ʂ̩əŋ]，也是合口性质失去的结果。

从《音韵正讹》的情况看，宣城方言的撮口呼跟齐齿呼混淆以山咸摄比较多，可能是从那里开始的。而比较彻底的变化是舌齿音，比如“团断”等都是开口呼音节，端组已经完全没有合口呼、撮口呼了。章组也有大量的合口呼、撮口呼字分别合并到开口呼和齐齿呼。这是长江沿岸方言的特征。很显然，合口、撮口特征的消失是从舌齿音扩展到牙喉音的，是一种类化音变。

（二）二等韵渐次失去独立地位

在《音韵正讹》里二等韵字已经大部分分别跟一等、三四等字合流了，但是还有不少中古二等字跟一等、三四等韵存在对立。这说明它们有着自己独立的类。到了清中叶，已经没有二等韵单独成类的现象了。所有的注音材料和同音字组都把二等韵字或跟三四等字放在一起，或跟一等字放在一起。现代宣城话中古二等韵字归细音还是洪音没有一定的规律。大致看来是，生活里常说的字变了洪音，比如“家”；不常说的变了细音，比如“巧”；有些介乎两者之间，有的地方读洪音，有的地方读细音，比如“交”。这一类字有的有文白异读，白读一般声母是[k]、[kʰ]、[x]等，配洪音；文读一般是[tɕ]、[tɕʰ]、[ɕ]，配细音（孟庆惠 1997，p. 92）。

但以上材料都是所谓的官语,城语、乡语至今仍然有一二等韵的对立,表现为主要元音不同,如陵阳"间[kan]≠赶[kẽɥ]"。

三、两种音变方式并存

方音音变除了有外来影响以外,还有本地固有特征的发展。这两种音变方式同时都会对方音变化起作用。

从中古全浊声母的演变上看,浊音清化是外来官话的影响造成的。弱化、合并的方式,是本地方言所特有的方式。这种方式适用的范围好像比外来影响要大得多。比如浊音清化的影响一般只在中心城市发生,卷舌音的发生更是只在芜湖等少数靠近官话区的城市。但是弱化和合并的发生却到处可以见到。尽管各地的发展很不平衡,还有不少地方到今天仍然保留着浊声母的音值,但是,我们看不到弱化和合并到底是从哪儿开始的,正在向哪儿扩展。

把眼界放开些,我们可以发现,古浊声母清化的现象可以在很多其他地方找到相同的变化,比如官话、赣语,吴语也有轻微的清化;而中古浊声母的合并和弱化却很少能找到类似的方言。闽语北部有些方言有端组读为边音的情况,这也是一种弱化。但是这种弱化发生的范围显然跟宣城话不同,因为宣城话的端组弱化只发生在中古浊声母:定母,而且弱化后一般变成闪音或颤音。而闽语北部方音声母弱化为[l]的不仅在端组。例如:

表 6-1:北部闽语弱化声母(侯精一 2002,p.231)

	铜	除	齐	徐	寨	舌
建阳	lo	ly	lai	ly	lai	lye
武夷山	ləŋ	ləu	lei	ləu	lai	ɦyai
裘公	roŋ	ɦʑy	ɦʑi	ɦʑy	ɦzɛ	

四、非强势方言的特征的扩散

有些本地方音的音变现象也可以找到源头，比如合口特征消失的现象。不论是清代中叶的记录，还是现代方音的表现，都指向泾县。泾县话在本地区不是强势方言，它之所以能够影响周围的很多地区，可能是因为泾县话的这种音变现象，符合人们发音生理方面的要求。

浊擦音、塞擦音合并成擦音（擦音化）的音变，目前已经找不到源头了。但是由于周围方言都没有这种现象，而它在本区域内分布又如此之广，如此之顽固，所以可以认为是本地区的特有现象。这种现象得以传播，可能也是符合了发音生理方面的要求。

非强势方言的特征还有[n-]、[l-]相混的情况。这种情况在全国很多地区都有发生，以至于无法知道它的发源地到底在哪儿。在宣城地区，明末并没有发现有大规模的[n-]、[l-]相混的现象，清代泾县话则已经发生了。相比而言，徽州话的[n-]、[l-]相混要早一些，明末徽州话的黟县型《律古词曲赋叶韵统・古韵通用、沈韵字音分别考》有“龙有农”，是比较早的[n-]、[l-]相混的记录。现在本区域[n-]、[l-]相混分布很广。由于本地区跟江淮官话相邻，如果这种特征来自江淮官话的话，也应该算是强势方言的影响。

第二节　历时比较（下）明清徽州方音比较

一、声母比较

为了表述的简便，我们把声母分为四类：塞音、擦音、塞擦音、响音。

（一）塞音

1. 明末徽州话的塞音声母有两个问题要讨论：一个是古全浊声母

清化的问题,一个是保留古音的问题。

①古全浊声母问题

明代的声母系统一般是三分格局:全清、次清、全浊。其中全浊声母正处在清化的过程中:歙县型的代表《音声纪元》基本没有浊音清化的痕迹,祁门型《直图》、黟县型《律》的全浊声母都是部分清化。

古全浊塞音清化的规律是,见、端组基本上平声送气、仄声不送气。帮组则平仄都以不送气为多,而且,清化的主要是仄声字,平声字很少。

②保留古音的问题

知组读如端组的:

澄母读如端母的有"坠"等,读如定母的有"逐妯"等。这种记录以黟县型为多,祁门型也有,歙县型没有记录。

日母读如泥母的有"壤"等,这种情况直到现代方音中还存在。

非母读如帮母的有"蝠"等。敷母读如滂母的有"肺副"等,微母读如明母的有"袜汶"等。这种情况在黟县型、祁门型、歙县型都有不少。

从歙县型的表现看,它没有知组归端组的现象,只有轻唇归重唇的现象;而黟县型、祁门型都有知组归端组的字。这说明本地区知组从端组中分化出来得早,因而更彻底;而轻唇音从重唇音中分化出来则相对比较晚,所以保留的残留比较多,分布地域也广。

2. 清代的古全浊塞音声母已经全部清化了。清化的规律基本上是,不论平仄都送气。东部宁国型例外极少,西部黟县型、婺源型例外稍微多些,这些例外一般都是仄声读不送气,比如,宁国型"锭叠"等读不送气清音。平声读不送气的极少,黟县型有"奎睽暌"等字。

清代的文献里保留古音的范围跟明代有所不同:明代黟县型保留

古音的情况有:知组归端组、非组归帮组。到了清代,前者已经没有了,只有非组归帮组的情况,而且主要集中在微母归明母上。各地的进度、范围大致是一样的。

3. 浊音清化的过程:声调只影响了清化的速度,仄声清化比较早,平声比较晚。声调没有影响浊声母清化的方向。尽管浊声母清化的早期,好像无论塞音还是塞擦音都有变送气和不送气的,但是到了后期,各地的浊声母清化后变送气和不送气的情况大体一致。这似乎说明,对于声母来说,发音部位是最重要的,而发音方法则没那么重要。

(二)擦音、塞擦音

明代的塞擦音有三个类型:一是祁门型《直图》,知照组合流为一类,精组单独为一类;二是黟县型《律》,知照组合流为一类,但是庄组开口少数字和个别知组字跟精组一起组成另一类;三是歙县型《纪元》,知、章组合流为一类,庄组跟个别章组字组成一类,精组字单独为一类。

塞擦音的这种合流的步伐比古全浊声母清化要快一些。所以在黟县型的材料《律》里面,虽然知照组的清声母已经合流了,但是浊声母字还保持着独立地位。因此知组只保留澄母的独立地位。

古全浊擦音、塞擦音的清化也在进行之中。塞擦音清化以后是否送气的情况跟塞音正好相反:不送气的比送气的多。跟塞音的情况一致的是:仄声字清化的数量多,平声很少清化;清化后送气与否都跟声调没有关系。

明代徽州话的擦音声母还有一个现象:擦音字读如塞擦音。一个是浊声母字邪母读为从母。黟县型《律》邪母读为从母的有 14 个字。第二个是清声母书母读为穿母,例如“深戍”等。

清代的塞擦音、擦音有两个类型:一是宁国型《山门新语》,它的擦音、塞擦音的格局跟明末祁门型一致,还是知照组合流为一类,精组单独为一类。第二种是黟县型《新安乡音字义考正》和婺源型《婺城乡音字汇》,它的擦音、塞擦音也是两类,知、章、庄、精合流为一类,知、章、见在细音前面合流为一类。后一类是新产生的舌面前音声母。

古全浊擦音、塞擦音到了清代已经全部清化。塞擦音不论平仄都变成送气清音声母。不论是黟县型、婺源型、宁国型基本上都是如此。

邪母读同从母的情况依然存在。但是书母读同穿母的情况消失了。

擦音、塞擦音合流有不同的途径,知、章、庄、精几组在各地有不同的组合。但是无论怎样的组合,一般都是清音跟清音合流,浊音跟浊音合流;这种组合中体现出的对部位要求的任意性,和对发音方法要求的严格性,好像又说明发音部位是多么的不重要。

我们的解释是,说发音方法不重要是对古浊声母说的。因为它要发生变化,究竟要变到哪个类里去,是送气的还是不送气的类?这是预先没有确定的,所以在变化时有一个选择的过程,明末浊声母清化刚露端倪的时候,变成送气还是不送气清音是不统一的。一旦发生了这种变化,不管是变到了哪一类,就是比较稳定的了。即便是在浊声母清化以后,原来的清声母的送气与否都是很稳定的。

而塞擦音、擦音的合流,其情况与此不同。首先,合流发生在浊声母清化以前;合流是按照各声母的发音方法来进行的。所以,我们不能说发音部位和发音方法究竟哪个更重要,或更稳定。只能说浊音是不稳定的。

(三)响音、零声母

明母已经在“塞音”部分讨论过了,这里只讨论来、泥、日、疑、喻、影。

在明代，来母非常简单。到了清代，徽州话受到一种泥来不分的方言的影响，从西向东，渐次形成了泥、来混淆的现象。婺源型方音这种混淆是从泥母的分化开始的，所以混淆的条件也可以在泥母身上找到：凡是泥母跟细音韵母相拼时，泥母跟来母混，都读边音；泥母跟洪音韵母相拼时，泥母日母混，都读鼻音。黟县型的泥、来已经全面混淆，没有条件了。但是宁国还没有混淆，这一方面可能是记录清代宁国话的《山门新语》作者把其乡音雅化了，因而忽略了可能被认为不雅的方音特点；另一方面也可能是泥、来相混的现象直到很晚才影响到东部地区。

明代日母在各地都是独立存在的。到了清代，日母在东部地区是独立存在的。但是西部地区的黟县型、婺源型日母则发生了分化：拼洪音韵母时变成了零声母，拼细韵母时变成了鼻音。

明代疑母在各地都是独立存在的，读后鼻音声母。到了清代，依然有很多地方读后鼻音声母。江永《音学辨微·榕村等韵辨疑正误》说："'吾五'二字，举世呼之似喻母，一若'吾'为'乌'之浊，'五'为'邬'之浊。然吾婺源西北乡有数处，呼之独得其正。"这是说，疑母正在变成零声母，只有婺源的西北乡还读为后鼻音声母，其余的方音一般都读同喻母了。

根据上面这个例子我们已经知道喻母是读零声母的了。还有说得更清楚的，道光《徽州府志》说："疑母之字尤能不混入喻母，如呼'义'字、'宜'字、'吾'字、'鱼'字之类，皆咬牙呼之，不似江宁池太等处呼之缓懈，混入喻母也。"所谓"咬牙呼之"密不可晓，但似乎应是说声母的，推测应该是[ŋ-]。如果混入喻母就是缓懈，那喻母就应该是零声母了。但是喻母变成零声母是到了清代的事情了，明代则所有材料都一致显示喻母独立。

二、韵母

(一)开合

明代《纪元》就没有合口细音,明末黟县型《律》虽然没有在书中载明有合口细音跟合口洪音混淆的现象,但《古韵通用、沈韵字音分别考》里用"羡有旋"辨别齐齿和撮口呼。这种现象到了清代可能依然局部存在。虽然现有文献不足以提供证明,但是现代婺源的紫阳话就没有撮口呼,所有在《婺城乡音字汇》里读撮口呼的字,在现代紫阳话里都读齐齿呼(胡松柏、钱文俊 2004)。清代黟县型在韵母开合方面也存在一些混淆的现象:不仅是撮口呼跟齐齿呼混,合口呼跟开口呼也相混。

撮、齐相混的有:离=吕,佳=沮,前=全,先=宣,等。

开、合相混的有:锅=歌,寒=桓,等。

(二)闭口韵

明末闭口韵还留有残余,四个类型里,歙县型《音声纪元》、祁门型《直图》都还有闭口韵。婺源型《徽州传朱子谱》可能也有闭口韵。黟县型《律》虽然也有闭口韵,但是,可能正在消失之中,因为作者在《古韵通用、沈韵字音分别考》里专门列举了先韵/盐韵(38 对)、真韵/侵韵(29 对)字,以辨别闭口韵。如:辨别深摄、臻摄的:"琛有嗔"、"寻有洵"、"吟有寅"、"忱有神"、"枕有瑱"、"饮有引"、"朕有镇"、"禁有近"、"沁有信"。辨别山摄、咸摄的:"残有孱"、"蟾有缠"、"脸有辇"、"飐有展"、"闪有膳"、"谄有阐"、"艳有砚"、"念有彦、聂有业"、"店有钿"。

到了清代,韵书中不再有闭口韵。但这不等于说,闭口韵在徽州这块土地上没有了。因为徽州话的内部差异太大,在某些地方保留闭口韵是完全可能的。直到今天,徽州还有相当多的地方有[m]尾。当然,这个唇音韵尾是不是古音的遗留还可以讨论。

徽州的闭口韵的特殊之点在于，清代的咸摄字跟山摄字合流的时候，其相应的主要元音发生了错位：咸摄一等开口跟山摄二等开口合流了，而不是跟本来与它具有同等地位的一等合流。这些现象说明，徽州的闭口韵的消失是相当晚近的事情。这样的变化应该发生在山摄开口、合口合并以后，而后者可能发生在清代。

深摄本来跟臻摄是对应的，在一般的地方这两个摄都合流到了一起。徽州也有不少地方是这样的，例如明末的《徽州传朱子谱》和清代黟县型、婺源型，但是宁国型的深摄字却跟梗摄、曾摄字合流，而跟臻摄无关。

(三)阳声韵鼻化、变成阴声韵

徽州话的阳声韵韵尾弱化、脱落应该是很早的事。“阳声韵韵尾脱落是徽州话的普遍现象，”“阳声韵除通摄之外，在皖南徽语中已不同程度地出现转化为阴声韵的现象。”(孟庆惠 1997，p. 417)从现代方音的表现看。这种变化不可能是近期内形成的。明代材料不能显示这种变化，但是并不能肯定当时没有发生这种变化。比如，《纪元》的入声兼配阴阳，可能就是阳声韵尾已经脱落了，所以才可以跟只有喉塞音尾的入声配合。到了清代，宁国的《山门新语》也用入声兼配阴阳。可能也是同样的情况。

(四)臻摄、深摄、梗摄、曾摄

现代方言这四摄合流发生在吴语、江淮官话、西南官话等方言里。宣城话至少在明末《音韵正讹》时候就发生了这种变化。徽州在明末也发生了同样的变化，这体现在婺源型的《徽州传朱子谱》里。黟县型《律》也显示了这一点。明清官话韵书里有臻摄、深摄合流，梗摄、曾摄合流的，但是四摄完全合并的少见。皖南方音的这种现象很有意义，但恐怕不是皖南独有的特征。耿振生(1992，p. 158)说：“而另外一些没有闭口韵的著作,如《太古元声》(1716年以前)《荆音韵汇》(1790)《射字小谱》(1810年前),则连[ən]:[əŋ]的对立也消失了,……同一时期北方官话的韵书都没有闭口韵,又有[ən]:[əŋ]的对立,与吴方言形成鲜明的对照。现代吴方言阳声韵的普遍情况是:古代臻深梗曾四摄合为一类,韵尾为[ŋ]或[n]。"

明末黟县型《律》虽然分韵时没有把这四摄合并在一起,但是,在《古韵通用、沈韵字音分别考》里却举例辨别梗摄、臻摄的韵尾。例如:"真有贞","镇有正","神有臣","遵有逡","哏有亨","训有迥","允有永","儘有井","窘有炯","引有影"。这说明当时这两摄已经很接近或已合并,以至于有必要辨别。

(五)宕摄、江摄的分合

中古宕摄有洪、细两类,《广韵》分别属于唐韵和阳韵,其主要元音在隋唐时期应该不同。但是在宋代诗文押韵中是同用的,则两韵的主要元音在当时的官话里已经相同了。在徽州话里,一直有着唐韵、阳韵主要元音合流和分立的两种方音。

唐、阳分立的:明末歙县型方音《音声纪元》里,来自中古阳韵的"祥"类单独组成一个韵;来自中古唐韵、江韵的"航"类、"降"类、"黄"类组成一个韵。可以看到,江韵来源的"降"类即没有跟阳韵三等合流,也没有跟唐韵一等合流。到清代,这个类型的方音发生了一个小小的变化:来自江韵的字不再独立成一个韵类,而是跟一等合流了。这在清代黟县型方音中得到表现,例如《新安方音字义考正》里,江小韵里有"刚纲"等唐韵一等字。只是,黟县型方音里还有个别的江韵字流到三等里,例如"腔"字、"羌"字同音,都在匡小韵。这个"腔"字不符合本地方音的发展规律,应该是受外来(官话?)影响的产物。

唐、阳合流的:明末黟县型方音来自江、阳、唐韵的字都在一个韵,但是《律》里却有开、抵、合、撮、卷五个呼法。其中,抵、卷都既包含阳韵字，也包含江韵字，所以，不管抵、卷是否互补，江、阳已经合并应该是事实了。婺源型《徽州传朱子谱》只有一个邦韵，来自江、宕摄，所以也是阳、唐合流的类型。[1] 清代宁国型、婺源型也属于这个类型。婺源型的《婺城乡音字汇》中来自江宕摄的字只有一类："江忙讲像降状。"宁国型《山门新语》把江、光、冈都放在第二合韵，应该具有同一的主元音。

江摄合流到宕摄是一个渐进的过程。在唐、阳合流的类型里，江韵往往最终合到阳韵里去，成为细音；在唐、阳分立的类型里，江则往往合流到唐韵里去，成为洪音。当然，事实上各地方音可能并不完全如此，例如黟县型的"腔"字。

(六)二等韵的发展

中古的二等韵包括这些韵：江皆夬佳肴咸衔山删耕臻庚麻。这里只谈谈皆佳肴咸衔山删麻几个韵的发展。

1. 皆佳麻：

徽州话一般分为两部分：皆佳为一类，跟蟹摄一等接近；麻二等为一类，跟歌韵接近。皆佳在歙县型《纪元》里跟灰组成开韵，麻韵没有跟歌韵合流，婺源型《朱子谱》与此同。但是《纪元》麻韵开口、合口分韵，开口为牙韵，合口为华韵，所有唇音字、知照组字和"鸦哑亚"都在合口韵内。可能开合的区别已经变成了主要元音的区别了。黟县型《律》皆佳韵也跟灰韵合流，麻韵跟歌韵合流。祁门型《直图》的皆、佳韵合流组成"皆韵"，没有跟灰韵合流；麻韵也是独立的。

清代宁国型歌、麻都独立，皆佳韵跟灰咍合流。黟县型麻跟歌合流，佳皆独立，不跟灰合流。其中，佳皆韵中，照组字来自宵韵。还有个

---

① 邦韵下有："开唱收阳，轻收方忘；角闭'光匡'、商闭'庄窗'同收阳。"有唱、轻、闭三个韵类，但是收声是一样的。应该指主要元音和韵尾(韵基)相同。

别字来自麻韵。婺源型暂时无法弄清楚，现根据韵目推测：歌麻合流，(佳)皆韵跟豪韵合流，如下表。

<table>
<tr><td></td><td></td><td>歌韵</td><td colspan="2">麻韵</td><td>佳韵</td><td>皆韵</td><td colspan="2">灰韵</td></tr>
<tr><td rowspan="4">明代</td><td>歙县</td><td>不分开合</td><td>牙韵</td><td>华韵</td><td colspan="4">开韵</td></tr>
<tr><td>婺源</td><td>不分开合</td><td colspan="2">麻韵</td><td colspan="4">牌韵</td></tr>
<tr><td>黟县</td><td colspan="3">歌、麻韵</td><td colspan="4">上麻韵</td></tr>
<tr><td>祁门</td><td>分开合</td><td colspan="2">麻韵</td><td colspan="2">皆韵</td><td colspan="2">灰韵</td></tr>
<tr><td rowspan="3">清代</td><td>宁国</td><td>分开合</td><td colspan="2">加、瓜韵</td><td colspan="4">乖、佳韵</td></tr>
<tr><td>黟县</td><td colspan="3">家韵(不分开合)</td><td colspan="2">佳韵(不分开合)</td><td colspan="2">该韵</td></tr>
<tr><td>婺源</td><td colspan="3">家韵</td><td colspan="2">＝豪</td><td>＝靴</td><td>开韵</td></tr>
</table>

以上三个二等韵，都有跟一等合流的趋势，而不是像北方话转入细音。其中，皆佳韵走得更快一些，在大部分韵里都跟灰、哈合流了。麻韵走得慢一些，明末只有一个材料显示麻韵跟歌韵合流。

2. 肴韵：

肴韵在明末有两个类型：一个是如黟县型、婺源型，二等肴韵跟三四等合流；一个是如祁门型，《直图》中来自效摄的有三个韵：一等高韵、二等交韵、三四等骄韵。二等肴韵是独立的，没有合并到细音或者一等里去。

清代也有两种类型：一是宁国型，肴韵已经合并到三四等细音里去了；二是黟县型，跟明末祁门型一样，一、二、三四等截然分明，分别叫做高韵、交韵、娇韵。如果说明末祁门型的效摄三分还不能使人断定效摄有三个主要元音的话，清代黟县型的表现则足以提供证明了：《直图》只是分成三个韵母，《新安乡音字义考正》却明确地分成了三个韵。

由于《直图》给交韵、娇韵注的呼法都是齐齿呼，所以，两韵都应该是细音。现代祁门话高、交同韵，是洪音；现代黟县话“高”、“交”不同韵，但也都是洪音。可能《直图》在刊刻之前曾经被人修改过，而这个人可能不是梅膺祚。明末宣城话的肴韵是跟三四等细音同韵的，但是，这只是主要元音相同，并不同韵母，因为《音韵正讹》萧、姚、草、照四韵都有规律地保持着二等的独立。

表 6—2：

<table>
<tr><th></th><th></th><th>豪韵</th><th>肴韵</th><th>宵韵</th><th>萧韵</th></tr>
<tr><td rowspan="3">明末</td><td>黟县</td><td>豪</td><td colspan="3">萧肴</td></tr>
<tr><td>婺源</td><td>豪</td><td colspan="3">宵</td></tr>
<tr><td>祁门</td><td>高</td><td>交</td><td colspan="2">骄</td></tr>
<tr><td rowspan="2">清代</td><td>宁国</td><td>高</td><td colspan="3">交</td></tr>
<tr><td>黟县</td><td>高</td><td>交</td><td colspan="2">娇</td></tr>
</table>

明清时期，肴韵在徽州话里不是跟一等合流，而主要是跟三四等合流。这一点跟其他二等韵不太一样。现代徽州话里有肴韵字跟一等合流的，在文献里没有反映出来。明末祁门型和清代黟县型方音肴韵字都是独立的，当然，这两个"独立"有不同的意义：《直图》只是一个韵母，《乡音字义》却是独立的韵，后者是比较特殊的。

3. 咸衔山删：

明末的徽州话里山咸摄格局很复杂，但二等基本上是独立的类。

祁门型《直图》山摄没有跟咸摄合流，两摄各按一二三四等分为三部分。二等韵（山摄"艰"韵，咸摄"监"韵）是独立的。图上标明是"齐齿卷舌"（艰韵）、"齐齿卷舌而闭"（监韵）。可能二等有一个介音。

黟县型《律》的情况类似。它的山咸摄只有一个韵，主要元音只有一个。二等韵字多数跟一等合流，牙喉音被标明"卷"，跟《直图》一致，可见二等有一个跟三四等区别的介音。

歙县型《纪元》来自中古山摄有三个韵，来自中古咸摄有两个韵。

光从牙喉音上说,山摄一等是一个韵,二等是一个韵,三四等是一个韵;中古咸摄的一等字谈韵、覃韵牙喉音合流,都在含韵。但是谈韵、覃韵舌齿音没有合流,谈韵一等舌齿音跟二等牙喉音同韵;覃韵舌齿音跟一等牙喉音同韵。光从牙喉音看,一等二等不同韵。二等韵字"咸""缄"等都出现在细音声母(《音声纪元》的声母是声介合母)下,所以,它们应该有介音[i]。

明末徽州话的二等字可以概括为两个类型:祁门跟黟县是一个类型,它们二等韵的主要元音可能跟一等是一样的,不同在于介音。歙县是另一个类型,它的二等韵字的主要元音跟一等不同,而且也有介音。

清代也有两个类型:一个是宁国型《山门新语》,它的一等韵跟二等韵合流了,咸=韩;一个是黟县型《新安乡音字义考正》,它的一等跟二等保持严格的区别,山摄一等开合口、二等合口组成官韵,山摄二等开口、咸摄一等开口组成甘类。它的山摄、咸摄合流的情况比较特殊,咸摄一等跟山摄二等开口合流。

从主要元音上说,清代的宁国型是明末祁门型、黟县型的继续,它们的二等韵都跟一等有同样的主要元音;清代的黟县型不是明末黟县型的继续,而是明末歙县型的继续,它们的二等韵跟一等有不同的主要元音。

(七)地方性音变非常顽固

合口变成开口,或者撮口变成齐齿呼,这都是发生在小范围的音变,但是,它除了有广阔的前景外,好像还有很强的顽固性。在我们能见到的皖南地区的最早的资料里,这种音变就小范围地存在,随着官话对这一地区的影响的加大,这种音变不仅没有减弱,相反却越来越声势浩大起来。例如,明代范围小,清代范围反而大,现代方言中这类现象更多了。

阳声韵鼻化、阴声化现象，和臻、深、梗、曾四摄合流的现象，也是地区性的音变现象。而这些音变几乎是根深蒂固的，直到目前没有改变的迹象。

（八）来自强势方言的音变，影响巨大

比如来自官话的影响，闭口韵的消失、江韵的归属是两个明显的例子。官话方言闭口韵的消失大概也在明代后期。因为兰茂《韵略易通》还有闭口韵，金尼阁《西儒耳目资》始没有闭口韵。徽州大约在同时，或者稍后一点，闭口韵也完全消失了。这不能不说官话的影响很大。

宕摄一等跟三等不同韵是徽州话的一般类型。另一个类型是一等、三等同韵，是跟官话方言一致的，可能是官话的影响。

其他强势方言的影响也很显著，例如，明末徽州话浊声母没有完全清化，清化的方向也不明确：是变成全清呢，还是变成次清呢？浊上声字是保持上声呢，还是变成去声？没有一定之规。到了清代，情况反而明朗了，宁国型徽州话就是古浊声母全部变成次清，浊上声全部留在上声里。这可能是来自客赣方言的影响。

三、声调

明代声调一般都是四个，即传统的平上去入。祁门型平声开始分出阴阳，因此是五个。上声、去声都没有分化，入声也没有消失。

清代徽州话一般有六个声调，平声、去声都分阴阳。黟县型、婺源型上声也分阴阳，没有入声，所以加起来是平、上、去各分阴阳，共六类。宁国型平去分阴阳，上声不分阴阳，但是有入声，这样，加起来也是六个声调。

黟县型、婺源型阳去跟入声同调。江永说："去声逢浊位，方音有似入者。"江永自己在这句话后头作了个注释："婺源土音如此。"而《乡音字义》和《乡音字汇》派在入声位置的舒声都有阳声韵。现代婺源话阳声韵都有辅音韵尾,或者变成鼻化韵,说明所谓去声似入声的现象是指声调,而不是指韵母。

明清徽州话声调有两个变化趋势:

(一)阴阳分调

去声分阴阳调是徽州话进入清代以后的显著变化。北方话至少在《中原音韵》(1324)的时候已经完成了平分阴阳,当然,这个音变在官话中的进一步扩散可能又经过了一定时间。但至少在近三百年后,同样的音变发生在皖南地区。在徽州地区祁门型方音《直图》(1614)已经完成了这个变化;宣城地区至少在《音韵正讹》(1644)里也完成了。也许宣城话里完成的更早,只是我们看到的资料正好这么排列而已。比如,《韵法横图》里有一个小注:"荀阴平。"我们猜想这是梅膺祚的注释,他已经把"阴平"当成一个实用的术语了。

去声分阴阳是入清以后徽州话的普遍现象。宁国型《山门新语》只有平声、去声分阴阳,歙县的情况也是这样,黄承吉在《字诂·义府合按》里只提到他的乡音有两去声,未言其他声调的阴阳。黟县型《新安乡音字义考正》和婺源型《婺城乡音字汇》去声都分阴阳。

上声分阴阳的只有黟县型和婺源型。宁国型、歙县型都只有一个上声,浊上声跟清上声合流了。所以,浊上声不归去声是徽州话的一个特征。

(二)入声消失

入声消失可能从明末就开始了。例如,婺源型《徽州传朱子谱》没有列入声韵。但由于《徽州传朱子谱》这个材料本身是不完整的,暂时很难推断它的入声的归属。到了清代,徽州话的入声在不止一个地区都消失了,比如婺源型、黟县型。徽州话的古入声消失跟官话的情况不同。李荣(1985)把汉语官话入声的演变总结为七种类型。

表6—3：

<table>
<tr><th></th><th>江淮官话</th><th>西南官话</th><th>中原官话</th><th>北方官话</th><th>兰银官话</th><th>北京官话</th><th>胶辽官话</th></tr>
<tr><td>古清音</td><td rowspan="3">入声</td><td rowspan="3">阳平</td><td colspan="2">阴平</td><td>去声</td><td>阴阳上去</td><td>上声</td></tr>
<tr><td>古次浊</td><td>阴平</td><td colspan="4">去声</td></tr>
<tr><td>古全浊</td><td colspan="5">阳平</td></tr>
</table>

徽州话的入声消失以后，归并到阳去声里了。例如，《新安乡音字义考正》和《婺城乡音字汇》的入声都跟阳去在一起。这个方向，跟以上任何一种官话都不同。

当然，入声跟阳去在一起也可能是阳去归并到了入声里了。比如，现代黟县话跟清代黟县型、婺源型一样，也是入声（清入）跟阳去调值相同，但是个短调[3]。这实际上是阳去变成了入声了。古浊入没有变成阳去，而是归入阴平了。

现代婺源话的阳去和入声声调也合流，却是个长调[51]。

清代黟县型、婺源型方音的阳去跟入声合流以后，到底是长调还是短调，据目前的材料还难以判断。

婺源型、黟县型方音阳去变同入声的现象，可能是这两个声调本来相近造成的。这种现象可能不仅发生在婺源型和黟县型方音里，即使是绩溪方言也有可能。现代绩溪话阳去为[22]，入声为[32]或[21]，比较接近。现代旌德话阳去字也跟入声合流，读短调[55]。（孟庆惠1997，pp. 457—488）可能清代胡乐乡话阳去跟入声已很接近，所以，《山门新语》作者周赟幼年就曾经把阳去错当成了入声。请看他在《周氏琴律切音序言》里的叙述：

> 能言时，授经祖膝。初学韵语，教以四声。每举一平声，使自别之，辄读去声为二，而误以其次声为入声。及九岁，教以五声，因思平声既有阴阳，则去声亦有阴阳。乃悟向之所误以为入声者，即

去声之阳声耳。大父笑曰:昔人学由悟入,汝乃由误入耶!

作者不知平分阴阳时,没有把阴去声误作入声,单把阳去声误作入声,可能正是阳去跟入声调值接近的缘故。

第三节 横向比较 明清宣城、徽州方音比较

由于我们得到的历史文献并不能含盖足够多的方言点,所以,无论是宣城地区还是徽州地区的早些时候方音的材料都是比较偶然的。又由于皖南地区历来内部方音差距很大,比如,同是清代晚期的徽州方音,婺源、黟县话跟宁国话就有很大的不同,所以,对于交通各自相对有独立性的宣城、徽州两地区,其间方音有差距,是情理之中的事情。但是,由于这两地毗邻,历史上曾经长期属于同一个行政区,官方和民间往来都没有中断过,所以,其一致处是客观存在的。

宣城、徽州虽然地隔黄山,但是两地之间的交往却比较频繁。清初宣城人方学成的《松华堂合集》有休宁人潘伟写于乾隆元年(1736)的序。序文称:"宣、歙江南大郡,击柝相闻,阡陌交通,山水风俗物产亦各相近。"这里"宣"指宣城,"歙"指徽州。潘伟还叙述了他跟方学成结交的原由:"往时学使者科试,驻节宣之属邑旌阳,校两郡之士,士之有声庠序,以文章知名当世者,则相聚过从游燕。予因得交于松台方先生。"从上面的话中我们知道,宣城、徽州两地不但地域接壤,而且物产、风俗也有很多相似之处。即便是在有清一代,文人活动多是在一起进行的,两地文人的交往应该比较频繁。我们熟悉的《韵法直图》,就是《字汇》作者、宣城的梅膺祚在新安(即徽州)得到的。两地文人的交往势必给两地的文化交流带来很大影响。

两地百姓的来往也很频繁。如《芜湖县志·地理·方言》(嘉庆十二年)说:"新安人侨居县境者甚众,呼祖母多谓之婆婆。"徽州商人到南

京、扬州经商多经过宣城、芜湖，宣城等地前往浙江，也多要通过徽州。光绪十四年《宣城县志·艺文》载清·程侯本《重修新安桥碑记》，记载了徽州阮氏三代为宣城修桥的事迹，摘录于下：

> 距宣城南十里，曰夏家渡。渡有桥，通瓯越，达邻疆，为舆徒孔道。明·宏(弘)治中，阮辉、阮杰建。辉与杰，歙产也。故落成日，郡守廷瓒刘公名之曰"新安"。然里中人又往往称为"阮翁"，总以创自阮氏而名之、称之。此桥所由昉也。历国朝顺治间已越百数十载，而重修是桥者，即为杰之孙士鹏。……自士鹏修后，积数十春秋，遂已倾圮，……乃有起而任其责者，不意复出阮氏之门！且非士夫男子，实阮门之侧室林氏焉。氏夫死，守志抚孤。孤维瑾不禄，有产逾二千金。适兹桥久圮，而议复旧观者，事同筑舍。氏谋于诸嫡子，拟捐产重建，均欣然顺承。遂集料鸠工，不足，则脱簪珥继之。始自雍正九年冬，于乾隆三年工竣。盖予守郡之次年也。

后人有认为皖南方音接近吴语者，民国时期方勇的《安徽通志稿·方言考弁言》说："明清以来，北音盛行，而皖中语音又复因地殊异。盖淮北一带大体似朔方，而徽宁一带则音似金华，芜湖、安庆之音又略近九江。"这是本省人对其方音的感性认识①，认为"徽宁"话内部有一致性，跟南部吴语接近。但对于徽、宁人来说，这只是外人的看法而已。他们一般都把自己跟"吴人"分开。明·嘉靖《徽州府志·风俗》(汪尚宁纂修)说："六邑之语不能相通，非若吴人，其方音大抵相类也。"万历《池州府志·舆地·风俗》(丁绍武等纂)说："池阳之俗，士敦诗礼，氓持俭质，虽壤接吴中，而无其濠习，大都旧患俚鄙耳。"两地各在黄山南北，各言其俗、其语与吴不同。

宣城、徽州在历史上长期属于一个行政区，虽然安徽直到清康熙时

① 编者方勇是安徽寿县人。寿县在江淮官话区。

才独立成一个省级单位，但是，明代就设有专门管辖宣、歙的官员。以前的方言研究者，都注意到宣城话跟徽州话之间的一致之处，往往把两地方音并提。例如章太炎、黎锦熙、王力等先生都把徽州话和宣城话合称做“徽宁”方音。

两地的方音，起码在清初就有了听感上的差距，至少是两地各自通行的话之间尚有不少可通的地方。所以，嘉庆《泾县志》说：“泾人口齿视休歙较清，其轻重、缓急、声转，亦尚可以意推。”这里的“清”可能不是指声母的清浊，因为泾县话到现在还有浊声母，而徽州反而没有浊声母了。可能的解释是，“清”指清晰，也就是从官话的角度看，泾县话可能更好听懂。尽管如此，如果细心推测，两地的方音差距仍有可以相通的地方。所以，“其轻重、缓急、声转，亦尚可以意推。”这样的读音差距并不比两地各自内部的差距更大。

一、声母系统比较

（一）擦音、塞擦音的分合

在知章庄组的分合上，明末徽州方音表现为不同的类型。但是宣城地区三个代表音系基本上是一个类型。

到了清代，塞擦音声母的分合发生了很大的变化。但是，变化的结果，在两地有很大的相似之处：徽州话的宁国型照组跟精组有别，跟宣城型一致；徽州话的黟县型精照合流了，跟宣城的泾县型一致。不同的地方是，宣城晚期出现了卷舌音声母，而徽州没有记录；徽州话晚期出现了章组跟见组在拼细音韵母时合流的现象，而宣城没有。

从音变现象发生的时间上看，两地一致的音变发生的时间应该比较早，两地不同的音变都是清晚期发生的。因此，在精、照组的分合问题上，两地内部都存在地区差异，而两地之间的差异反而比较小。这样，说两地早先曾经是同一个方音集团，应该是有依据的。

另一个相同的特点是，两地从明末到清代都有古清擦音读成塞擦音的现象。即书、山母字有不少读为清塞擦音。这个现象存在的范围很广。陈章太、李如龙(1991,p.8)认为，精组和知系的擦音声母“心邪生书禅”的部分字读塞擦音声母，在闽语里是一个普遍现象。曹志耘(2002,p.53)认为，在南部吴语里，也有少数字有同样的现象。主要集中在西南部衢州、上饶、丽水地区。官话也有个别类似现象。

(二)全浊声母的演变

两地的全浊声母的发展经历了相似的过程：

浊音清化在明末已经开始。徽州话以祁门为先，宣城话以芜湖为先，但都不彻底，规律也不明朗。到了清代，徽州话已经在全境完成了浊音清化，而宣城话仍处于僵持状态。重要的差异不仅表现在浊音清化的速度上，清化规律更是不同:徽州话采用的是客赣方言的方式，宣城话采用的是官话的方式。

浊塞擦音、擦音发生了合流，船、禅合流，部分邪母读同从母，多数浊塞擦音声母发生了擦音化的现象。尽管这一过程在不同地区发生的时间不同，因此造成一些地区差异，但是两地的代表音系黟县型和宣城型的全浊声母却具有惊人的相似性。

(三)晓组声母的内容

匣母、晓母跟见母、溪母关系密切。这是两地都有的特征。可能保留了上古时期的分类。李新魁先生说，晓组在上古可能跟见组属于一类，这个说法不无卓见。从谐声上看，晓母字多跟溪母字相谐，匣母字多跟见母、群母字相谐。汉字假借、古书通假、经籍异文、经师音注、韵书又音等都显示了有力的佐证。(李新魁 1993,pp.1—20)当然，说这两组声母完全相同还要找出演变的条件，但是从皖南方音的情形看，见、晓两组起码是曾经有过密切关系。

(四)日母的音值(零声母的范围)

日母的三类音值：零声母、擦音和鼻音，是两地都有的。周围的方言里日母读擦音的，有江淮官话、部分吴语的日母为[z]等；读零声母的，有徽州话等；读鼻音声母的，赣语、吴语、徽州话都是。

(五)泥、来的分混

明末徽州话黟县型已经有泥来相混的现象。其他地区未见。

清晚期，在两个地区都出现了这种现象。但是出现的空间范围是有限的。例如，在徽州只出现在西部黟县型和婺源型，东部宁国型则没有。在宣城地区，只出现在泾县型，宣城型、芜湖型则没有。

二、韵母系统比较

(一)宕摄、江摄的分合

这里有两个问题，一个是阳韵字是否是一个独立的韵，一个是江韵是否独立成韵类，如果不独立，是合并到阳韵，还是合并到唐韵。

阳韵跟唐、江韵不同韵，是因为它们有不同的主要元音。这样的韵部格局，在皖南有明末宣城地区的广德型《韵学大成》、徽州地区的歙县型的《音声纪元》和清末徽州黟县型《新安方音字义考正》。这足以说明皖南方音本有这样的类型，但由于现代皖南多数方音不是这样的，这样的方音不论是在明末还是在清代，都不能作为皖南方音的主流。

如果还是把两地方音分开看的话，宣城地区有这种类型的只有明末广德一个方言点，清代则没有这方面的资料；而徽州地区则明、清两代各有一个方言点是这种类型，从这个现象上看，好像这种类型的方音曾经广泛地分布于皖南地区，后来被赶出了这个地区。它们在宣城地区退走得比较快，到了明末只剩下广德一个地点了。徽州地区退走得比较慢，明末的时候还保留在中心地区歙县，清代还保留在黟县。可见，与此不同的方言影响是来自北方。

阳、唐同韵的类型是皖南方音的主体，除了以上提到的三个方音之外,其余方言点均是这种类型。但是,这里边又有两种情况:一是江韵二等跟一等唐韵合流的,一是跟阳韵三等合流的。宣城地区从明末到清代,一直是江韵跟阳韵合流,读细音;徽州地区明末跟清代的情况不同,明末祁门型《直图》中,江所在的韵类标为"混呼",一般认为是开口跟齐齿呼的混合,我们认为是一种过渡型呼法,说明江韵正在跟唐韵合流;明末的黟县型《律》中,"江"跟"冈"在一个韵内,又同属于开口呼,说明江韵读同一等唐韵。到了清代,徽州地区出现了两个类型,江韵合并到唐韵的黟县型、婺源型;江韵合并到阳韵里的宁国型。前者是明末徽州话的延续,后者是受到来自北方影响的结果。如果认为江韵变同唐韵是徽州话的特点的话,这个特点在明末已经基本具备了。而宣城话则一直不具备这个特点。

不过,我们所说的只是传世文献的情况,从今天宣城方音的实际来看,固然有不少地方"江=姜",都读齐齿呼,比如广阳、湖阳、年陡、湾址、奚滩为[tɕia],庄村、茂林、童埠为[tɕiœ];但也有不少地方"江=缸",都读开口呼,例如裘公、灌口、茅坦、陵阳为[ka],南极、厚岸为[kœ],甘棠、永丰为[kɑ]。由此看来,宣城地区早先也有不少地方有江韵跟唐韵合流、读洪音的现象,读同阳韵三等细音的,是受到官话影响的结果。由于宣城地区接受这种影响比较多,所以,宣城地区的通语里比较早地以读"江"为"姜"代替了读"江"为"刚";如今宣城地区读"江"为"刚"的现象只在乡村还有保留,城市里基本上都变成读"江"为"姜"了。徽州地区接受这种影响比较晚,所以,即便是一些县城里的话,直到清代都保留着以"江"读"刚"的读法。

(二)通摄的分类

从中古到近代,通摄东、冬、钟三韵由分而合,一等跟一等合并,三等跟三等合并。但是,三等唇音字则归一等,变成了洪音。类似的变化也发生在皖南方音里。只是皖南方音里的三等,除了唇音归一等以外,有些端组一等字读三等。例如,“冬”字,在《韵法直图》入“弓”韵,而不入“公”韵,不同于“东”。宣城地区的《韵通》也是如此。直到清末的《山门新语》还是如此。这一方面有可能是如上的作者故意模仿古音,另一方面也有可能是当地方音的反映。

一些见晓组三等字后来多读同一等,例如“宫弓”等字。这个变化直到明末还没有在南方官话里完成,例如“弓”等字在《洪武正韵》《书文音义便考私编》里都跟“工公”等字对立,是细音。当时的宣城可能还处在变化之中,人们还不清楚哪个是正音,所以,《字汇》作者梅膺祚在《直图》扃韵后说:“本图首句四声惟‘穷’字合韵,余及‘纵从’等字,若照汉音,当属公韵。今依《洪武》等韵收在本韵,则读‘弓’字似‘扃’字之音。”①

明清徽州话通摄见组三等“宫弓”等字也没有跟一等混同,还留在三等,带有[i]介音。徽州话直到今天还保持着这样的读音。周围的客家话、闽语、南部吴语也有这样的现象。这可能是东南方言的共同特点。

通摄一等跟梗摄合口一、二等字的关系。明末,北方官话里梗摄一、二等唇音字在官话里已经跟通摄字合流了,例如《重订司马温公等韵图经》梗摄合口喉牙音跟通摄合流。但是在南方官话里,这种变化还没有发生,所以,《书文音义便考私编》里,“觥”等字还归庚韵合口(叶宝奎 2001,p. 146,p. 160)。而早在明初年,八十韵本《洪武正

---

① 这话提到汉音、《洪武》等韵,并且把二者对立起来,似乎当时并不以《洪武》为通语。从明末南京音的两个材料看,《书文音义便考私编》(1587)“弓”等还没有并入“公”等,《西儒耳目资》(1626)则已经并入。而此前后山东话《韵略汇通》(1642)、河南话《青郊杂著》(1581)“弓”等都还没有并入“公”等。现有最早实现这个变化的韵书只有反映北京音的《重订司马温公等韵图经》。要之,《西儒耳目资》的音系基础还有争论,但是,它的“弓”“公”同音,与北京同;“肱”不归通摄又与南京同。明末宣城韵书《音韵正讹》《韵通》都正好与之相反。可能是接受北京音的影响,而不是接受南京音的影响。

韵》已经把庚韵的合口字和唇音一二等字并入东韵。（宁继福 2003，pp. 134—136）①

在明末的宣城、芜湖话里，梗摄合口一二等已经并入通摄，徽州话里直到清末宁国《山门新语》里才实现这一变化。而其他地区则一直没有实现。

为了清楚地显示各书的关系，下面列出几个字的地位，拟音只是为了说明洪细和来源，所以是象征性的。

表 6-4：

	东东一	冬冬一	公东一	弓东三	弘登合一
正韵76卷本	uŋ	uŋ	uŋ	iuŋ	ueŋ
正韵80卷本	uŋ	uŋ	uŋ	iuŋ	uŋ
等韵图经	uŋ	uŋ	uŋ	uŋ	uŋ
便考私编	uŋ	uŋ	uŋ	iuŋ	ueŋ
音韵正讹	uŋ	uŋ	uŋ	iuŋ	uŋ
韵通	uŋ	iuŋ	uŋ	iuŋ	uŋ
韵学大成	uŋ	uŋ	uŋ	uŋ	ueŋ
音声纪元	uŋ	uŋ	uŋ	iuŋ	ueŋ
韵法直图	uŋ	iuŋ	uŋ	iuŋ	ueŋ
律古	uŋ	uŋ	uŋ	iuŋ	ueŋ
朱子谱	uŋ	uŋ	uŋ	iuŋ	ueŋ
山门新语	uŋ	iuŋ	uŋ	iuŋ	uŋ
乡音字义	uŋ	uŋ	uŋ	iuŋ	ueŋ
乡音字汇	uŋ	uŋ	uŋ	iuŋ	ueŋ

（三）山咸摄的分合

山咸摄合流是近代汉语的一个特点。在皖南方音里，这个音变也发生了。但是，山咸摄合流以后的具体格局在皖南的各地并不相同。我们可以从阳声韵韵尾的状况、一二等韵是否合流、中古山摄和咸摄的

① 此处还参考了李建强师弟未发表的资料。

关系等几个方面来谈。

1. 韵尾问题

在北方官话里，山摄跟咸摄合流后，一般是唇音韵尾[-m]合并到舌尖音韵尾[-n]里去了。皖南大部分方音也是这样。只是，皖南方音在合并以后又往前走了一步：它们的舌尖音韵尾往往弱化（例如绩溪“先[sẽi]”）或者脱落了（例如黄山“先[ɬiɛ]”）。张琨（1983，p. 4）认为，“鼻音韵尾的消失的原因最大的可能是当汉语发展到一个新的地方，当地土著学习汉语时，受到他们自己的语言的影响，没有把汉语中的鼻音韵尾都清清楚楚地读出来。习以为常，在这种情况下，这些汉语方言就发生了鼻化作用，甚至于鼻化作用也没有了，结果就造成了鼻音韵尾的消失。”其中，“在南方方言中，鼻音韵尾的遗失早在郭璞的时候就已经发生了”。（张琨 1985，p. 46）[①]

鼻音韵尾的消失是按照韵母的不同依次进行的。“最保守的一组韵母是后高（圆唇）元音后附舌根音韵尾（*oŋ），其次是前高（不圆唇）元音后附舌根鼻音韵尾（*eŋ），最前进的一组韵母是低元音后附舌头鼻音韵尾（*a/ɑn）。”（张琨 1983，p. 40）皖南方音的情况与此基本相同。

皖南方音中的鼻化至少在明末就发生了。而且，鼻化的进程，除了受韵母的影响以外，还受到声调的影响。记载鼻化最早的要数宣城韵书《音韵正讹》。它在归字的时候，把一些中古假摄去声字跟中古山咸摄去声字放在一起，说明山咸摄字已经鼻化或者失去了鼻音韵尾。由于这些字都是整组窜入的，窜入的各同音字组中，都严格不混入山咸摄字，也没有个别的假摄字混入山咸摄同音字组中；同时，这些字跟相应声母下的山咸摄字存在有规律的对立，所以，我们认为这些假摄字跟山

① 张琨此处引用郭璞《尔雅·释言》“剂、剪，齐也”条注“南方人呼剪（原文脱“剪”，引者据补）刀为剂刀”为证。

咸摄字并不同音，而只是音近而已。这个现象印证了张琨的结论："最前进的一组韵母是低元音后附舌头鼻音韵尾(*a/ɑn)。"

声调也影响鼻音韵母的消失速度。《音韵正讹》里来自中古果、假摄三等的字组成第十五部，分别是阴平遮、阳平蛇、上声扯韵。没有去声。中古相应地位的去声字分别转入判、宪韵。有下列音节：

判韵：这、射、赦。

宪韵：借、卸、谢、夜。

上声里也有一个阴声韵音节窜入简韵，这个音节是"写"。从窜入阳声韵的阴声字的量来看，山咸摄去声窜入的阴声韵字最多，是把去声里的中古果假摄字整个合并来了，所以，可以认为山咸摄去声韵母跟阴声韵最近，最先发生鼻化。其次是上声。平声在明末可能还没有鼻化。(参见高永安 2006a)

徽州话阳声韵是什么时候开始鼻化的，在现有文献里没有表现。不过，从现代徽州方音的状况看，似乎徽州话鼻化和变成阴声韵的时间比宣城话要早些，因为，现代徽州地区多数方言点都有古阳声韵变成阴声韵的，而且涉及的韵类比较多；而宣城地区则只有少数方言点的阳声韵变成了阴声韵，而且涉及的韵类比较少。

表 6—5："山"字在徽州和宣城两地的读音

徽州						宣城				
绩溪	旌德	黄山	屯溪	黟县	祁门	南极	甘棠	茅坦	灌口	庄村
sɔ	sæ	ɬɑ	sɔ	sɔ̃	ɕiɔ̃	sɛ	sæ̃	sã	sã	san

如果徽州话的鼻化先于宣城话，则应该发生于明末以前。在明末徽州方音资料里之所以没有表现，只能归因于文献资料本身的限制：一是，我们无法根据这些用文字记录下来的方音资料了解其具体音值；二是，这些文献多注重对地方通语和文人语言的记录。所以，没有关于鼻

化音的记录，是可以理解的。

2. 山摄和咸摄的关系

山摄和咸摄的合流，在北方方言一般都是山摄一等跟咸摄一等合流，山摄三四等跟咸摄三四等合流；二等喉牙音一般腭化，跟三四等合流，个别地方则合并到一等；二等其他声母字则一般跟一等合流。在南方方言里，一般都是山摄一等跟咸摄一等合流，山摄二等跟咸摄二等合流，山摄三四等跟咸摄三四等合流；一等跟二等一般有不同的主要元音（例如一等为 o 等，二等为 a 等），都没有介音。

在徽州话里，山摄跟咸摄合流后，一等跟二等是有别的，因此它属于南方方言的类型。但是，徽州话还有一种情况跟以上两种都不同。黟县型的《乡音字义》中，因为山摄一等不分开合口，咸摄一等字没有跟山摄一等字合流，而是跟山摄二等字合流了。“官山摄一等合口”“安山摄一等开口”为一类，“甘咸摄一等开口”“闲山摄二等开口”为一类。这说明，在山咸摄合流的时候，他们的主要元音的对应关系已经跟等的关系不同了。从这个事实看，黟县话早些时候应该是个有唇鼻音韵尾的方言。而且，唇鼻音韵尾消失的时间应该跟官话、吴语不同而应更晚些。表 6—6 是今黟县方音山咸摄一二等的格局[①]：

表 6—6：

咸摄一等			咸摄二等	山摄二等	山摄一等	
敢 kuaŋ	喊 xɔĕ	含 xɔĕ	咸 xɔĕ	间 kɔĕ	寒 xuĕ	肝 kuĕ

“敢”字读音的来源是受到周围方言影响的结果。黟县的古唐韵字跟臻摄合口字合流后，一般读[uaŋ]韵母。黟县话山咸摄跟唐韵字并不合流，本来不应该读[uaŋ]韵母。但是祁门话却是山摄跟宕摄合流的，

① 黟县话一等字产生合口介音只限于唇、齿、牙、喉音，因为，一等舌头音声母“有把后 *ɑ 读成前 *a 的影响”，“前 *a 前头正没有这类声母”。（张琨 1985，p. 45）

“胆＝党[tɔ]”。这种关系影响到黟县话，就使得“敢”读成了[kuaŋ]。山咸摄的这种读音在黟县话里是少数。

除了这个“敢”以外咸摄一等跟二等合流了，山摄一等却独立。而在这两部分内部，开合的界限都没有了。只是，这种开合的混并跟长江沿岸舌音字丢掉合口介音的情况不太一样。黟县话山摄一等字正好相反，是喉牙音字增加了合口介音。迫使合口介音产生可能是主要元音后高化的结果。①

(四)臻摄、深摄、梗摄、曾摄

这四摄合流是吴语、江淮官话和西北地区官话、晋语的特点。这正好跟鼻音韵尾消失的地区重合。由于这几个摄的主要元音都是前高元音，发音时不容易区分其后附的鼻音韵尾的前后，所以容易混淆。其发生的原因可能跟鼻音韵尾失落是一样的。

皖南地区方音也有这个特点。在宣城地区，这样的变化起码在明末的宣城、芜湖已经完成了，广德话没有受到影响。这种格局一直持续到现在。在徽州地区，这四个摄的关系因时代和地区不同而有很大的差别。明末歙县型《音声纪元》里，闭口韵还完整保存，四摄还分别划然。祁门型亦然。黟县型《律》的闭口韵尾消失了，四摄因此并成两摄。到婺源型《徽州传朱子谱》里，这四摄正式合并了。

但是，由于徽州话各地方音差异很大，清代婺源型《婺城乡音字汇》并没有继承明末婺源型的格局，而是深、臻为一类，梗、曾为一类，原来的四类变成了两类。清代宁国《山门新语》臻摄单独为一类，深、

---

① 张琨(1985，p. 46)的调查显示，“在辅音韵尾完整保存着的方言中，前 *a 和后 *ɑ 的关系是从前后的关系改变成为上下的关系，后 *ɑ 上升，并且在大多数的方言里读成圆唇的 *o。”那么，如果这个元音继续上升，就会变成 *u。黟县话的后 *ɑ 读[uɐ]，前 *a 读[ɔɐ]正好也是上下的关系，我们认为，这是这两个元音继续高化的结果。至于元音韵尾[ɐ]，可能有两种解释：要么是由-n 韵尾直接变化而来，要么是由主要元音延长后的衍生成分。

梗、曾三摄合流。清代黟县型《乡音字义》基本跟婺源型一致，但臻摄合口一等字却分离出去，跟通摄一等合流。产生这种现像的原因主要是，在徽州话里，这四摄的主要元音不像吴语和官话那样属于前高元音，而是个低元音，和通摄的主要元音舌位很接近。请看现代徽州话的例子：

表 6—7：

	绩溪	旌德	黄山	屯溪	黟县	祁门
公通摄一等	kuã	kuəŋ	kəŋ	kan	kəŋ	kɐŋ
滚臻摄合口一等	kuã	kuəŋ	kuɐ	kua	kuɑŋ	kuæ̃

现代黟县话“公”“滚”不同音，是因为它的音系发生进一步的变化：在黟县话里，通摄一三等牙喉音不同韵，即“宫[kɑŋ]≠公[kəŋ]”。通摄三等读开口呼，没有介音，这样就推动一等主要元音进一步高化，变成了[əŋ]。这样，上表中多数方音里，通摄一等“公”就差不多都跟臻摄合口一等“滚”的主要元音相同或者相近了。

这是徽州话的现象，宣城话基本上没有这样的变化。但是现代宣城话也有个别类似的例子。例如，根据蒋冰冰(2003)调查的宣城话二十个方言点的资料，“喷”字的两读：平声魂韵和去声慁韵。其中，平声的“喷”都读同臻摄字，而去声的“喷”字只有四个点跟臻摄同音，其余的点都读同通摄。这可能是受到徽州话影响的结果。

(五)开合口问题

开口和合口的转化有多种原因。“‘内馁嫩’等是泥母蟹臻摄开口字，由于发音部位靠前的声母和韵尾的共同影响，舌位偏后的介音 u 逐渐趋于不稳定，多数字的韵母开始由合口向开口转变。”(王福堂 1999，p. 8)在长江沿岸地区，这种音变扩大到所有带舌头鼻音韵尾的合口字。例如武汉话“端[tan]”。武汉话的这种变化还涉及几个精组一等字，比如“钻算”等。现代皖南方音的臻摄、山摄字的合口介音仅仅保存在牙喉音声母后边,其余的全部变成了开口韵了。

从合口转变成开口的程度看,臻摄合口字在很多地方都是全部变成了开口字。这似乎提示合口变开口的运动是从臻摄开始,然后蔓延到山摄、蟹摄等,但是,查看皖南方音的历史资料可以看到,这个运动应该是从山摄开始的,而且最早发生在细音,而不是洪音。

在明末的宣城,山摄不但合口跟开口合流,撮口也跟齐齿合流了。例如《音韵正讹》团＝镡,前＝全,先＝宣。在徽州地区,歙县型方音里,撮口呼字已经完全合并到齐齿呼里去了,成了一个没有撮口呼的方言。没有撮口呼的方言在汉语方言里不在少数,而且分布相当广泛。在官话里,“不分齐撮的方言大部分都在云南。可是湖南绥宁、四川西昌方言也不分齐撮,甚至浙江、吴兴方言*ian*iuan 都读 ɪ,*ien*iuen 都读 ɪ/ɪən,江苏、宝山方言*ien*iuen 都读 in。”(张琨 1983,p. 16)皖南地区不分齐撮的方音除了明末的歙县型方音,还有清代的泾县话。现代方言不分齐撮的有宣城地区的泾县话和婺源紫阳话。同是不分齐撮的方言分布在如此广大的地区,不可能是所在的大方言区的特征。正如各地的齐撮不分的具体情况可能各有不同,形成的原因也可能各不相同。

宣城地区的齐撮不分的现象应该是撮口呼合并到齐齿呼里去了,这要从两方面看:从现代宣城方音看,现代宣城话有古三四等合口字读齐齿呼的,没有古三四等开口呼字读成撮口呼的;从历史文献看,明末宣城话的齐撮合流只涉及舌头音和齿音,符合一般的演变规律。到现代方音里,很多地方已经很少或者没有撮口呼了,撮口变齐齿呼的范围越来越扩大了。孟庆惠(1997,p. 296)说,宣城地区话“从四呼与声母的关系看,繁昌和芜湖县话四呼俱全,铜陵话撮口呼只有 y,石台话只有 y 和 yo,泾县话只有开齐合三呼”。可见,宣城话撮口呼的范围有日益缩小的趋势。

从撮口呼变成齐齿呼是一个比较自然的演变。在明末宣城话里，遇摄跟止摄还没有合流的现象，撮口呼变成齐齿呼的单韵母只有入声字：例如“律”等一批字就有曲韵和一韵两种读音，这正是撮口呼转变成齐齿呼的开端。这种音变的进一步扩大，就会把舒声韵也带上这个道路。到了清代，就出现了遇摄字失去撮口特征，转变成齐齿呼的现象了。例如“郑志”记录的“鱼疑”同组、“鸡居”同组的现象。

表 6—8：宣城地区合口转开口的情况表

	涉及声母范围	涉及韵类范围	涉及介音
明代	端组、精组	山摄	u、y
清代	端、精、见、晓组	山、遇摄	u、y
现代	各组	山、遇、臻、蟹摄	u、y

徽州地区合口转开口可能开始得更早，因为到明末的时候，歙县型方音里的细音已经失去了合口，全都并入开口细音里了。洪音的合口是否失去在明末没有记录。到了清代，黟县型方音[①]开始出现山摄合口介音消失的现象。遇摄细音合并入止摄，然后又根据声母不同分成两类，来母、明母、精组和见组开口为基韵，是开口韵，例如离＝吕、须＝虽；其余声母和见组合口字为居韵，是合口韵，例如居＝龟、垂＝殊。

---

① 竺家宁(1998，p. 192)认为徽州地区宁国型《山门新语》也出现了遇摄字读同止摄的情况。但是，他找的证据只有一个“居”字，出现在姬韵，跟“姬鸡”同读。他说：“居字在《山门新语》中有 ky、ki 两读。ki 一读与今日的梅县客家话相同。”按，这个字的两读在《广韵》里已经有了：一个在鱼韵，九鱼切；一个在之韵，居之切。后一音《广韵》注释：“辞也。见《礼》。”《礼记·檀弓上》：“何居？我未之前闻也。”郑玄注：“‘居’读为姬姓之‘姬’，齐鲁之间语助也。”“居”读 ki 在皖南地区只有黄山区的甘棠、泾县的厚岸，这两个点都是说宣城话的。在徽州地区没有见到“居”字的类似读法。

表 6—9:《乡音字义》跟现代屯溪话的比较表

乡音字义	现代屯溪话			
基韵	蛆	须	基	李
	ts^hi	si	ʨi	li
居韵	居	鱼	龟	吹
	ʨy	ȵy	ʨy	$ʨ^hy$

现代黟县话可能还没有过渡到《乡音字义》的状态，表现为下面的格局：

表 6—10：

乡音字义	现代黟县话			
基韵	吕	须	基	李
	luɛi	ʃuɛi	ʧɛi	lɛi
居韵	居	鱼	鬼	危
	ʨyɛi	ȵyɛi	ʧyɛi	ȵyɛi

我们可以认为此前发生了如下的音变：

↗[uɛi]吕须
*[iuɛi]
↘[yɛi]居鱼

[uɛi]进一步的发展是丢掉[u]介音，这样就跟“基李”同韵母了。

从皖南方音，尤其是宣城方音的情况看，似乎撮口呼变成齐齿呼是按韵逐步进行的。最早开始变化的不是遇摄，而是山摄。然后逐步扩大范围，在个别方音里甚至出现了撮口呼全部消失的现象。所以，在皖南方音里遇摄字有开口呼或齐齿呼的读音，不是古已有之的，而是由撮口呼变来的。由于这一变化的地区差异很大，而且可能各个时期都有发生，这就造成了遇摄字读开口或齐齿的各种层次。各层次里，尽管主要元音的开口度大小有不同，但是来自鱼韵、虞韵的字都有离开原来部类，变成开口的(黟县刚变成合口)。

表 6—11：

屯溪				黟县				休宁			
鱼		虞		鱼		虞		鱼		虞	
书	蛆	朱	需	居	吕	句	须	居	吕	句	须
ɕy	$ts^{h}i$	tɕy	si	tɕyɛi	luɛi	ʧyɛi	ʃuɛi	tɕy	li	tɕy	si

表中有[y]介音的读音各地是一致的，为一组；没有[y]介音的为另一组。它们的分别不在韵母的中古来源，而在声母。不带[y]介音的一般都来自来母和精组。其余声母下的字都带[y]介音。这样看来，皖南地区遇摄字有开口、合口或者齐齿、撮口的区别的，不能反映鱼、虞有别的层次，尽管各地保存的开口或齐齿遇摄字的主要元音不同，那只是由于合口(或撮口)介音失去时，遇摄字的主要元音本来就不同造成的。①

(六)二等韵的发展

1. 皆佳麻

明末宣城话有三个类型，一是宣城话《音韵正讹》，它们的中古蟹摄皆韵都跟一等灰、咍合流；佳麻为一类。二是芜湖话《韵通》，它的皆韵不

① 皖南地区遇摄字撮口呼变成齐齿呼除了自然的变化之外，还可能是受流摄的推动。在皖南地区，流摄字有韵母高化的趋势。例如，下表表现出这个推链过程：

	宣城地区					徽州地区			
	裘公	茅坦	广阳	茂林	厚岸	绩溪	旌德	屯溪	祁门
口	əu	iu	iu	ky	ky	ɪi	i	iu	ie
九	iu	iu	iu	y	y	iɵ	iu	iu	ie
句	y	y	y	y	ky	y	y	y	y
须	y	y	y	ji	ji	y	y	i	y

从上表看，两地区都有流摄元音高化的现象。这样就跟遇摄形成了竞争，结果，宣城地区是遇摄失去撮口特征，徽州地区多数是流摄失去撮口特征(绩溪、旌德、祁门)，少数是遇摄失去撮口特征(屯溪、茂林、厚岸)。

跟蟹摄一等合流，而是独立的；佳、麻看起来也不合流，但是佳韵里只有“花”字，它来自麻韵，可见麻韵已经合流到佳韵里了。三是广德话《韵学大成》，它的皆佳为一类，麻单独为一类。但总之二等字都是独立的。到了清代，资料虽然不多，但是在泾县话里，二等韵是没有介音的，“郑志”说：“家曰各。”

从明末开始，宣城话地区跟徽州话相同的，只有广德话，它的皆佳韵合流，不跟麻韵合流。徽州话皆佳韵还与蟹摄一等接近，麻韵还与歌韵接近，这是徽州话与宣城话的显著区别。相对来讲，早期宣城话的二等韵是独立的，徽州话的二等韵则容易跟一等合流。

2. 肴

明末宣城话里，芜湖型《韵通》肴韵独立，为交韵，与一等高韵、三四等骄韵对立。跟明末祁门型《直图》一致。宣城型《音韵正讹》和广德型《韵学大成》中，肴韵都是跟一等、三四等同韵，说明它们主要元音是一样的。其中，宣城型《音韵正讹》里的二等有独立的类，说明它有一个与三四等不同的介音。

相比之下，徽州话稍微复杂一些：清代徽州话黟县型肴韵具有跟一等、三四等都不同的主要元音，是独立的韵；其他材料上，两地的二等韵都跟一等、三四等有相同的主要元音。明末二等韵保持一个模糊的介音，清代这个介音消失了，二等跟三四等合流了。

3. 咸衔山删

明末芜湖型《韵通》、广德型《韵学大成》都保持山、咸摄的区别，二等都跟一等不同韵。宣城型也基本保持这个格局，但是个别二等字发生了变化，跟一等有了相同的主要元音，比如“简”，跟一等并不同音，说明它有一个介音。

徽州话有两个类型，一个是一二等主要元音相同的，如《直图》和《律》；另一个是一二等主要元音不同的，如《音声纪元》。宣城话基本上跟《音声纪元》同类,《音韵正讹》是两个类型之间的过渡。

三、声调系统比较

明末皖南各方音的声调系统比较一致,大致都发生了平声分阴阳的变化。入声一般都保持(婺源型情况暂时不明)。到了清代,宣城地区跟徽州地区的声调发展出现很大的分歧,宣城地区基本上维持了明末的格局,徽州地区却出现了比较大的变化:首先是去声分阴阳,这在所有的清代徽州话的材料里都能找到;然后是阳去跟入声合流,而且婺源可能是阳去字促声化成了短调。

在清代的材料里,宣城话和徽州话差距如此之大,其原因可能一方面是宣城地区清代的材料少,比如现代宣城地区的声调,虽然多数只有平声分阴阳,但是上声(甘棠、茂林、南极)、去声(永丰、湖阳、奚滩、横渡、厚岸)、入声(广阳、湖阳、厚岸)分阴阳的都有;但更主要的原因是,宣城方音的主体声调特征还是平分阴阳。所以,在声调方面,宣城话和徽州话的分野是在清代形成的。

表 6－12:明清皖南方音特征表

特点＼时、地＼资料		徽州							宣城					
		明				清			明			清		
		纪元	直图	律古	朱谱	新语	字义	字汇	正讹	韵通	大成	韵说	郑志	芜湖
浊声母	浊	＋	＋	＋		－	－	－	＋	－	＋	－	＋	－
	清送气	－	＋	＋		＋	＋	＋	＋	＋	＋	＋	＋	＋
	清不送气	－	＋	＋		－	＋	＋	＋	－	＋	＋	＋	＋
	弱化	－	－	＋		－	－	－	＋	－	－	－	＋	＋
知章庄	完全合流	－	＋	＋		＋	＋	＋	＋	＋	＋		＋	＋
	庄≠知章	＋	－	－		－	－	－	－	－	－		－	－
	庄部分＝精	＋	＋	＋		－	－	－	＋	－	－		－	－
	知章庄＝精	－	－	－		－	＋	＋	－	－	－	－	＋	－
n＝l		－	－	＋	－	－	＋	＋	－	－	－	－	＋	＋
二等韵通摄	≠一、三等	＋	＋	－	－	－	＋	＋	＋	＋	＋			
	＝一等	－	－	＋	－	－	＋	＋	－	－	－			
	＝三等	－	－	＋	＋	＋	－	－	－	－	－			
	公＝弓	－	－	－	＋	＋	－	－	－	－	＋			
	公≠弓	＋	＋	＋	－	－	＋	＋	＋	＋	－			
韵尾	有闭口韵	＋	＋		＋	－	－	－	－	－	＋	－	－	－
	有鼻化韵	－	－	＋		＋	＋	＋	＋	－	＋	＋	＋	＋
四摄分合	臻	臻	臻	真	宾崩	臻	合并	合并	合并	合并	臻		合并	
	深	深	深			庚青					深			
	梗	梗	梗	梗							梗			
	曾	曾	曾								曾			
果摄分开合		＋	＋	＋	－	＋	－	－	－	＋	＋		＋	
歌麻同韵		－	－	＋	＋	－	＋	＋	－	－	－		＋	
江宕摄	姜独立	＋	－	－	－	－	＋	＋	－	－	＋			
	江＝姜	－	－	＋	＋	＋	－	－	＋	＋	－			
	江＝刚	－	－	－	－	－	－	－	－	－	－		＋	＋
山咸摄	一等开口	寒	干	寒	寒	干	干	干	天	干	寒			
	一等合口	桓	官			官	官	官		官	桓			
	二等开口	残	艰	毚	山	干	毚	甘	班	毚	山			
	二等合口	关	关	关		官	关	关		关	关			

（续表）

时、地点＼资料＼特	徽州							宣城					
	明				清			明			清		
	纪元	直图	律古	朱谱	新语	字义	字汇	正讹	韵通	大成	韵说	郑志	芜湖
平声分阴阳	－	－	－		＋	＋	＋	＋	＋	－	＋	＋	＋
上声分阴阳	－	－	－		－	＋	＋	－	－	－	－	－	－
去声分阴阳	－	－	－		＋	＋	＋	－	－	－	－	－	－
入声分阴阳	－	－	－		－	－	－	－	－	－	－	－	－
浊上声变去声	－	－	＋		－	－	－	＋	＋	＋	＋	＋	＋
浊入声变阳去	－	－	－		－	＋	＋	－	－	－	－	－	－

第七章　皖南方音的古今比较

第一节　宣城方音的古今比较

一、声母比较

1. 清塞音

从明清到现在，宣城方音的清塞音声母基本上没有很大的变化。不同的只有见组跟三四等细音相拼的时候，发音部位前移，从塞音变成了塞擦音。二等字在一些地方跟三四等合流，在这些地方，见组跟二等相拼时也变成塞擦音。

表 7—1：

时代	来源	帮	滂	见	见	溪	溪	溪	端	透
例字		杯	配	刚	简	康	姜	溪	当	土
明末	宣城型	pei	p^{h}ei	kaŋ	kɪɛ̃	k^{h}aŋ	kiaŋ	k^{h}i	taŋ	t^{h}u
	芜湖型	pui	p^{h}ui	kaŋ	kɪan	k^{h}aŋ	kiaŋ	k^{h}i	taŋ	t^{h}u
	广德型	pei	p^{h}ei	kaŋ	kɪɛ̃	k^{h}aŋ	kiaŋ	k^{h}i	taŋ	t^{h}u
清代	宣城型	pei	p^{h}ei	kã	kɛ̃	k^{h}ã	kiã	k^{h}i	tã	t^{h}u
	芜湖型	pei	p^{h}ei	kã	kɛ̃	k^{h}ã	kiã	k^{h}i	tã	t^{h}u
	泾县型	pei	p^{h}ei	kã	kɛ̃	k^{h}ã	kiã	k^{h}i	tã	t^{h}u
现代	裘公	pe	p^{h}e	kã	ʨĩ	k^{h}ã	ʨiã	ʨ^{h}i	tã	t^{h}u
	庄村	pɛ	p^{h}ɛ	kœ	ʨiɛ	k^{h}œ	ʨiœ	ts^{h}ʅ	tœ	t^{h}u
	灌口	pe	p^{h}e	kã	ʨĩ	k^{h}ã	ʨiã	ʨ^{h}i	tã	t^{h}əu
	甘棠	piɛ	p^{h}iɛ	kɒ̃	kæ̃	k^{h}ɒ̃	ʨiɒ̃	k^{h}i	tɒ̃	t^{h}əu
	永丰	pe	p^{h}e	kɒ̃	kæ̃	k^{h}ɒ̃	ʨiɒ̃	sʅ	tɒ̃	t^{h}u
	太平	pei	p^{h}ei	kã	kĩ	k^{h}ã	ʨiã	ɕi	tã	t^{h}u

清塞音送气与否在明末就有混乱，现代皖南方音还有这种情况。

表 7—2：

例字 \ 地点	古不送气今送气					古送气今不送气	
	帮母				见母	滂母	溪母
	卜	壁	拨	彼	虹	僻	蒯
茅坦	pʰoʔ						
广阳	pʰoʔ						
湖阳	pʰəʔ				tɕʰiã		
年陡	pʰəʔ						
湾址	pʰəʔ						
茂林	pʰuʔ						
横渡	pʰu						kuɛ
陵阳	pʰoʔ	pʰiʔ		pʰi			
童埠	pʰeʔ						
灌口						piʔ	
七都			pʰo				

2. 浊塞音

宣城方音的浊声母发生了清化或者弱化。在现代宣城方音里，这个变化的过程完整地保留下来。变化的第一阶段，保留全浊特征的方音有很大的比例，例如庄村、灌口、甘棠、永丰等。发生弱化的方音也不少，比如裘公、太平、湖阳等。发生了清化的方音主要集中在宣城、青阳等城市里。这些地区现在一般说江淮方言。

表 7—3：

时代	来源	並			群		定		
例字		皮	培	旁	旧	权	停	堂	头
明末	宣城型	bi	bei	baŋ	giəu	giẽ	diən	daŋ	dəu
	芜湖型	pʰi	pʰui	pʰaŋ	kiəu	kʰyon	tʰiən	tʰaŋ	tʰəu
	广德型	bi	bei	baŋ	giɤ	gye	diŋ	daŋ	dɤ

（续表）

清代	宣城型	p^hi	p^hei	pã	kiəu	kiẽ	t^hiən	tã	t^həu
	芜湖型	p^hi	p^hei	pã	kiəu	kiẽ	t^hiən	tã	t^həu
	泾县型	bi	bei	bã	giəu	kiẽ	diən	dã	dəu
现代	裘公	ɦvi	ɦve	ɦvã	ɦʑiu	ɦʑyĩ	rin	rã	rəu
	庄村	bi	bɛ	bœ	hʑiu	ɦʑɥɛ	din	dœ	diu
	灌口	bi	be	bã	ɦʑiu	ɦʑyĩ	din	dã	dəu
	甘棠	bi	biɛ	bɒ̃	gy	giæ	din	dɒ̃	dy
	永丰	bi	be	bɒ̃	hʑy	k^hiæ	din	dɒ̃	dy
	太平	ɦvi	ɦvei	ɦvã	ɦʑiu	ɦʑĩ	ɦɾin	ɦɾã	ɦɾəu
	湖阳	p^hji	be	bã	ɦʑiu	ɦʑiu	ɦɾĩ	ɦɾã	ɦɾəu
	横渡	p^hi	p^hɛ	p^hɒŋ	$tɕ^h$iu	$tɕ^h$yɛn	t^hin	t^hɒŋ	t^hiu

清化的声母，其清化规律跟江淮官话一致，即平声送气、仄声不送气。弱化的声母，一般是定母弱化成同部位颤音和闪音；並母和群母弱化成擦音。

3．清擦音、塞擦音

明清宣城话的擦音、塞擦音有三个类型：一是精组跟知章庄组分立的，宣城话是其代表；一是精组跟知章庄组合流的，比如清代泾县话；还有一种是清代芜湖话，它有精组、知章组、庄组三组塞擦音。

现代宣城话一些地区又多了一类由见、精、章组细音变来的塞擦音。

表 7—4：

代表点＼例字		知母		章母		庄母		精母		见母	
		昼	猪	种	主	庄	皱	最	挤	计	乖
明代	宣城型	ʧiəu	ʧiu	ʧyoŋ	ʧiu	ʧuaŋ	ʧiəu	tsuei	tsi	ki	kua
	芜湖型	ʧiəu	ʧiu	ʧyoŋ	ʧiu	ʧuaŋ	ʧiəu	tsuei	tsi	ki	kuɛ
	广德型	ʧiəu	ʧiu	ʧyoŋ	ʧiu	ʧuaŋ	ʧiəu	tsuei	tsei	kei	kuɛ
清代	宣城型	ʧiəu	ʧiu	ʧyoŋ	ʧiu	ʧiã	ʧiəu	tsuei	tsi	ki	kuɛ
	芜湖型	tʂəu	tʂu	tʂoŋ	tʂu	ʧuã	ʧəu	tsuei	tsi	ki	kuɛ
	泾县型	ʦiəu	ʦiu	tsioŋ	ʦiu	ʦuã	ʦiəu	tsuei	tsi	ki	kuɛ

（续表）

现代	裘公	tsəu	tɕy	tsoŋ	tɕy	tsua	tsəu	tse	tɕi	tɕi	kuɛ
	庄村	tɕiu	tɕɥ	tsəŋ	tɕɥ	tsœ	tɕiu	tse	tsɿ	tsɿ	kua
	灌口	tsəu	tɕy	tsoŋ	tɕy	tɕyã	tɕiu	tse	tɕi	tɕi	kuɛ
	甘棠	tɕy	tsəu	tsoŋ	tsəu	tsɒ̃	tɕy	tse	tɕi	tɕi	kua
	永丰	tɕy	tsu	tsoŋ	tsu	tsɒ̃	tɕy	tse	tɕi	tsɿ	kuɛ
	太平	tsəu	tɕy	tsoŋ	tɕy	tsã	tsəu	tsei	tsɿ	tɕi	kuɛ
	湖阳	tsəu	tsu	tsə̃	tsu	tsuã	tɕiu	tse	tɕji	tɕji	kuɛ
	横渡	tɕiu	tɕy	tsoŋ	tɕy	tsɒŋ	tɕiu	tsʰei	tɕi	tɕi	kuɛ
	年陡	tʂəu	tʂu	tʂoŋ	tʂu	tʂuã	tʂəu	tse	tɕji	tɕji	kuɛ

4. 浊擦音、塞擦音

古浊塞擦音、浊擦音，今有些地方保持浊音的性质，有些地方已经清化。古浊塞擦音清化后的送气与否，因时、地而有不同。合并也是一个重要的趋势，今很多点的古浊擦音、塞擦音已经合并为一个或两个音。

表 7—5：

代表点＼例字		澄母	船母	禅母	崇母		从母		邪母	
		池	船	是	查	谗	惭	坐	邪	寺
明代	宣城型	ʤɿ	ʤuẽ	ʒɿ	ʤa	ʤã	dzã	dzo	zie	zɿ
	芜湖型	ʧʰɿ	ʧʰon	ʃɿ	ʧʰa	ʧʰan	tsʰan	tsʰuo	sie	sɿ
	广德型	ʤɿ	ʤuẽ	ʒɿ	ʤa	ʤɛ̃	ʤɛ̃	dzuo	ziɛ	zɿ
清代	宣城型	ʧʰɿ	ʧʰuẽ	ʃɿ	ʧʰa	ʧʰɑ̃	tsʰɑ̃	tsʰo	sie	sɿ
	芜湖型	tʂʰɿ	tʂʰẽ	ʂɿ	tʂʰa	tʂʰɑ̃	tsʰɑ̃	tsʰuo	sie	sɿ
	泾县型	hzɿ	hzuẽ	hzɿ	hza	hzɑ̃	hʑɑ̃	hʑo	hzie	hzɿ
现代	裘公	ɦzɿ	ɦzɔ̃	ɦzɿ	ɦza	ɦzã	ɦzã	ɦzo	ɦʑia	ɦzɿ
	庄村	hzɿ	hʑɥɛ	hzɿ	hzo	hzan	hzan	hzəu	hʑia	hzɿ
	灌口	ɦzɿ	ɦzyĩ	ɦzɿ	ɦza	ɦzã	ɦzã	ɦzu	ɦʑiɛ	ɦzɿ
	甘棠	ʑi	zɛ̃	zɿ	zɔ	zɛ̃	zɛ̃	zo	ʑiɔ	zɿ
	永丰	tsʰɿ	hzɛ̃	hzɿ	hzo	hzæ̃	hzæ̃	hzo	hʑio	hzɿ
	太平	ɦzɿ	ɦzõ	ɦzɿ	ɦza	ɦzã	ɦzã	ɦzo	ɦʑiɛ	ɦzɿ
	湖阳	ɦzɿ	ɦzõ	ɦzɿ	ɦza	ɦʑiɛ̃	ɦʑiɛ̃	ɦzu	ɦʑia	ɦzɿ
	横渡	tsʰɿ	tɕʰyɛn	sɿ	tsʰɒ	sɒn	tsʰɒn	tsʰo	tɕʰia	tsʰɿ
	年陡	hʐʅ	ɦʐõ	ʂʅ	hʐa	hzã	hzã	hzu	hʑji	hzɿ

5. 响音

为了体现响音的声调分配状况，我们在音节后边附上声调。用数字代替：阴平 1、阳平 2、阴上 3、阳上 4、阴去 5、阳去 6、阴入 7、阳入 8。不分阴阳的，都标作阴调。古今明母没有变化，泥来母基本没变化，泥母在个别地方跟来母混，甘棠还强化为[d-]；疑母在开口前常为后鼻音，在细音前为前鼻音。日母从明清到今，都分鼻音和擦音两种。响音在分阴阳声调里是属于阴还是属于阳，没有一定规律。

表 7—6：

代＼表点＼例字		明	日		泥		来		疑	
		慢	认	人	年	暖	连	乱	岸	研
明代	宣城型	mã5	ʑiən5	ʑiən2	niẽ2	nẽ3	liẽ2	luɛ̃5	ŋɛ̃5	niẽ
	芜湖型	mān5	ȵiən5	ȵiən2	niɑn2	nɑn3	lian2	luan5	ŋan5	nie
	广德型	mã5	ʑin1	ʑin1	nie1	ne3	liẽ1	luɛ̃5	ŋɛ̃5	niẽ
清代	宣城型	mã5	iən5	iən2	niẽ2	nẽ3	liẽ2	luã5	ŋã5	nie
	芜湖型	mã5	ʐən5	ʐən2	niẽ2	nẽ3	liẽ2	luã5	ŋa5	nie
	泾县型	mã5	ʑiə̣n5	ʑiən2	niẽ2	lẽ3	liẽ2	luã5	ŋã5	nie
现代	裘公	mã5	ȵin5	zən2	ȵĩ2	lɔ3	lĩ2	lɔ̃5	ɔ̃5	ĩ2
	庄村	man5	ȵin5	ȵin1	ȵiɛ1	lɛ3	ȵiɛ3	lɛ5	ŋɛ5	ȵiɛ1
	灌口	mã5	zən5	zən2	ȵĩ2	nən3	lĩ2	lən5	ŋən5	ȵ ĩ2
	甘棠	mæ̃6	ȵin6	ȵin2	ȵiæ̃2	lɛ̃4	diæ̃2	lɛ̃6	ŋɛ̃6	ȵiæ̃2
	永丰	mæ̃6	ȵin6	ȵin2	ȵiæ̃2	lɛ̃6	liæ̃2	lɛ̃6	ŋɛ̃6	ȵiæ̃2
	太平	mã2	ȵin5	ȵin2	ȵĩ2	lõ3	lĩ2	lõ5	ŋẽ5	ŋi2
	湖阳	miɛ̃2	ȵĩ2	ȵĩ2	ȵĩ2	nõ3	li2	lõ2	ɛ̃2	ȵi2
	横渡	mɒn6	ȵin6	ȵin2	ȵian2	lɛn3	liæn2	lɛn6	ŋɛn6	ȵiɛn2
	年陡	mã4	ən4	ən2	ȵĩ2	nõ3	lĩ2	lõ5	ã5	ȵi2

喻三、喻四在皖南从明末到现在都是合流的。

表 7—7：

例字 \ 代表点		明代			清代			现代			
		宣城	芜湖	广德	宣城	芜湖	泾县	裘公	庄村	甘棠	太平
喻三	邮	iəu2	iəu2	jiɤ1	iəu2	iəu2	iəu2	iu2	iu1	y2	iu2
喻四	油	iəu2	iəu2	jiɤ1	iəu2	iəu2	iəu2	iu2	iu1	y2	iu2

二、韵母比较

1. 果摄

宣城话果摄从明代就不分开合，但当时的广德、芜湖还分。现代所有方言点都不分。

表 7—8：

代表点 \ 例字		戈			歌		
		锅	棵	和	哥	可	河
明代	宣城型	ko	kʰo	ɣo	ko	kʰo	ɣo
	芜湖型	kuo	kʰuo	xuo	ko	kʰo	xo
	广德型	kuo	kʰuo	huo	ko	kʰo	ho
清代	宣城型	ko	kʰo	xo	ko	kʰo	xo
	芜湖型	ko	kʰo	xo	ko	kʰo	xo
	泾县型	ko	kʰo	ho	ko	kʰo	ho
现代	裘公	ko	kʰo		ko	kʰo	ɤo
	甘棠	ko	kʰo	ho	ko	kʰo	ho
	庄村	kəu	kʰəu	ɤəu	kəu	kʰəu	ɤəu
	灌口	ku	kʰu	ɤu	ku	kʰu	ɤu
	湖阳	ku	kʰu	ɤu	ku	kʰu	ɤu
	永丰	ko	kʰo	ɤo	ko	kʰo	ɤo
	太平	ko	kʰo	ɤo	ko	kʰo	ɤo

2. 遇摄

与止摄、蟹摄、果摄的关系：今各点方音互有挂涉，但明清时期除了止蟹摄部分开口字之外，分别划然。

表 7—9：

代表点 \ 例字		遇摄		止摄			蟹摄		果摄
		古	居	水	子	梨	鸡	碎	果
明代	宣城型	ku	ky	ʃuei	tsɿ	li	ki	suei	ko
	芜湖型	ku	ky	ʃuei	tsɿ	li	ki	suei	kuo
	广德型	ku	ky	ʃuei	tsɿ	lei	kei	suei	kuo
清代	宣城型	ku	ky	ʃuei	tsɿ	li	ki	suei	ko
	芜湖型	ku	ky	ʃuei	tsɿ	li	ki	suei	ko
	泾县型	ku	kiu	sei	tsɿ	li	ki	sei	ko
现代	裘公	ku	tɕy	sui	tsɿ	li	tɕi	se	ko
	甘棠	ku	ki	se	tsɿ	di	tɕi	ɕiɛ	ko
	庄村	ku	tɕʮ	se	tsɿ	ȵi	tsɿ	se	kəu
	灌口	ku	tɕy	ɕyi	tsɿ	li	tɕi	se	ku
	年陡	ku	tɕy	ʂui	tsɿ	lji	tɕji	se	ku
	茂林	ku	tɕy	ɕji	tsɿ	lji	tɕji	se	ku
	太平	ku	tɕy	sei	tsɿ	li	tɕi	sei	ko

3. 山咸摄

皖南方言的山摄、咸摄都合并，具有同样的韵尾，有的是[-n]韵尾，有的是鼻化韵，还有的变成了阴声韵。合并之后的山咸摄的主要元音的格局，各地、各时代有不同的类型。

表 7—10：

代表点 \ 例字		一等		二等			三四等		
		干	官	山	间	关	建	卷	捐
明代	宣城型	kɛ̃	kuɛ̃	ʃɑ̃	kɪɛ̃	kuɑ̃	kiẽ	kyẽ	kyɛ̃
	芜湖型	kon	kuon	ʃan	kɪɑn	kuɑn	kion	kyon	kyon
	广德型	kᴀ̃	kõ	ʃõ	kɪɛ̃	kõ	kie	kye	kye
清代	宣城型	kɛ̃	kuɛ̃	ʃɑ̃	kiɛ̃	kuɑ̃	kiẽ	kyẽ	kyẽ
	芜湖型	kɛ̃	kuɛ̃	ʃɑ̃	kiɛ̃	kuɑ̃	kiẽ	kyẽ	kyẽ
	泾县型	kɛ̃	kɛ̃	ʃɑ̃	kiɛ̃	kɑ̃	kiẽ	kiẽ	kiẽ

（续表）

现代	裘公	kã	kɔ̃	sã	kã	kuã	ʨĩ	ʨyĩ	ʨyĩ
	甘棠	kɛ̃	kuɛ̃	sæ̃	kæ̃	kuæ̃	ʨiæ̃	kiæ̃	kiæ̃
	庄村	kɛ	kuɛ	san	kan	kuan	ʨiɛ	ʨɥɛ	ʨɥɛ
	灌口	kã	kun	sã	kã	kuã	ʨĩ	ʨyã	ʨyã
	年陡	kã	kõ	ʂã	kã	kuã	ʨĩ	ʨyĩ	ʨyĩ
	茂林	kæ̃	kuɛ	sæ̃	kæ̃	kuæ̃	ʨi	ʨi	ʨi
	太平	kã	kõ	sã	kã	kuã	ʨĩ	ʨĩ	ʨĩ

山摄、咸摄合并以后，两摄大部分字的变化是一致的。稍微有些不同的是，现代皖南话中，咸摄二等不像山摄那样多读洪音，而是主要读细音。

表 7－11：

代表点＼例字		一等		三四等			二等	
		甘	敢	检	剑	兼	监	减
明代	宣城型	kɛ̃	kɛ̃	kiẽ	kiẽ	kiẽ	kɪɛ̃	kɪɛ̃
	芜湖型	kon	kon	kion	kion	kion	kɪɑn	kɪɑn
	广德型	kʌm	kʌm	kiem	kiem	kiem	kɪɛm	kɪɛm
清代	宣城型	kɛ̃	kɛ̃	kiẽ	kiẽ	kiẽ	kiɛ̃	kiɛ̃
	芜湖型	kɛ̃	kɛ̃	kiẽ	kiẽ	kiẽ	kiɛ̃	kiɛ̃
	泾县型	kɛ̃	kɛ̃	kiẽ	kiẽ	kiẽ	kiɛ̃	kiɛ̃
现代	裘公	kã	kã	ʨĩ	ʨĩ	ʨĩ	ʨĩ	ʨĩ
	甘棠	kæ̃	kæ̃	kiæ̃	kiæ̃	kiæ̃	kæ̃	kæ̃
	庄村	kɛ	kɛ	ʨiɛ	ʨiɛ	ʨiɛ	ʨiɛ	ʨiɛ
	灌口	kən	kən	ʨĩ	ʨĩ	ʨĩ	ʨĩ	ʨĩ
	年陡	kõ	kõ	ʨĩ	ʨĩ	ʨĩ	ʨĩ	ʨĩ
	茂林	kɛ̃	kɛ̃	ʨi	ʨĩ	ʨi	ʨiæ̃	ʨĩ
	太平	kẽ	kẽ	ʨĩ	ʨĩ	ʨĩ	ʨĩ	ʨĩ

4．通摄

明末宣城话的宣城型、广德型通摄一三等见组和来母已经合流，只有芜湖型还保持对立。现代宣城话几乎全都合流,如下表。

表 7—12:

代表点 \ 例字		一等			三等		
		通	公	聋	弓	凶	龙
明代	宣城型	tʰoŋ	koŋ	loŋ	koŋ	xioŋ	loŋ
	芜湖型	tʰoŋ	koŋ	loŋ	kioŋ	xioŋ	lioŋ
	广德型	tʰoŋ	koŋ	loŋ	koŋ	xioŋ	loŋ
清代	宣城型	tʰõ	kõ	lõ	kõ	xiõ	lõ
	芜湖型	tʰõ	kõ	lõ	kiõ	xiõ	liõ
	泾县型	tʰõ	kõ	lõ	kõ	xiõ	liõ
现代	裘公	tʰoŋ	koŋ	loŋ	koŋ	ɕyn	loŋ
	甘棠	tʰoŋ	koŋ	loŋ	koŋ	ɕyŋ	loŋ
	庄村	tʰəŋ	kuŋ	ləŋ	kuŋ	ɕʮn	ləŋ
	灌口	tʰoŋ	koŋ	loŋ	koŋ	ɕyŋ	loŋ
	年陡	tʰoŋ	koŋ	loŋ	koŋ	ɕyn	loŋ
	太平	tʰoŋ	koŋ	loŋ	koŋ	ɕyŋ	loŋ
	湖阳	tʰə̃	kə̃	lə̃	kə̃	ɕʮə̃	lə̃

5. 江宕摄

这部分字可分为四类:一是江宕摄合流,江阳合为细音,如明末芜湖型、清代三个点、今庄村和湖阳;一是江宕摄合流,江唐合为洪音,如今裘公等多数点;三是江宕摄合流,唐、江、阳各为一类,如明末宣城、广德等;四是唐韵为一类,江阳合流为一类,如明广德、今七都。其中,第三类见于古而不见于今,第二类见于今而不见于古。

表 7—13:

代表点 \ 例字		一等		二等	三等
		光	缸	江	姜
明代	宣城型	kuaŋ	kaŋ	kɪaŋ	kiaŋ
	芜湖型	kuɑŋ	kɑŋ	kiɑŋ	kiɑŋ
	广德型	kuaŋ	kaŋ	kɪaŋ	kiã

（续表）

清代	宣城型	kuã	kã	kiã	kiã
	芜湖型	kuã	kã	kiã	kiã
	泾县型	kã	kã	kiã	kiã
现代	裘公	kuã	kã	kã	tɕiã
	甘棠	kuɒ̃	kɒ̃	kɒ̃	tɕiɒ̃
	庄村	kuœ	kœ	tɕiœ	tɕiœ
	灌口	kuã	kã	kã	tɕiã
	年陡	kuã	kã	tɕiã	tɕiã
	太平	kuã	kã	kã	tɕiã
	湖阳	kuã	kã	tɕiã	tɕiã
	七都	kuan	kan	tɕiaŋ	tɕiaŋ

6. 臻、深、梗、曾摄

四摄韵尾从明末到现在，都只有一个，一般是[-n]。

表 7—14：

代表点	例字	臻摄		深摄		梗摄		曾摄	
		跟	巾	森	金	更	京	灯	冰
明末	宣城型	kən	kiən	sən	kiən	kən	kiən	tən	piən
	芜湖型	kən	kiən	sən	kiən	kən	kiən	tən	piən
	广德型	kən	kin	səm	kim	kəŋ	kiŋ	təŋ	piŋ
清代	宣城型	kən	kiən	sən	kiən	kən	kiən	tən	piən
	芜湖型	kən	kiən	sən	kiən	kən	kiən	tən	piən
	泾县型	kən	kiən	sən	kiən	kən	kiən	tən	piən
现代	裘公	kən	tɕin	sən	tɕin	kən	tɕin	tən	pin
	甘棠	kən	kin	sən	kin	kən	kin	tin	pin
	庄村	kəŋ	tɕin	səŋ	tɕin	kəŋ	tɕin	təŋ	pin
	灌口	kən	tɕin	sən	tɕin	kən	tɕin	tən	pin.
	年陡	kən	tɕin	sən	tɕin	kən	tɕin	tən	pin
	太平	kən	tɕin	sən	tɕin	kən	tɕin	tən	pin
	湖阳	kə̃	tɕĩ	sə̃	tɕĩ	kə̃	tɕĩ	tə̃	pĩ
	七都	kən	tɕin	sən	tɕin	kən	tɕin	tin	pin

梗摄合口字在明末宣城话里转到通摄，今裘公、湖阳、灌口、七都、太平话与之同类。而庄村话三类皆同，说明此前其梗、臻摄已经合流。下面是梗摄、臻摄合口、撮口字跟通摄一三等字的关系表。

表 7—15：

代表点＼例字		梗摄		通摄		臻摄	
		轰	兄	烘	凶	棍	军
明代	宣城型	xoŋ	xioŋ	xoŋ	xioŋ	kuən	kyən
	芜湖型	xuən	xyən	xoŋ	xioŋ	kuən	kyən
	广德型	kuəŋ	xioŋ	xoŋ	xioŋ	kuən	kyn
清代	宣城型	xuən	xyən	xõ	xiõ	kuən	kyən
	芜湖型	xuən	xyən	xõ	xiõ	kuən	kyən
	泾县型	xən	xiən	xõ	xiõ	kən	kiən
现代	裘公	xoŋ	ɕyn	xoŋ	ɕyŋ	kun	tɕyn
	甘棠		ɕyŋ	xoŋ	ɕyŋ	kun	kin
	庄村	xuŋ	ɕʮŋ	xuŋ	ɕʮn	kuŋ	tɕʮn
	灌口	xoŋ	ɕyn	xoŋ	ɕyn	kun	tɕyn
	年陡		ɕyn	xoŋ	ɕyn	kun	tɕyn
	太平	xoŋ	ɕyŋ	xoŋ	ɕyŋ	kun	tɕin
	湖阳	xə̃	ɕʮə̃	xə̃	ɕʮə̃	kuə̃	tɕʮə̃
	七都	xoŋ	ɕyŋ	xoŋ	ɕyŋ	kun	tɕyn

三、声调比较

表 7—16：

代表点＼声调		平			上			去			入		
		清	次浊	全浊	清	次浊	全浊	清	次浊	全浊	清	次浊	全浊
明代	宣城型	阴平	阳平		上声		去声				入声		
	芜湖型	阴平	阳平		上声		去声				入声		
	广德型	平			上			去			入		

（续表）

<table>
<tr><td rowspan="3">清代</td><td>宣城型</td><td rowspan="3">阴平</td><td rowspan="3" colspan="3">阳平</td><td rowspan="3" colspan="3">上声</td><td rowspan="3" colspan="4">去声</td><td rowspan="3" colspan="4">入声</td></tr>
<tr><td>芜湖型</td></tr>
<tr><td>泾县型</td></tr>
<tr><td rowspan="7">现代</td><td>裘公</td><td>阴平</td><td colspan="3">阳平</td><td colspan="3">上声</td><td colspan="4">去声</td><td colspan="4">入声</td></tr>
<tr><td>甘棠</td><td>阴平</td><td colspan="3">阳平</td><td>阴上</td><td colspan="4">阳上</td><td>阴去</td><td colspan="3">阳去</td><td colspan="2">阴上</td></tr>
<tr><td>庄村</td><td colspan="2">阴平</td><td colspan="2">阳平</td><td colspan="5">上声</td><td colspan="2">去声</td><td colspan="4">入声</td></tr>
<tr><td>灌口</td><td>阴平</td><td colspan="3">阳平</td><td colspan="2">上声</td><td colspan="5">去声</td><td colspan="4">入声</td></tr>
<tr><td>南陵</td><td>阴平</td><td colspan="2">次浊平</td><td>阳平</td><td colspan="2">阴上</td><td colspan="3">阳上</td><td colspan="2">去声</td><td colspan="3">入声</td><td>阳上</td></tr>
<tr><td>陵阳</td><td>阴平</td><td colspan="3">阳平</td><td>上声</td><td colspan="6">去声</td><td colspan="4">入声</td></tr>
<tr><td>七都</td><td>阴平</td><td colspan="3">阳平</td><td>上声</td><td colspan="3">次浊上</td><td colspan="3">去声</td><td colspan="2">入声</td><td colspan="2">次浊上</td></tr>
</table>

明清时期，本地区只发生过平分阴阳、浊上变去两个变化。但现代方言却比较丰富，除了裘公、陵阳、庄村话仍为阴阳上去入五声外，其余要么上、去或入分阴阳，要么入声消失。

第二节　徽州方音的古今比较

一、声母比较

1. 清塞音

表 7—17：

代 \ 表点 \ 例字		帮 碑	滂 胖	见 钢	见 间	溪 康	见 姜	端 当	透 土
明代	歙县型	pei	p^hɪoŋ	koŋ	kiɔ̃	k^hɔŋ	kiɔŋ	toŋ	t^hu
	黟县型	pɛ	p^hɪɛ̃	kɛ̃	kɔ̃	k^hɛ̃	kiɛ̃	tɛ̃	t^hu
	祁门型	pui	p^hɪoŋ	koŋ	kɪã	k^hoŋ	kioŋ	toŋ	t^hu

（续表）

清代	黟县型	pue	pʰoŋ	koŋ	kiɛ	kʰoŋ	kiŋ	toŋ	tʰu
	婺源型	pue	pʰoŋ	koŋ	kiɛ	kʰoŋ	kiŋ	toŋ	tʰu
	宁国型	pui	pʰoŋ	kɵŋ	ken	kʰɵŋ	kiɵŋ	tɵŋ	tʰu
现代	绩溪	pɪi	pʰõ	kõ	kɔ	kʰõ	tɕiõ	tõ	tʰu
	旌德	pi	pʰõ	ko	kæ				tʰu
	黄山	pɐ	pʰɔ	kɔ	kɑ		tɕiɑ		tʰu
	屯溪	pe	pʰau	kau	kɔ	kʰau	tɕiau	tau	tʰɛu
	黟县	pɛi	pʰɔŋ	kɔŋ	kœ̆	kʰɔŋ	tɕiŋ	toŋ	tʰu
	祁门	pi	pʰũɐ̆	kɔ̃	kɔ̃	kʰɔ̃	tɕiɔ̃	tɔ̃	tʰu

清塞音的主要变化是见组变成了舌尖前塞擦音，跟官话一样。但是二等没有变，这又跟官话不一样。

2. 浊塞音

浊塞音在明末没有大的变化，基本保持浊音。清代以后开始清化，清化以后，不分平仄，一般读送气清音，少数读不送气清音。

表 7—18：

代表点 \ 例字		並		定		群	
		办	盘	甜	唐	近	葵
明代	歙县型	bɪɛ̃	bɑ̃	diɐ̃	doŋ	giẽ	kʰuei
	黟县型	bɔ	bɔ	dɤ	dẽ	gian	kʰua
	祁门型	bɑ̃	bɑ̃	diɐ̃	dɑ̃	giẽ	kʰui
清代	黟县型	pʰõ	pʰuo	tʰɛ̃	tʰoŋ	tɕʰɛi	kʰue
	婺源型	pʰõ	pʰuo	tʰɛ̃	tʰoŋ	tɕʰɛi	kʰue
	宁国型	pʰɔn	pʰɔn	tʰen	tʰoŋ	tɕʰɛi	kʰue
现代	绩溪	pʰɔ	pʰɑ̃	tʰɛ̃i	tʰõ	tɕʰiɑ̃	kʰuei
	旌德	pʰæʔ	pʰe	tʰi	tʰõ	tɕʰiŋʔ	kʰuɪ
	黄山	pʰɑ	pʰɐ	tʰiᴇ̃	tɔ	tɕʰie	kʰuɐ
	屯溪	pʰuɐ̆	pʰuɐ̆	tiɐ̆	tau	tɕʰin	kʰue
	黟县	pʰœ̆ʔ	pʰɔɐ̆	tiɐ	tʰɔŋ	ʧʰɛi	ʧʰyɛi
	祁门	pʰũɐ̆	pʰuɐ̆	tiɐ̃	tʰɔ̃	tɕʰiæn	tɕʰy

3. 清擦音、塞擦音

各地的清擦音、塞擦音都合并成了一组。它们在洪音前一般读[ʦ]等,在细音前一般读[ʨ]等,出现的环境互补。中古知章庄精各组的分合,在明清时期有各种类型,现代方音一般表现为知章组为一类,精庄为一类。可能现代方音的调查还有待深入。

表 7—19:

代表点＼例字		知组		章组		庄组		精组	
		超	抽	招	烧	斩	衫	嫂	焦
明代	歙县型	tɕʰiɔ	tɕʰəu	tʃiɔ	ʃiɔ	ʧiɔ̃	ʃiɔ̃	sɔ	tsiɔ
	黟县型	ʧʰiæ	ʧʰɵ	ʧiæ	ʃiæ	ʧɔ̃	ʃɔ̃	sæ	tsiæ
	祁门型	ʧʰiɔ	ʧʰəu	ʧiɔ	ʃiɔ	ʧɪɛm	ʃɪɛm	sɔ	tsiɔ
清代	黟县型	tsʰia	tsʰɯ	ʨia	ɕia	tsõ	sõ	sa	tsia
	婺源型	tsʰia	tsʰɯ	ʨia	ɕia	tsõ	sõ	sa	tsia
	宁国型	ʧʰiəu	ʧʰie	ʧiəu	ʃiəu	ʧɔn	ʃɔn	səu	tsiəu
现代	绩溪	tɕʰie	tsʰɪi	ʨie	ɕie	tsɔ	sɔ	sə	ʨie
	旌德	tɕʰiɔ	tɕʰiu	ʨiɔ	ɕiɔ	tsæ	sæ	sɔ	ʨi
	黄山	tɕʰiɑ	tɕʰiɷ	ʨiɑ	ɕiɑ	tɬɑ	ɬɑ	ɬɔ	tɬiɑ
	屯溪	tɕʰio	tɕʰiu	ʨiu	ɕiu	tsɔ	sɔ	sə	tsiu
	黟县	ʧʰiu	ʧʰɐɯ	ʧiu	ʃiu	tsœ̆	ʃœ̆	ʃœ̆	ʧiu
	祁门	tʂʰɯɐ̆	tʂʰe	tʂɯɐ̆	ɕiɯɐ̆	tsɔ̃	ɕiɔ̃	sɔ	tsia

4. 浊擦音、塞擦音

浊塞擦音在绩溪、旌德全部变送气清音,在其他地区则多数变送气清音,部分变不送气清音,没有规律可寻。古浊塞擦音崇母、船母有变成擦音的,古浊擦音邪母有很多变成送气塞擦音。

表 7—20:

代表点＼例字		澄	崇	船		禅	从	邪
		传	柴	船	顺	涉	在	像
明代	歙县型	ʤiɑ̃	ʤiɑ	ʤiɑ̃	ʤyẽ	ʒiɐʔ	ʤiɑ	zioŋ
	黟县型	ʤyɛ̃	ʤia	ʤyɛ̃	ʤyan	ʒiɔ	ʤia	ziɛ̃
	祁门型	ʤyɔ	ʤia	ʤyɔ	ʤyẽ	ʒiɐʔ	ʤia	ziã

（续表）

清代	黟县型	tɕ^{h}yɛ	ts^{h}a	tɕ^{h}yɛ	ɕyɛi	siɛʔ	ts^{h}ɔ	ɕiŋ
	婺源型	tɕ^{h}yɛ	ts^{h}a	tɕ^{h}yɛ	ɕyɛi	siɛʔ	ts^{h}ɔ	ɕiŋ
	宁国型	tɕ^{h}yen	ts^{h}ɔ	tɕ^{h}yen	ɕyn	sieʔ	ts^{h}ɔ	ɕioŋ
现代	绩溪	tɕ^{h}yẽi	ɕiɔ	tɕ^{h}yẽi	ɕyɑ̃	ɕiæʔ	tɕ^{h}æ	tɕ^{h}iõ
	旌德	tɕ^{h}yɪ	sa	tɕ^{h}yɪ	ɕyŋ	ɕi	tɕ^{h}a	tɕ^{h}iæ
	黄山	tɕ^{h}yᴇ	ɬæ	tɕ^{h}yᴇ	ɕye	ɕi ᴇ̆	tɬ^{h}ɐ	tɬɔ
	屯溪	yɐ̆	sa	tɕ^{h}yɐ̆	ɕyn	ɕia	tɕ^{h}ə	ts^{h}iau
	黟县	ʧ^{h}uɐ̆	ʃɑ	ʃuɐ̆	suʔ	ʃiɐ̆	ʧuɐɯ	ʧ^{h}iŋ
	祁门	tɕ^{h}ỹɐ̆	tɕ^{h}ia	ɕ^{h}ỹɐ̆	ɕyæn	ʃiɐ̆	tɕ^{h}a	ts^{h}iã

5. 响音

次浊音声母中，明母、来母是最稳定的。泥母在洪音前有读成来母的。日母、疑母在细音前有读成泥母的。日母其余部分变成零声母。

表 7—21：

代表点＼例字		明	日		泥		来		疑	
		毛	人	瓤	脑	年	老	料	眼	原
明代	歙县型	mɔ	ʑiẽ	ʑioŋ	nɔ	niɑ̃	lɔ	liɔ	ŋiɔ̃	ŋiɑ̃
	黟县型	mæ	ʑan	ʑiɛ̃	læ/næ	niɛ̃	læ	liæ	ŋɔ	ŋyɛ̃
	祁门型	mɔ	ʑiẽ	ʑiã	nɔ	niɔ	lɔ	liɔ	ŋã	ŋyɔ
清代	黟县型	mɛu	ɛi	ʑiŋ	nɛu	niɛ	lɛu	lau	ŋõ	ŋyɛ
	婺源型	mɛu	ɛi	ʑiŋ	nɛu	niɛ	lɛu	lau	ŋõ	ŋyɛ
	宁国型	məu	ʑin	ʑioŋ	nəu	nien	ləu	liəu	ŋɔn	ŋyen
现代	绩溪	mə	niɑ̃/iɑ̃	iõ	lə	niɪ̆	lə	lie	ŋɔ	yẽi
	旌德	mɔ	ȵiŋ	iæ	lɔ	ȵi	lɔ	liɔʔ	ŋæ	vɪ/yɪ
	黄山	mɔ	ne/ie	niɔ	nɔ	niᴇ̆	lɔ	liɑ	ŋɑ	nyᴇ̆
	屯溪	mə	ian	iau	lə	ȵiɐ̆	lə	liu	ŋɔ	ȵyɐ̆
	黟县	məɐ̆	ȵiɛi/əɐ̆	ȵiŋ	nəɐ̆	niɐ̆	ləɐ̆	liuʔ	ŋɔɐ̆	ȵyɐ̆ʔ
	祁门	mɔ	iæn	ȵiɔ̃	lɔ	ȵɪɐ̆	lɔ	lia	ŋɔ̃	ȵỹɐ̆

二、韵母比较

6. 果摄

开合：从明、清到现在，徽州方音的果摄一等字都以不分开合为主。

表 7—22:

代表点 \ 例字		戈			歌		
		锅	科	和	哥	可	河
明代	歙县型	ko	kʰo	ɣo	ko	kʰo	ɣo
	黟县型	kuo	kʰuo	ɣuo	ko	kʰo	ɣo
	祁门型	kuo	kʰuo	ɣuo	ko	kʰo	ɣo
	婺源型	ko	kʰo	ɣo	ko	kʰo	ɣo
清代	黟县型	ko	kʰo	xo	ko	kʰo	xo
	婺源型	ko	kʰo	xo	ko	kʰo	xo
	宁国型	kuɵ	kʰuɵ	xuɵ	kɵ	kʰɵ	xɵ
现代	绩溪	kɵ	kʰɵ	xɵ	kɵ	kʰɵ	xɵ
	旌德	kɷ	kʰɷ	xɷ	kɷ	kʰɷ	xɷ
	黄山	kɷ	kʰɷ	xɷ	kɷ	kʰɷ	xɷ
	屯溪	ko	kʰo	xo	ko	kʰo	xo
	黟县	kɑu	kʰɑu	xɑu	kɑu	kʰɑu	xɑu
	祁门	kuːə	kʰuːə	xuːə	kɔ	kʰɔ	xuːə

表 7—23:果摄与假、遇摄的关系表

代表点 \ 例字		果摄		假摄		遇摄	
		锅	歌	家	瓜	古	苦
明代	歙县型	ko	ko	kɐ	kɐ	ku	kʰu
	黟县型	kuo	ko	kiɑ	kɑ	ku	kʰu
	祁门型	kuo	ko	kɛ	kuɛ	ku	kʰu
	婺源型	ko	ko	ka	ka	ku	kʰu
清代	黟县型	ko	ko	ko	ko	ku	kʰu
	婺源型	ko	ko	ko	ko	ku	kʰu
	宁国型	kɵ	kɵ	kio	ko	ku	kʰu
现代	绩溪	kɵ	kɵ	ko	ko	ku	kʰu
	旌德	kɷ	kɷ	kɔ	kuɔ	ku	kʰu
	黄山	kɷ	kɷ	kuɐ̆	kuɐ̆	ku	kʰu
	屯溪	ko	ko	kɔ	kuɐ̆	ku	kʰu
	黟县	kɑu	kɑu	kɔɐ̆	kuɐ̆	ku	kʰu
	祁门	kuːə	kuːə	kuɐ̆	kuɐ̆	ku	kʰu

现代徽州话部分地区果摄牙喉音字跟唇舌齿音字不同韵母。

表7—24:

	牙喉音		唇舌齿音				
	锅	歌	婆	朵	锣	坐	
绩溪	kɵ	kɵ	pʰɵ	tɵ	lɵ	tsʰɵ	同
黄山	kω	kω	pʰω	tω	lω	tɬʰω	
屯溪	ko	ko	pʰo	to	lo	tsʰo	
黟县	kɑu	kɑu	pʰɑu	tɑu	lɑu	ʧʰɑu	
祁门	kɔ	kɔ	pʰɔ	tɔ	luɐ̆	tsɯɐ̆	不同
旌德	kω	kω	pʰu	tu	lu	tsʰu	

7. 遇摄

表7—25:与止摄、蟹摄的关系表

代表点＼例字		遇摄		止摄			蟹摄	
		古	居	水	字	李	鸡	税
明代	歙县型	ku	kiu	ʃuei	dzɿ	li	ki	ʃuei
	黟县型	ku	kiu	ʃɛ	dzɿ	liɛ	kiɛ	ʃɛ
	祁门型	ku	kiu	ʃui	dzɿ	li	ki	ʃui
	婺源型	ku	kiu	ʃui	dzɿ	li	ki	ʃui
清代	黟县型	ku	kyei	ʃyei	tsʰɿ	lei	ʨi	ʃyei
	婺源型	ku	kyei	ʃyei	tsʰɿ	lei	ʨi	ʃyei
	宁国型	ku	ky	sui	tsʰɿ	li	ʨi	ʃe
现代	绩溪	ku	ʨy	ɕy	tsʰɿ	nɿ	tsɿ	ɕy
	旌德	ku	tsɥ	suɪ	tsʰɿʔ	li	tsɿ	suɪ
	黄山	ku	ʨy	ɕy	tɬʰʅ	li	ʨi	ɬy
	屯溪	ku	ʨy	ɕy	tsʰɿ	li	ʨie	se
	黟县	ku	ʨyɛi	su	tsʰɿʔ	lɛi	ʧɛɐ̆	ʃuɐɯ
	祁门	ku	ʨy	ɕy	tsʰɿ	li	ʨiɐ̆	ɕyɐ̆

8. 山咸摄

山摄与咸摄一等字的区别只有在屯溪还留有残迹，这跟明末歙县型一致。一二等的区别在旌德还完整保持，跟明末婺源型一致。

表 7—26：

代表点 \ 例字		一等			二等				三四等		
		肝	官	敢	山	间	关	衔	建	犬	歉
明代	歙县型	kã	kuã	kɐ̃	ʃɔ̃	kɔ̃	kuɔ̃	hɔ̃	kiɛ̃	kʰyɛ̃	kʰiɐ̃
	黟县型	kɔ̃	kuɔ̃	kɔ̃	ʃɔ̃	kɔ̃	kuɔ̃	hɔ̃	kiɔ̃	kʰyɔ̃	kʰʏ
	祁门型	kã	kɔ̃	kɐm	ʃã	kɪã	kuã	hɪɛm	kiɛ̃	kʰyɛ̃	kʰiɛm
	婺源型	kɑ̃	kɑ̃	kɑ̃	kɪɑ̃	kɪɑ	kɪɑ	kɪɑm	kiɛ̃	kʰyɛ̃	kʰiɛm
清代	黟县型	kuo	kuo	kõ	ʃõ	kõ	kõ	xiɛ̃	kiɛ̃	kʰyɛ̃	kʰiɛ̃
	婺源型	kuo	kuo	kõ	ʃõ	kõ	kõ	xiɛ̃	kiɛ̃	kʰyɛ̃	kʰiɛ̃
	宁国型	kɔn	kuɔn	kɔn	ʃɔn	kɔn	kuɔn	kɔn	kien	kʰyen	kʰien
现代	绩溪	kɔ	kuɔ	kɔ	sɔ	kɔ	kuɔ	xɔ	tɕiɪ̆	tɕʰyiɛ̃	tɕʰiɪ̆
	旌德	ke	kue	ke	sæ	kæ	kuæ	xæ	tɕi	tɕʰyɪ	tɕʰi
	黄山	kɑ	kuɑ	kɑ	ɬɑ	kɑ	kuɑ	xɑ	tɕiᴇ̆	tɕʰyᴇ̆	tɕʰiᴇ̆
	屯溪	kuɐ̆	kuɐ̆	kɛ	sɔ	kɔ	kuɐ̆	xuɐ̆	tɕiɐ̆	tɕʰyɐ̆	tɕʰiɐ̆
	黟县	kuɐ̆	kuɐ̆	kuɑŋ	sɔ̆	kɔɐ̆	kuɐ̆	xɔɐ̆	ʧiɐ̆	ʧʰyɐ̆	ʧʰiɐ̆
	祁门	kɔ̃	kũɐ̆	kɔ̃	ɕiɔ̃	kɔ̃	kũɐ̆	xɔ̃	tɕĩɐ̆	tɕʰỹɐ̆	tɕʰĩɐ̆

9. 通摄

通摄一等跟三等的关系上，明清时期三等牙喉音字“弓”等没有跟一等合流。今绩溪、祁门依然如此，屯溪“龙”也是残迹。

表 7—27：

代表点 \ 例字		一等			三等		
		通	公	笼	弓	凶	龙
明代	歙县型	tʰəŋ	kəŋ	ləŋ	kiəŋ	xiəŋ	liəŋ
	黟县型	tʰuaŋ	kuaŋ	luaŋ	kyaŋ	xyaŋ	lyaŋ
	祁门型	tʰəŋ	kəŋ	ləŋ	kiəŋ	xiəŋ	liəŋ
	婺源型	tʰəŋ	kəŋ	ləŋ	kiəŋ	xiəŋ	liəŋ
清代	黟县型	tʰəŋ	kəŋ	ləŋ	kiəŋ	xiəŋ	ləŋ
	婺源型	tʰəŋ	kəŋ	ləŋ	kiəŋ	xiəŋ	ləŋ
	宁国型	tʰuɑŋ	kuɑŋ	luɑŋ	kyɑŋ	xyɑŋ	lyɑŋ

（续表）

现代	绩溪	tʰã	kuã	nã	kuã	ɕyn	nã
	旌德	tʰəŋ	kuəŋ		kuəŋ		ləŋ
	黄山	tʰəŋ	kəŋ		kəŋ		ləŋ
	屯溪	tʰan	kan	lan	kan	xan	lin
	黟县	tʰɑŋ	kəŋ	lɑŋ	ʧɑŋ	sɑŋ	lɑŋ
	祁门	tʰɐŋ	kɐŋ	nəŋ	tɕiɐŋ	ɕiɤŋ	nɐŋ

10．江宕摄

二等一般归一等。旌德、黟县、祁门一二等都不跟三等同韵。

表 7—28：

代表点 \ 例字		一等		二等	三等
		光	钢	讲	良
明代	歙县型	kuoŋ	koŋ	kioŋ	lioŋ
	黟县型	kuɛ̃	kɛ̃	kɛ̃	luɛ̃
	祁门型	kuã	kã	kiã	liã
	婺源型	kuõ	kõ	kõ	liõ
清代	黟县型	kuoŋ	koŋ	koŋ	liŋ
	婺源型	kuoŋ	koŋ	koŋ	lioŋ
	宁国型	kuoŋ	koŋ	kioŋ	lioŋ
现代	绩溪	kõ	kõ	kõ	niõ
	旌德	ko	ko	ko	liæ
	黄山	kɔ	kɔ	kɔ	liɔ
	屯溪	kau	kau	kau	liau
	黟县	kəŋ	kəŋ	kəŋ	liŋ
	祁门	kũɐ	kɔ̃	kɔ̃	liã

11．臻、深、梗、曾摄

古今徽州话这四摄完全同韵的都是少数，只有明末婺源型和现代祁门方音是这样。现代多数方言点都是臻深同韵，梗曾同韵。明清徽州方音的类型更丰富些。这也许是我们对现代方音的发掘还不够全面所致。

表 7—29：

代表点＼例字		臻摄		深摄		梗摄		曾摄	
		根	斤	深	金	耕	轻	等	冰
明末	歙县型	kẽ	kiẽ	ʃiẽ	kiẽ	kaŋ	kʰiaŋ	taŋ	piaŋ
	黟县型	kan	kian	ʃian	kian	kaŋ	kʰiaŋ	taŋ	piaŋ
	祁门型	kẽ	kiẽ	ʃiẽ	kiẽ	kaŋ	kʰiaŋ	taŋ	piaŋ
	婺源型	kɔ̃	kiɔ̃	ʃiɔ̃	kiɔ̃	kɔ̃	kʰiɔ̃	tɔ̃	piɔ̃
清代	黟县型	kəŋ	kɛi	ɕɛi	tɕɛi	kã	tɕʰiã	tã	piã
	婺源型	kən	tɕiən	ɕiən	tɕiən	kən	tɕʰiən	tən	piən
	宁国型	kan	kin	ʃeŋ	kieŋ	keŋ	kʰieŋ	teŋ	pieŋ
现代	绩溪	kɑ̃	tɕiɑ̃	ɕiɑ̃	tɕiɑ̃	kɛ̃i	tɕʰiɑ̃	tɑ̃/tiɑ̃	piɑ̃
	旌德	ke	tɕiŋ	ɕiŋ	tɕiŋ	ke	tɕʰiŋ	təŋ	piŋ
	黄山	kiɐ	tɕie	ɕie	tɕie	kiɐ	tɕʰie	tɐ	pe
	屯溪	kuɛ	tɕin	ɕian	tɕin	kɛ/tɕiɛ	tɕʰiɛ	tɛ	pɛ
	黟县	kuɑŋ	ʧɛi	sɿ	ʧɛi	kɑ	ʧʰɛɐ̆	tɛɐ̆	pɛɐ̆
	祁门	kuæ	tɕiæn	ɕæn	tɕiæn	kã	tɕʰĩɐ̆	tæ	pæ
	婺源	kuɐin	kiɐin	sɐin	kiɐin	kɔ̃	tɕʰiɔ̃	tɔ̃	pɔ̃

臻摄合口字跟通摄合流的，清代只出现在黟县型方音里。现代旌德、绩溪方音也是这样。梗摄一二等合口字有跟通摄合流的，明清时期和今方言略有错综。

表 7—30：

代表点＼例字		梗摄		通摄		臻摄	
		宏	兄	公	凶	滚	均
明代	歙县型	ɣuaŋ	xiəŋ	kəŋ	xiəŋ	kuẽ	kiẽ
	黟县型	ɣuaŋ	xyaŋ	kuaŋ	xyaŋ	kuan	kyan
	祁门型	ɣuaŋ	xiaŋ	kəŋ	xiəŋ	kuẽ	kyẽ
	婺源型	xuɔ̃	xyɔ̃	kəŋ	xiəŋ	kuɔ̃	kiɔ̃
清代	黟县型	xuã	xiəŋ	kəŋ	xiəŋ	kəŋ	kyɛi
	婺源型	xuən	xiəŋ	kəŋ	xiəŋ	kuɛi	kyɛi
	宁国型	xueŋ	xyɑŋ	kuɑŋ	xyɑŋ	kuɑn	kyn

（续表）

现代	绩溪	fɛ̃i	ɕyɛ̃i	kuɑ̃	ɕyn	kuɑ̃	tɕyɑ̃
	旌德	xuəŋ	ɕyn	kuəŋ		kuəŋ	tɕyŋ
	黄山	xəŋ	ɕiəŋ	kəŋ		kuɐ	tɕye
	屯溪	xan	ɕye	kan	xan	kua	tɕyn
	黟县	xəŋ	ʃyɛ̆	kəŋ	saŋ	ʧuɑŋ	ʧyeɪ
	祁门	xũɐ̆	ɕyæŋ	kɐŋ	ɕiɣ̃ŋ	kuæ	tɕyæn
	婺源	xɔ̃	ɕiɔ̃	kɔm	ɕiɔm	kuɐin	kuɐin

三、声调比较

平、去分阴阳，浊上声不变去声，保留入声等，是古今徽州方音一致的地方。上声分阴阳、入声跟阳去合流只出现在清代婺源型、黟县型和现代婺源型里。现代半数方音入声分阴阳，明清方音未见。

表 7—31：

代表点＼声调		平			上			去			入		
		清	次浊	浊	清	次浊	浊	清	次浊	浊	清	次浊	浊
明代	歙县型	平			上			去			入		
	黟县型	阴平	阳平		上		去				入		
	祁门型	阴平	阳平		上		去				入		
	婺源型	阴平	阳平		上		去				入		
清代	黟县型	阴平	阳平		阴上	阳入	阴去			阳去			
	婺源型	阴平	阳平		阴上	阳入	阴去			阳入			
	宁国型	阴平	阳平		上声			阴去	阳去		入声		
现代	绩溪	阴平	阳平		上			阴去	阳去		入		
	旌德	阴平	阳平		上						入		
	屯溪	阴平	阴去		阴上	阳上		阴去	阳去		入		
	黄山	阴平	阳平		上			阴去	阳去		入		
	黟县	阴平	阳平		上			阴去	阳去		阴入	阴平	
	祁门	阴平	阳平		上			阴去	阳去		阴入	阳去	
	歙县	阴平	阳平		上			阴去	阳去		阴入	阳去	
	休宁	阴平	去		阴上	阳上		去	阴平		阴入	阳入	
	婺源	阴平	阳平		阴上	阳上		阴去	阳去				

参考文献

一、著作

安徽文化史编委员会 2000《安徽文化史》，南京大学出版社。

北大中文系 1989《汉语方音字汇》，文字改革出版社。

陈欣仪 2001《〈切韵枢纽〉研究》，台北，国立政治大学硕士论文。

岑麒祥 1992《国外语言学论文选译》，语文出版社。

陈章太、李如龙 1991《闽语研究》，语文出版社。

丁邦新 1998《丁邦新语言学论文集》，商务印书馆。

丁　锋 1995《琉汉对音与明代官话研究》，中国社会科学出版社。

冯雪珍 1988《休宁方言纪要》，江苏省语言学会主编《语言研究集刊》第二辑第 364—411 页，江苏教育出版社。

冯　蒸 1997《汉语音韵学论文集》，首都师范大学出版社。

葛剑雄 曹树基 吴松弟 1993《简明中国移民史》，福建人民出版社。

耿振生 1992《明清等韵学通论》，语文出版社。

　　2001《音韵通讲》，河北教育出版社。

　　2004《20 世纪汉语音韵学方法论》，北京大学出版社。

顾　黔 2001《通泰方言音韵研究》，南京大学出版社。

郭　力 2002《古汉语研究论稿》，北京语言大学出版社。

郭锡良 1986《汉字古音手册》，北京大学出版社。

何耿镛 1984《汉语方音研究小史》，山西人民出版社。

何九盈 1988《古汉语音韵学述要》，浙江古籍出版社。

2000《中国古代语言学史》,广东教育出版社。

2002《音韵丛稿》,商务印书馆。

2006《语言丛稿》,商务印书馆。

侯精一 2002《现代汉语方言概论》,上海教育出版社。

蒋冰冰 2003《吴语宣州片方言音韵研究》,华东师范大学出版社。

蒋绍愚 1994《近代汉语研究概况》,北京大学出版社。

蒋冀骋、吴福祥 1997《近代汉语纲要》,湖南教育出版社。

李新魁 1983《汉语等韵学》,中华书局。

1993《李新魁自选集》,河南教育出版社。

1983《中原音韵音系研究》,中州书画社。

林语堂 1994《语言学论丛》,《林语堂名著全集》(十九),东北师范大学出版社。

刘尚恒《安徽方志考略》,吉林省地方志编纂委员会、吉林省图书馆学会印刷,内部发行。

刘淑学 2000《中古入声字在河北方言中的读音研究》,河北大学出版社。

刘晓南 1999《宋代闽音考》,岳麓书社。

刘勋宁 1998《现代汉语研究》,北京语言文化大学出版社。

鲁国尧 1999《鲁国尧自选集》,大象出版社 1994 年 。

2004《鲁国尧语言学论文集》,江苏教育出版社。

陆志韦 1988《陆志韦近代汉语音韵论集》,商务印书馆。

罗常培 1989《语言与文化》,语文出版社。

1999《临川音系》,见《罗常培文集》第一集,山东教育出版社。

1961《唐五代西北方音》,科学出版社。

罗杰瑞 1995《汉语概说》,张惠英译,语文出版社。

马国凡、邢向东、马淑骏 1997《内蒙古汉语方言志》,内蒙古教育出版社。

孟庆惠 1997《安徽省志·方言志》,方志出版社。

2000《安徽文化史》,南京大学出版社。

麦　耘 1995《音韵与方言研究》,广东人民出版社。

民勤县志编纂委员会 1994《民勤县志》,兰州大学出版社。

宁继福 2003《洪武正韵研究》,上海辞书出版社。

1985《中原音韵表稿》,吉林文史出版社。

宁忌浮 1992《校订〈五音集韵〉》,中华书局。

1997《〈古今韵会举要〉及其相关韵书》,中华书局。

裴银汉 2002《明代韵书异读字研究》,北京大学博士论文。

桥本万太郎 1985《方言地理类型学》,余志鸿译,北京大学出版社。

平田昌司 1998《徽州方言研究》,(日本)好文出版社。

邵荣芬 1981《中原雅音研究》,山东人民出版社。

1997《邵荣芬音韵学论集》,首都师范大学出版社。

史　州 2002《安徽史志综述》,安徽教育出版社。

宋蜀华 1991《百越》,吉林教育出版社。

唐作藩 2001《汉语史学习与研究》,商务印书馆。

王福堂 1999《汉语方言语音的演变和层次》,语文出版社。

王洪君 1999《汉语非线性音系学》,北京大学出版社。

王建喜 2003《明代中原官话韵母演变研究》,北京大学博士论文。

王　力 1950《中国语文讲话》,开明书店。

1980《汉语史稿》,中华书局。

1985《汉语语音史》,中国社会科学出版社。

王士元 2002《王士元语言学论文集》,商务印书馆。

魏建功 1996《古音系研究》,中华书局。

伍巍 1994《论徽州方音》,暨南大学博士学位论文。

谢纪锋 1992《音韵学概要》,广西师范大学出版社。

徐通锵 1996《历史语言学》,商务印书馆。

薛凤生 1981《中原音韵音位系统》,北京语言学院出版社。

1999《汉语音韵史十讲》,华语教学出版社。

杨耐思 1981《中原音韵音系》,中国社会科学出版社。

1997《近代汉语音论》,商务印书馆。

姚邦藻 2000《徽州学概论》,中国社会科学出版社。

叶宝奎 2001《明清官话音系》,厦门大学出版社。

俞 敏 1989《俞敏语言学论文集》,黑龙江人民出版社。

1992《俞敏语言学论文二集》,北京师范大学出版社。

1999《俞敏语言学论文集》,商务印书馆。

袁家骅 1989《汉语方言概要》,文字改革出版社。

张 涛 2002《李登〈书文音义便考私编〉音系研究》,北京大学硕士学位论文。

张民权 2005《宋代古音学与吴棫〈诗补音〉研究》,商务印书馆。

詹伯慧 2001《汉语方言及方言调查》,湖北教育出版社。

赵荫棠 1936《中原音韵研究》,商务印书馆。

1957《等韵源流》,商务印书馆。

曾运乾 1996《音韵学讲义》,中华书局。

章炳麟 2003《訄书》,中国文史出版社。

周振鹤、游汝杰 1986《方言与中国文化》,上海人民出版社。

周祖谟 1966《问学集》,中华书局。

2000《文字音韵训诂论集》,北京大学出版社。

竺家宁 1994《近代音论集》,台北,台湾学生书局。

Matthew Y. Chen(2001):Tone Sandhi:Patterns across Chinese Dialects 汉语方言连读变调的模式,外语教学与研究出版社 Cambridge University Press 剑桥大学出版社。

R. L. Trask(2000): Historical Linguistics 历史语言学,外语教学与研究出版社,Edward Arnold(Publishers) Limited 爱德华·阿诺德出版社。

二、论文

鲍明炜 1993《江淮官话的特点》,《南京大学学报》第四期。

1986《南京方言历史演变初探》,《语言研究集刊》第一辑,江苏教育出版社。

鲍明炜、颜常景 1985《苏北江淮话与北方话的交界》,《方言》第二期。

鲍士杰 1984《浙江西北部的吴语边界》,《方言》第一期。

蔡勇飞 1984《吴语的边界和南北分区》,《方言》第一期。

曹剑芬 1981《常阴沙话的古全浊声母发音特点》,《中国语文》第四期。

方 进 1966《芜湖县方村话记音》,《中国语文》第二期。

方环海 1998《〈古今中外声韵通例〉与十九世纪江淮官话音系》,《徐州师范大学学报》第三期。

冯 蒸 1987《北宋邵雍方言次浊上声归类现象试释》,《北京师范学院学报》第一期。

1994《〈尔雅音图〉音注所反映的宋代知庄章三组声母演变》,《汉字文化》第三期。

傅国通等 1986《吴语的分区》,《方言》第一期。

高永安 1997《〈韵法横图〉音系研究》,北京师范大学硕士学位论文。

2003《〈字汇〉音切的来源》,《南阳师范学院学报》第一期。

2004a《〈元声韵学大成〉与明末广德方音》,全国博士生论坛(上海)论文集。

2004b《〈山门新语〉与清末宁国徽语》,《语言学论丛》第 29 辑,商务印书馆。

2006a《从中古山咸摄在〈音韵正讹〉中的演变看声调对韵母的影响》,(日本)《中国语学研究·开篇》第25辑。

2006b《明清宣城话声调构拟》,中国音韵学研究会,汕头大学文学院编《音韵论集》,中华书局。

古屋昭弘 1992《〈正字通〉和十七世纪的赣方音》,《中国语文》第五期。

1995《〈正字通〉版本及作者考》,《中国语文》第四期。

1998《〈字汇〉与明代吴方音》,《语言学论丛》第20辑,商务印书馆。

郭 力 1998《近代汉语后期几个字的声母演变》,载《语苑撷英》,北京语言文化大学出版社。

胡松柏、钱文俊 2004《反映19世纪中叶徽语婺源方音的韵书〈乡音字义〉〈乡音字汇〉》,载《音韵论丛》第571—579页,齐鲁书社。

花登正宏 1986《〈礼部韵略七音三十六母通考〉韵母考》,《音韵学研究》第2辑,中华书局。

黄典诚 1994《试论〈辨四声轻清重浊法〉与等韵的关系》,《音韵学研究》第三辑,中华书局。

江巧珍、朱承平 2003《徽语区方言的特点与成因初探》,《黄山学院学报》第四期,第46—53页。

蒋冰冰 2000《宣州片吴语古全浊声母的演变》,《方言》第三期。

蒋冀骋 1997《舌尖元音产生于晚唐五代说质疑》,《中国语文》第五期。

金薰镐 1998《西洋传教士的汉语拼音所反映的明代官话音系》,《古汉语研究》第一期。

金有景 1998《汉语史上[ï]音的产生年代》,《徐州师范大学学报》第三期。

黎新第 1995a《近代南方系官话方言的提出及其在宋元时期的语音特

点》,《重庆师范学院学报》第一期。

1995b《近代汉语共同语语音的构成、演进与量化分析》,《语言研究》第二期。

1995c《明清时期的南方系官话方言及其语音特点》,《重庆师范学院学报》第四期。

李　荣 1985《官话方言的分区》,《方言》第一期。

1996《我国东南各省方言梗摄字的元音》,《方言》第一期。

李昱颖 2002《〈音声纪元〉所反映的时音系统》,中国音韵学研究会第十二届学术讨论会暨汉语音韵学第七届国际学术研讨会论文。

刘晓南 2001《朱熹与闽方言》,《方言》第一期。

2002《〈诗集传〉支思部独立献疑》,《纪念王力先生百年诞辰学术论文集》,商务印书馆。

罗常培 1934《徽州方言的几个要点》,《国语周刊》第152期。

1934《中国方音研究小史》,《东方杂志》31:7。

孟庆惠 1981《黄山话的 tɬ、tɬʰ、ɬ 及探源》,《中国语文》第一期。

1988a《皖南铜太方言与吴语的关系》,《吴语论丛》,复旦大学。

1988b《歙县方言中的历时特征》,《语言研究》第一期。

平山久雄 1984《江淮方言祖调值构拟和北方方言祖调值初探》,《语言研究》第一期。

平田昌司 1982《休宁音系简介》,《方言》第四期。

宁继福 2005《读明末安徽方音韵书〈音韵正讹〉》,《安徽师范大学学报》第6期。

钱文俊 1985《婺源方言中的闭口韵尾》,《上饶师专学报》第四期。

桥本万太郎 1991《古代汉语声调调值构拟的尝试及其涵义》,《语言学论丛》第16期,商务印书馆。

邵荣芬 1998《〈韵法横图〉与明末南京方音》,《汉字文化》第三期。

2002《释〈韵法直图〉》,《纪念王力先生百年诞辰学术论文集》,商务印书馆。

沈 同 1989《祁门方言的语音特点》,《方言》第一期。

石 锋 1982《苏州话浊塞音的声学特征》,《语言研究》第一期。

王恩保 2004《略论〈音韵正讹〉的语音和词汇》,《语言与文化论丛》,华语教学出版社。

王福堂 2004《徽州方言的性质和归属》,《中国语文研究》第一期。

王 勉 1994《从〈通考〉看等的消失》,《音韵学研究》第三辑,中华书局。

王洪君 1982《文白异读与叠置式音变》,《语言学论丛》第 17 期。

2006《层次与演变——苏州话文白异读析层拟测三例》,《语言暨语言学》第 7 卷第 1 号。

王太庆 1983《铜陵方言记略》,《方言》第二期。

伍 巍 1988《徽州方言和现代吴语成分》,《吴语论丛》。

许宝华、潘悟云 1994《释二等》,《音韵学研究》第三辑,中华书局。

颜 森 1986《江西方言的分区(稿)》,《方言》第一期。

颜逸明 1983《高淳方言调查报告》,《语文论丛》第二辑。

1984《江苏境内吴语的北界》,《方言》第一期。

叶祥苓 1984《苏浙皖三省交界处的方言》,《方言》第四期。

张 琨 1983《汉语方言中鼻音韵尾的消失》,《史语所集刊》第 54 本第一分。

1982《汉语方言中声母、韵母之间的关系》,同上第 53 本第一分。

1985《切韵的前 *a 和后 *ɑ 在现代方言中的演变》,同上第 56 本。

1986《谈徽州方言的语音现象》,同上第 57 本。

1992《切韵止摄、遇摄字在现代粤语方言中的演变》,同上第 61 本第四分。

张盛裕 1983《太平(仙源)方言的声韵调》,《方言》第 1 期。

张卫东 1998《试论近代南方官话的形成及其地位》,《深圳大学学报》第三期。

赵克刚 1994《四等轻重论》,《音韵学研究》第三辑,中华书局。

赵日新 1989《安徽绩溪方言音系特点》,《方言》第二期。

1999《古清声母上声字徽语今读短促调之考察》,《中国语文》第六期。

2000《徽州方言的形成》,《国际徽学学术讨论会论文集》,安徽大学出版社。

赵元任(1962/2002)《绩溪岭北音系》;赵元任著,《赵元任语言学论文集》,商务印书馆,第 578—581 页。

郑荣芝 1999《〈韵法直图〉与〈韵法横图〉研究》,中山大学博士论文。

郑张尚芳 1986《皖南方言的分区》,《方言》第一期。

钟　华 1999《宣城地区方音声韵辨证》,内部资料。

周长楫 1991《浊音清化溯源及相关问题》,《中国语文》第四期。

1994《浊音和浊音清化刍议》,《音韵学研究》第三辑,中华书局。

竺家宁 1998《〈山门新语〉姬巩韵中反映的方言成分与类化音变》,《李新魁教授纪念文集》,中华书局。

三、古籍

罗　愿《尔雅翼》,石云孙点校,黄山书社 1991 年出版。

吴继仕《音声纪元》,明·万历辛亥刻本,见于《四库存目丛书》经部 210 册。

程元初《律古词曲赋叶韵》,茅元仪注考,明崇祯壬申刻本,见于《四库存目丛书》经部 211 册。

江　永《古韵标准》,中华书局 1982 年据清·咸丰元年(1851)沔阳陆建瀛覆刻本影印。

黄生、黄承吉《〈字诂〉、〈义府〉合汇》,中华书局1984年。

江有诰《音学十书》,中华书局1993年据渭南严式诲《音韵学丛书》本影印本。

周　赟《山门新语》,清·六声堂原板,光绪癸亥新镌。

詹逢光《新安乡音字义考正》,光绪乙亥石印本。

濮阳涞《元声韵学大成》,明·万历戊戌刻本,见于《四库存目丛书》经部208册。

萧云从《韵通》,明·抄本,见于《续修四库全书》经部小学类。

方以智《切韵声原》,见于《通雅》,明·浮山此藏轩刻本。

无名氏《徽州传朱子谱》,见于《通雅》。

梅膺祚《字汇》,上海辞书出版社1991年据康熙27年灵隐寺刻本影印。

孙　耀《音韵正讹》,乾隆五十四年书业堂刻本,《续修四库全书》经部小学类;嘉庆本,光绪26年刻本。

梅文鼎《绩学堂文钞》,乾隆二十二年刻本,见于《四库存目丛书》集部263册,别集类。

四、地方志

《宣城市志》《黄山市志》《宣城县志》《宁国县志》《贵池县志》《当涂县志》《芜湖县志》《南陵县志》《石台县志》《铜陵县志》《繁昌县志》。

乾隆《池州府志》、乾隆《婺源县志》、道光《祁门县志》、道光《歙县志》,《中国地方志综录》(民国二十四年)所收罗愿《新安志》,明清《江南通志》《宁国府志》《宣城县志》《徽州府志》《芜湖县志》《安徽通志·方言考》等。

附录 1:《音韵正讹》同音字表

平声虽分阴阳,浊声母依然存在。仄声虽不分阴阳,今仍按声母分置阴阳平声之后。

韻	音節	單字
天第一	天 t^{h}iɛ̃	天添㊤忝餂舔琠腆晪淟
	sɛ̃	㊤糁磣摻
	先 siɛ̃	先仙躚宣鱻秈鮮銛暹纖襁亘銑
	siɛ	㊤写(描～循笔曰描,逆笔曰～)泻
	syɛ̃	㊤癬选鲜僎蘚跣筅毨銑獮撰羪纂(撰同)
	千 ts^{h}iɛ̃	千阡芊遷痊韆栓悛竣佥诠籤筌荃絟佺㊤淺錢
	詹 ʧiɛ̃	詹占沾瞻霑邅鸇氈粘鱣旃饘紞湛 ㊤展輾 (去)戰占(本音詹)顫
	ʧiɛ	(去)这蹠跖赭嗻
	堅 kiɛ̃	堅熞肩兼縑蒹舒監緘鞬菅㊤检絸(繭同)蹇
	煙 iɛ̃	煙咽臙(～脂)燕湆懨湮(～沒)淹(～留)醃黫嫣焉蔫鄢奄𡱝閼 ㊤揜(掩)閹弇俺(稱自己)奄偃演扊
	邊 piɛ̃	邊籩編鯿蝙鞭稨緶(網巾～找)搧(～頭) ㊤貶褊惼篇扁窆匾
	偏 p^{h}iɛ̃	偏篇翩蹁扁(小舟)猵(～狗似猿而狗頭)
	謙 k^{h}iɛ̃	謙牽愆縴(蘇罵棉紗粗紡曰～絖巾。絖音離。又呼欠～索)騫 掔(蘇稱姨～)褰檶(～車,用以車水) ㊤遣繾歉譴
	尖 tsiɛ̃	尖煎湔(～洗衣物)箋戔鐫殲籛諓漸 ㊤剪翦吮雋
	ts^{h}iɛ̃	(去)竄攛鑹爨篡
	掀 xiɛ̃	掀祆𩗝軒(～昂車～,呼喧者訛) ㊤顯險玁烜
	萱 xyɛ̃	萱喧暄(日暖也,俗云不通寒暄)諠諼塤
	冤 yɛ̃	冤鴛宛鵷(～雛,鳳屬,呼緩者非)鼘㊤兖靡軀 衍剡琰堰鰋蝘黶 檿
	uɛ̃	㊤踠剜蜿(去)换翫玩
	顛 tiɛ̃	顛傎(～倒)巔癲掂(兩人林物曰～) ㊤典點
	圈 k^{h}yɛ̃	圈(圈套、圈点)桊(束腰帶)棬 ㊤犬畎
	涓* kyɛ̃	涓娟悁捐鵑蠲睊㊤卷睠錈(刀～口)捲齤
	干 kɛ̃	干杆甘柑竿肝泔乾玕疳㊤敢感鱤橄簳稈捍趕(去)幹榦绀淦灨旰肝

	kɪɛ̃	[上]简柬减揀襉緘撿繭梘
	ŋɛ̃	[去]岸犴
	閅 ʧʰiɛ̃	閅(～門)襜(衣正貌)[上]諂闡燀[去]韂
	ʃiɛ̃	[上]閃燗[去]扇騙偏諞煽
	ʃiɛ	[去]赦舍(又音捨)
	堪 kɛ̃	堪戡看龕[上]坎砍侃衎欿歁[去]看勘
	安 ɛ̃	安庵菴菩(俗稱～莓子,莓音茂)腤鞍[上]欸 [去]暗按案谙
	川 ʧʰuɛ̃	川穿[上]喘舛荈 [去]串(貫～)钏
	官 kuɛ̃	官棺倌莞观冠 [上]管館舘琯脘錧(水車頭上鐵～)盥(又音碗) [去]贯灌冠盥瓘罐鸛祼
	酸 suɛ̃	酸痠狻[去]算蒜
	參 tsʰɛ̃	參(又音村音生音稱)傪驂 [上]慘黪忖
	潘 pʰɛ̃	潘拌(棄也,俗云～命)判泮胖
	般 pɛ̃	般搬[去]半
	pɛ	[去]誧(建平鄉語即何如也)
	歡 xuɛ̃	歡讙獾 [去]焕涣奂唤嚾擐
	寬 kʰuɛ̃	寬
	端 tɛ̃	端剬耑鍴[上]短斷疃[去]断(又云段)锻(又云段)煅
	tʰɛ̃	[上]湍窞
	顓 ʧuɛ̃	顓專磚甎篿[上]轉囀[去]转(本上声)
	dzɛ̃	[去]鏨
	貪 tʰɛ̃	貪噆探[去]探象
	簪 tsɛ̃	簪钻臢囋鐕[上]昝揝纂(撰同)纘酇攢鏄
	tsuɛ̃	[去]鑽躦
	拴 tsʰyɛ̃	拴閂
	鼾 xɛ̃	鼾酣[上]罕銲[上]漢熯
韩第二	韩 ɣɛ̃	韩寒含涵函梒邯函 [去]汗旱悍垾捍憾翰瀚閈莟浛鋡琀銲盰
	栾 luɛ̃	欒銮婪圞巒虋[上]卵[去]乱
	盤 bũ	盤般磐鞶播(車～)柈鞶跘磻蟠弁 [去]叛畔伴(又上声)拌蚌
	瞞 mũ	瞞漫(水滿湧出曰～)饅(～首)鰻襔(以布～瓶口)謾蹣墁懣 [去]幔鏝漫(又云饅)槾墁
	完 ɣɛ̃	完桓丸紈芄萑刓

	團 dɛ̃	團潭欟(歡～,米～)罈摶慱曇 〔去〕段(體～。俗謂一節為一～)緞斷鍛
	傳 ʤuɛ̃	傳饌船椽遄 〔去〕篆传(本音椽)
	ʤiɛ̃	〔去〕射麝社
	ʒɛ̃	〔去〕善蟮膳鱔单鄯禅(又云然)缠(糖～又音然盘～)
	南 nɛ̃	南男喃楠
	蠶 dzɛ̃	蠶
	然 ʑɛ̃	然燃單枏纏廛禪墠蟬嬋蟾髯蝉(蛐蟬,即蚯蚓)躔
元第三	元 yẽ	元芫袁原源圓园员爰援缘猿瑗鼋嫄垣褑 〔上〕远 〔去〕怨願愿院衒苑菀远(去也本音上声)
	uẽ	〔上〕缓逭宛婉琬碗莞
	連 liẽ	連漣蓮槤鰱憐嗹廉簾濂聯匳攣帘鐮癵 〔上〕歛潋脸莶 〔去〕恋练鍊炼繼鐱殓娈
	tsuẽ	〔上〕攒
	tsẽ	〔去〕箭荐(又音进)牮饯溅戬(又音剪)簪僭
	tse	〔去〕借
	前 dziẽ	前錢璇泉全潜媊旋还涎蔙撏颴 〔去〕渐贱漩旋(又音全)镟縼践
	ʑiẽ	〔上〕染冉苒蚺溓
	ʑyẽ	〔上〕軟阮
	xiẽ	〔去〕宪献躦现(又音縣)
	kiẽ	〔去〕见剑建桊鑑鉴监楗
	kyẽ	〔去〕眷绢罥狷綣卷(本音捲又音～)
	k^{h}iẽ	〔去〕欠芡瞯瘸
	k^{h}yẽ	〔去〕劝券
	gyẽ	〔去〕倦圈(猪～又平声)
	言 iẽ	言延炎盐沿筵蜒詹阎铅櫩綖颜琰岩 〔去〕宴燕厌餍艳咽滟黡(又音葉)焰焱裺(又音曷)晏馅
	iẽ	〔去〕夜
	tiẽ	〔去〕店踮坫垫(又音殿)
	t^{h}iẽ	〔去〕㮇掭
	ts^{h}iẽ	〔去〕茜壍槧

	ziẽ	(去)羡选(本音癣)线先(本音鲜)
	zie	(去)谢藉榭灺
	sie	(去)卸洩泻
	年 niẽ	年嚴喦粘姸研拈鲇阽 (上)撚(挪～)斂歛潋脸莶 (去)念验騐舩彦谚砚唁
	tuẽ	(上)断
	nẽ	(上)暖餪(女嫁後送食其家曰～女,又～房)揇
	田 diẽ	田畋恬甜恭鈿填闐瑱 (去)殿奠靛电甸簟(又上声)垫(又音店)佃
	piẽ	(去)变徧遍
	p^hiẽ	(去)片骗谝
	贤 ɣiẽ	贤絃弦誸舷蛟嫌乾虔钳钤箝拑揵閑痫衔啣黔鹇鹹咸鉉 (去)县苋现俭徤键楗(又上声又音轩)栓(又音掀)件限槛铉(又音玄)
	ɣyẽ	(去)炫绚楦眩韗(又音運)衒譞
	mẽ	(上)满
	綿 miẽ	綿眠緜櫋棉矈櫋媔(上)免勉勔黾俛(～首即低頭)娩(生産曰分～)眄緬腼冕沔湎丏 (去)面麪瞑(本音明)眄
	權 giẽ	權拳惓鬈(毛髮不伸,俗曰捲)卷顴踡玄系蜷懸
	ŋiẽ	(上)儼捻(～出去)碾(研)辗辇趁(足践地也)谳孾
	緶 biẽ	緶便骿胼箯王玭蠙 (上)辫(去)卞忭汴便(又平声得～宜)辨辩抃昪
蓝第四	藍 lã	藍籃襤籣斕蘭儖 (上)懶覽攬欖 (去)滥烂缆灠
	殘 dzã	殘慚讒僝劖嶃鄒 (上)趱(催)儹喒(北人自稱曰～)
	譚 dã	譚談覃彈惔禫癉痰郯壇檀纏澹 (去)但弹憚壜啖蛋䗺(一～起來)淡澹餤(本音談)憺
	僝 ʤã	僝孱潺
	還 ɣã	還環闤鬟寰鐶檈澴鈍 (去)宦患豢擐幻奂
	ɣiã	(去)陷覢
	蠻 mã	蠻 (去)漫慢嫚漫(又去声)
	煩 fã	煩樊繁藩墦蕃凡璠燔膰礬
	vã	(去)範
	*頑 ŋã	頑 (去)喭(本音砚)
	ʧiã	(上)斬盞醆

韵部	音节	字
	ʧʰã	上⃝产弗鏟剗(剷)去⃝儳趁
	ʧʰiã	上⃝昆(日光欺也)羼(羊栈)
	爿 bã	爿(瓦～)　去⃝办瓣
	嵒 ã	嵒岩 上⃝眼去⃝赝
班第五	班 pã	班斑頒褊盤扳瘢(～痕) 上⃝板版鈑瓪舨蝂扮 去⃝绊(～住了本音盼)
	攀 pʰã	攀扳贩　去⃝盼襻绊鋬鑻
	番 fã	番翻膰幡鐇 上⃝反返坂　去⃝泛汎贩畈仮
	vã	上⃝挽綰輓晚腕　去⃝万饭(又音反)犯范範梵
	丹 tã	丹單殫鄲簞癉眈聃擔儋 上⃝胆亶担疸抌刐黕毯袒儃忐怛　去⃝旦诞(又音但)檐
	nã	上⃝赧罱
	三 sã	三鬖 上⃝散傘繖饊　去⃝散霰伞繖(以上數字又上聲)
	山 ʃã	山珊刪衫跚潸杉芟　去⃝讪疝
	關 kuã	關鰥瘝綸去⃝惯掼丱(又音宦)贯(本音灌)
	灘 tʰã	灘癱痑攤(～舖) 上⃝坦　去⃝叹炭歎
	蹍 ʤã	蹍嚵 上⃝儳 去⃝湛暂站绽馔撰譔赚醮
	tsã	去⃝赞讚濽酇(又音昝)瓚濽(又音水匝)
	餐 tsʰã	餐瀺鑱攙　去⃝灿璨粲
	慳 kʰã	慳瞰(俗云費些～)凡铅刊　去⃝闞篏(又音簡)嵌瞰
	憨 ã	憨蚶䌌 上⃝喊
	iã	上⃝僩憪
	儳 ã	儳趁
	弯 uã	弯湾
	ã	上⃝黯
	姦 kã	姦艱奸間　去⃝谏涧间(本音奸)
林第六	林 liən	林淋霖琳零羚囹苓瓴龄鸰朎拎(以手悬物)翎蛉聆伶玲铃令(使～又呼另)鳞邻潾璘粼磷凌菱陵稜綾靈櫺膦 上⃝领衿嶺廩凛僯　去⃝令蔺吝另拎(高搁曰～起)
	lən	上⃝冷
	人 ʑiən	人仁沉伔 上⃝忍刃牣认仞岃(又音甚)朕衽稔荏饪脸㾕
	城 ʒiən	城宬诚成郕盛(容受也本音阵隆盛)澄筬仍　去⃝盛郑阵任剩赁椹

		恁(又音忍)紝妊慎靭甚认轫衽晟肾饪
	陈 dziən	陈娠辰晨宸脤酲塍呈程裎神尘乘承丞臣蔯茝绳蜃陈(又音阵)埕
	平 biən	平坪评枰萍鞶蘋频嚬(即哭也)贫凭凴屏瓶　(去)病並坪摒
	行 giən	行桁芩黔琴勤懃劤檠擎禽檎噙擒芹黥鲸
	刑 ɣiən	刑形邢型鉶陘 (上)悻　(去)幸倖仅馑觐靳廑近荇杏婞行相
	寅 iən	寅夤淫盈嬴瀛羸营莹荧茔溋蝇楹吟银
	雲 yən	雲云耘芸纭蕓荣蒃萤潆匀負(伍負非員字)嵘 (上)永(又音勇)允狁泳　(去)运愠韵殒郓陨蕴晕咏韫
	滕 dən	滕腾謄藤縢屯饨魨臀豚疼　(去)邓钝沌遁囤
	明 miən	明盟名铭民珉缗冥溟螟鸣旻闽岷忞 (上)敏闵悯皿茗愍泯抿呡旻缗黾瞑暝酩闽　(去)命
	宁 niən	宁咛壬闇凝嚚銀(白金又呼寅)垠檭迎狺圻(本音畿地方千里為～與垠同)听(～然二笑)　(去)甯佞濘
	nən	(去)嫩嫩
	文 vən	文纹蚊坟蕡豮棼闻　(去)问汶紊忿
	dzən	(去)赠谮挣
	情 dziən	情晴秦蠊鱏寻浔鲟　(去)尽荩静净靖清蕈鱑靓阱圊
	纯 ʒyən	纯淳鹑醇驯唇
	岑 ʤən	岑存循层蹲巡旬枨紃涔
	ʤyən	(去)顺闰润
	浑 ɣyən	浑横魂溷馄　(去)混溷诨倱
	恒 ɣən	恒峘痕衡蘅　(去)恨
	庭 diən	庭廷蜓霆停亭婷葶聤莛(去)定锭碇(定舟石也今以鉄錨代之)苧
	彭 pʰən	彭盆膨 (上)畚(盆反上声)　(去)蚌
	门 mən	门们(你～我～)扪璊　(去)闷
	伦 lyən	伦轮抡沦囵崙楞稜(器之有角又音林)　(去)论楞惀
	群 gyən	群裙瓊茕困　(去)郡
	麕 kyən	麕菌箘蔓
阴第七	阴 iən	阴殷慇葰姻茵絪裀禋堙湮婴撄缨罂鹦嘤音瘖喑英瑛韺媌(有慮而不發)鶯樱鹰膺氤闉手 (上)尹颍颖胤(又音應)瘾引隐郢影饮蚓磤靷檃　(去)印应荫廕窨噾映熨孕媵胤

星 siən	星惺猩胜(腥)鍟狥心荀询殉恂騂薪辛新诜煋莘駪甡兟(又呼生)(上)醒筍(竹～又云笋)省隼伈　(去)姓性峻信腔迅讯浚顖瑩濬
真 ʧiən	真贞祯桢针珍箴斟鍖鍼蒸烝砧征枯徵　(去)正证證甑震镇浄揕
谆 ʧyən	谆迍屯肫芚窀(窀穸言人埋土中深夜不曉)衠　(上)准準
争 ʧən	争睁筝浄峥榛臻溱蓁
尊 tsən	尊樽遵曾增憎缯罾矰譄　(上)怎撙噂
sən	(上)损笋榫鎨　(去)巽逊噀
金 kiən	金经泾桱澿鷩禁今矜妗(兩姨父曰～童蒙曰～)衿斤觔(斤同又勁弓也)京麖競荊脛兢筋　(上)景紧璟锦颈槿瑾儆巹堇谨警　(去)敬径镜竟境竞(又音斤)禁噤獍迳劲
冰 piən	冰宾滨膑傧镔豳缤嫔并邠斌彬兵　(上)丙炳饼昺秉鉼禀　(去)柄鬓殡併
pʰuən	(去)喷
申 ʃiən	申伸绅升深生甥呻昇陞身声笙牲森参郴兟(又音辛)(上)沈审婶谂(又去声)矧哂眚(又音省)碜瘆　(去)圣勝胜(雞～子)稔
ʃən	(去)渗
ʃuən	(上)瞬楯盾(又音邓)
庚 kən	庚鶊跟根亘更梗耕賡羹亙　(上)耿埂梗莄鲠哽骾　(去)艮
坤 kʰən	坤昆崑琨鲲鹍髡鵾(大魚言化鵬鳥俗呼裩)(上)綑捆悃阃悃壸　(去)困
姘 kʰiən	姘拼洴砰閛(閉門扉聲)(上)品牝　(去)聘娉
ŋən	(去)硬
嗔 ʧʰən	嗔称(～赞)偁撑琤瞋参铮琛　(上)逞骋侱　秤趂櫬衬谶龀
勋 xyən	勋薰熏醺纁燻獯焄　(去)训鑂
登 tən	登灯蹬(蹲～于此)蹬簦噔(～一口)敦墩惇鐓蹲不　(上)等盹(少睡曰打盹)(去)顿凳镫蹬
清 tsʰən	清青鲭蜻圊(又音净)侵锓皴親　(上)请寝唚　(去)倩沁吣
厅 tʰən	厅汀村(門～)(上)挺脡梃頲打艇町侹　(去)听
昏 xuən	昏婚惽惛阍荤薨轰
亨 xən	亨脝
兴 xiən	兴歆欣訢(同上又呼素)昕馨　(去)釁兴(本音欣)

	丁 tiən	丁叮玎疔仃钉靪 〈上〉鼎顶骴酊靪（又音丁）〈去〉订飣忊钉
	温 uən	温氳瘟熅贇 〈上〉稳刎吻（又音福否～）慁
	精 tsən	精旌菁晶晴腈瀊津 〈上〉井儘 〈去〉进俊晋駸骏搢缙浸鵕餕（又音酸）祲畯
	君 kyən	君军均钧 〈上〉窘駉炯褧絅扃
	分 fən	分纷汾芬棻餴饙（生熟飯也）氛 〈上〉粉 〈去〉奋愤粪
	崩 pən	崩痭奔（又去聲）锛贲犇 〈上〉本 〈去〉坌
	坑 $k^hən$	坑铿硜硁（又音今）骯 〈上〉肯恳龈（齿咬物为～又音根牙～）垦
	孙 sən	孙搎狲荪僧彳曾飧
	钦 $k^hiən$	钦卿轻衾赾（俗云～走匠） 〈去〉庆磬罄菣
	裩 kuən	裩鹍（鳥名能飛高遠）〈上〉衮滚肱鲧緄（又音捆） 〈去〉棍
	倾 $k^hyən$	倾焇 〈上〉顷綮謦
	春 $ts^hyən$	春椿 〈上〉蠢
	吞 tən	吞暾稕啍焞綧吨 〈上〉扽 〈去〉褪
	烹 $p^hən$	烹吩（口中氣 出俗云大～頭）
	恩 ən	恩
	村 $ts^hən$	村 〈上〉忖 〈去〉寸刌
細第八	紬 ʤiəu	紬柔揉蹂鞣仇绸稠惆酬畴筹踌俦愁愀 〈去〉骤 〈入〉dʒəʔ 舌热折泽择宅翟（又音狄）
	ʒiəu	〈去〉寿宙受胄绶纣酎授售（本音酬）〈入〉ʒəʔ 涉跡
	谋 məu	谋矛蝥鍪麰蝨牟侔眸褋 〈上〉某牡畝 〈去〉茂楙贸 〈入〉məʔ 麦脉默墨蓦陌貊貉（同上又音令）没殁纆帞
	miəu	〈去〉谬缪（又音木）
	vəʔ	〈入〉物
	由 iəu	由油尤逰斿蝣栖輶游猶蕕繇猷郵
	留 liəu	畱瑠骝瘤遛刘鎏飗硫流旒留（同畱）琉 〈上〉柳绺罶 〈去〉溜瘤霤
	娄 ləu	娄楼搂偻髅蝼镂艛蒌慺缕（长而不绝）〈上〉篓搂〈去〉漏瘺陋瘘 〈入〉ləʔ 勒扐阞肋鳓艻捋垃
	求 giəu	求裘球毬絿捄銶俅赇仇觓虬 〈去〉旧舅臼咎柏柩
	浮 fiəu	浮蜉 〈上〉否缶（又去声）〈去〉覆缶阜
	头 dəu	头投骰褕（近身小衣） 〈去〉豆荳窦逗痘洰〈入〉dəʔ 特凸突
	侯 ɣəu	侯猴餱（乾糧）喉 〈上〉垢 〈去〉後后厚候堠 〈入〉ɣəʔ 合阖褐翮（又音葛）

		齕覈貉劾曷盒核盍嗑
	ɣuəʔ	㊇或惑獲活（又音恶）画划穫　繣镬（又音互）
	裒 bəu	裒捊掊涪褎 ㊤剖 ㊇bəʔ 白匍（萝～）匐（～匐伏行也）
	dziəu	㊤楸　㊦就岫袖鹫 ㊇dzəʔ 贼
	囚 ziəu	囚酋蝤
	niəu	㊤钮纽粈扭忸狃
	牛 ŋəu	牛 ㊤偶耦藕
憂第九	憂 iəu	憂优櫌（磨田器）耰猶幽悠攸呦麀羑黝忧滺 ㊤有友酉　㊦又右幼佑釉侑宥诱囿柚牖莠狖 ㊇iəʔ 厄启扼兀杌额轭（犁～头）户阨搹
	邹 ʧəu	邹搊騶诌鄹陬棸掫諏緅
	周 ʧiəu	周週赒舟（船也）輈州洲舟（～张狂也） ㊤肘帚杻杼箒疛 ㊇ʧiəʔ 责箦昃折哲浙蜇隻摘（又云的）窄侧谪摺褶帻涩（又音塞）炙
	ʧuəʔ	㊇拙棁啜餟辍（又音折）茁諁
	修 siəu	修脩羞馐 ㊦秀绣繡锈宿
	səu	㊤叟溲擻艘薮籔瞍 ㊇səʔ 塞涩圾厮（～打又音思小～）
	欧 əu	欧殴讴抠（挈衣也）沤瓯劚熰膒鸥 ㊤呕殴 ㊦蝠 ㊇əʔ 遏（又音缚）盫轭（牛～又云厄）鴳裺罨胺哑（本音呀）
	鸠 kiəu	鸠阄樛 ㊤九久韭玖
	勾 kəu	勾钩鉤苟溝褠（單衣衣～）篝韝 ㊤苟狗耇㊦搆逅遘姤垢彀勾购笱钩覯雊 ㊇kəʔ 格葛革隔槅膈鬲（又音立）割竹/槅鸽骼合鉿蛤蛇哈噶颌敆（～口～盘子）嗝轕鸐纥
	kuəʔ	㊇国
	k^{h}əu	㊤口　㊦扣叩釦寇簆蔻 ㊇k^{h}əʔ 客（本音慊）克磬磕瞌搕渴嗑刻咳（又音谐）尅
	丘 k^{h}iəu	丘坵蚯龟蓲（又音於）
	təu	㊤斗蚪枓哣（嚇人聲）阧抖　㊦鬭抖（～赛又～起来） ㊇təʔ 德得淂蟘鐲掇諁
	丟 tiəu	丢兜篼吺（輕出言也）梎（～起來）剅（～住）
	秋 ts^{h}iəu	秋烋楸鞦偢愀鶖鰍　㊦辏凑湊
	啾 tsiəu	啾揫揪　㊦奏縐皱哣（嚇人聲）
	tsəu	㊤走哣（嚇人聲） ㊇tsəʔ 则緦蕞稯溨懇

	休 xiəu	休咻貅烋(美也本音臬) 上⃝朽糗　去⃝嗅糗
	庾 ʃəu	庾餿搜颼蒐去⃝瘦嗖(嚇畜聲) 入⃝ʃəʔ 设蔎摄欇歙色瑟啬穑湬涩赜瀒螫(又音执)
	抽 ʧʰiəu	抽篘瘳 上⃝丑醜 去⃝臭 入⃝ʧʰiəʔ 彻拆测策敕(本音尺俗呼此音姑从)掣撤斥册圻(又音其)恻筴(又音刧音夹)
	偷 tʰiəu	偷　去⃝透 入⃝脱忒嗿慝蜕退(迫～音勒)
	收 ʃiəu	收 上⃝首手守狩　去⃝兽首(本音手)狩嗾
	哮 xəu	哮 上⃝吼吽　去⃝狗涍 入⃝xəʔ 黑嚇喝唬(又音汉音夯)焊爀
	彪 piəu	彪 入⃝ pəʔ 百柏伯擘北
	pʰəʔ	入⃝迫拍珀魄霸(与魄同今音坝借用)
胡第十	胡 ɣu	胡湖鬍衚葫瑚糊弧猢壶乎虖　去⃝户扈
	吾 ŋu	吾鼯蜈娱(欢～又音余)梧吴 上⃝五伍忤仵午坞侮 去⃝悮悟寤晤穫瓠迕俉唬濩互祜岵蠖护误
	viu	上⃝庑(又音甫)膴　去⃝务雾骛婺鹜
	vu	上⃝武鹉珷怃舞
	虞 ŋiu	虞俞瑜窬逾禺渝榆毹愉歈覦愚嵎餘艅畬渔鱼庾谀萸臾腴圩(低田)于竽余盂予妤欤玙蜍(蟾～)舁雩
	儒 ʑiu	儒濡襦臑繻薷嚅如除滁篨茱殊厨几储蹰锄茹蜍(又音余) 上⃝汝乳杼羜
	盧 lu	盧炉鑪壚鸕纑櫨臚鱸獹顱擄轤艫氇蘆 上⃝鲁卤艪栌橹去⃝路露辂潞鹭赂璐 入⃝luʔ 六陆绿禄醁碌麓鹿渌漉摝盧角辘轤簏菉逯戮簶録琭騼熝
	蒲 bu	蒲葡匍脯蒱氍菩　去⃝步埠捕簿
	biuʔ	入⃝仆濮孛浡勃捽扑(又呼箔)襆(即今包幅)莩渤幞朴脖桲
	瞿 giu	瞿癯氍衢劬渠璩蘧絇籧磲蕖朐去⃝巨拒距苣讵具秬粔惧
	闾 liu	闾榈廬 上⃝吕侣旅屡膂褛窭履　去⃝虑鑢儢滤 入⃝liuʔ 律率(又音束音力)
	扶 fiu	扶芙巫诬凫无亡毋符趺 入⃝fiuʔ 佛伏服栿茯物(又叶文入聲)
	锄 dzu	锄雏徂殂狙跙 上⃝阻咀　去⃝祚阼胙助
	ʒiu	去⃝树孺澍墅住箸伫驻宁柱竖 入⃝ʒiuʔ 孰熟塾逐赎辱褥轴妯溽属缛入肉月屬蜀術术述蓐蠋躅
	徐 ziu	徐　去⃝序叙绪穗芧 入⃝ziuʔ 俗续族镞

	奴 nu	奴伮弩拏 上⃝努弩拏耨驽　去⃝怒
	屠 du	屠图徒途塗涂啚荼酴菟去⃝度渡镀 入⃝duʔ 读渎瀆讟殰独毒碡犊椟牍牘襡
	模 mu	模谟𧀩 上⃝母姆姥峔(山名又太～神)　去⃝暮慕墓募慔幕入⃝muʔ 木穆睦沐牧目楘缪万罿
	miu	上⃝䀲晦畒拇
夫十一	夫 fiu	夫袪砆鈇麸逋晡呼孚俘桴郛敷泭(又音扶)肤烰 上⃝府辅俯抚斧腑釜簠甫黼脯拊 去⃝富傅付鲋拊赋庳赴讣副仆
	fuʔ	入⃝福幅復覆馥複辐輹蝠拂弗勿腹彿咈茀绋绂刜楴沕由袚佛祓
	vu	去⃝父(又音甫)妇附赙阜(本浮上声)祔负
	姑 ku	姑沽蛄辜孤觚泒菰(蘑～)鸪箍菇(慈～)呱 上⃝古牯羖股皷鼓罟估瞽诂贾盬嘏蛊 去⃝故顾雇痼固锢僱 入⃝kuʔ 国谷縠毂鹄骨鹘榾唃梏牿掴帼蝈馘虢汩(又音密)膕㶁淈
	区 $k^{h}iu$	区躯驱岖伛敺　去⃝去 入⃝$k^{h}iuʔ$ 屈(又呼曲)
	虚 xiu	虚嘘歔魖墟盱盰吁訏 上⃝许诩栩蘤
	车 kiu	车居琚椐俱裾拘驹倨据 上⃝举矩踽莒筥　去⃝句遽据倨锯踞筥醵
	乌 u	乌呜洿污杇 入⃝uʔ 屋沃圀斛槲縠核(同上又音合)渥幄
	书 ʃiu	书舒纾输杼 上⃝暑鼠黍曙署去⃝数(又上声)疏 入⃝ʃiuʔ 束叔淑菽俶率倏
	疽 tsiu	疽苴咀菹葅沮趄雎 上⃝祖狙组珇䩦
	tsiuʔ	入⃝足(又呼去聲)踧卒
	呼 xu	呼嘑滹 上⃝虎琥虍浒彪 入⃝xuʔ 忽笏惚淴
	ʧiuʔ	入⃝竹祝竺筑嘱築烛㢡粥鸀柷筝窋
	朱 ʧiu	朱珠株洙铢硃诛邾诸猪藷潴槠侏蛛 上⃝主拄煮炷渚麈去⃝著贮紵注註蛀铸羿拄(又音主)
	苏 su	苏酥橆甦　去⃝婿醑絮
	疏 ʃu	疏疎梳蔬 上⃝数　去⃝庶恕署戍
	胥 su	胥須蕦(俗云倒～籠)鬚媭需鑐綏荽兕　去⃝素嗉塑愫诉漱溹
	siuʔ	入⃝宿夙蓿速粟蹜蔌肃驌谡觫簌餗遬
	粗 $ts^{h}u$	粗麤麄　入⃝$ts^{h}uʔ$ 促倅蹙蹴浞焌蔟簇猝
	迂 iu	迂瘀紆淤於 上⃝雨禹宇语与予齬羽圄圉敔旟庾於于鋙　去⃝喻御

		裕禦誉谕轝(土～即今之粪箕)豫驭预愈寓遇妪籲芋
	趨 tsʰiu	趨蛆 (上)取娶 (去)趣覷
	初 ʧʰu	初芻 (上)楚础憷濋
	枯 kʰu	枯骷刳(剜木空也)怙 (上)苦 (去)库裤 (入)kʰuʔ 哭酷窟堀
	鋪 pʰu	鋪哱誧 (上)普溥谱浦哺 (去)铺 (入)pʰuʔ 扑蹼醭曝璞(又音仆)
	樗 ʧʰiu	樗樞姝 (上)褚楮杵处蒭 (去)处(又音杵) (入)ʧʰiuʔ 出黜怵畜触矗搐歜齣
	餔 pu	餔 (上)补 (去)布佈拊怖 (入)puʔ 卜不
	都 tu	都(～啚) (上)赌堵睹 (去)妒蠹 (入)tuʔ 笃督柮楮咄
	tʰu	(上)土吐(又音兔) (去)兔 (入)tʰuʔ 秃鵚堗突(又云凸)涋
	niu	(上)女
	王 uaŋ	王皇惶徨蝗凰煌楻湟隍遑瑝鍠喤篁艎
王	vaŋ	(上)罔網魍辋 (去)望妄
十	黄 ɣuaŋ	黄璜潢簧蟥鱑 (上)恍晃榥鎤幌洸谎纊
二	杨 iaŋ	杨扬阳暘疡炀鍚羊烊洋佯徉鴹足羊 (上)养痒懩
	房 faŋ	房魴亡(又音无)忘防 (上)访纺彷髣舫昉
	唐 tʰaŋ	唐塘傏搪糖堂瞠膛螳棠 (去)荡盪鐋逿宕砀
	长 ʤaŋ	长苌常嫦场肠尝鱨偿穰瀼穰裳尚瓤 (去)状撞戇
	祥 ziaŋ	祥详庠翔墙樯嫱蔷戕
	郎 laŋ	郎浪廊琅蜋硠螂榔稂躴 (上)朗朖筤根(去)浪阆蒗
	良 liaŋ	良粮量粱粱凉輬 (上)两俩緉裲魉辆蜽 (去)亮谅量(又音良)
	忙 maŋ	忙芒茫鋩硭厖龙邙莽 (上)莽蟒漭 (去)宲
	傍 pʰaŋ	傍(又去声)旁膀彷鳑螃仿蒡庞防磅滂雱 (去)胖
	baŋ	(上)棒(去)塝棒蚌(蚌同)蒡傍
	杭 ɣaŋ	杭航颃骯行 (去)巷项硥
	强 giaŋ	强彊降 (上)犟 (去)犟獷
	床 dziaŋ	床噇 (去)脏藏(本平声)
	ʒiaŋ	(去)上尚(又音常)让丈杖仗
	囊 naŋ	囊攮 (上)曩攮馕 (去)儾
	昂 ŋaŋ	昂卬
	aŋ	(去)盎
	娘 niaŋ	娘 (上)嚷攘酿壤瓤穰

	狂 guaŋ	狂 (去)逛狅
	幢 ʤuaŋ	幢
刚十三	刚 kaŋ	刚纲钢堈缸冈犺罡肛釭扛杠 ㊤港 (去)杠
	姜 kiaŋ	姜薑僵疆韁殭江 ㊤讲膙顜 (去)降绛洚蔃糨
	ŋiaŋ	㊤仰
	张 ʧiaŋ	张章彰璋麞獐漳樟嫜障 ㊤掌鞝(鞋～子又音倘)仉 (去)帐瘴胀涨障嶂瞕帐
	庄 ʧuaŋ	庄莊装妆樁捺 (去)壮
	腔 kʰiaŋ	腔羌 ㊤襁
	匡 kʰuaŋ	匡眶诓控恇劻筐 (去)旷圹纩
	秧 iaŋ	秧央殃姎鸯鉠泱鞅 (去)样漾颺怏恙炀
	祥 pʰaŋ	祥蹌(鼓聲俗云打～)降 (去)匠象像橡鐌
	相 siaŋ	相箱厢湘缃襄骧镶 ㊤想鲞 (去)相(本音箱)
	昌 ʧʰuaŋ	昌娼倡菖阊猖鲳 ㊤厂敞鼚昶裮
	臧 tsaŋ	臧赃 (去)葬髒
	伤 ʃaŋ	伤殇觞商 ㊤赏上
	方 vaŋ	方妨坊芳枋 (去)放
	荒 xuaŋ	荒慌肓 (去)况贶
	香 xiaŋ	香乡芗 ㊤享响飨 (去)向响饷(馈～又军需即今辽～)
	邦 paŋ	邦梆幇幫艕掷 ㊤榜绑蒡 (去)谤
	汤 tʰaŋ	汤鏊 ㊤倘徜躺淌爣 (去)烫鐋䞶
	康 kʰaŋ	康糠(米皮也) ㊤慷 (去)抗炕亢伉囥沆
	当 taŋ	当裆铛瓙儅 ㊤党黨档儅谠爣 (去)当档挡
	苍 tsʰaŋ	苍仓鶬謒沧伧
	霜 ʃuaŋ	霜孀骦双鸘 ㊤爽
	桑 saŋ	桑丧 ㊤磉鎟颡搡惧嗓 (去)丧(又音桑)
	鎗 tsʰiaŋ	鎗锵蹌瞻 ㊤抢 (去)呛枪戗篬謒
	窗 ʧʰuaŋ	窗疮囱 (去)创(又上声)
	将 tsiaŋ	将浆酱 ㊤蒋奖桨 (去)酱将
	光 kuaŋ	光胱桄洸 ㊤广 (去)逛穬
	夯 xaŋ	夯(汉心欲欺人曰～)
	汪 uaŋ	汪尫王(君王也与壬不同)允 ㊤往枉暀 (去)旺

洪十四	宏 ɣoŋ	宏洪闳谼红灯霐黉鸿渹鋐弘冯 ㊤嗊(紅上聲) 去⃝稂閧
	逢 foŋ	逢缝
	容 oŋ	容鎔溶蓉榕融鳙庸佣墉镛鄘顒喁肜(卵生曰～胎生曰精)雄熊
	龙 loŋ	龙砻胧聋笼栊拢茏曨隆窿(穹～)癃 ㊤隴壟籠(又音龍)攏蘢躘 去⃝弄哢梇躘(俗云打～踳又音籠)
	童 doŋ	童僮瞳橦同絧筒筩桐铜峒衕鮦肜於侗痌(又音通) 去⃝动慟詷戙洞恫
	虫 dʒoŋ	虫戎毧娀重冗茸 去⃝仲尰重
	dzyoŋ	去⃝讼诵颂
	穷 gyoŋ	穷穹蛩筇邛
	蒙 moŋ	蒙萌蝱濛朦艋盲氓毥 ㊤猛蜢懵蠓懞瀧(～頭無知) 去⃝孟梦
	朋 boŋ	朋棚鹏硼髼熢塳蓬篷芃芃
	从 dzoŋ	从丛緟淙崇
	农 noŋ	农侬浓脓醲哝 ㊤擃(又音囊) 去⃝齈
	nyoŋ	㊤鼐拜
公十五	公 koŋ	公蚣龚恭供肛功宫工攻弓碽躬 ㊤拱拲蛬鞏珙栱鑛礦礱 去⃝贡
	goŋ	去⃝共瓮
	中 ʧyoŋ	中忠衷终钟锺螽 ㊤踵種腫瘇塚冢 去⃝众中(本音中)种(又音冢)
	voŋ	去⃝俸賵讽汞埄焆
	风 foŋ	风枫疯封葑豊酆蜂豐锋丰烽 ㊤唪捧琫 去⃝凤奉吉夆缝(又音逢)
	宗 tsoŋ	宗悰琮综棕踪騣蝬 ㊤緫總傯揔 去⃝纵(又音宗)综粽
	松 soŋ	松淞崧鬆憽捴寀嵩 ㊤竦悚傱慫聳 去⃝送宋
	匆 ts^{h}oŋ	匆聪骢葱苁怱从
	凶 zyoŋ	凶匈胸兇詾兄芎恟 ㊤洶酗迥詾
	充 ʧ^{h}oŋ	充冲忡翀种憧艟舂 ㊤寵 去⃝铳踳惷
	通 t^{h}oŋ	通蓪 ㊤統桶捅垌 去⃝痛
	烘 xoŋ	烘轰(又音昏) ㊤哄(謊言誑人曰脫～)擤(～鼻涕)
	翁 oŋ	翁泓
	东 toŋ	东冬鼕 ㊤董懂湩
	空 k^{h}oŋ	空悾崆箜 ㊤孔恐 去⃝控倥鞚
	雍 yoŋ	雍壅饔癰邕噰雝 ㊤勇甬俑踴踊湧蛹埇恿 去⃝用

	绷 pyoŋ	绷堋漰
	縍 poŋ	縍閛(閉門聲)嗙(柯聲)
何十六	何 ɣo	何河荷啊禾和杯 去⃝贺祸嗬(眾應宣府聲)荷(本音和)和(本音何) 入⃝ɣoʔ 鹤
	xyoʔ	入⃝学
	婆 bo	婆皤鄱 入⃝boʔ 薄泊箔鑮饽钹坺
	挪 no	挪哪那(又音拿)傩 去⃝懦糯 入⃝noʔ 诺娜搦傩纳讷衲内
	鹅 ŋo	鹅俄誐莪哦蛾峨讹吪囮 上⃝我 入⃝ŋoʔ 鄂鹗萼谔愕噩锷鳄鳄
	跎 do	跎沱驼酡佗陀鉈鮀驮鼍 去⃝惰堕垛(又上声) 入⃝doʔ 铎踱度(又音渡)夺
	dzo	去⃝做佐 入⃝dzoʔ 昨凿怍
	ʑioʔ	入⃝弱若杓浊着(本音勺)镯濯
	罗 lo	罗萝锣啰饠儸箩囉腡骡螺 上⃝虏掳蓏裸逻羸 入⃝loʔ 落骆洛烙络胳答鴼荦乐漯
	磨 mo	磨饝(麵食北人呼～～)蘑摩摹魔麽(怎～)嬷(俗稱母親曰～～) 去⃝磨 入⃝moʔ 末抹摸莫漠镆
	voʔ	入⃝缚纥
梭十七	梭 so	梭唆睃莎娑挲稞蓑科柯珂苛蝌轲薖(～軸) 上⃝锁琐湏唢 入⃝soʔ 索
	波 po	波玻紴菠啵 上⃝跛 去⃝播簸譒 入⃝poʔ 剥博拨煿膊搏砵鉢餺驳钵
	pʰo	上⃝颇叵叵 去⃝破 入⃝pʰoʔ 朴樸泼
	窝 o	窝阿倭窠(窝同又不？科)莴唩猗 去⃝卧饿 入⃝oʔ 恶垩噁桠齷
	戈 ko	戈锅哥歌过(又音个) 上⃝果菓裹粿 去⃝个(几～那～)过(又音哥) 入⃝koʔ 阁搁郭各旭(旮?)括适
	科 kʰo	科 上⃝可坷舸颗 去⃝课骒锞颗 入⃝kʰoʔ 扩拓廓殼(又音卻)鞹磕搕瞌
	kʰoʔ	入⃝阔
	多 to	多哆 上⃝朵躲 去⃝跺剁
	拖 tʰo	拖拕 上⃝妥 去⃝唾 入⃝tʰoʔ 托託杔箨毻饦橐侂
	tʰuoʔ	入⃝天渇
	ʃo	上⃝所
	呵 xo	呵抲(不敢～一 ～)閜(門闢不合)㖪匚诃疴(又音阿) 上⃝火夥颗

		(印一～)(去)货 (入)xoʔ 霍瘄嚯臛嚇爀涸藿壑嗃
	tso	(上)左 (去)坐座 (入)作 tsoʔ
	磋 tsʰo	磋蹉搓瑳 (去)错锉挫剉脞莝
	ioʔ	(入)约乐瀹药钥岳籥跃篗鸙鸑矆
	kioʔ	(入)脚觉屩角(俗音各)
	kyoʔ	(入)钁躩
	kʰioʔ	(入)却卻确悫恪殻怯
	tsʰioʔ	(入)雀鹊碏趞皵爵(本音嚼借雀用)
	ʧʰyoʔ	(入)绰龊擉戳擢
	ʧyoʔ	(入)卓棹桌酌着斫捉琢斲啄勺灼
	ŋioʔ	(入)虐箬搦(又音诺)瘧謔
	lioʔ	(入)略掠爵爝醽
	ʃioʔ	(入)朔缩铄烁槊
	sioʔ	(入)削
	dzioʔ	(入)嚼
	tsyoʔ	(入)鹾
痴十八	痴 ʧʰɿ	痴笞抬媸嗤蚩黐螭摛絺鸱胵 (上)耻齿褫 (入) ʧʰɿʔ 赤尺敕饬陟
	犀 si	犀樨(木樨花桂之别名) (上)洗玺泚徙葸(又音思)屣簁蓰枲纚 (去)细 (入) siʔ 昔惜恤唧锡息媳悉蟋熄腊析淅皙晰袭膝蜥葸戌裼舄
	西 tsʰi	西栖粞棲 (去)砌擦 (入)tsʰiʔ 七(柒)戚蹙漆潗緝魆刺(又音次)
	低 ti	低氐羝胝堤弤(上)底抵诋邸砥觝牴弤 (去)帝蒂嚏缔谛 (入)tiʔ 的滴靮菂啲嫡扚镝甋樀啇夫
	梯 tʰi	梯挮稊 (上)体(去)替剃绨屉髢沓第(俗云蒸笼几～本地字)禘 (入)tʰiʔ 惕踢剔倜涤
	pi	(上)彼比鄙妣匕纰 (去)闭蔽臂秘箅閟畀 (入)piʔ 毕壁璧必逼偪哔湢滗笔熚荜跸韠甓襞碧筚滭擗辟
	披 pʰi	披铍皺批砒鈚胚邳丕髬箄 (上)痞否丕秠圮 (去)譬屁 (入)pʰiʔ 匹(有平声)闢劈(有平声)癖擗霹甓辟屄疋(又平声)愊
	欺 kʰi	欺攲崎溪磎蹊袪 (上)岂启起杞芑绮錡玘綮綮 (去)气器弃契炁憩 (入)kʰiʔ 乞吃(又音赤)讫泣仡
	知 tʃɿ	知蜘之芝脂肢枝支卮技(拒也～住了客与技不同)栀祇 (上)止指

		只枳芷沚祉址恞趾旨纸咫 (去)智制置志致至痣緻帜憻贽製鸷寘挚踬 (入)tʃʅʔ质职执絷汁侄蛰秩帙织踯骘郅贽
	虀 tsi	虀赍(以物送人也俗从二人非)蠐擠 (上)济挤 (去)祭际霁剂穧济傺 (入)tsiʔ即积勣绩唧跡迹瘠水七脊鹡蹐稷踖
	希 xi	希稀晞俙欷豨餙歔唏羲曦嘻禧僖嬉手希兮(語有所藉又音移)醯绤熙熹 (上)喜蟢豨 (去)戏係繫呬饩妎(蘇罵婦人曰姿～)系禊欷屭忥謑徯 (入)xiʔ吸翕歙隙汔迄扢虩橵覫肸郤欯扱咭
	鸡 ki	鸡嵆稽笄姬期基箕枅羁羇幾饥玑矶机讥畿譏几肌奇畸礒未 (上)己虮麂纪几穖叽剞 (去)计记寄觊暨蓟冀季继驥髻洎既懻 (入)吉急给级笈击墼殛岌拮汲姞激棘戟佶诘(又云结)屐亟
	衣 i	衣依裔扆咿伊黟医翳漪猗鷖唉(可恶声又音哀) (上)倚椅迤苡 (去)意易薏异缢噫翼翊亿翌肄饐瘗殪懿(又音移)鳧忆 (入)iʔ一乙壹益溢镒邑浥裛挹驿掖液腋奕弈亦佾悒怿绎佚抑憶鈛揖歝弋译峄易臆
	ʅ	(上)以翳已矣偯瞖旖
	妻 tsʰʅ	妻悽萋凄
	施 ʃʅ	施诗狮尸屍鳲釃蓍师 (上)史使豕始矢屎 (去)世势弑试拭轼贳式 (入)ʃʅʔ失适识室湿释饰奭忕
	司 si	司伺笥思缌偲楒罳私斯撕厮丝鸶澌 (上)死巳(又音自) (去)四肆泗駟赐
	兹 tsʅ	兹滋镃资赀粢赼姿谘咨髭孳孜缁菑锱辎淄眦 (上)子訾紫梓姊胾胏滓 (去)渍滓恣胔
	雌 dzʅ	雌鶿 (上)此佌 (去)次佽茨莿厕載刺(又音七)鱵(又音節)
齐二十	齐 dzi	齐脐荠蛴 (去)自似伺俟祀饲
	离 li	离篱缡璃漓醨謧璨黎犁藜剺梨厘狸嫠鹂罹 (上)李理里哩礼裡娌醴鲤澧俚履 (去)利厉励砺荔莅莉吏詈郦丽痢隶鑢俪俐骊醴例疠 (入)liʔ立笠粒历苙力枥栎栗慄溧沥嚦靂瓅癧篥綷玉律率(又音束)
	移 i	移遗贻怡饴嵇彝夷姨痍胰颐匜訑椸迤圯异扅携奚
	时 dʒi	时埘莳鲥弛匙池驰迟墀持蚳箎蜘 (去)事嗜耆示视治雉恃(又音時同義)彘稚峙是禔谥痔(又音柿)莳豉筮噬秲市仕士氏誓逝值殖植(已上三滋本音直) (入)dʒiʔ食硕石(又云择)鼫蚀

	ʒiʔ	〔入〕十拾什
	zi	〔去〕寺牸字姒耜等(竹箱与等不同)嗣巳 〔入〕ziʔ 习席夕蒺疾穸嫉寂籍集辑(同上)汐戢蕺隰葺
	ʑiʔ	〔入〕日实直植殖(又音治)寔湜
	提 di	提题隄缇蹄啼鍉(又音低)荑禔(又音是)鹈 〔去〕地递第苐弟娣棣睇悌杕髢 〔入〕diʔ 狄迪笛糴荻覿敌
	ŋi	〔去〕乂羿诣议鱶劓毅刈乂腻谊忕
	宜 ni	宜尼泥(又去声不通曰～)怩呢妮柅沂倪鯢輗猊霓疑嶷麑仪欎遲 〔上〕你拟蚁祢 〔入〕niʔ 逆溺匿昵昵屹
	皮 bi	皮疲仳枇琵鈚毗纰鎞螕貔痹脾鼙罷羆詖(又音比) 〔去〕敝弊幣佊斃痹婢篦螕庇毖被(本音倍俗谓～) 〔入〕biʔ 鼻弼畀煏痹
	縻 mi	縻糜醿醾靡麋弥弭瀰獮(～猴)罙迷 〔上〕米弭靡 〔入〕miʔ 密蜜宓覔谧汨(又音谷)泌塓幂糸
	mɿ	〔上〕眯
	辞 dzɿ	辞词慈鹚糍磁瓷餈齊疵茨
	其 gi	其棋淇萁期旗琦琪麒耆奇踦祁骑祈祇蕲圻颀旂芪岐俟謦鬾奚骐 〔去〕忌忮妓伎企芰偈綦技岐屐 〔入〕giʔ 及伋极剧(又音忌)
	儿 ʑi	儿輀而洏 〔上〕耳尔迩饵珥駬 〔去〕二贰樲咡
卑十九	卑 pei	卑俾碑萆杯栢陂悲錍箄 〔去〕背贝辈狈
	p^{h}ei	〔去〕配沛霈轡呸
	魁 k^{h}uei	魁槐虧盔恢诙窥闚奎刲悝 〔上〕傀磈 〔去〕愧媿餽饋溃瞶愦聩喟樻匱簣蕢跪佹
	追 tʃuei	追锥骓隹
	吹 $t\int^{h}$uei	吹炊毳推(举也～恕～详也又音煺) 〔去〕毳(吹去聲俗作翠非)
	威 uei	威葳猥隈揋煨偎萎痿烓 〔上〕委诿唯伟(又音位)炜蔿萑韪暐苇隈(高也姓也蘇呼葵)洧(又音悔)壝(即壇又音位)韡餧 〔去〕卫畏纬会秽位惠慧蕙恚蔚慰尉谓偽蜎胃渭餧滙魏喂壝
	圭 kuei	圭珪闺规瑰妫归龟 〔上〕鬼诡癸轨晷簋岿 〔去〕貴桂檜澮繪膾刽鳜儈蹶(又音訣)
	雖 suei	雖尿 〔上〕髓隽(越～郡名)瀡 〔去〕岁碎祟(又音鬼叕)谇
	ʃuei	〔上〕水 〔去〕税说(本音說)
	辉 xuei	辉晖挥撝灰褘翬徽隳麾㕟觹楎 〔上〕毁(譭同)燬虺檓 〔去〕悔诲晦

		讳彗嘒卉贿喙
	非 fei	非霏绯扉菲騑蜚妃飞朏 ㊤匪篚斐翡榧诽悱棐腓蜚剕菲 ㊎肺费废吠痱沸芾
	崔 $ts^{h}uei$	崔催摧榱衰 ㊎翠脆淬膵焠倅啐
	dzuei	㊎罪萃悴遂粹瘁燧晬檡檖篲隧邃
	tsuei	㊤嘴 ㊎最
	ʑuei	㊤蕋蘂 ㊎瑞芮帨蚋(又音纳)汭墜硾锐睡睿箠腄(又音垂)棰倕隊(又音兑)
	堆 tuei	堆 ㊎对碓
	推 $t^{h}uei$	推 ㊤腿 ㊎退
	nuei	㊤馁 ㊎内
梅二十一	梅 mei	梅霉脢媒煤黴(衣上～也)枚玫呞(鸟～也)眉楣嵋湄媚 ㊤美每浼浼脢 ㊎昧妹谜媢沬袂寐魅眛媄(吳人稱母曰阿～)末(本音莫)秣(又音末)瑁(又音帽)
	谁 ʤuei	谁椎槌捶搥锤鎚垂綞陲
	微 vei	微薇惟维肥淝 ㊤尾 ㊎未味菋
	为 uei	为回迴茴蛔违帏韦闱危桅巍嵬亹
	葵 guei	葵揆睽夔逵馗畦(又音其因灰)
	裴 $b^{h}ei$	裴培陪赔蓓醅掊 ㊎备倍陛悖背(本音貝)珮焙狴避(誘因昆)鼙梐被婢旆
	頹 dei	頹(又音兑) ㊎兑怼
	随 zuei	随隋
	雷 lei	雷擂罍 ㊤累耒诔磊壘壘儡羸(又音雷)缧纍藟屢(數次也) ㊎类戾唳酹泪擂
姚二十二	姚 iɔ	姚遥摇窑徭谣飖珧 ㊤殀杳幻(本音患谓虚～)窈窅舀抭窔宎(同上又音要) ㊎耀要燿曜鹞熎闄
	桃 dɔ	桃萄綯啕咷涛梼蘣醄陶焘(又音道)逃淘 ㊎道导蹈菿稻悼盗焘纛帱翿棹
	巢 ʤɪɔ	巢漅耳轈 ㊎召邵劭绍韶肇旐兆
	乔 giɔ	乔嶠侨桥荞蹻翘淆肴峭詨(讲～话)爻蕌 ㊤挢(橋上聲～開)
	潮 ʤɔ	潮朝饶娆荛晁鼂
	尧 ŋiɔ	尧桡

	劳 lɔ	劳憦捞痨哰(俗云～啅音到)醪牢 〔上〕老潦(又音涝) 〔去〕潦涝恅
	苗 miɔ	苗猫描緢 〔上〕卯昴 〔去〕妙竗庙
	迢 diɔ	迢苕龆髫軺佋条樤嬥鲦调(又音掉)蜩 〔去〕掉铫蓧誂调
	樵 dziɔ	樵谯瞧憔 〔去〕噍(口～物也)
	袍 bɔ	袍匏庖炰跑刨咆炮 〔去〕暴鲍抱掩瀑铇
	niɔ	〔上〕鸟袅嬝嫋褭茑 〔去〕尿(又音虽)
	毫 ɣɔ	毫豪嚎壕濠号嗥昦 〔去〕号灏昊皓颢浩
	曹 dzɔ	曹漕槽嘈螬艚槽蹧 〔去〕造皂嶆蹧
	铙 nɪɔ	铙挠猱硇呶 〔去〕闹挠淖
	nɔ	〔上〕恼瑙脑
	敖 ŋɔ	敖熬遨聱嗷謷磝獒厫鳌翱
	ʑiɔ	〔去〕效効傚轿校(又音教)恔挢
	僚 liɔ	僚寮辽嘹镣疗燎嫽撩鹩缭寥聊膋 〔上〕了蓼瞭疗 〔去〕料廖瞭燎嘹撩(一～去)
	毛 mɔ	毛旄髦茅茆芼
	锚 mɪɔ	锚蝥蟊 〔上〕邈藐渺眇缈杪淼秒 〔去〕貌冒帽媢耄眊瑁
	嫖 $\mathrm{b^{h}}$iɔ	嫖薸瓢摽(又音標)
萧二十三	萧 siɔ	萧潇箫橚飍消绡硝销逍霄宵捎蛸 〔上〕小篠謏 〔去〕笑啸肖鞘撨
	刁 diɔ	刁雕凋琱弴蜩(又音条)鵰貂啁(又音味) 〔上〕屌(又音豕)蔈 〔去〕吊钓寫伄
	飘 $\mathrm{p^{h}}$iɔ	飘僄謕漂 〔上〕漂殍剽穮缥 〔去〕票标鳔螵俵(又表去)
	昭 ʧiɔ	昭招朝嘲擽钊 〔上〕爪笊找沼 〔去〕照诏曌罩
	操 $\mathrm{ts^{h}}$ɔ	操糙 〔上〕草艸慅騲 〔去〕噪慥糙
	抄 $\mathrm{t\int^{h}}$ɪɔ	抄訬杪剿 〔上〕炒謅煼 〔去〕钞耖
	交 kɪɔ	交茭郊蛟鲛娇骄艽徼
	侥 kiɔ	侥浇教膠憍 〔上〕矫搅狡校皎绞饺皦噭撽姣缴徼敽 〔去〕叫教较铰校
	标 piɔ	标瞟幖臕瀌镳彪飚猋膘瘭 〔上〕表裱婊
	锹 $\mathrm{ts^{h}}$iɔ	锹幧蹓 〔上〕悄 〔去〕俏诮峭
	焦 tsiɔ	焦燋蕉鷦膲椒憔 〔上〕剿勦 〔去〕醮釂癄膲
	刀 tɔ	刀舠忉魛叨 〔上〕岛祷捣倒 〔去〕到倒(本音祷)
	敲 $\mathrm{k^{h}}$ɪɔ	敲硗跷橇(泥行所乘即今踹～)撬尻
	$\mathrm{k^{h}}$ɔ	〔上〕考栲洘 〔去〕靠焅犒洘

	k^{h}iɔ	㊤巧 ㊦竅趫
	包 pɪɔ	包苞胞褒 ㊤宝饱保葆褓堡鸨
	pɔ	㊦报豹鮑疱鮑(又音撥)
	稍 ʃɪɔ	稍(又上声)梢筲髾艄蕱捎(短～掠也即今打短路贼)烧
	ʃiɔ	㊤少 ㊦少哨稍(本音筲)箾
	凹 ŋɔ	凹坳柪熝麈 ㊤袄拗媪懊 ㊦奥懊坳軪袎抝
	高 kɔ	高篙羔糕膏槔鼛橐 ㊤稿藁缟塙皜槀槁櫜杲 ㊦告诰窖郜酵筶
	蒿 xɔ	蒿薅(去草也) ㊤好镐皞 ㊦耗
	抛 p^{h}ɔ	抛脬泡 ㊦砲炮爆鮑(又音報)泡(水中漚俗謂～)
	遭 tsɔ	遭糟醩 ㊤早蚤枣澡藻 ㊦躁慥灶
	搔 sɔ	搔骚颾慅臊缫 ㊤嫂扫埽 ㊦燥瘙鏁艸扫(又呼嫂)譟
	ʑiɔ	㊤扰赵遶繞
	枭 xiɔ	枭嘐嚣哓鴞烋骁枵歊 ㊤晓 ㊦孝傲鳌奡
	超 tʃiɔ	超怊
	滔 t^{h}ɔ	滔慆韬縚绦饕叨弢夲 ㊤讨 ㊦套
	挑 t^{h}iɔ	挑佻 ㊤眺朓 ㊦跳糶恌祧眺頫
怀二十四	怀 ɣua	怀槐徊 ㊇ɣuaʔ 滑猾穵
	gua	㊤拐枴夬
	来 la	来莱睐猍唻 ㊤攋 ㊦赖癞濑籁赉 ㊇laʔ 臘臈蠟邋鑞拉辣喇臈 癞(火～～非癩字)砬楋剌
	臺 da	臺擡嬯檯薹菭苔 ㊤奤忐(又音坦)紿诒(又音移) ㊦大代怠袋 玳汰黛待岱逮迨殆贷埭 ㊇daʔ 达達韃踏
	柴 ʤɪa	柴砦祡侪豺 ㊇ʤaʔ 煠闸
	才 dza	才材财裁纔 ㊦在 ㊇dzaʔ 雜襍囃(口～出來)
	dzuaʔ	㊇囋濽霅(又云匝)
	呆 ɪa	呆睚崖捱騃獃(又音歹)挨
	孩 xa	孩骸颏咳(又克慨二音)谐 ㊤海醢骇蟹(螃～俗音海)
	谐 ɣɪa	谐偕鞋 ㊦害懈械薤嗳解(又音介)邂亥
	ɣa	㊦䐣(又音艾) ㊇ɣaʔ 狎峡洽狭陿匣柙硖侠辖
	排 bɪa	排徘牌簰 ㊦败稗 ㊇baʔ 拔跋魃
	埋 mɪa	埋 ㊤买 ㊦卖迈 ㊇mɪaʔ 抹(塗～又音末)袜
	vaʔ	㊇乏疺伐筏垡阀罚

皆二十五	皆 kɪa	皆阶喈该街垓陔 (去)戒诫界介价(自呼仆曰小～)疥芥犗(牛耕田曰使一～) (入)kaʔ甲胛夹袷岬袷嘎介戞唊
	援 xa	援(海窃取人物) (入)xaʔ瞎呷
	钗 tʃʰɪa	钗差搋 (去)嘬啮(同上又音业)蠆傞(老～頭) (入)ʧʰaʔ察插锸檫鑔刹猷
	tsa	猜 (去)蔡菜 (入)tsaʔ匝帀札劄紮斫(砍～)眨
	ʧʰua	(上)揣踹
	腮 sa	腮顋揌偲 (去)赛寨(又音豸) (入)saʔ飒撒鈒萨檄靸
	开 kʰa	开揩 (上)慨恺铠凯剀楷 (入)kʰaʔ恰掐
	乖 kua	乖 (去)怪诖(又音归音卦)
	kʰɪua	(上)蒯哙 (去)快筷
	kʰua	(去)塊 (入)kuaʔ刮聒
	斋 ʧa	斋 (上)水 (去)债
	ʃia	(上)洒(又叶洗)灑擺
	㦝 ta	㦝(歹)獃 (上)歹 (去)带戴襶(褦～即今之遮凉帽以布為之)瀻 (入)taʔ荅答搭嗒龠褡鎝韃妲靼詚鎉劄轄
	na	(上)乃迺奶(乳也又俗称夫人曰～～) (去)奈耐萘鼐 (入)naʔ捺呐萘
	pɪa	(上)擺 (去)拜 (入)paʔ八捌哵叭
	pʰɪa	(上)派 (去)憊湃韛
	faʔ	(入)法發髮
	tsʰa	(上)采採綵彩倸寀 (入)tsʰaʔ擦攃投(挨～)礤
	哀 a	哀挨唉欸埃 (上)藹靄藹隘暧矮靉餲 (去)爱嫒薆暧餲 (入)aʔ鸭压阿握轧押
	ʧa	(去)寨豸
	哉 tsa	哉灾災菑栽賳 (上)宰载(又音再与再同)崽 (去)再载(又音宰)
	乍 ka	乍 (上)改解(去)盖(遮～又推原发语辞)廨解(又上声)届溉丐槩
	ŋa	(去)艾碍礙骱
	ŋɪa	(去)阂
	ŋua	(去)外坏
	歪 ua	歪 (入)uaʔ块哈(又音葛)
	ʧya	(去)惴

	筛 ʃa	筛攦 ㊈晒繝 ㊇ʃaʔ杀煞翜箑霎唼
	衰 ʃua	衰 ㊈帅 ㊇ʃuaʔ刷迊(～到某處去)
	邰 t^ha	邰台胎抬骀咍 ㊈太汰泰态 ㊇t^haʔ塔沓榻傝塌遝搨遢蹋怛挞闼獭闒鞈踺忑嗒汏
沙二十六	沙 ʃɛ	沙砂纱裟魦粆 ㊈厙繝閷
	ʃuɛ	㊤耍
	巴 pɛ	巴芭笆疤粑扒葩吧 ㊤把 ㊈霸壩跁靶
	p^hɛ	㊈帕怕
	鸦 ɛ	鸦桠哑丫呀 ㊤雅迓痖哑 ㊈亚娅稏掗
	iɛʔ	㊇葉拽曳噎谒晔烨饁蛺
	liɛʔ	㊇列烈冽裂趔捩睙劣獵躐鬣埒埓
	ŋiɛʔ	㊇业捏啮鯢闑涅孽躡蹩聂(又音色)臬茶
	k^hiɛʔ	㊇慊愜篋锲揭
	k^hyɛʔ	㊇缺阙闋
	kiɛʔ	㊇结劫揭(又音血)颊潔诘讦 拮缬颉孑铗荚擷
	xyɛʔ	㊇血歇挟(以肘掖物俗呼甲) 协蝎叶
	tsiɛʔ	㊇接癤節浃楫节
	giɛʔ	㊇竭碣杰桀垡(死～頭)揲磔
	ts^hiɛʔ	㊇妾窃切
	miɛʔ	㊇灭乜蔑篾蠛蠓
	t^hiɛʔ	㊇铁贴帖餮怗估
	gyɛʔ	㊇掘趆撅(又音贵)穴
	biɛʔ	㊇别彆
	dzyɛʔ	㊇绝截捷諜婕睫
	p^hiɛʔ	㊇撇襒瞥擎弩畢嫳(俗稱～子輕箔人也)
	piɛʔ	㊇鳖憋黴瘪有
	diɛʔ	㊇跌(～一交又～价)
	kiɛʔ	㊇决诀厥蕨槼獗憰蹶觖抉駃玦鴂劂
	dyɛʔ	㊇耋揲碟媟谍叠垤蹀緤蝶瓞絰迭
	蛙 uɛ	蛙鼃窪哇汙(又音乌)呱窊娲蜗騧刳(～脑髓)哯 ㊤瓦摦完(泥土屋)邸 ㊈话画搲桦
	yɛʔ	㊇月曰悦阅钺越軏樾刖粤

	sɛ	(去)嗄穼(俗以物塞满地曰～) (入)syɛʔ 雪屑燮薛躞渫泄洩絏榍糏屟㬠偰
	查 ʤɛ	查揸渣喳謯髽樝樝摣齟揸
	家 kɛ	家佳嘉袈枷加珈迦葭　㊤贾假斝檟㗥(又云古)　(去)架价驾嫁稼
	鰕 xɛ	鰕蚜　㊤岈　(去)罅謼
	叉 ʧʰɛ	叉扠釵踷嗏差　(去)衩杈乂
	瓜 kuɛ	瓜䯄　㊤寡剮　(去)卦挂罣褂诖
	花 xuɛ	花蕐(又音話又音鏵)　(去)化杹
	誇 kʰuɛ	誇姱夸　㊤咵(説話脱～)　(去)跨胯
	tɛ	㊤打
	他 tʰɛ	他它
	咱 ʧɛ	咱　㊤丁鲊　(去)诈柘榨醡酉(窄/皿)吒痄厏咋蜡咤(又音言必)
	跨 kʰuɛ	跨
麻二十七	麻 mɛ	麻蔴痲蟇　㊤马玛蚂妈(母～)吗(广德州乡语言莫为之意)　(去)骂禡
	牙 ŋɛ	牙芽庌呀齖衙呀(小儿曰～子)涯　㊤厊　(去)砂讶
	华 ɣuɛ	华骅铧娃泅(水面人～水)　(去)吴(寒反人竭其力则～)
	茶 ʤɛ	茶搽查(又音渣)余(姓也)　(去)乍閜搓(又音磋)
	霞 ɣɛ	霞暇遐瑕虾笳　(去)下夏厦(称人屋曰大～)
	杷 bɛ	杷爬筢琶钯　(去)耙罷
	da	(去)大
	拿 nɛ	拿拏　㊤那　(去)那(～里有上声)
蛇二十八	蛇 ʤie	蛇闍佘(姓也俗云茶)
	跏 gie	跏茄伽
	gyeʔ	(入)局偈跼倔
	斜 zie	斜
	爷 ie	爷耶邪椰鎁　㊤也　(入)ieʔ 橘繘鷸
遮二十九	遮 ʧie	遮謶(又音庶)　㊤者
	ʧie	㊤扯撦哆偖
	ʧe	㊤偖
	奢 ʃie	奢赊　㊤捨
	ʑie	㊤惹喏婼

	嗟 tsie	嗟罝 (上)姐
	ts^hie	(上)且
	爹 tie	爹低
	些 sie	些
	鞾 xye	鞾 (入)xieʔ 蓄顼欻勗煦旭洫殈畜昱
	kyeʔ	(入)菊掬鞠鞫踘
	$k^hieʔ$	(入)曲麯屈
	yeʔ	(入)役疫彧域阈鬱蜮郁慾欲浴燠鬻狱玉昱煜育毓唷澳棫

附录 2：

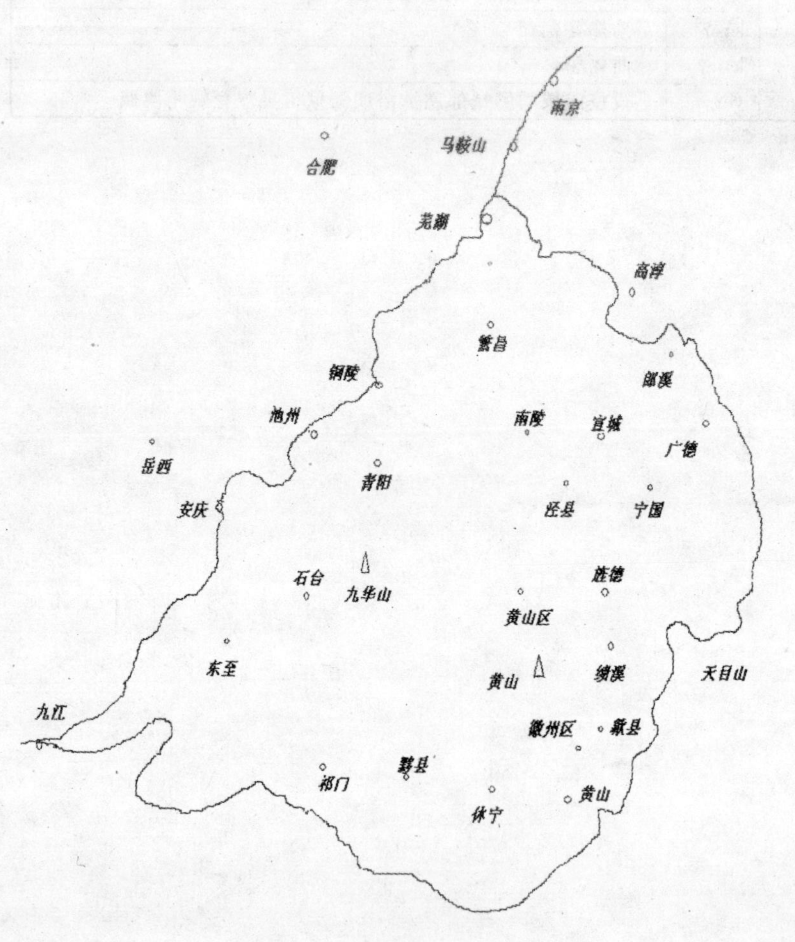
南京
马鞍山
合肥
芜湖
高淳
繁昌
铜陵
郎溪
池州
南陵
宣城
广德
岳西
青阳
泾县
宁国
安庆
石台
旌德
九华山
黄山区
东至
黄山
绩溪
天目山
九江
徽州区
歙县
黟县
祁门
黄山
休宁

皖南地图

附录 3：

池
州
市
宣
城
市
泾县
宁国
旌德
绩溪
黄山区
石台
宏村
汤口
黄
山
市
黟县
歙县
深渡
历口
祁门
休宁
徽州区
黄山市
淳安
浙
江
省
江
西
省
婺源
衢州市

徽州话地区图

附录 4：

江
淮
官
话
吴
语
赣
语
徽
语
当涂
高淳
湖阳
芜湖
湾址
郎溪
芜湖县
繁昌
太平
铜陵
南陵
宣城
广德
枞阳
童埠
奚滩
茆公
厚岸
安庆
贵池
矛坦
青阳
泾县
宁国
陵阳
永丰
茂林
庄村
灌口
九华山
广阳
南极
甘棠
横渡
石台
七都
太平
黄山
旌德

宣城吴语区图

附录 5：

特知我強我之音豈有能變其萬一音哉是故以
言教者勞而鮮功以神感者簡而易從彤建則成
聲聚隊則亂聽習俗必有所離也而後有所合氣
質必有所蔽也而後有所遺視聽思慮必有所塞
也而後有所通吾悲夫世之為聲學者皆螺蠃之
弗如也作螺蠃說

讀等子韻說

字有義有文有音韻學士家守帖括不講於小學
久矣好古君子或致詳於義於文而音韻闕如何

續學堂文鈔　卷二　說　十四

也提其綮也於是為音韻反切之學者率欲宗音
和而廢門法愚以自今為字皆專用音和可耳若
夫讀古人之書則等子門法斷不可廢蓋字以地
殊亦以代別以音言之如端知八母邦非八母精
照十母古上下通切今惟泥孃與南音奉並可通
餘皆迥別而刻反歸照澄反歸床徹反歸穿非可
併廢矣此以代而變也又如北音疑可歸喻南則
自有疑音南音濁母自有濁音四聲俱備又如河

母從清如群與溪定與透澄與徹並與滂奉與敷
從與清邪與心床與穿禪與審匣與曉喻與影皆
相為陰陽又只有陽平一聲餘三聲自歸清母上
聲又歸去聲如群上去皆歸見去聲入歸見入之
類此以地而變也以韻言之如果假攝中今分三
讀蟹攝山攝今分二讀而古皆通叶又如蟹之灰
韻假之麻韻南方猶存古音北則全無此代與地
交變也夫其變也必有漸而其分合也皆有因等
子法以四等攝之十三門法通之亦其所不得已

續學堂文鈔　卷二　說　十五

焉者耳欲讀古人之書則必用古人反切用古人
反切則必欲周知古今南北方言自非等攝諸門
何以該貫愚故曰不可廢也

太初歷考序

余讀太史公歷書未嘗不數卷歎也自黄帝紀帝
堯七十載約略四五百言而命羲和居其中分司
有人測驗有地定中星正氣候置閏餘有法古聖
人於象古欽授勤矣史臣見而知之備志無遺蓋

《读等子韵说》

附录 6：

涇人尚氣發公憤喜稱訂其官吏多造舊人按爲長治[illegible]
臨畜選所撓析也吏猾循謹爭父母奉之至坐事失職猶躡相饋
備水火之餘民易見德矣 康熙府志
涇舊家多聚族鄉落貴主者故市絕浮商亦不厭貫他籍時或任
氣質者輸公義不買者爲私鬭藏所用之豐其剛之過邪剛時科
弟之盛興宜將講學亦相應和至今民間無少長覩讀書士皆加
于人一等與美俗也 二橋志
涇介宣陵旌太間地方百里語言異齊等殊悖反 如以否爲來西南以來爲否之
類 家儀宮羽入鄰郡土 如尾聲近之類 東多商角入徽且沈 若入聲沈北人太低
角重宮徵羽聲商西南角帶變羽商調不張 如書看爲大都喉遜沈之類
餘易乎舌位脣齒混乎齒調土音喆闕婦別多殊矣 宛陵風土記

則崇獎正學修飭名檢往往可觀至桀黠勁悍喜爲訐鬬或剽掠
山谷爲有司病者抑不能無焉 萬曆志
涇士好學間攻文辭科第代不乏人嘉隆間衣冠士宦項背相望
立會于水西講明理學郡守羅近溪暨名儒鄒東郭王龍溪錢緒
山先後會講一時人士翕然聳動有伊洛之風 舊志
田賦高下墳壚黎赤纍纍錯織組之巨纖蒔蕃蟲魚之細莫不炳炳鱗
鱗萃符禹貢地大物豐無愧名區變者里號鳴珂家慈賜帙既已
萬華文羅黼黻天衣而名臣輩出教尚風節往往貪觸蟬蜩肉跡
虎狼嶂巒清流白馬之禍又能辯滂碎首于黃門露囊尸于北
寺塡家雲飛紫蓋水羅黃龍猶有挽魯陽之戈灑萇宏之血者異
足童頑立懦并晁百城矣 順治志

相沿不足爲怪惟久淹親柩大乖仁孝之風舊家巨室兩廳闢然
又各置祀產立祠規歲時薦獻子姓咸集報本追遠于是乎在而
或溺情佛老齋醮紛如上行下效詣之風一倡百和謂之俗倡而
救之其責有在矣 錢志
涇邑風俗諸條略具其他歲時瑣節鄉里節有小殊不煩縷述惟
是敝俗相沿大端有三曰停喪曰溺女曰健訟總三日而殯三月
而葬古之制也涇俗惑于形家之說妄意牛眠龍耳或厝停堂室
或暴露郊原累月經年常歸抔土甚至櫬穿棺露旁觀且爲慘目
爲子孫者能無泚顙乎更或水火不虞尤非仁人所忍言矣父子
之恩無男女一也涇俗貴男賤女女多輒不舉聞鄰者與目前之
逮孕貧乏者憂異日之賠奩乃至富而多男之家亦後相習爲之

郡志稱山民強勁動輒爭鬪相加及就質長吏垂首破產不爲悔
涇民儉嗇鋼膠訟則百計謀爲不惜傾家蕩時長吏或相爬癢爲
僚舁送來有司多鈔筆牘淹苴而間有胥役營或藉神叢而殺
虎鼠戀一二以儆其餘庶幾衰止乎 錢志
舊志涇民鮮事商賈尤賤工作今則操奇贏走四方者多矣甚且
章帶之士往往名登庠序而躬覩錐刀莫由并疆如故戶口日繁
人鮮爲農別謀生是亟圖其所急也 錢志
冠禮久廢婚姻人道之始謂宜門伐相埒德義相輔迺或計較聘
儀貪求奩贈已成薄俗若暖房之習婦未廟見便忘撰蔭之義資
朋蓐遲蝶狎于定情之所甚至寂及嫂叔于義何居明楊升菴有
坐戲婦之篇當與顏氏家訓共陳座右矣禮多委巷之調習俗

《泾县志》

《泾县志》

雅同音(俱[illegible]切)寫避庇微闢同音(俱[illegible]切)([illegible])○西南蛇茶余搽同音
([illegible])莊張章妝同音([illegible])詩思絲尸詞同音([illegible])知之吝枝同音
([illegible])朱諸株豬同音([illegible])餘余遺逾諛貽頤予同音([illegible])黃皇王
亡同音([illegible])方書舒蘇輸蔬舒同音([illegible])盧雌驢犁黎犁同音([illegible])
([illegible])三山杉删同音([illegible])遠烟焉淹醃究湮同音([illegible])文武戶舞伍
烏侮婦同音([illegible])耳語女你同音([illegible])雨矣豎以于與羽迂禹衣
字同音([illegible])西([illegible])治是祢豨痔似同音([illegible])侍寺迭杏同音
([illegible])閣假寄淳恕同音([illegible])潤鄰任順盛剩陣同音([illegible])是禁([illegible])
竹嫁同音([illegible])石宅擇碩翟折同音([illegible])物墨目木沒同音([illegible])
協叶揭桀鵲同音([illegible])及竭合曷盡同音([illegible])字事寺疏同音([illegible])
玉肉獄辱同音([illegible])後編勿拂沸忽彿福同音([illegible])入戎窕迄什

拾同音(俱執切)骨汩谷穀同音(俱姑勿切)佛服斛物伏同音(俱放勿切)遜習
滿遺同音([illegible])皆聲義之混雜無辨者至紅五兩韻平上同聲全
入鼻音反切俱窮三江六麻七陽俱張口音而作倭口則已全設
([illegible])
口音而作張口與今韻刪咸同收則雖半說猶屬神韻之可過來
所謂涇方言之盡非也(縣志)
按涇人口齒硬休歙較清其輕重緩急聲轉亦尚可以意
推如家之曰各曰畧同聲字也如生曰商爭曰杭臭曰湊
等皆同韻字也鄭君係縣人故所記獨詳今備錄之以存
一方土語云
又慈如稱母曰姐稱曾祖父母曰太公太婆等語皆甚典

涇縣志　卷二　風俗　二十

見于歷代史書又非可以方音例之
氣候(一名歲時雜占一名田家五行說)
正月斗建寅自元日迄穀日皆欲晴占曰一鷄二犬三豬四羊五
牛六馬七人八穀晴則所用之物育陰雨則災是月也農始治田蓄
水元夜初日占百果中日早稻末日晚稻諺云雨打上元燈早禾
一束藁月下旬宰鷄圖爲畦乃挲桑鷄乃嫗伏育子
二月昏弧星中驚蟄占雷鳴先節鳴多雨是月穀滋種乃播不欲
寒始理蠶事祭社新來實圃殖胡麻芋木棉
三月參則伏三月聽蛙上午鳴原田熟下午鳴濕田熟唐諺云田
家無五行水旱卜蛙聲是月上中旬分秧立苗婦乃治蠶用清明
日占晴雨晴則蠶宜桑貴叔春芥爲菹殖麻藍菽

四月日在畢八日雨青立夏日小滿日宰宜雨諺云立夏不下高
田放罷小滿不滿芒種莫管以梅實卜秣田稼諺云樹無梅手
無杯是月也農乃登麥賤禾立苗婦女織葛績麻
五月招搖指南斗參則見農需是月大雨諺云大旱不過五月十
三一平驗又二十日爲分龍日二十五日爲回龍日數日不雨則穀
歉諺云分龍不下回龍下回龍不下乾亞亞圃混藍收梅小麥乃
登
六月初昏斗柄在上郎立秋在月晦則旱稻秋始熟諺云六月秋
要到秋七月秋不到秋圃乃艾藍
七月昏建星中七夕前占河影影沒三日見則穀賤七日後見穀
貴農乃登穀祭田祖食新穀圖殖菘菀芥

涇縣志　卷二　風俗　二一

《泾县志》

附录7：

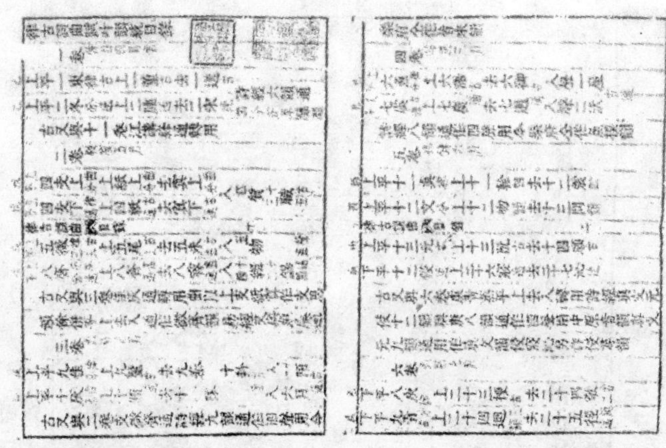

《律古词曲赋叶韵统》(节选)

去二宋

一卷終

律古詞曲賦叶韻統卷之二

新安程元初全之編

西吳朱元儀正生訂

上平四支　上四紙　去四寘　入四質十一陌

上平五微　上五尾　去五未　入五物

上平八齊　上八薺　去八霽　入十四緝

律三平聲分用古詞賦分平上去入通用又與此

仄分平上去入轉用上去通用元詞用此十四部

律古曲韻卷之二　一

與音仄八韻通用又有通廣第八韻者中原音韻

分支紙寘秋分稱四音作支思韻餘通作微齊

分支紙寘分上下由則上為支思韻下入微齊

詩詞賦則不分上下通用

平四支上

《律古词曲赋叶韵统》(节选)

附录 8:

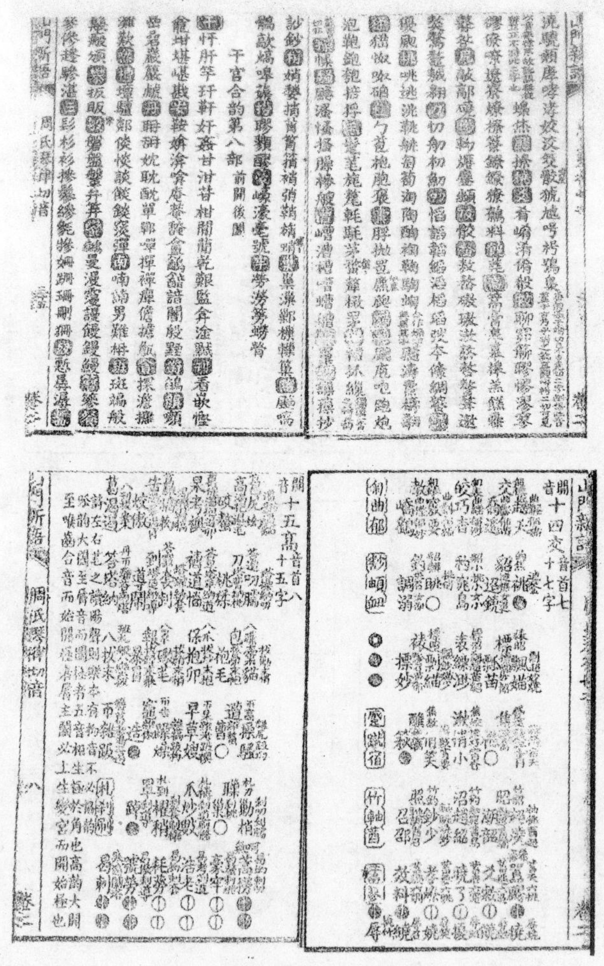

《山门新语》(节选)

附录 9:

韻通　序

《韵通》

一用去聲以沈韻四聲之法訂上下平之字
沈約因天子聖哲爲平上去入之四聲至承漢魏詩無權韻
編之法初無去平聲音之道也至唐訂爲四今書以平爲
偕分上下而失陰陽矣然因以葉詩爲再后清所以更參之
新府廣韻遂知一書所謨別移字安調矣今詞家以此曲以
曹元字講始有其混究其疑蓋以陰陽字亦明以今昧其失
平而反爲陰明其下平而反爲陽操以原有之三反聲謂之陰
陽上去入無平並係各當時承陰陽不得而入聲字有有撤
羽之名聊分上下平以塞責爾

例說移陵

天陰聲　彼平聲上校好書陰陽上去入五字凡有聲
朝陽聲　無字者作○有字者字內字之旁注其與圖
紀上聲　者字加紅圈
爲去聲
國入聲

一緊字入相沿之訛切見四聲派系音之陰
唐和陸德明經傳音注爲手卷首四字沈德唐顏之可
推辯者蓋德唐生長吳興而六經之傳授自北方竟沈而鹽
歐之其聲而韻讀所遂從者四北音剛厚南音和柔顏讀
習方而遂將北音俱作南音究其方言而北音亦去而北宜

以清南老生乃有倚依然身之請乎夫北音爲韻本所遺者
以廣字本方遂翻爲陽聲而韻本音関以陽爲陰夫之其底
字本系居翻爲陰聲而韻本音同以陰而陽失之矣今舉陸
德明莫才老所載于經傳者及古詩賦可以見其陰陽之辨
不清物下字之法字而實陶天之參也然水溢之脈說也黑劉勰
著文心雕龍聲音篇已罩高義明其沈庚末之見耶

一約二十字母辨神珙三十六母之訛
說文曰字者孳也合辭爲字切已有母子之說矣[illegible]難不[illegible]謂
之華嚴之條教于孳乳不而香所多見翻字字如牧童之頭以且
且音疵也且翻成字也以玉篇等書稱之爲而詳許搭連而失於
釋而成體四　梵學而雜使寫而說新緣而師章身爲那行矣
而直字而廿四字而卅字四字以耳使書合音而敷氏
字訓詁郭璞以而未嘗翻切而始于服虔沈約以郎氏周識
本爲釋氏之自不知釋氏之音和門以華嚴者謂此方真和諧
清淨去音聞而四二母梵唱故人識辨而唱可合而細音遂現
字者清意和非而人識字辯翻之事也即釋子亦不自解以
以等韻自居義及元魏以入中國字因美諸家而識娘者其
知梁音謂之攝羅門所有神珙遂三十六母而而馬韓林
所編殘廢韻而笑也夫見漢章故犀為漢同乃制聲論遂
宝依宗而端同乃刪字韓諸並乃其同聲乃刪並然清濁必

二

韻通

四部詩同通四同部內韻詩部不依洪武韻字序書詩韻同
其徵同字麻陽同蕭同韻乃州不御澄嫁字韻寫皎迥億冷
迥同皎陰冷同疑成州迥億冷字支風沉支同支通同沉乃州
方附來月韻字之原其始中平嶽毅之不圖尚乃至本每字方門表
而更按別無無見其韻然宜韓子之論乎字粗行世再的子理
夫之書而合古後之韻切之法也之不能而氣韓天下之乃於
今而係宮字者以義合協詩則字復者自見其多一十六篇
貢瓊維帝統疑寶玄民宗蒼雲嶺泰石華
風無浪華
見漢疑空遠流帶淸明精從心懸穴窩皎方

徵泰日
一序陰陽以補平韻之道以美反音之後字
字母之本稀由流動之字合陰陽遂為齊追其協而後聲為陰則
寅為陽聲而上即為主抑而入四聲之陰影即抑而寅宗即抑
而不取陰字寅寅而不以上去入呼之為陰寅宗即抑之而聲文
而陽聲而陽則亦而陰養而上深而去抑為入四聲之陽養
深抑即其養深抑何不取陽字續其而不以上去入呼之為其
陽養深抑去而聲乎而是推之五字陽額安戲韻方之而書之
淡方也左右人抑字額今議之去而通之後滴見即同之後滴
韻見字大稍見今附之請通陰而同陽者也則無號之本移

一部沐其五十一字四部共沐二十一字四字又陰陽四十
陽增四十共增三十二字號陰陽上去入十有去去而系往
至今者共四千四方門用以譜之樂律以之管弦詠之其從也
制韻之冕為之清高山流水必有知之者
一吞韻學之便捷以補韓教之缺誤
合二聲為一聲上字母而音下字十為聲學者先以陰陽上去
入五聲調盛則餘十九居之五聲皆共再四部陰陽二十
字調無一行則餘四行之八十字皆無來一部字聲調無則
餘四十二部皆無再以他部之內以十年部之聲以標祀
直為詩之未係以知其類知而第十三字而五第十三字而十字
也拳福韻拳其第一字福字第一字而國字也久之諸十自然也
衛十而其依韓文十五折門以之拱音韻要序見字母吹切而繁
稱以意世默氏也已久來而吟子稍能以攻聲者韻苦為韻事
堂安人性於
一拳近代韻切陰陽五聲以救古法之謬
稱氏字韻韻而意其求近代以而相洪之契也部號出而清林字
小說見當無之之韻再其取人韻切而東字本陰聲而而說紅翻
某十以陽聲為詩中之陰字其字上清上韻則以陰聲陰為而
來依而去去洪叶韻切而亦而空微業為見字韻而古存不甚區
業其字陰陽可知也其去戲對而國四十四部也而書字足

三

韻通

陰 陽 上 去 入

陰 陽 上 去 入

陰 陽 上 去 入

陰 陽 上 去 入

五

陰陽上去入

金欽音○天南○覃○駸侵心尋琛深歆風○簪任
涵琴吟○○誑○○進○○沈○○○嬌林士
歸吟欽○○○○○○霸寢稔枕○審品○富廪錦
禁○滲○○○○○○○浸沁○○鴆甚諗○○○任
入○泣揖○○○○○○○集○霄執○十吸○○立○

[illegible]

陰陽上去入

京卿○丁汀○娉 呼鞠精青星征稱聲○○溫聲○
○擎盈○亭凝爭平明○情○○成繩形○文陵仍
景警影頂挺寧丙品整并請醒整騁審詐○○鏡○
敬慶映定聽寧柄病令淩倩性正娉聖甕○○令認
敕微益的剔溺僻劈覓積昔習○不覩○○力日

[illegible]

陰陽上去入

津欽陰○○賓湯旻津親辛臣嗅申欣○○令○
○○銀○○紉幽○民○秦鄰○陳辰瑰○○鄰人
緊○引○○○○閔儘○○盼○廪○分○○忍
新欠慭○○○鬢○命晉○信震○○○○○令任
入○○○○○○○○○○○○○○○○○○

[illegible]

吟陽上去入

[illegible]

陰 陽 上 去 入

陰 陽 上 去 入

陰 陽 上 去 入

陰 陽 上 去 入

韻通

七

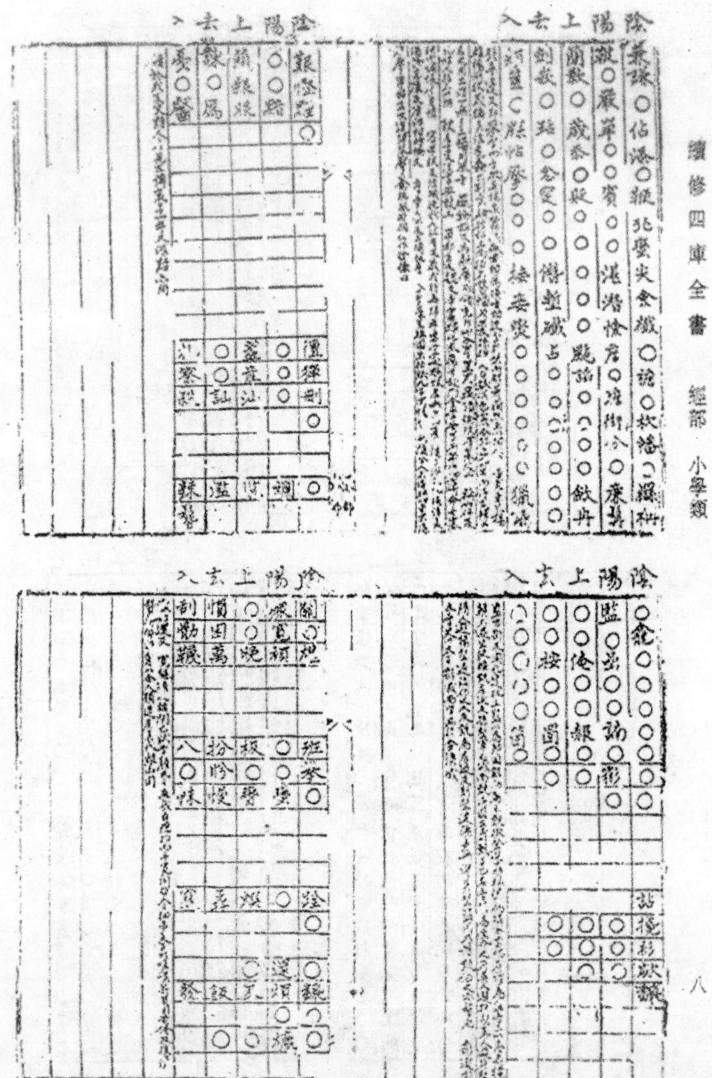

陰陽上去入

續修四庫全書 經部 小學類

八

韻通

陰陽上去入

官寬豌端蚴濡播潘○鑽費酸○○○縮 藥○
貫○完○團男○盤瞞攢○○○○丸 竄○
管歎宛短探暖○○滿纂○○○○○ 卵○
灌○玩鍛彖○半畔慢○○算○○ 亂○
括廓○斡脫訥薄撥末繳撮索○ 活 捋○
[illegible]

陰陽上去入

干看安單灘○攤拳○○餐○○軒 ○○
○○○殿○○○○殘○○○○ 蘭
○○○○○○○○慘繖○○○○ 嬾
○看○○○○○○○○散○○○ 爛
○○杰○○○○○○○○○ 躐
[illegible]

陰陽上去入

甘堪諳端貪○○○○簪參瀦○○○醋蠕 藍○
○○○談南○○○○蠶○○○含○ 婪○
感坎闇毯禫滿○○○○昝慘糁○糝○ 覽○
紺勘暗啗娦○○○○○三○憾痖埮 濫○
閤榼浮○○納○○○○鞁○又○○ 日○
[illegible]

陰陽上去入

歌柯阿多拖○○○○麻嗟蹉娑○○呵 ○○
○○○○駝那○○○○○○○○何 羅○
哿可○○○○○娜○○○○○○○ 邏
箇可○○○○○○○○○○○○舍賀 邏
[illegible]

九

陰陽上去入

戈科窩多○難波坡摩鄧○挼遮車施○○

柯○鵞佗陀○滹○魔○鑼家○○○○○騾

果棵○朶妥○頗○馬○所○○○○○○○虛

過課卧惰○懦破播磨○○○○○○○○○

陰陽上去入

陰陽上去入

陰陽上去入

韻通

陰陽上去入

陰陽上去入

陰陽上去入

陰陽上去入

二

陰陽上去入

規睽巍雉椎○杯睢杖雖惟雖追吹○灰飛○纍
傀葵爲追頹桵摧培梅劑彖隨雖椎誰○隹○
說毁尾 膸餒○倭美肯滜蕤髓○水毁變○壘蕊
貴喟謂對退内背配妹醉翠嵗贅吹對悴肺○類菊
○○○○○ 啐促萃遂出叙○○

陰陽上去入

姑枯烏乎湯頭○鋪謀租粗蘇諸初疎呼乎○樓𥻘
豕恢吾○徒奴○蒲○○雛○周○○胡狐無盧儒
古苦五覩土弩補普母祖楚聚數乾○虎輔虎魯○
顧庫誤妬兔怒布鋪慕祚措愬注醋○互父○路○
國哭屋獨禿○不卜穆○○俗親促○觸蔔○祿辱

陰陽上去入

居區迂○○乎卿○○疵趨須朱樞書虚○○盧○
渠集魚○○袪○○○且萡徐○除殊○○他閭如
舉去語○○○○○苴取○者主杼暑許○○呂汝
據去遇馭○○莫○○狙娶絮竭處樹○○ 慮孺
○○○ ○ ○

陰陽上去入

基欺夜伊稀犧知紕○齋妻西知癡詩塵非熙來
騎其移疑啼泥羆此○迷劑齊私饆○詩唉肥徽題
己起虵倚抵禮你比疵米○初徒引此六喜匜尾里
寄器○第替○閉○婿濟砌細至嫌世戲忕泚剃○
吉乞一的曲踶必匹密節七席嚏迄四奚聆 力 日

陰陽上去入

韻通

陰陽上去入

陰陽上去入

一三

陰 陽 上 去 入

陰：鉤彄謳兜偷○吥鯫（緅）諏搜鄒篘○啁○○剻馡鋭
陽：雛摳嘔○頭鯫不○謀溲剽廇構愁犙夷淨扶松○
上：茍口耦斗黈○○剖㧡走○叜擻迼○吼○○蔞○
去：搆寇○鬪透耨○噴茷奏○嗽縐○○扂○○漏肉
入：○○○○○
[illegible]

陰 陽 上 去 入

陰：鳩丘憂○○○彪○滮啾秋潸周抽收休鵃○邮○
陽：繆求游○夭○○○○遒囚囚鞻儔讎○浮○留柔
上：九糗酉○○紐○○○酒○○肘○○○○柳蹂
去：救○幼○○○○○○就○秀○獸鏉○○溜糅
入：○○○○○○
[illegible]

陰 陽 上 去 入

陰：光匡汪當○湯邦○○將鎗相莊窓霜荒○○腜○
陽：○狂王○○○兵儻○妝牆象○床○○○○商○
上：廣廳枉黨○○攩○莽○○○仿○○晃○○朗○
去：誑曠望湯○○鎊○○葬○象壯創○○○凡浪○
入：郭○矍○○○發潑末○○削捉斲朔○○○○○
[illegible]

陰 陽 上 去 入

陰：岡康佚○湯○幫滂龍臧倉桑○○○行方○鸞謾
陽：康○昂東○黄冰徉莊臧○螃○○○○房○郎○
上：吭慷鄉黨○讜榜○莽髒○○○○○狼紡○朗○
去：䌉抗盎宕○曩謗（膀）○葬藏○○○○行放○浪○
入：各恪惡○○諾博朴莫作○○○○鶴壽○落○
[illegible]

陰陽上去入

江羌騹○○○邦谾厖將鏘襄章昌商降芳汪亮○
疊強昂○逿○彭龐茫將詳○粮○湯○○○○
講殭○○○榜○莽蔣[illegible]享敞賞○訪罔兩嚷
絳弶○○○傍○○將猷相障唱[illegible]○放望諒讓
甲卻押○○○核○抹醬○劘酌斮較○○藐略若

陰陽上去入

○○釵○○○○○芊○○哇適車者○
○○爺○○○○○○○○○○○○她○
○○也○○○○靴○嫭姐且寫求和哈○
○○夜○○○○○○借藉謝蹠○射○
結○業疊鐵毗剔撒蔑節妾靈洇很懺歇

余編韻既成同學見者一日尤擬惜以為淺未有之妙乃知事本庸常刻無字
解曰斯人習矣登察商多知其例辯難可為詳悉故不敢[illegible]
世有說氏設曰聲為五音而有陰陽是以[illegible]翻音之始分第音某聲為陰
陽陰聲其名而莫測其義洪周德清謂曲之辨則亦為勝以本國朝命樂韶鳳
劉基陶凱諸儒彙一代同文之制為正韻但前人之作者而聚訟[illegible]六韻可[illegible]
燦然日星開錯發于萬古矣余注字引類不為翻切之法總由陰陽之學不
講而律吕之義不明雖然樂府詞曲戲柔靡無所用亦將有樂律之音九宮
圖既可以按譜和聲矣黄鍾上下損益之旨[illegible]晝夜吹鼓之法而
字擇之則斷然一編助赫家大乾坤不息之心有明之者未為同道人跋

附讀韻法

讀韻捷法已注于前但諸二十字先以二字作一句讀之亦和公空翁上字 [illegible]

東通○ [illegible] 和邉鄣 [illegible] 中充○ [illegible]

烘風○ [illegible] 并以二字作一句讀之聲○

[illegible] 北陰叙宗 [illegible]

之極熟則陽上去入四聲皆熟矣今附翻切捷法

平時先用四十字作二字句讀之極熟難之極明遇有切數則一下字一唱而平

時若記之二字便永錄之即讀二字時下字而反於六

金堅　輕牽　音烟　丁顛　汀天　寧攏　兵邊

平便　民眠　精箋　青千　新仙　真氊　嬸嬋

六

邦類　撫軒　分番　温灣 [illegible]　奔蓮　人然

假如遇公風切則先唱公字而金熟二字自接之叶入風聲而為

貢字矣又如空雲切則唱空字而輕牽二字自接之叶入雲聲而為

瓊字其餘俱依可類推也

貢 公遇切 公金貢　　瓊 [illegible]

雖 [illegible]　　帝 [illegible]

綟 通孔切 [illegible]　　錠 [illegible]

寶 [illegible]　　丕 [illegible]

民 [illegible]　　宗 [illegible]

蒼 [illegible]　　雲 [illegible]

聰 [illegible]　　昏 [illegible]

石 [illegible]　　華 [illegible]

風 [illegible]　　新 [illegible]

浪 [illegible]　　草 [illegible]

又未箭子習韻三十年始五五音二十母一百位四四門經之補上

為萬古不易之法韻學至此真令鬼泣衆而無疑恐有不明者乃代

立讀法翻切捷法如右欲人同為研窮不負作者之苦心云爾並非余之所

好實欲大雅君鑒其勤不朽業也

西湖同學後先[illegible]集[illegible]識

翻切法可不作學習而知者集之為人難其渡也參之助余之不逮

之實謹識

附录 10：

平聲陰音第七

《音韵正讹》（节选）

附录 11：

《元声韵学大成》(节选)

附录12：

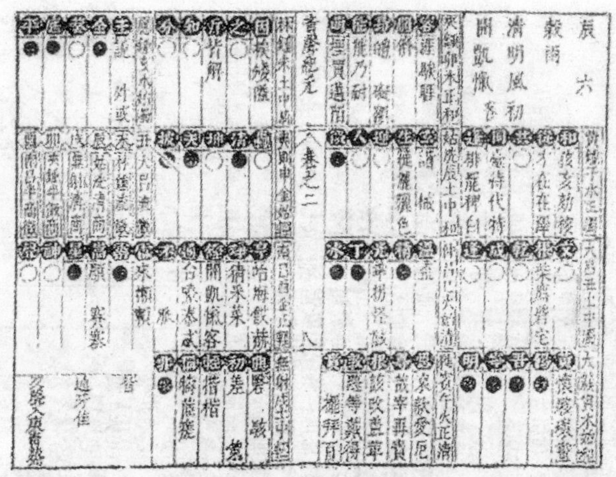

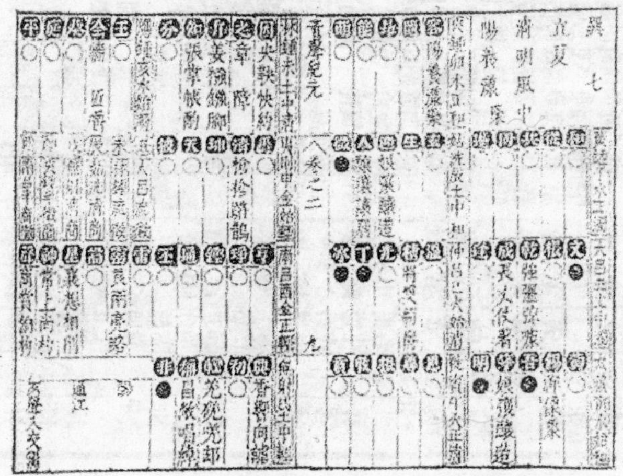

《音声纪元》(节选)

附录 13：

《徽州传朱子谱》

附录14：

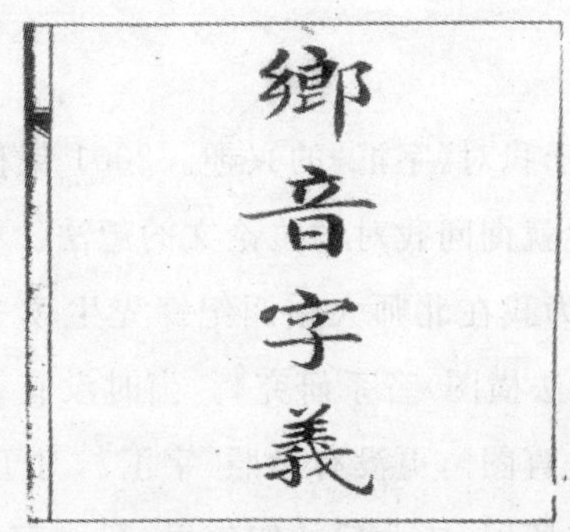
鄉音字義

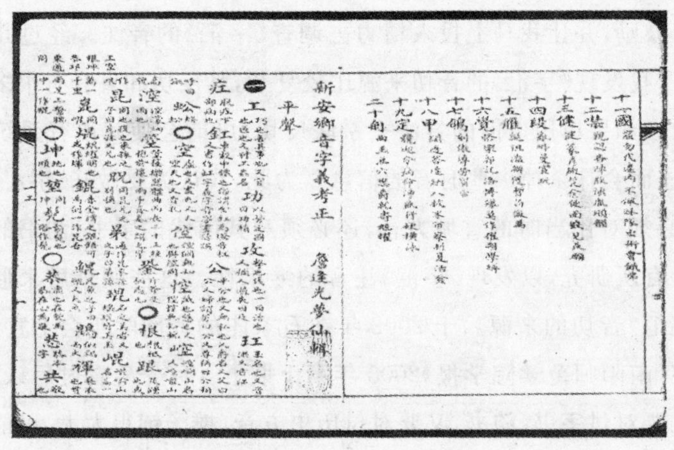
十一國

十二攏

十三健

十四段

十五雁

十六覺

十七礪

十八甲

十九定

二十剑

新安鄉音字義考正　詹逢光夢仙輯

平聲

《新安乡音字义考正》(节选)

后　记

本书的写作始于我对《字汇》的兴趣。2001 年秋天，我刚刚进入北大，业师何九盈先生就询问我对学位论文的想法。我回答说，我想研究《字汇》的注音。因为我在北师大跟谢纪锋先生读书的时候，硕士学位论文的题目 是《〈韵法横图〉音系研究》。当时没有结合南京方音，也没有全面地比较《韵法直图》，更没有参照《字汇》，对于这几种材料之间的关系还是一片混沌，所以，毕业后的四年里，我一直对这些材料"耿耿于怀"，希望这次趁做博士论文，能够啃下这些骨头。何先生对我的想法给予了鼓励，并让我马上投入精力去调查《字汇》的音注。经过几个月的奋斗，我发现《字汇》的音切来源比较复杂，其反切和直音有很多地方不一致。如果单用以前的方法去系联反切，可能会使其语音系统更加混乱，进而会抹杀掉一些时音的信息。为此，我认为要做好《字汇》音的研究，必须对比当时的宣城方音，还必须对其前代的字书、韵书的反切和直音有所研究，以发现《字汇》注音的继承性。这些调查后来形成论文《〈字汇〉音切的来源》，于 2002 年在石家庄的音韵学年会上宣读，后发表在《南阳师范学院学报》2003 年第 1 期上。何先生看过后认为，如果我又要对付字书、韵书，又要对付历史方音，摊子铺得太大，可能不好把握。他建议我要么先研究近代字书的承袭关系，要么先研究明代的宣城方音，如果这两方面搞清楚了，毕业以后再对《字汇》音切下手不迟。当时决定先攻下明代宣城方音这一块。

研究文献，一定要结合实际语言，这是何先生的一贯主张。何先生认为，汉语史的研究生一要得到古典文献方面的训练，二要得到活的语言的方面的训练，而且，在研究工作中，应该把文献研究和实际语言结合起来。他说，历史上的汉语资料极其宝贵，应该下大力气弄清楚。如果一个地区有文献保留下来而研究者不去利用，而只关注活的口语，那他的研究就会只停留在表面。相反，他也不同意一味地只研究死材料，而不去结合方言实际。因此，只停留在文献，或只停留在方言的研究上都是不完善的。在研究皖南方音史的时候，一方面要尽力搜求、钻研传世文献，另一方面又要抓住现代方言调查和研究成果，最好在条件允许的情况下，亲自做田野调查。

把文献研究与实际语言结合起来，是何先生"散点多线"汉语史观的体现。"所谓'散点'是指在同一历史平面上不能只有一个音系点，而应根据方言情况建立多个音系点；因为方音不同，同一线来谈发展是不可信的，应该是'多线'发展。"（《汉语语音通史框架研究》，见北京师范大学民俗典籍字字研究中心编《民俗典籍文字研究》第一辑，商务印书馆 2003 年。）建立地域方音史，揭示地域各历史阶段方音的面貌，是建立完备的汉语语音通史的基础。近代汉语方音资料丰富，为研究方音史提供了便利；近代时隔未久，方音变化有限，进行文献与方音的比较研究有良好的基础。因此，师兄王建喜和我分别选择了明清中原官话语音史和明清皖南方音史作为研究对象，试图弄清楚这两块颇具特色的地域方音的历史，为汉语史和方言学的研究提供有用的资料。

在最初收集资料时，我还只是主要以明代宣城为中心。后来，发现清代泾县人郑相如的《泾县志》记录了不少当时的泾县方音，加上其他几个县志的方言志，可以跟明代的宣城方音韵书《音韵正讹》对比研究。再后来，何先生又建议把徽方音加进来，把研究的范围从一个宣城地区扩大到整个"皖南"。皖南方言，尤其是徽州方言，内部纷繁复杂，长期以来一直是国际、国内语言学界关注的热点。徽州方言的归属等问题，一直困扰学界多年，至今聚讼纷纭，莫衷一是。如果我们对徽州方音的发展状况作一番考察，虽然未必就可以彻底解决这些问题，但自信能起到总结与推进的作用。

确定题目以后，何先生找我谈了总体构想，然后，我每隔一段时间向何先生汇报一下进展。论文初稿出来以前，呈给何先生两次；预答辩和答辩稿也都呈何先生多次批阅，每次稿子拿回来时，上面都密密麻麻地写满了批语。何先生年过古稀，依然精神矍铄，笔耕不息，给我们树立了榜样。如今，已经毕业两年多了，但论文并没有因为毕业而停止它的完善，何先生也没有因为把学生送出门了就不管了。我每次打电话或者拜访时，先生总是询问论文的修改情况，目前的学术进展如何。从先生身上，我能够体会到"学者"这两个字的真正含义，那就是把生命投入到学术中的人。

我不是安徽人，只是对安徽北部的中原官话有所了解，对中部的江淮官话就不甚了了了，至于安徽南部的方言，只能说是纸上谈兵。为了对皖南方言有个感性的认识，我在2003年夏天前往宣城和黄山调查。当时正值盛夏，江南风景美不胜收，黄山、九华山就在身边，但我却绕山而过。不少人建议，那么远跑来了，何不游览一下？但我好像不知美景为何物。现在想来，倒真有点后悔。不过，这也反映了我那时的一种心态——心无旁骛，就是要把论文做好，把不明白的地方弄明白。尽管如此，遗憾还是不少。比如，在研究明代徽州方音时，没有利用《万籁中声》，台湾学者关于《万籁中声》《字汇》的最新研究没有吸收进来，等等。好在本书的宗旨并不是贪大，以后做《皖南方音史研究》时，再行补上不迟。

本人天生驽钝，虽愿精进，但收获不大。幸赖生于其时，得到来自各方面的支持和鼓励，才得以有今天。本书写作中，首先得益于业师何先生的指导。在开题、预答辩、答辩时给予指导和帮助的老师还有蒋绍愚先生、郑张尚芳先生、刘广和先生、张联荣先生、李小凡先生、郭力先生、孙玉文先生、张民权先生、张渭毅先生、李娟先生、胡敕瑞先生等。他们的指导使我避免了很多错误，提升了论文质量，还将深深地影响我以后的学术道路。张渭毅先生指导尤多。跟他过从的这几年里，让我受益良多。在论文写作过程中，何先生让张渭毅先生参与我的论文指导工作。他审读过论文的初稿，并提出了中肯的意见。他的不少宝贵意见都得到何先生的肯定，在并在本书中得到采纳。北大中文系还有很多老师在课内、课外给了我不少指导。本书入选商务印书馆语言学出版基金以后，王宁先生、鲁国尧先生、王洪君先生又提出宝贵意见或建议。在此，谨向以上诸位先生表示感谢！

我还要感谢我攻读硕士学位时候的导师谢纪锋先生，和王宁先生、邹晓丽先生等。是他们的学养和教诲引导我走上了今天的道路。虽然从北师大毕业多年，但他们对我的关心、帮助和指导从来没有停止过。作为本书一节的《明代徽州方音》曾经于2005年春在“汉声社音韵学沙龙”上报告，得到与会诸先生的指教。在我前往皖南进行方言调查时，得到宣城市教委王鳞芷先生、北京印刷学院沈少华先生、黄山市岩寺区江慧利先生，以及宋慧献师兄、施春宏师兄，和几位发音人的大力协助。在论文写作过程中，曾经就有关问题，请教了多位专家，在此不能一一列举。在此深表谢意！

感谢商务印书馆为本书出版提供的机会和资助！感谢出版基金评审委员会对本书的认定和提出的意见！感谢评审专家郑张尚芳先生、赵日新先生的评审和修改意见！感谢商务印书馆周洪波先生、何宛屏先生、谢仁友先生、金欣欣先生为本书的出版付出的辛劳！感谢责任编辑由明智先生认真、细致的工作！

最后，我要感谢我的父母和家人！父母远在豫南乡下，他们知道，做学问既不能给家里提供宽裕的用度，也不能在家里遇到困难时给予有力的帮助，但是他们没有任何怨言地理解我的选择，支持我的工作。

妻子张喜梅和儿子都克勤克俭，鼎立相助，陪我一志坐冷板凳。有了他们这些坚强的后盾，才使我可以义无反顾地从事自己的事业。

本书虽已出版，但是学问才是起点。希望博雅君子多所指正，使这个起点能够稍高一些！

高 永 安

于西郊世纪城

2006年11月28日

专家评审意见

郑张尚芳

皖南方言在汉语方言研究上是一薄弱环节，对其现代方言的共时描写的专论本就不多，远逊于其他各方言的研究，对其方言史的研究更是空白。本书搜罗了明清时的传世方言文献，进行探讨、重建与比较，这是很有价值的选题，是一填补空白的创举。即或有不足，也是开创之作难免的，因此是有出版价值的。

本书把皖南方言分为宣城话和徽州话两大类，相当于《中国语言地图集》上郑张所定宣州片吴语及徽语。书中以宣城《音韵正讹》为明末宣城话代表（以芜湖《韵通》、广德《元声韵学大成》为辅），以《泾县志》作为清代宣城话泾县型代表（以宣城《读等子韵说》为辅）。另以黟县《律古词曲赋叶韵统》为明代徽州话代表（辅以歙县《音声纪元》、祁门《韵法直图》，婺源《朱子谱》，以宁国胡乐人所作《山门新语》为清代徽州话代表（辅以黟县《新安乡音字义考正》、婺源《乡音字汇》，各自作出音系分析，进行重建音系的尝试，对代表点的音系分析做得很细致（书末还附《音韵正讹》的同音字表），并进行方音差异和一致性的比较，指出音韵特色，并企图发现方言区内语音演变规律及方言接触所发生的作用，从而为皖南方言的归属提供历史根据。各书音系的构拟音值，虽不是全都恰当，但也可代表其一家之见。

本文的研究使用了新的研究方法：文献考证法、历史比较法及层次分析法。以文献与方言参证，从而复原重建方音的历史面貌，并以此交待皖南宣城话古浊母的弱化、清化两种方向，这类尝试也值得肯定。

本书占有材料比较丰富，做到历时研究与共时研究较好的结合。在历史音韵方面照组多拟为 ʧ 类，这是和通语史近代音相合的，但日母几处拟 ʑ，还需考虑。

宣城话古全浊声母，本人调查所闻多为前清送气与浊擦音、流音，书中分作 ɦv、hv 两式，冠 ɦ 比冠 h 的还多，此等前浊送气处尚需再核对。

音标有几处印得不规范，要加强校核，如：

p. 46 表 2—11，□ₙ 要补音标，注 10 中 hɤ 是 hɣ 之误。

p. 85—98 各表匣母 ɤ 当作 ɣ，附录同音字表中也多处出现同样问题。p266 亳 ɤɔ 同。

p. 48(2—12 表)、p. 112(2—36 表)等处的“奉 ø”都要改为“奉 ɸ”。

第 9 页 4 个表 1—3，1—5，1—6 表中的“徽州话、宣城话”互倒。表 1—5 南极“难”声母误 k。9. 7“跪”字读清送气作例外看，其实此来自“苦委切”，非浊母来源。

又 12 页引郑张说徽语特点，引《现代汉语方言概论 · 徽语》，还当补表 1，床状不同母，表 3 灰徽不同韵，表 4 通摄不读 uŋ、oŋ 等特点才全面。

郑张尚芳

2005 年 12 月 9 日

专家评审意见

赵 日 新

书稿利用传世文献和现代方言资料,重建明清时期皖南方言的语音系统,并在区域内部进行横向和纵向的比较,讨论宣城话、徽州话自明至清直至现代的演变特点和规律。

书稿材料丰富,作者选用十三种传世文献(其中宣城明末三种、清三种、徽州明末四种、清三种)。文章用这十三种历史音韵材料描写了明清两个地区宣城和徽州的几种不同音系,再辅之以现代方言材料,分析宣城、徽州方言的古今演变。

书稿作者具有扎实的音韵学功底和较强的驾驭材料的能力,运用方法得当,分析比较深入,也有一些新的发现,较为清楚地勾勒出明清时期皖南方言语音系统的基本面貌,填补了皖南方言音韵史研究的空白,为今后的皖南汉语方言研究提供了较为可靠的历史依据。

书稿存在一些问题:

1. 错漏颇多。例如第 9 页"表 1—3""表 1—5""表 1—6"地名有误;第 10 页"有两个繁衍点比较特殊"当为"有两个方言点比较特殊","拼和"当为"拼合";第 34 页第 7 行"广德定埠"当为"郎溪定埠",等等。(举例未穷尽,下同)

2. 有些说法或结论比较随意或不准确。如第 8 页"吴语浊声母的特点是已经消失了浊的成分";第 81 页"《音韵正讹》里的舌尖元音韵母跟现代合肥、绩溪的一致之处是,'妻以米'字也读舌尖元音。这也是皖南方言的一个内部一致的特点"。

3. 引证不够规范。第215页“从现代方音的表现看，有一些徽州话目前甚至表现为几乎没有阳声韵，而只有阴声韵了”，这种说法不知有何根据？据我所见，徽州话虽然阳声韵鼻尾弱化、脱落现象较多，但即便弱化程度最高的绩溪荆州方言也还有一套鼻化韵母；第218页“江……徽州话竟然有一些方言读如三等（同‘姜’）”，未见出处，据我所看到的材料，在作者所说的徽州话里没有这样的现象；第241页“表5—18”引用屯溪、绩溪、黟县的材料都错了。

从这些缺失来看，作者写作时不够细心。另外，书稿第23页提到本研究的三个目的，应该说，第一个目的（重建明清时期皖南方言的语音系统）很好地达到了，第二和第三个目的则未能很好的达到。

总的来看，书稿还有些粗糙，如要出版，还需较大的修改。

赵日新

2005年11月25日